2008년 촛불항쟁

배반당한 개미 떼들의 꿈

박석삼

이 책을

앞서간 동지들과

광화문에서 함께했던 수많은 이름 없는 촛불들에게

바친다.

타흐리르

2008년 촛불항쟁
배반당한 개미 떼들의 꿈

지은이 : 박석삼

개정증보판 인쇄 : 2020. 10. 14.
개정증보판 발행 : 2020. 10. 19.

발행인 : 박석삼
발행처 : 타흐리르

출판등록 : 제 301-2012-013 (2012.1.12.)
주소 : 04555 서울 중구 충무로 29, B204 (초동, 아시아미디어타워)
e-mail : pss21pro@gmil.com
* 유통문의 : 02-716-5616

값 20,000원

ISBN 978-89-968164-6-1 93300

이 도서의 국립중앙도서관 출판예정도서목록(CIP)은 서지정보유통지원시스템 홈페이지(http://seoji.nl.go.kr)와 국가자료종합목록 구축시스템(http://kolis-net.nl.go.kr)에서 이용하실 수 있습니다. (CIP제어번호 : CIP2020043131)

개정증보판을 펴내며

2008년 촛불항쟁이 일어난 지 10년이 넘은 세월이 흘렀다. 그 사이 2016년 11월에 시작된 촛불 국민행동이 있었고, 정권이 바뀌었고, 태극기 부대를 비롯한 극우가 거대한 세력으로 등장했다. 혹자는 2016년 촛불을 혁명으로 부르면서 촛불시민의 위대한 승리로 묘사한다. 그런데 2016년 촛불 이후는 이전과 비교하여 대중의 삶이 달라진 게 없다. 오히려 극우만 더 극성스러워졌을 뿐이다. 따라서 그것은 혁명이 아니다.

2016년의 촛불은 광장에서 유명 가수들의 노래를 소비하면서 자신들의 정당성에 대한 판단을 판사님들에게 맡겼다. 그들은 역사의 주체가 아니라 객체였고 대상이었다. 그곳엔 엄동설한에도 모여서 힘을 보여주자는 시민단체라는 목자에게 이끌린 순한 양들이 있었을 뿐 투쟁이 없었다. 투쟁이 없었는데 승리가 있을 수 없다. 대중 혹은 민중의 삶이 조금도 나아지지 않고 거대하게 성장한 극우에게 조롱당하는 이 현실은 그것이 혁명이 아니었고, 승리도 아니고, 위대한 시민도 없었다는 얘기다. 따라서 필자는 이 사건을 분석할 흥미나 인내가 부족하고, 이미 훌륭한 분석들이 없지는 않기에 따로 분석하지 않았다.

그럼에도 어디서부터 잘못되었을까를 천착하는 것은 중요하다. 맑스는 중요한 역사적 사건과 인물은 한번은 비극으로 한번은 소극(웃음거리 공연)으로 반복된다고 했다. 역사를 한치도 전진시키지 못한 2016년의 웃음거리는 2008년의 비극 속에 이미 잉태되어 있었다. 바로 이 점이 10년 전에 발간된 이 책을 다시 읽고 토론해야만 하는 이유이다.

2008년 촛불항쟁은 1987년에 등장한 민중이 시민이 되는 과정이고, 2016년 촛불은 시민이 국민으로 주조되는 과정이었다. 이에 관해서는 이 개정증보판의 보론에 새롭게 발표하는 '투쟁의 미학'을 이해할 필요가 있다.

2010년 말 초판이 발행된 이 책은 나의 심장으로 쓴 책이다. 아니 오히려 알 수 없는 어떤 힘이나 계시가 나의 손을 빌어 쓰여진 책이다. 촛불폐인이었던 필자가 촛불에 대한 사랑으로 시작한 책이었지만 항쟁을 이해하려는 탐구가 이성이 아닌 심장으로 쓰여진 이유에 대해 고민하였다. 그리고 수많은 민중들이 뜨거운 심장으로 참여한 항쟁은 심장으로밖에 쓸 수 없다는 당연한 결론에 도달하였다.

그럼에도 이 책은 한 개인의 경험주의적 시각이 아니라 항쟁에 참여한 수많은 촛불들의 공감을 얻기 위해 쓰여진 책이고, 이 항쟁을 이해하려는 사람들 그리고 필자와 다른 해석을 하는 사람들을 설득하기 위해 쓴 책이기도 하다. 즉 이 책은 심장으로 썼지만 항쟁 전체에 대한 총체적인 이해를 추구하기 위해 혹은 포괄적이고 체계적인 이해를 추구하기 위한 이성의 작업이기도 하다.

따라서 촛불들의 수많은 실천은 물론, 항쟁 속에서 제기된 수많은 실천상의 쟁점 그리고 촛불의 구성과 성격에 관한 논의를 둘러싼 주요한 학술적 논쟁, 항쟁의 배경과 운동사적 의미와 관점까지 포괄적으로 다룬 책이다. 나아가 좌파적 입장에 서 있는 필자의 정치적/사회적 이념과 이상을 관철하려 했던 시도까지 담은 책이다. 이처럼 촛불항쟁에 대한 총체적 이해에 도달하기 위해 다양한 측면을 포괄적으로 다룬 점이 이 책의 가장 큰 장점이다.

그동안 재판 요구가 많았지만 필자의 게으름으로 늦어졌다. 이 개정증보판은 초판이 나온 후 여러 촛불활동가들과 토론을 통해 제1부 제1장 '항쟁의 전개과정'과 제2부 '촛불 속에서'에 나오는 여러 촛불과 촛불조직들의 실천에 대한 기록과 평가를 수정/보완하였다. 그리고 제3부 부록에 '투쟁의 미학: 2008년 촛불항쟁과 2016년 촛불 국민행동의 차이'를 <보론 2>로 실었다.

이 책은 앞서간 동지들과 광화문에서 함께했던 수많은 이름 없는 촛불들에게 바치는 책이지만, 또한 세상이 바뀌어야 하고 바뀌야 한다고 믿는 사람들과 함께 고민하기 위해 쓴 책이다. 이 글이 우리 역사 그리고 오늘 우리가 겪었고 우리가 서 있는 현실을 이해하는 데 도움이 되길 기대한다.

2020.10.

저자

머릿말

2008년 촛불항쟁은 공권력의 폭압을 넘지 못하고 끝내 좌절된 운동이다. 100만의 열망은 왜 좌절할 수밖에 없었고 배반당할 수밖에 없었던가? 왜 청소년과 여성과 네티즌들이 먼저 나섰던 것일까? 물대포에 '온수'와 '세탁비'와 '차비 줘!'를 외치는 재기발랄함은 어디에서 왔던 것일까? 모두에게서 감탄을 자아냈던 네티즌들의 창조적인 실천은 어떻게 가능했던 것일까? 그들은 왜 KBS와 조계사에서 밤마다 촛불을 들며 날을 새었던 것일까? 항쟁이 끝난 지 2년이 넘도록 촛불을 끄지 않는 힘은 어디에서 나오는 것일까?

2008년 8월 15일을 기점으로 도심에서의 대규모 항쟁은 막을 내렸다. 항쟁이 끝나고 벌써 세 번째 겨울을 맞고 있다. 몽둥이와 군홧발로 찍어서라도 제 나라 국민에게 '미친 소'라는 독극물을 먹이려고 했던 그 정권, 온 국토를 파헤치며 죽음의 강을 강요하는 그 정권, 국민을 배반했던 그 정권과, 빗발쳤던 비난에도 불구하고 끝까지 대중의 열망을 배반해야만 했던 대책회의, 그리고 그 대책회의를 만들어 내었던 타락한 운동의 그 질서 또한 변함이 없다.

이제는 밝혀져야만 한다. 촛불은 왜 이길 수 없었고 좌절할 수밖에 없었는지, 누가 그토록 대중의 열망을 짓밟았는지, 무엇이 부족했기에 이길 수 없었는지 ….

필자는 조중동이 소위 '좌빨'이라고 부르는 구태의연하고 낡은 운동권이다. 탈모던한 시대의 감수성을 이해하지 못하고 적응하지 못하는 그런 사람이기도 하고, 평소에는 좌파 끄트머리를 따라다니면서 땜빵이나 하고, 촛불 속에서는 연행자들을 면회 다니고 영치금이나 넣고 다니던 3류 소활동가이기도 하다.

촛불항쟁은 운동이 침체된 공간에서 여학생을 비롯한 청소년과 여성 그리고 네티즌들이 앞장선 투쟁이다. 대중들이 보여준 자발적인 실천 앞에서 한 사람의 유기적 지식인이어야 하는 필자는 자기 몫을 다하지 못하고 있다는 자괴감을 벗어날 수 없었다. 아고라에서 관철되는 지성에 감탄하면서 그 지성이 어떻게 달성되는지, 그들의 생각과 실천은 나와 무엇이 다른지 따라가기에 급급했다. 그리고 앞장서지는 못할지라도 조금이라도 도움이 되고 싶었다. 미안한 마음에 연행자와 구속자들의 뒷바라지라도 열심히 하려고 하였지만 성과도 변변치 않았고 남긴 것도 없다.

항쟁이 끝나고 촛불에 대하여 수많은 해석과 비판이 나왔다. 하지만 그 해석들은 필자가 이해한 것과 너무 달랐다. 어쩔 수 없이 항쟁을 정리하는 글을 써야 한다는 마음의 짐이 있었지만, 촛불과 너무 가까이에 있었기에 때로는 감탄과 존경과 희망을 때로는 걱정과 실망과 절망을 느꼈기에 객관적인 글을 쓸 자신이 없었다. 그럼에도 그 짐을 내려놓고 싶었다. 배반당한 촛불들의 꿈과 투쟁을 기록하고 싶었다. 그들은 무슨 꿈을 가지고 왜 거리로 나섰는지 알고 싶었다. 그리고 순박한 개미 떼들의 반란이 어떻게 배반당했는지 밝히고 싶었다.

필자는 이 글을 쓰면서 수많은 견해와 실천에 부딪혔고, 기왕에 제출된 견해들에 대하여 자기 입장을 분명히 밝히고자 했다. 그것이 토론의 출발점이 되고 운동의 발전에 기여한다고 믿었기 때문이다.

이 글은 촛불 속에서 나눈 촛불에 대한 필자의 사랑을 담은 글이다. 촛불과 함께한 사랑만이 아니라 못다 한 사랑을 담은 글이다. 그러므로 이 글은 세상에서 가장 긴 사랑의 편지다. 그러나 사랑의 편지이기는 하지만 달콤하기는커녕 무척이나 딱딱한 편지다. 그런데 어쩌랴? 필자 자신이 본래 딱딱하고 멋없는 사람인 것을.

글이 나오기까지 원영수, 백철현, 장혜경 동지가 가차없는 비판으로 뜨거운 동지애를 실현하여 주었다. 엉성했던 글이 모양새라도 갖추게 된 것은 이들 동지들의 도움이 컸다. 동지들의 지적은 구성의 엉성함에 대한 비판으로부터 항쟁의 성격과 주체 그리고 평가의 문제에 이르기까지 다양했고, 필자의 거친 사고와 표현에 대한 지적도 많았다. 하지만 글이 원래 너무 엉망이어서 소중한 지적을 다 반영하기 어려웠고, 모두 바쁜 동지들이었기 때문에 견해의 차이를 좁히지 못한 부분도 있다. 처음엔 부엌도 없고 화장실도 없는 집이었지만, 동지들의 지적으로 창문까지 달게 되어 겨우 집으로서의 모습을 갖추게 되었다.

2009년 5월엔 노사과연 이론지에 실린 「네그리와 자율주의 비판」이란 필자의 글에 대하여 서관모 교수가 참으로 애정어린 소중한 비판을 해주었다. 서교수의 비판은 이 책을 쓰는 데에도 큰 도움이 되었다.

그 외에 필자의 한글 표현력의 심각한 결함에 대하여 박상육 동지가 수고를 아끼지 않았고, 문화과학사의 박진영씨는 책의 외관을 완성시키는 데 도움을 주었다. 이처럼 보잘 것 없는 필자의 글은 여러 동지들의 뜨거운 사랑으로 태어났다. 모두에게 뜨거운 고마움과 사랑을 전하고자 한다.

2010. 12.

저자

목차

표 목록

제1부

배반당한 개미 떼들의 꿈

제1장_ 항쟁의 전개과정

제2장_ 항쟁 속의 쟁점들

제3장_ 항쟁의 본질과 특수성

제4장_ 촛불 주체론

제5장_ 맺는말

표 1_ 촛불항쟁 참가자 및 연행자 수

(서울지역, 2008년 5월~8월 15일, 단위 : 참가자 수 10,000명)

일	참가자	연행자	월	참가자	연행자	화	참가자	연행자	수	참가자	연행자	목	참가자	연행자	금	참가자	연행자	토	참가자	연행자	합계
2008.5												1			2	1.50		3	2.00		
4			5			6	1.30		7			8			9	3.00		10	1.80		
11	0.45		12	0.10		13	2.00		14	1.50		15			16			17	4.00		
18			19			20			21	0.50		22	2.00		23			24	5.00	37	37
25	1.00	32	26	1.50	29	27	1.00	113	28	1.00		29	5.00	6	30	3.00	22	31	15.00	228	430
2008.6.1	2.00	78	2	0.20		3	3.00		4			5	1.00		6	5.00	5	7	20.00	12	95
8	1.00		9	0.20		10	70.00	24	11			12	0.10		13	2.00		14	3.00		24
15	2.00		16	1.00		17	0.03		18	0.05		19	0.30		20	1.50	5	21	6.00	12	17
22	1.00	4	23	0.30		24			25	2.00	139	26	4.00	11	27	1.00	21	28	12.00	59	234
29	0.40	131	30	7.00																	131
2008.7						1	2.00		2	0.50		3	1.50		4	5.00		5	50.00		
6			7	0.03		8	0.10		9	0.01		10	0.05	6	11	0.15		12	2.00	3	9
13	0.03		14			15			16			17	2.00	7	18			19	0.50	17	24
20			21			22	0.03		23			24			25			26	0.50	42	42
27			28			29			30			31									

2008.8															1			2	0.50	16	16
3			4		1	5	3.00	156	6			7			8			9		6	163
10			11			12			13			14			15	3.00	158	16			158
17			18			19			20			21			22			23			
24			25			26			27	20.00		28			29			30			
31																					
누계		245			30			293			139			30			211			432	1,380

* 이 표는 아고라에 올라 온 민족자주SNUT의 촛불일지를 바탕으로, 대체로 대책회의의 발표를 존중하면서도, 기자의 관찰을 곁들인 '참세상'의 수치로 수정 보완했다.

* 참가인원은 하루 중 가장 많이 모였을 때의 수치이다.

* 모든 수치는 서울의 주된 집회장의 수치이고, 5/6은 청계광장을 제외한 여의도에 집결한 수치이다.

* 5/2의 참가자 수에 대하여 민족자주SNUT은 1만 명, 참세상은 안티엠비가 준비한 초 1만 개가 중반에 동이 난 것으로 보아 해산 시 2만 명으로 보고 있다. 5/3의 수치는 집회 중의 수치이다. 육안 상으로 5/2보다 2배는 많아 보였다.

* 6/29 민족자주SNUT은 6만 명이라고 하나 이날 오후에는 대규모 집회나 투쟁이 없었다.

* 연행자의 수치는 민변의 자료(『민변촛불백서』, 100쪽)에 근거했는데, 총 연행자가 검찰발표와 다른 것은 지방연행자가 포함되지 않았기 때문이라고 한다.

제1장 항쟁의 전개과정[1]

들어가며

2008년 6월 10일 전국적으로 백만 명이 모였다. 이날 시민들은 도심을 거대한 촛불의 바다로 만들면서 청와대를 향해 끝없이 걸었다. 커다란 도로를 메우고 끝도 안 보이는 수많은 시민들과 함께 걸으면서 이번에는 세상이 바뀌기를 바랐고, 바뀔 수 있을 것으로 생각했다. 자정이 다 되어갈 무렵 시민들은 곳곳에서 차벽에 막혀 광화문으로 돌아와 '명박산성'[2] 앞에서 밤을 새며 토론했다. 그리고 날이 샐 무렵 컨테이너 위에 올라간 깃발은 감동적이었지만 변한 것은 아무 것도 없었다. 이날을 기점으로 많은 사람들이 집으로 돌아갔다. 7월 5일 다시 50만 명이 모였다. 6월 10일 100만 명이 모였지만 이명박에게 감동을 준 '아침이슬'을 부른 것 외에는 아무 성과도 없었기 때문에, 이번에는 승리를 위한 기획이 있어야 했다. 하지만, 대중은 항쟁의 첫날부터 '명박퇴진'을 외치고 있는데도, 항쟁의 마지막 날까지 '고

1_ 제1장 항쟁의 전개과정은 인터넷사이트 '참세상'의 보도기사를 바탕으로 하고, 그 외에 '다음' 사이트의 '아고라 자유토론방'에 실린 여러 글들, 그리고 필자가 현장에서 목격한 내용을 취합하여 작성한 것이다. 참세상의 기사는 특별한 경우가 아니면 출처를 따로 표시하지 않았다.

2_ 2008.6.10. 경찰청장 어청수는 광화문 사거리 이순신 동상 앞에 컨테이너를 2단 높이로 쌓아 올리고 용접을 한 뒤 구리스 칠을 하였다. 이에 네티즌들은 '경축! 08년 서울의 랜드마크 명박산성'이란 현수막을 컨테이너에 매달았다.

시철회'와 '협상무효'의 구호만 강요하던 '대책회의'[3]는 경찰의 폭력을 부르는 행동을 하지 말고 생활 속으로 돌아가 미친 소 불매운동이나 하자면서 대중의 열망을 배반했다. 이렇게 대책회의는 '비폭력 축제론'을 들먹이며 철야 음악감상회를 강요했다. 대책회의가 꼬리를 사린 다음 남은 촛불들은 외롭게 싸워야만 했다. 촛불시민들은 폭력진압과 연행에도 굴하지 않고 맞서 싸웠지만, 8월 15일을 마지막으로 공권력에 밀려 도심에서의 항쟁은 막을 내렸다.

대규모 투쟁이 막을 내린 2008년 8월 15일까지가 항쟁기라면, 그 후 '용산학살'[4]이 일어나기 전까지는 지역 촛불로의 전화가 두드러지고, 주말마다 게릴라 가두투쟁이 전개되었던 투쟁력의 정비와 저항의 시기였다. 전국적으로 최대 8,000명 정도가 지역 촛불로 결합하였을 것으로 추정되었고, 가투에는 200~300명 정도가 결합하였다. 겨울에 접어들자 가투도 끝났고, 주 1회의 촛불집회도 유지할 수 없는 곳이 많이 생겼다. 그리고 2009년 1월 용산투쟁이 시작되었을 때 초기 동력 2,000~3,000명의 대오 중 민주노총을 제외한 시민들은 1,000명 정도로 추산되었고, 노무현 서거 때까지 대략 300명 정도가 전문 시위꾼으로서 특히 지하철로 이동하는 가투의 큰 동력이 되었다. 촛불이 시작된 지 2년이 넘은 지금까지도 촛불을 끄지 않은 사람들이 수백 명은 될 것이다. 그들은 아마 이명박 정권이 끝날 때까지

3_ 정식 명칭은 '광우병 위험 미국산 쇠고기 전면 수입을 반대하는 국민대책회의'이다.

4_ 2009년 1월 19일 최소한의 보상도 없이 진행되는 재개발사업에 불만을 품은 용산 4구역 철거민들은 용산구 한강로 2가에 있는 5층 건물인 '남일당' 건물을 점거하고 옥상 위에 망루를 짓고 저항하였다. 이에 경찰은 바로 다음 날인 1월 20일 오전 7시, 시너와 화염병 등 사고의 위험을 충분히 예견하면서도 경찰특공대를 컨테이너에 실어 옥상 위에 있는 철거민들을 공격하였고, 이 과정에서 철거민 5명이 화재 등으로 사망하는 참사가 벌어졌다.

촛불을 끄지 않을 것이다.

여기에서는 2008년 5월 초부터 8월 15일까지 100일간의 항쟁 속에서 싸워온 촛불들이 어떤 열망을 품고 있었고, 어떻게 싸웠는지, 왜 이길 수 없었는지를 살펴볼 것이다. 누군가에게는 지나치게 자세하고 지루한 서술이겠지만 '청와대'와 '광화문'을 외치며 끝없이 걸었던 촛불들과 물대포와 소화기의 분사에도 굴하지 않고 밧줄을 당기며 그날 그곳에 있었던 촛불들에게는 그 순간 하나하나가 소중했고 그때 그곳에서 가졌던 그 마음과 서로에 대한 사랑이 소중할 것이기 때문에 작은 움직임이라도 빠짐없이 기록하려고 했다.

촛불을 처음 든 5월 2일부터 공권력의 탄압에 밀려버린 8월 15일까지의 기간을 어떻게 구분하고 특징지울 것인가는, 적아 간의 대립의 양상이 주된 기준이겠지만, 여기에 항쟁에 커다란 영향을 미친 대책회의를 고려해야만 한다. 촛불과 이명박 그리고 대책회의의 길항과 대응이 시기를 구분하는 주요 요소이다.

제1기(5월 2일~6월 10일)는 촛불의 확산과 성장의 시기이다. 제2기(6월 11일~6월 29일)는 소강을 거친 후 탄압에 맞선 대치기이며, 제3기(6월 30일~8월 15일)는 종교계의 개입에 의한 휴식기와, 대책회의의 기만적인 '촛불승리선언' 이후 고립되었던 투쟁파의 공권력에 의한 패퇴기이다.

촛불 전야

이명박은 당선된 후 '고소영', '강부자' 내각과 부자 감세 및 '어륀쥐' 교육(영어 몰입식 교육) 등[5]으로 서민들의 정서를 크게 자극했다. 대통령 취임 후 2008년 3월 하순에는 이명박의 각종 정책과 대운하에 대한 반대 여론이

들끓었다. 고등학생인 닉네임 안단테[6]는 '미친 소' 수입이 발표되기 전인 4월 6일에 '대운하, 몰입식 교육, 보험 민영화, 고소영, 물가 정책, 쇠고기 고시' 등을 들면서 탄핵서명운동을 시작했다.[7]

4월 15일 0교시 수업과 우열반 허용 등 공교육 포기 조치가 발표되었고,

5_ 이명박은 취임 직후부터, 고소영(고려대, 소망교회, 영남) 출신들을 청와대 비서진으로 임명하고, 강부자(강남, 부동산, 부자)들을 장·차관에 임명함으로써, 고소영, 강부자 정권이란 말이 널리 회자되었다. 이경숙 대통령직 인수위원장은 2008.1.30 '영어공교육 공청회'에서 "미국 가서 오렌지를 달라고 했더니 못 알아듣더라. 그래서 '어륀쥐'라고 했더니 알아듣더라"고 말했다. 이를 놓고 사람들은 '어륀쥐'라는 신조어를 만들어냈고, 인수위는 "사교육을 조장한다"는 강한 역풍에 휩싸였다.

6_ 촛불들은 대부분 '다음' 사이트나 여러 인터넷 카페 등에 결합하고 있는 네티즌이었고 (네티즌이 되었고), 권태로운 창, 소금사탕, 초심, 싸울아비, 단군후손, 사람이 하늘이다, 올챙이, 희망새 등등 거의 대부분 닉네임을 사용했다.

7_ "국민들이 이명박 대통령 탄핵서를 제출합니다. 이명박 대통령은 국민을 위한 정치를 하겠다고 하였습니다. 그러나 지난 3개월 동안 이명박 대통령은 국정에 성의를 다하지 않았습니다. 국민들의 반발이 심한 대운하 건설 추진, 영어 몰입식 교육 추진으로 국가의 위신을 크게 추락시킨 것은 물론 국민들을 불안하게 하였습니다. 보험민영화를 추진하여 국민의 정보를 보호해야 할 대통령이 국민의 정보를 오히려 팔아먹고 당연지정제를 완전 폐지가 아닌 완화라는 언어 속임으로 국민들을 속이려고 합니다(의료 산업화 정책은 아직도 포기하지 않았습니다). 중립을 지켜야 할 대통령이 어느 특정당을 옹호하며 선거 유세를 도왔습니다. 자신의 측근들(고소영)을 장관의 자리에 앉혔습니다. 일부 장관들은 공청회를 거치지도 않았습니다. 물가를 대책 없이 강제적으로 안정시키려는 공산주의적 경제 정책을 펼치고 있습니다. 대선 때 약속했던 공약들을 대부분을 변경 또는 삭제하고 국민들을 속였습니다. 일본 왕을 천왕이라고 언급하며 일본 왕에게 머리를 숙였습니다. 또한 공권력을 동원하여 평화 가두행진을 하는 시민들을 강제로 연행하였으며 쇠고기 고시를 강행하였고, 이젠 독도까지 일본에게 넘기려 하고 있습니다. 국민과 국가와 자신의 자존심을 갖다 버리신 대통령님 이런 대통령은 우리는 계속 인정할 수 없습니다. 이런 대통령을 밑의 서명한 국민들이 탄핵을 신청합니다." 안단테, <탄핵 서명문>, 2008.04.06.

4월 18일 급기야 '미친 소'까지 퍼주자[8] 사람들의 인내는 한계에 달했다. 인터넷 사이트 '다음 아고라'를 중심으로 정보와 비판과 불만을 공유하던 네티즌들은 들끓었고, 여학생들을 비롯한 청소년들이 자기 불만을 표현하기 시작했다.[9]

8_ 이명박은 부시와의 한미정상회담을 하루 앞둔 2008.4.17.(현지 시간), 워싱턴 상공회의소에서 열린 'CEO 라운드 테이블' 행사에서, '한미 FTA'의 4대 선결조건 중의 하나였던 '쇠고기 협상'이 타결되었다고 발표했다. 농림수산식품부(장관 정운천)는 4월 18일 "미국산 쇠고기의 단계적인 수입확대 방안에 양측이 합의했다"고 밝혔다. 이 수입 방안에 따르면, 한국은 1단계로 30개월 미만의 소에서 생산된 갈비 등 뼈를 포함한 미국산 쇠고기 수입을 허용하고, 2단계로 미국이 강화된 동물사료 조치를 공포할 경우, 국제수역사무국(OIE) 기준에 따라 30개월 이상의 소에서 생산된 쇠고기도 허용키로 했다. 수입되는 쇠고기는 OIE가 '광우병위험통제국'에 적용하는 기준에 의한 특정위험물질(SRM)과 머리뼈, 등뼈 등에 남아 있는 고기를 기계적으로 회수해 생산한 고기를 제외한 모든 부위가 포함된다. SRM은 30개월령 이상 도축소의 경우 7개(뇌, 눈, 머리뼈, 척수, 척주, 편도, 회장원위부), 30개월령 미만 도축소의 경우 2개(편도, 회장원위부)가 해당된다.

9_ "(청와대 게시판에 올린 중학생 글입니다.) 저는 현재 대전의 중학교에 재학 중인 중3 여학생입니다. 신문부에서 활동하고 있구요, 나름대로 꿈이 있는 학생입니다. 이번에 이명박 대통령께서 당선되신 후, 많은 정책을 시행하셨는데요. 일제고사의 부활이라 하여 시행하신 전국모의고사. 사교육비의 절감이 아니라 사교육비의 증가를 일으킨 첫 작품이셨죠. 어쨌든 지금부터 이명박 대통령께서 친히 미국까지 가셔서 아무런 이득 없이 얻어오신 미국산 쇠고기 수입 협상 체결에 대한 저의 입장부터 말하겠습니다. 너무 좋아서 전 국민적으로 데모라도 일어나 이명박씨를 상큼하게 물갈이하려 하는 분위기에요^^.어렸을 때 가난하셨다고 하셨죠. 서민경제 살리신다고 하신다구요. 네, 얼마든지 받아들이죠. 저도 맨 처음에 그럭저럭 잘 하실 거라 믿었거든요. 근데 역시 의학계 쪽이 아니라 그러신지 여러 전문화된 개념을 모르신 것 같습니다. 아직 어리지만 제가 알고 현재 모든 이들이 알 수밖에 없어진 광우병의 증상에 대해 알려드리겠습니다. 광우병은 초식동물인 소에게 죽은 소의 부산물, 도축물을 먹여서 변형단백질 프리온이 발생하고 프리온이 뇌에 퍼져 뇌에 구멍이 뚫려서 소가 죽는 병입니

촛불의 분노는 단지 미친 소만이 아니라, 미친 교육, 대운하, 의료민영화 등 이명박의 모든 정책에 대한 총체적인 불만이었다. 촛불은 그를 대통령으로 인정하지 않았다. 주인의 말을 듣지 않는 머슴은 필요없고 탄핵(몰아내기)을 진심으로 바랬다.

4월 25일 탄핵서명이 5만 명을 돌파했다. '온라인 민란'이라고 할 만큼 네티즌들의 '민심이 폭발하고 있었다.'[10] 인터넷카페 '안티엠비'[11]는 28일부터 '미친 소 너나 처먹어라'는 대회명으로 5월 2일 청계 집회를 공지하기 시작했다.[12] 4월 29일 MBC <PD수첩>의 광우병 방송이 있었고 서명자가 12만 명을 돌파했다. 미친 소 수입은 5월 1일로 예정되어 있었다. 네티즌들은 5월 2일 집회의 결집을 호소했다.[13] 그리고 5월 2일 서명자가 60만 명을

다. 인간광우병도 광우병에 걸린 소를 먹은 인간이 뇌에 구멍에 뚫려 죽는 병입니다. 대통령은 독재자 아닙니다. 왕도 아니고요. 오히려 국민한테 굽신거려야 하는 사람이 대통령이라는 건 아직 모르고 계시나 보십니다. 이번에는 잠 푹 자고 찬물로 세수하고 들어보세요. 아직까지 조금은 많은 사람들이 '광우병? 까짓것 뭐, 잘 피하면 되겠지'라는 생각을 가지고 있을 수 있는데요. 그런 사람들이 피해자 되고 아는 사람들도 피해자 되는 …대한민국 되면 안됩니다. 적당히 하세요. 더 이상은 국민들 모두가 이 행각을 봐드릴 수 없습니다." 사람사는세상, <[중딩의 분노] 쥐박이의 최후가 오고 있습니다!!>, 08.04.24, (이하 모두 아고라 자유토론방).

10_ "부글부글 끓어오르고 있습니다. 용광로처럼 활활 타오르고 있습니다. 현재 카페의 상황입니다. 오늘 하루 가입 인원: 1,868명(총회원수: 21,658명), 방문자: 18,287명, 새글: 1,182명, 접속 인원: 175명. 민주주의와 정의를 사랑하는 네티즌 여러분!! 실시간으로 참여하는 국민이 폭발적으로 증가하고 있습니다. 아직도 망설이시는 분이 있다면 과감하게 성스런 대열에 동참하십시다. 우리는 할 수 있습니다. 힘을 하나로 결집합시다. 그리하여 종국적으로는 이명박의 퇴진을 이끌어냅시다." 사람사는세상, <[베스트요청] 민심이 대폭발 하고 있습니다.>, 08.04.24.

11_ 이명박 탄핵연대(http://cafe.daum.net/antimb), 항쟁이 시작되자 '이명박 탄핵을 위한 범국민운동본부'로 명칭을 바꾸었다.

12_ 아름다운 청년, <5월 2일 촛불문화제 … 청계천 소리광장 앞>, 08.04.28.

넘어서고, 청계광장에는 1만 5,000명이 넘는 시민들이 모였다. 5월 3일에도 2만 명이 모였다. 그중 60~70%가 청소년들이었다.[14] 그들은 미친 소와 미친 교육에 대해 '나 아직 15년밖에 못 살았다', '미친 소는 너나 즐쳐드셈!' 이라면서 자신들의 감수성으로 불만을 쏟아냈다. 촛불집회는 이처럼 네티즌과 청소년들의 반란으로 시작되었다.

안티엠비는 4월 19일과 26일 주말 탄핵 집회를 공지했다.[15] 하지만 4월 26일 집회 참가자는 200~300명에 불과하였다. 4월 15일 이명박의 공교육 포기 정책이 발표된 후 19일에는 청소년 단체가, 그리고 26일에는 전교조가 주최하는 '공교육 살리기 촛불문화제'가 있었지만 참가자는 150명에 불과하였다.[16]

미친 소, 미친 교육이란 불만이 팽배했지만, 그 불만을 폭발적으로 절실

13_ "우리 지금 이 열기로 내일 촛불집회 나와야 합니다. 내일 촛불집회가 소규모로 열려 언론도 못 타고 이명박이 무시하게 되면 우린 정말 끝장이죠. 기회는 별로 많지 않습니다. 광우병 소고기 문제는 무엇보다 시간이 촉박합니다. 방송에서도 관심을 가지고 취재해줄 절호의 기회라고 봅니다!", 미친 소, <내일 촛불집회 소규모로 열리면 우린 끝장>, 08.05.01.

14_ "제가 가장 기대했던, 시민들이 5분 동안 말할 수 있는 기회를 직접 지켜보았습니다. 사회시간에 언론, 집회, 출판의 자유가 지켜져야 진정한 민주주의라고 배웠다는 중3 학생부터, Fuck the mb를 외치며 랩을 하는 고3 학생까지 … 대부분이 교복을 입은 중고등학생이라 정말 반가웠고, 더욱 희망을 얻었습니다. 9시가 가까워지자, '여러분 귀가시간이 늦어지고 있습니다. 어서 돌아가세요'라는 방송이 나오더군요." katy, <오늘 청계천 집회 후기>, 08.05.03.

15_ 아름다운 청년, <[안티2mb토요집회] 함께하지 않으시렵니까??>, 08.04.25.

16_ 이들 집회가 불만이 있고 공감을 살 수 있음에도 그들만의 집회가 되어버린 이유에 대하여 과연 관성적인 동원 방식의 문제인지 혹은 다른 이유가 있는지에 대한 깊이 있는 탐구가 필요하다.

하게 공유하기 위해서는 MBC의 시청각 교육이 필요했고, 그 불만이 거리로 나오기 위해서는 시민의 감수성을 자극하는 '미친 소 너나 먹어!'라는 촌철살인의 피켓을 든 촛불여학생(촛불소녀)이 필요했다. 언론과 아고라는 그들의 촛불을 들불로 번지게 하였다. 그들 때문에 다른 10대들도 관심을 갖게 되고 아줌마들도 용기를 낼 수 있었다. 촛불여학생들이 언론에 부각되지 않았다면 이후의 촛불집회는 성공하지 못했을 것이다. 촛불은 그렇게 시작되었다. 그러나 촛불여학생이라는 바늘이 있기 전에 이미 대중의 불만을 담은 풍선은 터질 듯이 부풀어 있었고, 언젠가는 터질 수밖에 없었다.

제1기 촛불의 확산과 성장기

5월 2일~5월 23일: 항쟁의 시작-분노의 응축기

5월 2일 청계광장에서 열린 안티엠비의 탄핵 집회에는 15,000명의 청소년과 시민이 참석하였다.[17] 그러나 안티엠비 측은 "문화제로 신고해 집회로 확대되면 내일 촛불문화제를 경찰이 불허할 것을 우려해서 강기갑 의원은 물론 참가자들의 구호와 발언, 선전물 게시 등을 제한했고, 여기에 불만을 품은 시민들은 안티엠비의 방송차 뒤에서 따로 구호를 외쳤다. 시민들이 운집하자 '2MB 탄핵연대' 측은 경찰과 협조해 촛불문화제 참가자들을 파이낸스센터 앞 광장으로 안내했다. 중앙무대가 사라지자 크게 세 그룹으로 나누어 집회를 했다"(참세상 보도). 이날의 구호는 '이명박 너나 먹어 미친 소', '이명박은(쥐박이는) 물러가라', '이명박 탄핵', '우열반 반대', '민영화

17_ 이날 참가자에 대하여 아고라 닉네임 '민족자주SNUT'은 10,000명이라 하고, 참세상은 안티엠비가 준비한 초 10,000개가 중반에 소진된 점을 들어 20,000명이라고 하나, 다음날 훨씬 빼곡히 참석한 시민들이 20,000명으로 추산된 점을 보면 15,000명 정도로 봐야 할 것이다.

반대', '조중동은 쓰레기(찌라시)', '동아일보 불 꺼라' 등이었다.

5월 3일 오후 3시 인터넷카페 '정책반대시위연대'는 참가인원 60명으로 신고된 작은 집회를 청계광장에서 진행했다. 그리고 이날 밤 문화제는 '미친소닷넷'이 주도했다.[18] 경찰이 "미친소닷넷 회원 여러분! 이것은 불법집회이니 해산하라"는 경고방송을 간헐적으로 내보내자,[19] "어제는 '이명박 탄핵'이나 '너나 먹어 미친 소'가 자연스러웠지만, 오늘은 처음에는 그런 분위기로 가다가 중간에 너무 많이 위축되어 오히려 맥이 빠진 듯한 느낌"[20]을 준 집회였다.

5월 5일 경찰은 "구호와 피켓이 나오면 처벌하겠다"고 밝혔다. 안티엠비는 이에 앞선 5월 4일, "냉정하고 합리적으로 법과 질서의 테두리 내에서 모든 시민들이 모여 주십시오. 무분별한 언동과 폭력적인 행위를 지양합니다. 우리의 울분을 이날은 침묵의 촛불로서 전 국민 전 세계에 알립니다"라면서 구호와 피켓을 금지하는 '5월 6일 여의도 침묵 집회'를 공지했다.[21] 5월 6일 여의도 집회는 13,000명이 모여 자유발언 형식으로 진행하였다. 한편 미친소닷넷이 주관한 청계 집회는 5,000명이 참석한 가운데 강기갑 의원 등이 발언하는 통상적 집회로 진행되었다.[22]

5월 6일 참여연대 등 1,513개 시민사회단체는 '협상 전면 무효, 책임자

18_ 당시 촛불집회의 주도권을 놓고 '안티엠비'와 '미친소닷넷' 사이에 갈등이 있었다. kimjs, <아고라내 분란 조장 문제에 대한 대책을 제안합니다>, 08.05.04.

19_ 6002, <[필독] 2개의 촛불문화제, 어느것이 진실인가?>, 08.05.04.

20_ 다니엘, <오늘 청계천 문화재에서 아쉬웠던 점!!>, 08.05.03. 다니엘은 이 글에서 안티엠비에 가두시위를 주장하는 글을 올렸다가 강퇴당했다고 밝혔고, 자신도 그런 경우를 당했다는 사람들의 댓글도 올라왔다.

21_ 아름다운 청년, <[긴급속보] 침묵촛불 시위(미친 소 너나 처먹어라 2)>, 08.05.04.

22_ ooc, <청계천 집회 정말 속시원하다 … …!!!>, 08.05.06.; 멜랑꼴리, <두 곳 집회 분위기가 판이하네요>, 08.05.06.

처벌'을 내걸고, '광우병 위험 미국산 쇠고기 전면 수입을 반대하는 국민대책회의(가칭)'의 출범을 발표하고, 5월 8일 인터넷카페까지 포함한 1,700여 단체로 정식 출범하였다. 다음날인 5월 9일부터 이 단체는 촛불문화제를 주관하기 시작했고, 전국으로 확산되었다.

그러나 대책회의가 주관한 5월 9일과 10일의 촛불문화제에 대하여, "경찰의 눈치를 보면서 춤추고 노래하며 간간히 '미친 소 너나 먹어라'라는 구호를 외치는 것이 아니라, 당당하게 시내 한복판에서 가두시위를 하며 소리 높여 '이명박은 물러나라!'라는 구호를 외칠 때라고 생각합니다. 청계광장에서 청와대까지 가두시위를 한 후, 청와대에서 이명박을 향해 '이명박은 물러나라!'는 구호를 외치는 것입니다"[23]라는 의견들이 쏟아졌다. 또 5월 12일에는 대책회의와는 별도로 대학로 마로니에 공원에서 신고된 가두시위를 하는 사람들도 생겨났다.[24] 이날부터 아고라에서는 [탄핵]과 [퇴진]의 말머리를 달기 시작했다. 이제 대책회의와는 별도로 5월 13일 안티엠비는 '17일 여의도 가두시위'(신고된 집회와 가두행진)를 공지하였다.[25]

전 국민의 반발이 거세어지자, 급기야 5월 15일 정부는 수입 위생 조건의 장관고시를 연기했다. 고시는 1주일 후로 예정되었고 대중의 분노는 들끓었다. 긴박하고 강력한 행동이 요청되었다. 주말인 5월 17일 여의도에는 2,000명이 모였고,[26] 청계광장에는 40,000명이 모였다. 장관고시가 확정된 후 이명박은 5월 22일 "쇠고기 문제가 송구하다면서도 이는 광우병 괴담에

23_ Sisyphus, <촛불문화제는 이제 그만 집어치웁시다!!!!!!!>, 08.05.11.

24_ tild, <오늘 가두 시위의 배후세력이요?>, 08.05.12.

25_ 아름다운 청년, <[최종공지] 14일 집회와 17일 가두시위>, 08.05.13.

26_ minewanka, <여의도가두행진부터 청계천 촛불집회까지>, 08.05.17.; 애플소다, <여의도 집회 갔다 왔습니다. 실망했어요.>, 08.05.17.

불과하다고 운운하며 한미 FTA 비준 동의를 호소"하는 대국민담화를 발표하였다. 이날 청계광장에는 20,000명의 시민이 모였다. 그러나 시민의 강력한 의지를 보여주지 못하는 대책회의가 주관하는 나약한 문화제가 연이어졌다. 이 문화제에 대해, "광우병 노래자랑!! 제발 시위를 하라고 시위를 … 어째서 시민이 발언하고 있는데 빨리 끝내라고 보채는 것이며, 어째서 탄핵!을 외치는 분노한 농민들에게 경찰이 있다고 말하며, 노래를 틀어서 분위기를 끊어버리는 것이며, 어째서! 분노한 농민들의 발언을 중간에 끊어먹고 이상한 노래로 분위기를 다 망가뜨리는 것인가! 난 지금 문화제 진행자가 이명박의 아르바이트생이 아닌가 의심까지 든다"[27]와 같은 격한 글들이 쏟아졌다.[28]

다음날인 5월 23일 대책회의는 급기야 "22일 촛불문화제에 대한 네티즌들의 비판을 겸허히 받으며, 어제의 교훈을 바탕으로 향후 촛불문화제가 국민들의 분노를 잘 담아낼 수 있도록 만들겠습니다."라는 사과문을 발표하기에 이르렀다.[29]

이 기간 중 안티엠비가 주관한 여의도 집회에는 5월 17일 2,000명, 5월 21일 5,000명이 모여 집회를 한 후, 오후 6시부터 여의나루까지 가두행진

27_ 성현웅, <오늘 청계천 문화제를 정리하자면>, 08.05.22.

28_ "우리가 미친 소 하나 때문에 이렇게 절규하고 있는 것인가요? 쥐박이라는 큰 쥐가 일으키는 모든 분란에 화병이 나서 이런 것 아닌가요? 탄핵을 외치고 전경을 밀치고 나아가 청와대 앞에서 고군분투하는 강기갑, 노회찬, 심상정 등등의 의원들과 함께 싸워야 하는 것 아닙니까? 그런데 고작 앉아서 우우― 하는 야유나 하고 나긋한 목소리와 함께 나긋한 구호나 외치고 … 미치겠습니다. 오히려 화병이 더 도질 것 같았습니다." 권태로운창, <최악의 청계천 집회(22일)-후기와 대책이 시급(베스트 요청)>. 안단테-백수씨, <<알림>!! 엄청난 의문점!! 집회와 시위..!!>, 08.05.22.

29_ 광우병대책회의, <22일 촛불문화제에 대한 네티즌들의 비판을 겸허히 받으며>, 08.05.23.

을 하였다. 공식 구호(현수막과 피켓)는 '국민 기만, 서민 말살, 이명박을 탄핵하라!'였다. 이 집회와 행진들은 신고된 것이었다. 미친소닷넷과 정책반대시위연대는 5월 17일 200여 명이 명동에서 집회 후 시위를 하였다. 그리고 5월 23일에는 '아고라386'으로 불리는 가두투쟁파(단군후손, 권태로운창, 배성용 등)의 <결전의 날!! 토요일 여의도와 청계천에서 분노의 불길로>라는 격문도 올라왔다.[30]

5월 24일~6월 10일: 항쟁의 상승기-광화문으로! 청와대로!(가두투쟁의 시기)

장관고시를 앞두고 긴장이 높아지는 가운데, 토요일인 5월 24일 전국교사대회(여의도)에 참가한 노동자 20,000명을 포함하여 50,000명의 시민들이 청계광장에 집결하였다. 한편 같은 날 오후 7시 광화문으로 집결을 공지한 아고라386팀은 300여 명이 모였으나 경찰의 압박으로 청계광장으로 후퇴하였다가 평소와 다름없는 문화제에 불만을 품고 '탄핵' 구호와 '광화문'을 외쳤다. 사회자가 이에 맞서 노래를 더 크게 틀자 집회가 소란스러워졌다. 아고라386은 단상에 올라 선동했고,[31] 이에 호응하여 5,000여 명의 학생들

30_ 권태로운창, <결전의 날!! 토요일 여의도와 청계천에서 분노의 불길로~>, 08.05.23.

31_ "7시에 광화문 도착. 뻘쭘. 모인 사람이 200-300여명. 시작은 하였는데 앰프도 없구 ㅋㅋ 소리광장 소리에 묻혀서 아무 소리두 안 들림. 300명 중 절반이 여성분들. 구호랑 민중가요 부르다가 …

집행부의 작전 소개. 뻘쭘. 한다는 작전이 소라공원 집회 현장 급습하여 단상 점거 및 선동. 순간 뻘쭘해서 뒤돌아올 뻔. ㅋ 그 뒤에 20분간 난상토론. 그러던 중에 배성용 학생 등장 차분한 목소리루 응원하더군요. 그러던 중 전경이 광화문 집회현장 둘러쌈. ㅋ 300여명이 둘러싸니 아무 것두 할 수 없었음. ㅋ 그래서 결국 각개전투로 소라공원집회 침입하기루 하구 해산. 길 건너는 중에 시위 시작 … 명박탄핵. 결국 300여명이 소라공원 집회 침투 성공. 우리의 목소리로 집회현장은 아수라장. 더욱 더 큰 소리루 명박탄핵. 그러던 중 군중심리 발동으로 꼬리에 꼬리를 묾. 이리저리 활로

과 시민들이 광화문 쪽으로 행진하다가 스크럼을 짜고 경찰과 대치하였다. 청계집회가 끝날 무렵 "커다란 현수막 이어 펼치기가 끝난 후, 30대 분이 연단에 올라와 행진을 주장한 후, 급격히 광화문으로 이동"[32]했다. 일부는 미대사관 뒷골목을 통해 청와대 쪽으로 진출을 시도하다가 격렬한 몸싸움이 벌어졌다. '고시 철회, 협상 무효'의 구호는 점차 '독재타도'로 바뀌어갔다.[33] 대규모 가두진출은 이렇게 시작되었다.

5월 24일 토요일부터 시작된 시위가 일요일인 5월 25일까지 계속되자 새벽 4시부터 광화문에서 물대포를 앞세운 강제 진압이 시작되었고 37명이 연행되었다. "오전 8시 40분경 광화문에서 청계광장으로 이동해 집회를 계속했던 300여 명의 밤샘 시위대는 오후 5시 30분경 1,500여 명으로 불어

를 찾다가 경찰 저지선과 부딪혀보기두 했구 … 일선에 섰다가 찡겨서 죽는 줄 알았음. 그러다 밀려서 다시 후퇴. 다른 길 활로를 열구 뛰기 시작. 군중심리 발동. 너두 뛰구 나두 뛰구. 어디 거리인지 잘 모르는 대로변 접수. 순식간에 … 그 뒤엔 아수라장 … 1만여 명 거리 접수. 대충 이 정도 집회 현장이었구요. 자영업하는 통에 먼저 일어섬.

절반의 성공???? 1. 386집행부의 작전 부재(솔직히 소라공원 집회 급습하여 단상 점거 및 선동은 유치하였소) 2. 집행부의 절실함(군중심리두 군중들 모았을 때 집행부의 적절한 컨트롤만 있었음 광화문 사거리는 접수하였을 것임.) 3. 의외루 많은 단체 난립(대학생 단체, '다함께'라는 단체, 그리구 우리 강철대오 386 인원 300여명 그리구 모르는 단체들. 결국 우왕좌왕 …) 4. 절반의 성공은 그동안 촛불집회에서 할 수 없었던 소리들 맘 놓구 하다 왔음. 민중가요두 맘 놓구 불러봤구 … 이리 뛰고 저리 뛰고 결국 포위당했지만·· 좀더 강력한 집행부의 필요성 절감." 아고라 페인, <[퇴진]광화문집회 다녀와서 … 절반의 성공 …>, 08.05.24.

32_ 새벽강, <<속보> 광화문 현장 상황>, 08.05.24.

33_ 안단테-선구자, <[타도] 광화문 가두시위당시 동영상>, 08.05.24.; 새벽강, <<속보> 광화문 현장 상황>, 08.05.25.

났다. 이들이 집회를 계속하고 있다는 소식을 접한 시민들이 지지와 연대의 뜻을 보이기 위해 모여들었다. 밤샘 시위를 한 시민들과 새로 집회에 결합한 시민들이 뒤섞여 자유발언을 이어갔다"(참세상 보도). 저녁 9시 30분 청계광장 집회가 끝나고 4,000여 명의 시민들은 자발적으로 명동 롯데백화점과 남대문, 서울역을 거쳐 서울경찰청으로 향했다.[34] 시민들은 다시 광화문으로 합류했지만, 일부는 신촌으로 향했다가[35] 자정이 넘어 32명의 연행자가 발생했다. 이처럼 고시가 임박해지자 매일 10,000명 이상이 집결하였고 1,000여 명 이상의 시민들이 끝까지 해산하지 않고 밤을 새웠다.

5월 26일 밤 10시가 다 되어 청계광장의 집회가 끝날 무렵 좌파 정치조직인 '다함께'가 깃발을 앞세우고 행진을 선동했다. 이날 5,000여 명의 시민들은 종로와 명동을 오가며 경찰과 대치했다.

5월 26일부터 28일까지 문화제가 끝난 후의 가두행진은 다함께가 선두에 섰는데, 명동이나 다른 곳을 돌다가 청계나 시청으로 돌아온 후에 많은 시민들은 광화문과 종각에 합류하여 밤샘 대치와 연좌를 하다가 새벽녘에 연행되기를 반복했다. 대책회의의 문화제 위주에 불만을 품은 아고라386은 별도로 광화문 집결을 호소했지만 많은 수가 모이지는 않았다.

5월 27일에도 10,000명이 넘게 모였고 밤 9시가 넘어 가두행진이 시작되었다. 명동에서 대치하다가 시청 쪽으로 돌아온 시민들은 자정이 넘자 고립되었고 해산 명령과 미란다 원칙이 고지되자 50여 명이 자진해서 경찰차에 올랐다. 이것이 '닭장차 투어'의 시작이다. 이날 113명이 연행되었다. 강제 진압과 연행이 계속되자 386세대들이 대거 참여하기 시작하고 '평화예비군'도 등장하였다.

이날부터 다함께의 '확성기녀'와 대책회의에 대한 불만이 터져 나왔다.

34_ 에반님, <시위 다녀와서 방금 집에 들어왔습니다>, 08.05.25.

35_ 프락치에게 유인되었다는 설이 있다.

대중은 '명박 탄핵'을 외치는데 확성기녀는 항의에도 불구하고 지긋지긋하게 '고시 철회'만 고집하면서 광화문과는 다른 방향으로 행진하다가 상황에 맞지 않는 가두투쟁을 선동하고는 밤이 되면 사라진다는 등의 불만이었다.[36] 대책회의에 대한 불만은 왜 청계광장을 고집하느냐는 것과, 왜 밤늦게 집회를 시작하고, 문화제만 고집하느냐는 것들이었다.[37]

한편 다함께가 반자본 단체라고 폭로하는 글도 올라오고 민주노총이 깃발을 들고 촛불집회에 참여하는 것에 대한 논란도 있었다. 운동권이 합류하면 순수성이 의심받을 수 있고 조중동에게 빌미를 준다는 내용도 있었다.[38]

5월 28일 밤 9시 45분, 집회가 끝나고 행진을 시작하려 하자 경찰이 청계광장을 봉쇄했다. 11시가 다 되어 한사람씩 빠져나온 시민들 중 300여 명은 퇴계로를 거쳐 동대문 두산타워 앞으로 집결했다가 해산했다.[39]

36_ 페르소나, <[베스트요청] 확성기 여자를 비판할 수밖에 없는 이유>, 08.05.27.; 배후세력64, <★ 확성녀 프락치건 아니건 간에 지금 이상합니다★>, 08.05.28.; 쥐잡자, <확성기녀를 의심한다고 착각하는 분들 보시오!!!>, 08.05.28.; 세상의빛, <다함께 확성녀 지지 철회합니다>, 08.05.29.; 정신이드드나?, <★확성녀에 대해서 … 저는 어제 뒤댕겼던 사람입니다★>, 08.05.29.; 천사친구<★오늘 시위의 문제점과 앞으로의 방향에 대해★>, 08.05.29.

37_ 안단테_레인, <[진지하게 질문]왜 주최측(?)은 끝까지 청계광장을 고집하죠??>, 08.05.28.

38_ 새하얀밤, <[베스트]방금 청계천 민노총분!!!!! 깃발 조끼 안됩니다!!!!!>, 08.05.28.; 헌법제1조,<◐ 민노총이 복장을 착용하고 깃발을 들으면 안됩니다(수정)◑>, 08.05.28.; 초령, <민노총의 촛불집회 합류 반대하는 분들께>, 08.05.28.

39_ 이날 행진에 앞장섰던 다함께 관계자가 "오늘은 해산하고 내일 만납시다"라고 일방적으로 선언하자 항의가 빈발했지만 대오는 흩어졌다"(참세상 보도, 08.05.29). 이에 대해 "시위를 마무리 할지 말지를 토론해 결정하자는 것이었다. … 그런데도 확성기를 빼앗으며 토론 자체를 가로막은 일부 자발성주의자들의 행동이야말로 완전히 비

5월 29일 정부고시가 발표된 이날은 낮부터 인터넷 카페인 '유모차' 회원들이 아이를 실은 유모차를 끌고 시위에 참가하고 '아고라386'의 산발적인 시위가 있었다. 이날 열린 "대책회의 긴급운영위에서는 앞으로 행진을 공식 일정으로 진행하기로 결정했다"(김하영, 2009: 194). 경찰은 광화문은 물론 청계광장에서 시청까지 차벽을 쌓았고, 대책회의는 집회를 빨리 끝내고 촛불대행진을 할 것이라고 발표했다. 이날의 행진이 대책회의의 공식적인 첫 가두행진이었다. 밤 8시 30분, 서울광장(시청광장)에서 문화제를 끝내고 서울지역 대학생들이 깃발을 들고 선두에 서서 명동으로 행진을 시작했다. 3만 명으로 시작한 대오가 종로4가를 거쳐 '광화문'을 외치면서 교보문고 앞에 도착했을 때는 5만 명으로 불어났다. 청와대로 가는 모든 길이 차벽으로 막히자 시민들은 주저앉아 자유발언과 노래를 이어갔다. 닭장차의 타이어 바람을 빼는 시민들도 있었다. 자정이 넘어 경고 방송이 나오고 대오가 줄어들자 경찰은 새벽 2시부터 시민들을 인도로 밀어냈고 3시경에 해산했다. 이날은 연행자가 6명이었다. 정부고시 발표가 있었던 이날부터 '유모차'부대와 의료팀, '시민악대'가 선을 보였고 시위대에는 김밥과 생수가 공급되었다.[40] '민주사회를 위한 변호사모임(민변)'이 시작한 '미국산 쇠고기 고시 위헌확인 헌법소원을 위한 국민소송'도 엄청난 호응을 얻었고[41] 안티엠비의 회원은 16만 명을 돌파했다. 그야말로 민심이 폭발하고 있었다.

5월 30일 서울광장에 3만 명이 모였다. 대책회의는 "청와대까지 행진한

민주적 처사였다"(김하영, 2009: 195)는 반론이 있다.

40_ 의료팀은 의료인과 의대생으로 이루어진 자원봉사대이고, 7~8명으로 이루어진 '시민악대'팀은 드럼 등을 가지고 시위의 흥을 돋았다. 항쟁기간 내내 김밥과 생수, 물티슈 등등을 자비로 구입하여 시위대에 나눠주는 이름없는 시민들은 끊이지 않았다.

41_ 6월 3일 마감된 국민소송 참가인단 신청자는 총 103,476명이나 되었다.

후 자정에 시청에서 다시 만나자"고 제안한 후 밤 9시부터 행진에 나섰다. 명동과 광화문을 거쳐 세종로로 돌아온 대오는 새벽 2시까지 시청 앞 도로를 점거하고 집회를 계속하다가 청계광장으로 이동하여 밤을 새웠다.

드디어 주말인 5월 31일 대책회의는 오후 5시쯤 대학로 앞 도로에서 10여 분간 약식 집회를 가진 뒤 행진을 시작했다. 2만여 명의 시민들이 손에 피켓을 들고 '고시 철회, 협상 무효', '민주시민 함께해요', '이명박은 물러가라' 등의 구호를 외치며 서울광장에 도착했을 때는 대오가 4만 명으로 불어났고, 8시경에는 이미 10만 명을 넘어섰다. 8시 25분에 대학생들이 청운동에서 기습 시위를 하다가 80여 명이 연행되자, 대책회의는 "청와대에서 만나자"면서 8시 40분 행진에 나섰다.[42] 서울역 방향 행진 대열은 민주노총 노동자들이 선두에 섰고, 서대문 경찰청을 지나 독립문을 거쳐 사직공원으로 향했다. 또 다른 행진 대열은 대학생들이 맨 앞에 섰고, 을지로를 거쳐 청계천로와 종각4거리, 종로구청을 거쳐 사직공원 앞에서 대치했다. 시민들 일부는 정부종합청사 근처에서 대치했다. 밤 10시 40분 사직터널과 안국역의 양방향에서 청와대를 향해 행진해온 시민들은 경찰의 봉쇄를 뚫고 경복궁 옆 삼청동길 입구에 도착했다. 자정을 넘어서도 4만 5천여 명의 시위대는 물대포에도 굴하지 않고 청와대를 양방향으로 압박하면

42_ "그런데 대책위 상황 실장, 무대 위에서 사람들에게 청운동 연행 비상사태를 알려주었습니다. 그러면서 하는 말 '아직 발언하는 사람들이 많이 기다리고 있고 우리는 행사를 마쳐야 합니다. 중간중간 속보가 들어오는 대로 여러분에게 알려드릴 테니 걱정하지 마세요' 하고 말했죠. 시민들이 속보 받으려고 광장에 모인 거 아니라는 거 누가 말해줘야 압니까. 그런데도 대책위 계속해서 공연했습니다. 공연 하나 끝나고 시민들이 술렁거리면서 항의했죠. 대책위에서 말했습니다. '여러분 어떻게 하시겠습니까' 하구요. 시민들이 '지금 갑시다' 하고 외쳤죠. 그래서 문화제란 것이 일단락되고 가두가 시작되었습니다." 일찍가두함께해산, <정작 대책위에서 했던 중요 포인트는 다 뺀 답변이네요??>, 08.06.07.

서 청운경찰서 근처까지 진출했다. 경찰의 물대포에 "온수! 온수!"로 대응하면서 물러서지 않았고, 일부는 경찰차 위에 올라가 물대포에 맞서기도 했다. 광화문은 해방되었다. 경찰은 병력이 증원되자 새벽 4시 30분 효자동, 7시 30분 안국역 쪽에서 방패와 곤봉으로 강제진압을 시작했고, 총 228명이 연행되었다.

이날 새벽 여대생을 군홧발로 짓밟는 동영상은 시민들의 광범위한 분노를 자아내었다. 시위대는 일요일인 6월 1일에도 해산하지 않고 있다가 오후 5시경 대학생들을 포함한 5천여 명이 다시 시위에 나서 경찰 저지선을 뚫고 경복궁역까지 진출했다. 8시경 집회를 마친 2만 명의 시민들은 또다시 청와대를 향하다가 세종로에서 차벽에 막혔다. 그리고 드디어 '밧줄'이 등장했다. 자정까지 3대의 전경차가 끌려 나왔고 이날 78명이 연행되었다. 새벽까지 해산하지 않은 시민들은 횡단보도 왕복 시위를 계속했다. 6월 3일에도 2만 명이 모여 집회가 끝난 후 서대문과 남대문 방향으로 진출했다.

6월 5일부터 7일까지는 '72시간 릴레이 촛불집회'가 있었고 시민들은 매일 청와대로 가기 위해 거리로 나섰다. 6월 6일 밤에는 새문안교회 골목에서 몸싸움을 벌이고 전경차를 끌어냈다.[43] 매일 밤 세종로와 광장은 해방되었고 김밥과 생수가 충분히 공급되었다.[44] 이제 시민들은 하나가 되었다. 물론 그 자리에 대책회의는 없었다. 시민들의 대책회의에 대한 분노가 폭발했다.[45] 이에 대해 대책회의는 "시민들이 위험해질 수 있다는 판단하

43_ '아고라 CSI'는 6월 8일 사다리와 소화기를 들고 전경차를 파손하던 사람들이 프락치임을 사진 비교를 통해 증명했다.

44_ 인터넷 사이트 '디시인사이드갤러리'에서 공급한 음식들에는 '우리들이 촛불의 배후입니다'라는 스티커가 붙어 있었다.

에 선두의 시민들과 소통하기 위해 애를 쓰고 있다"고 해명하였다.46

45_ "자유발언에 웃고 놀고 떠들고, 간간히 적당한 구호 제창 … 시청 앞에서 연좌 놀이, 광화문 앞 전경버스 유람하기 … 다시금 제자리 … 곳곳에서 청와대 진입 시도 중이란다. 지금도 새문안교회 골목길로 진입을 시도 중이란다. 그런데도 대책위는 아직도 유흥에 지휘자로 시민들을 이끌고 있다. 과연 저들이 바라는 이 집회 … 순수, 숭고할 이 촛불집회의 목적은 무엇일까? …" 방랑자, <방금 귀가했더니 … 도대체 대책위의 존재 이유가 뭔가?>, 08.06.07.

"왜 자꾸 사람들이 빠지기 시작하는 밤에 청와대로 향해야 합니까? 촛불문화제하면서 전경들이 자리잡을 시간을 만들어주는 거 같아요 … 앉을 때도 어제 전경들이 막았던 그 길목들에 미리 앉아 있었으면 좋겠구요 … 후 새벽까지 너무 답답했어요 … 어제 모인 인원이 20만이라던데 … 우리 언제까지 같은 일만 반복해야 하는 건가요?? 일찍 나오신 분들은 제발 가는 길목을 사수합시다!!! 촛불문화제 청와대 가서 하면 되는 거 아닙니까? 이제는 필요없는 주위 가두시위랑 촛불문화제 과감히 생략 좀 했으면 … 언제까지 축제?? 문화제?? 그렇다고 폭력을 하자는 건 아니지만 전 청와대에 가서 우리의 목소리를 꼭 들려주고 싶어요 …." 여사님, <우리 왜 자꾸 밤에만 청와대로 향하는지????>, 08.06.07.

"대책위가 말하는 72시간 릴레이 집회라는 것이 낮에는 시청에서. 밤에는 광화문 사거리로. 거기서 전경차 좀 흔들어주고, 한쪽에서는 술 마시고 놀고 그러다 날새면 다시 시청으로 모이고 또 밤 되면 광화문으로 가는 그런 릴레이를 말하는 겁니까? 대책위는 대책이 없습니다." 프린스, <오늘 새벽 광화문에서 … 72시간 릴레이의 실체>, 08.06.07.

46_ "새벽 12시 상황입니다. 여러 우려와 비판에 대해 짧게 상황설명 드립니다. 셀 수 없이 많은 사람들이 모였습니다. 경찰들이 청와대로 향한 모든 골목골목에 전경버스를 대고 가로막고 있어 진출이 쉽지 않습니다. 그러나 여러 골목골목마다 경찰과 대치하며 참가자들이 청와대 진출을 위해 행진을 시도하고 있습니다. 젊은 학생과 청년들에게는 거리 진출을 하는 곳으로 가도록 독려하고 있습니다. 한편, 아이들을 데리고 나온 부모님들과 고등학생들 그리고 그 외의 많은 분들이 광화문 앞에서 짧은 집회를 하고 있습니다. 이후 어떻게 움직일지 판단하고 있습니다. 홈페이지에 통해 올라온 글 중에 대책회의에서 집회를 해산했다고 하는 부분은 사실이 아닙니다. 상황실은 시민들의 청와대로 향한 평화 진출 행진을 중단하라고 하지 않습니다. 72시간 릴레

그리고 6월 10일 드디어 유치원생부터 할머니까지 100만 명(서울 70만 명)의 시민들이 이명박 퇴진을 위해 모여들었다. 세종로에는 '명박산성'이 가로막고 있었다. 대책회의가 '100만 촛불문화제' 말미에 "이명박은 이미 국민으로부터 심판받았다"고 말했지만, 수십만 명의 시민들은 도심을 거대한 촛불의 바다로 만들고 끝없이 청와대로 가고자 했다. 밤 9시를 조금 넘어 안국동과 서대문 방향으로 시작된 행진은 차벽과 컨테이너에 막히고 자정 무렵 광화문으로 되돌아왔다.

이 국민행동 시간 중인 현재 집회를 더욱 힘있게 진행할 것을 명확히 밝히는 바입니다.

새벽녘 올라오는 글들에 대해 다시 짧은 답변 드립니다. 지금 이곳 게시판을 보면 아주 다양한 이야기가 되고 있습니다. 평화적인 촛불대행진을 하는 것에 불만인 사람들이 있고 정부에 대한 비판을 행동으로 강하게 보여주시는 시민들에 대한 우려도 있습니다. 저녁에만 문화제를 한다는 비판에 대해 낮에 범국민대회와 거리행진 일정을 잡고 있습니다. (사실 낮에 거리행진에는 저녁 촛불대행진보다 훨씬 적은 인원이 모입니다. 일정이 없는 게 아니라 저녁 촛불에 훨씬 많은 사람들이 모이는 현실이 있음을 보아주시기 바랍니다.) 7일(토) 오후 4시에도 대학로부터 낮 거리 행진을 할 예정입니다. 지금까지 이어지고 있는 대치상황에 있어서 여러 시민들이 청와대 방향으로 평화행진을 하셨습니다. 그러다가 경찰과 대치하는 등 여러 상황이 있었고 이곳 게시판을 통해 대책회의가 대치 중인 상황을 외면한다는 글들이 올라왔습니다. 대책회의 상황실에서는 청와대로 향하는 골목들을 확인한 바 섣불리 움직일 경우 시민들이 위험해질 수 있다는 판단 하에 광화문 네거리에서 약식 집회를 하고 있던 차였습니다. 그러다가 연행자 소식을 듣고 사람들이 모두 연행자를 석방하라며 청와대 쪽으로 행진해 나아갔습니다. 시민들의 항의에 3명의 연행자는 무사히 풀려났습니다. 그러나 새문안교회 골목 등에서의 대치 상황은 풀릴 기색이 보이지 않았습니다. 새문안교회 골목은 매우 좁은 골목입니다. 위험한 상황이 벌어질 수도 있는 곳이라 자체적으로 시민들이 광화문으로 가자라는 목소리가 나오고 있었습니다. 상황실에서는 큰 무리가 없는 선에서 선두에 계신 시민들과 소통하기 위해 애를 쓰고 있었습니다." 처음처럼, <광우병 국민대책회의의 답변입니다. Best로 점 …>, 08.06.07.

곳곳에서 컨테이너와 차벽에 막힌 무력감을 극복하기 위해 인권단체가 스티로폼을 준비했다. 산성을 넘자는 게 아니라 연단을 쌓는 퍼포먼스로 의지를 보여주자는 것이었지만 '비폭력'을 외치는 사람들은 연단 쌓기를 막으려 했고, 또 한편에서는 "왜 산성을 넘으려 하지 않느냐"고 거세게 항의하는 사람들도 있었다. 아고라에서는 스티로폼이 인화성 물질이라며 쌓는 것을 막아야 한다는 소리가 빗발쳤다. 그리하여 인권단체의 여성 사회자는 내려오는 수밖에 없었다. 새벽 1시가 되어서야 연단을 쌓는 데 의견이 모아지고 2시부터 자유발언과 토론이 계속되었다. 동이 틀 무렵 깃발만이 컨테이너 위에 올라갔다. 그것도 처음에는 태극기와 아고라 깃발만 허용하기로 했다가 모든 깃발이 올라갔다. 그리고 날이 밝았다.

제2기 소강과 대치기

6월 11일~6월 19일: 소강기

6월 11일 대책회의는 "20일까지 재협상을 하지 않을 시, 정권퇴진운동에 돌입하겠다"고 밝혔다. 그럼에도 불구하고 다음날 김종훈 통상교섭본부장은 "30개월령 이상 미국산 쇠고기 교역 금지에 대한 민간 자율 합의가 실질적이고, 또 효과적으로 집행이 되고, 그렇게 함으로써 소비자들의 신뢰가 다시 회복되도록 하는 것이 방미의 목적"이라면서 재협상이 아니라 추가협상을 벌일 것임을 분명히 했다.

100만 명이 모였지만 이루어진 게 없었다. 시민들은 심한 피로감을 느꼈고 답답해했다. 집회 참여도가 현저히 떨어졌다. KBS, MBC 등 공영방송의 위기 때문에 주중에는 여의도에 합류하는 사람들도 생겨났다. 6월 11일부터 시작된 'KBS 지키기 인간띠 잇기'는 첫날 30명, 다음 날에는 200명 정도가 모였다. 효순·미선 추모 6주기인 6월 13일 화물연대가 파업을 시작하고 20,000여 명이 서울광장에서 집회를 가진 후 일부가 여의도로 이동하여 '공영방송 KBS 지키기 촛불집회'에 합류했다. 집회가 끝나고 500여 명이 한나라당사 앞에서 구호를 외치다가 MBC로 향하기도 했다.

네티즌들은 대책회의의 시청 집회와는 별도로 6월 16일에 KBS에서 모이기도 하고(1,000여 명), OECD 장관회의가 열리는 코엑스에서 촛불집회를 한 후 강남역에서 가두투쟁을 벌이기도 했다. 6월 17일에도 코엑스 앞에서 촛불문화제가 열렸고, 안티엠비는 한나라당사 앞에서 집회를 가졌다.

6월 19일 이명박은 "식탁 안전에 대한 국민의 요구를 꼼꼼히 헤아리지 못한 점에 대해 뼈저린 반성을 한다면서도 재협상은 불가하고 국민이 반대하면 대운하는 추진하지 않겠다"는 기자회견을 하고 6월 21일 추가협상 결과를 발표했다.

6월 19일 밤 10시부터 대책회의가 주관한 '광우병 쇠고기 촛불운동, 어떻게 승리할 것인가?'라는 주제로 '국민대토론회'가 열렸다. 대책회의는 토론회에 앞서 수렴한 제안들을 정리해 제시했다. 그 내용은 정권퇴진운동의 주장이 다수이지만 다른 의견도 많이 있다는 것이었다.[47]

6월 20일~6월 29일: 탄압과 맞대결의 시기-본격 투쟁의 시작

6월 20일부터 '48시간 릴레이 행동'이 시작되었다. 그러나 대책회의가 첫날 준비한 정권퇴진운동의 내용은 다양한 볼거리와 퍼포먼스뿐이었다. 대책회의가 서울광장에서 영화 상영을 하는 동안 시민들은 광화문에서 닭장차를 밧줄로 견인하면서 경찰과 대치하였다. 6월 21일에는 대책회의의 제안

47_ 광우병대책회의, <[대책회의]오후 10시 국민대토론회에 참석해주세요>, 08.06.19.; 광우병대책회의, <[대책회의] [네티즌의견 갈무리] 향후 촛불운동의 방향>, 08.06.19.

으로 '국민토성'을 쌓고 많은 시민과 깃발들이 올라갔다. 경찰이 모래를 실은 트럭 운전사의 열쇠를 압수하자 시민들은 남영역에서부터 모래를 자루에 담아 세종로로 옮겼다. 그리고 촛불집회가 시작된 후 처음으로 대책회의 방송차가 행진이 아닌 투쟁하는 시위대에 공식적으로 합류했다.[48] 시민들은 새벽까지 닭장차 3대를 견인하며 경찰과 대치했다.[49]

6월 19일의 특별담화 후 물러설 곳이 없었던 이명박은 6월 25일 고시를 강행하면서 강경진압에 나섰다. 그러나 시민들은 폭력진압과 연행에도 굴하지 않고 밟힐수록 강해졌다.

고시가 강행된 6월 25일, 대책회의는 오후 2시 청와대 인근 청운동 동사무소 앞에서 긴급 기자회견을 하고, 오후 3시부터 경복궁역에서 200여 명의 시민들과 함께 선전전을 벌였다. 대책회의 대표자들과 민주노동당 국회의원들은 청와대로 가려다 입구에서 막히자 경복궁역 부근에 다시 합류하여 항의시위를 계속했다. 경찰은 오후 5시 갑자기 이정희 의원을 포함한 20여 명을 연행했고 이에 항의하며 호송차를 막는 시민 10여 명을 또 연행했다. 시민 300여 명은 연행자 석방을 요구하며 밤늦게까지 경복궁역을 고수했다. 시청에서 보수단체의 행사가 있어서 대책회의는 오후 7시부터

48_ 이날은 '마이크녀'(30세 정도의 젊은 여성)가 대책회의의 마이크를 빌려 경찰 '방송녀'와 맞짱을 뜨면서 시민들의 스트레스를 풀어주는 일도 있었고, 6월 23일 새벽엔 전경차에 불을 지르려고 한 시민이 같은 시민들에게 붙들려 경찰에 인계되는, 결코 일어나서는 안 되는 불행한 일도 벌어졌다.

49_ "방송차량을 빼야 하는 시점과 밤샘 싸움에서 지친 시위대에 제안을 했고 그 방송을 들은 분들의 다수에 의해 시청으로 가서 해산한 것입니다. … 왜 일방적으로 대책회의가 해산했다고 생각하십니까? 자꾸 이러지 말아 주셨으면 좋겠습니다. 차량을 빼낼 때도 대책회의는 시민들의 요구에 따라서 밧줄을 수거하란 멘트를 수정하였습니다. 다시 한번 말씀 드리지만 다수가 원했기 때문에 시청으로 간 것이지, '강요, 강압' 없었습니다." 김태형, <대책회의 인터넷 팀 자봉 김태형 입니다>, 08.06.23.

대한문 앞에서 촛불집회를 열었다. 대책회의 상황실장은 "1박 2일 동안 이명박 정부를 심판하는 끝장투쟁을 제안한다"며, "집회를 최대한 간결하게 진행한 후 이명박 정부를 향한 분노를 담아 실천투쟁을 전개하자"고 말했다. 경복궁에서 또 연행을 하고 있다는 소식에 7시 30분 2,000여 시민들은 집회를 끝내고 청와대 쪽으로 행진했으나 세종로에서 차벽에 막혔다. 시민들은 속속 세종로로 모여들었고 밤 9시쯤에는 15,000명으로 불어났다. 시민들 사이에서 토성을 쌓아 차벽을 넘자는 의견이 나와 새문안교회 뒤 공사장으로 갔다가 경찰과 대치했다. 밤 11시경부터 세종로 사거리에서 밧줄 견인이 시작되었다. 분노한 시민들은 엄청난 소화기 분사에도 불구하고 새문안교회와 투썸플레이스 건물 앞에서 격렬하게 대치하며 전경차 4대를 끌어내었지만, 새벽 2시부터 물대포와 방패에 밀려 점차 시청 쪽으로 후퇴했다. 이날 100여 명의 부상자(중상자 22명)와 139명의 연행자가 발생했다.

6월 26일, 관보 게재가 이루어진 이날 4만 명이 시청광장에 모였다. 저녁 7시 20분에 시작된 집회가 끝나자 시민들은 8시부터 '청와대로 가자'를 외치며 시위에 나섰지만 세종로에서 또 차벽에 막혔다. 밤 9시 30분 새문안교회 골목에서는 밧줄 견인과 소화기 분사가 시작되었다. 시민들은 자발적으로 역사박물관 뒤 공사판에서 모래를 담아 세종로에 있는 차벽에 토성을 쌓았다. 11시 30분 시민들이 토성을 딛고 버스 위에 오르자 물대포가 시작되었다. 자정이 넘어 강경진압이 시작되자 시민들은 시청 쪽으로 밀리다가 새벽 3시경 프레스센터 앞 차도를 점거하고 경찰과 대치했다. 분노한 시민들은 조선일보사 정문에 쓰레기를 쌓았다. 이날 안민석 의원이 심하게 폭행당했다.

6월 27일 시청광장의 천막이 강제로 철거되고 시청은 차벽으로 봉쇄됐다. 어청수 경찰청장은 물대포에 최루액과 형광물질을 넣고 체포 전담조를 투입하겠다고 밝혔다. 이날 10,000명이 참석한 청계광장 집회에서 대책회의는 "이제 물러설 수 없는 우리의 투쟁"이라며 "내일부터 1박 2일 집중투쟁, 7월 2일 민주노총 총파업, 7월 5일에는 전국에 백만이 모이는 촛불문화제를 열 예정"이라고 밝혔다. 저녁 8시 30분 청와대를 향해 출발한 행진은 한국언론재단 건물 앞 태평로에서 가로막혔다. 시민들은 해산 방송이 나오면 '닥쳐라', '노래해', '차비 줘' 등의 구호로 응수했다. 이날은 새벽에 안민석 의원이 폭행당한 민주당 국회의원들이 시위대의 앞에서 경찰과 대치했기 때문에 폭력진압은 없었다. 시민들은 새벽 5시까지 태평로에서 노래와 율동 그리고 토론을 하다가 해산했다.

6월 28일은 '반민주정권 심판의 날'로 정해졌다. 오후 2시 '기륭전자 투쟁 1,040일'을 맞아 노동자들이 시작한 8보 1배는 코리아나호텔 앞에서 막혀 종로구청 쪽으로 향했다. 붉은 스카프를 손에 두른 '전대협'[50]은 청계광장에서 따로 모여 종로구청 쪽으로 합류했다가 노동자들과 함께 500여 명이 삼청동 길로 진출해서 대치했다. 대학로에서 결의대회를 마친 공무원노조 조합원 20,000여 명을 포함한 시청에 모인 100,000여 명의 시민들은 8시가 넘어 두 패로 나뉘어 세종로로 향했다. 종각 쪽에서는 밤 9시부터 물대포를 쏘기 시작했고, 전경차를 당기던 밧줄이 끊어져 부상자가 나오기도 했다. 프레스센터 쪽에서는 전대협이 소방호스를 당겨서 물대포와 대적했다.[51] 까나리액젓을 쏘는 시민들도 있었다. 전경들은 버스에 접근하는 시민들에게 곤봉을 휘두르고 유리병과 돌멩이를 닥치는 대로 집어던졌다. 자정이 넘자 곤봉과 방패를 휘두르며 해산 작전이 시작되었다. 경찰은 이

50_ '전대협'은 1990년대 초반 학생운동의 대표체였던 '전국대학생대표자협의회' 출신의 투쟁파들이 결집한 것이다.

51_ 동태멋지답, <★★역시 전대협이다 진작에 이렇게 했어야지★★>, 08.06.28. 전대협이 아니라 민주노총 조합원이라는 얘기도 있는데 확실하지 않다.

날 유모차에까지 소화기를 난사하는 등 작심하고 폭력을 휘둘렀다. 태평로에 있던 시민들은 새벽 2시부터 진압에 밀려 종각 쪽으로 합류했다. 종로쪽 광화문 우체국 앞에선 새벽까지 5,000여 명의 시민들이 노래와 율동을 하다가 아침 7시에 자진 해산했다. 이날 59명이 연행됐고, 새벽에 '눕자행동단'[52]의 이학영 YMCA 사무총장이 부상당했다.

6월 29일 경찰이 시청광장을 차벽으로 원천봉쇄하자 오후 6시 30분부터 주변에 있던 시민들 500여 명은 '독재정권 타도하자'를 외치며 을지로 쪽으로 행진을 시작해 저녁 8시경 종각에서 2,000여 명이 연좌했다. 시위대는 계속 불어나 9시경에는 4,000명을 넘어섰다. 경찰은 시위대의 앞줄에 있는 국회의원들을 통해 2개 차선을 열어줄 것을 요청했으나 시민들은 이를 거절했다. 한편 모든 차량을 억류당한 대책회의는 밤 11시 30분 방송차량을 가지고 종각에 합류했다. 자정 무렵엔 경찰서장에게 '노래하면 집에 간다'를 연호하면서 대치하기도 했다. 12시 30분 경찰은 의원들을 제외한 시민들을 인도로 밀어내기 시작했다. 해산당한 시민들은 다시 청계천을 통해 동대문을 돌아 종로3가에서 인도를 통해 을지로를 거쳐 시청으로 향했다. 이날 많은 사람들이 체포조에게 연행되었다. 새벽 4시를 넘어 마지막까지 해산하지 않고 인도에 남아 있던 20여 명의 시민들도 연행되었다.

"이날의 게릴라 가두투쟁은 '경찰 막으면 인도로 가고, 인도 막으면 돌아가면 되고'라는 '되고송'을 연상시키면서 누구도 지도하는 사람 없이 시민들은 그때그때 난상토론을 벌여 진로를 정하고, 행진을 이어갔다"(참세상 기사).

52_ YMCA '눕자행동단'은 시위대에 대한 경찰의 폭력이 심해지자 '비폭력 무저항'을 모토로 전경과 시민 사이에 '오늘은 눕자' 운동을 하였다. 경찰은 이날 새벽 도로에 누워있는 눕자행동단을 군홧발로 짓밟아 많은 분노를 샀다.

제3기 항쟁의 휴식에 이은 고립과 쇠퇴기

6월 30일~7월 4일: 종교계의 개입에 따른 휴식기

6월 25일부터 시작된 폭력적인 강경진압 때문에 국회의원을 포함하여 많은 사람들이 폭행당했다. 부상자가 속출했고 많은 사람들이 연행당했다. 경찰은 6월 27일 대책회의 집행부 8명에 대해 체포영장을 발부하고 검거 전담반을 편성했다. 6월 28에는 대책회의 간부 2명이 구속되었다. 6월 30일에는 대책회의 사무실에 대한 전격적인 압수수색이 있었고 검찰총장은 "불법 폭력 촛불시위에 종지부를 찍겠다"고 밝혔다.

이런 분위기에서 대책회의의 요청으로 종교인들이 등장했다. 6월 30일부터 3일간은 '천주교정의구현사제단'의 미사와 침묵 행진이 있었고, 7월 3일에는 개신교의 시국기도회, 7월 4일에는 불교의 시국법회가 끝난 뒤 구호를 외치는 평화행진이 있었다. 6월 30일 7만, 7월 3일 1만 5천, 7월 4일 5만 명이 참석했고, 이 기간 동안 대치나 연행자는 없었다.

7월 5일~8월 15일: 항쟁의 쇠퇴기

6월 30일부터 천주교 시국미사로 시작된 휴식 국면은 7월 5일 '국민승리선언'으로 마감되었다. 7월 5일 오후 6시 30분 '국민승리선언 범국민 촛불대행진' 집회가 시작되었다.[53] 대책회의는 "국민은 이미 승리했으며 재협상은 반드시 이루어진다"고 시작하는 '국민승리 선언문'을 낭독했다. 이날 대책회의가 선창한 구호는 '국민이 승리한다. 될 때까지 모여라!'였다.

50만 명이 모인 이날 집회에서 주최 측은 "오늘 평화롭고 안전한 행진을 벌일 것"이라고 강조하며 "어떤 자극에도 흔들리지 말고 평화의 촛불을

53_ 국민 '승리를 위한' 촛불대행진이 아니라 국민승리 '선언을 위한' 촛불대행진이다.

지켜주시기 바란다"고 당부하면서 시민사회단체 대표들과 종교계 지도자들이 앞장서는 '인간 방패'를 만들었다. 밤 9시경부터 행진을 시작한 대오는 남대문 방향으로 출발해 명동, 을지로, 종로, 안국동까지 나아갔다가 다시 종로를 거쳐 시청으로 돌아왔다. 밤 11시부터 시청광장에서 시작된 문화제는 새벽 2시 30분까지 이어졌다. 사회자는 "전경차를 끌어내고 청와대를 향하는 것만이 항쟁이 아니라 이 자리를 늦게까지 지키면서 촛불의 힘을 보여주는 것도 항쟁"이라고 말했다.

문화제에서 대책회의가 발표한 5가지 요구사항은 △광우병 위험 미국산 쇠고기 수입 전면 재협상, △재협상이 이뤄질 때까지 유통 중인 미국산 쇠고기를 모두 회수하고 더 이상의 유통을 중단, △어청수 경찰청장과 최시중 방송통신위원장 파면 및 구속자 석방과 수배 해제, △의료민영화, 방송 장악 음모, 교육 공공성 포기, 한반도 대운하, 물/공기업 민영화 등 중단, △위 문제 해결을 위한 대통령 면담 및 대국민 공개 토론회 개최 등이었다.

한편 문화제에 불만을 품은 시민 2,000여 명은 교보문고 앞에서 새벽까지 차벽과 대치했다. 경찰과의 충돌을 우려해 차벽 앞에서 시민들을 등지고 앉아 있던 '늙자행동단'은 한 시민의 질타를 받고 철수했다. 이날 대책회의 관계자들은 도로에 나가 있는 시민들을 끊임없이 문화제에 합류하도록 권유했다.

6월 25일부터 대책회의에 대한 탄압과 강경 진압이 시작되자 대책회의는 동요했다. 집회를 평화적으로 끝내고 공식 종료선언을 하지 않는다면 대책회의와 함께할 수 없다는 단체도 나왔다. 일부 단체의 대표들은 청와대 비서진을 만나 교섭을 시도하려고 했다가 요구사항을 전달하는 것조차 거절당했다(참고자료 2)[54]. 이런 상황에서 '국민이 승리했다'고 선언하고

54_ 대책회의 회의록 등의 참고자료와 필자의 발표문은 제3부 '부록'에 수록되어 있다.

평화적인 음악감상회로 집회를 마무리한 것은 항쟁 의지를 포기하겠다는 것과 같았다. 그리고 7월 7일 대책회의는 '촛불집회 직접 개최 중단(주말 등 주 2회만 집중) 및 생활 촛불 구상'을 발표했다. 주 2회만 집중하겠다면서 생활 촛불 즉 지역에서 미국산 쇠고기 불매 운동을 시작하겠다고 운운하는 것은 중앙에서의 정권퇴진운동을 더 이상 추진할 힘이나 의지가 없다는 고백과도 같았다. 촛불은 이제 외롭게 싸워야 했다.

7월 6일부터 다시 시청광장 원천 봉쇄가 시작되고 7월 8일에는 그동안 촛불집회에 몇 번 나와 눈도장을 찍었던 민주당이 국회 개원에 합의했다고 밝혔다. 각 단위가 주최한 주중 집회와 행진은 수백 명에서 천 명 정도가 참석했지만 경찰의 억압을 받았다.

7월 8일에는 여의도 MBC 앞에서 민주노총과 함께 1,000여 명이 문화제를 한 뒤 한나라 당사를 거쳐 KBS 앞에서 해산했다. 7월 9일에는 시청광장의 차벽 안에서 100여 명의 시민들이 촛불집회를 했다. 7월 10일 교수 3단체, 보건의료 단체, 문화예술계가 주관한 보신각 앞 촛불집회에는 500명이 모였다. 집회가 끝나고 인도를 따라 플래카드를 들고 을지로로 향한 행진은 명동 입구에서 도로를 무단 횡단하다가 경찰력에 밀려 인도에 고립되기도 하였다.[55] 7월 11일 민주노총이 주관한 청계 집회에는 1,500명이 참석했다.

주말인 7월 12일 시청광장이 봉쇄되자 저녁 7시경부터 시청 부근 국가인권위원회 건물 앞에서 대책회의와 함께 500명으로 출발한 행렬은 명동, 을지로, 종로를 거쳐 조계사로, 다시 안국동 로터리에서 종로, 동대문, 을지로, 명동을 거쳐 숭례문을 돌아 4시간 만에 시청 앞에 도착했다. 대오는

55_ 참세상 기자는 7월 5일 이후 최초의 가두 진출이라고 하나 필자가 보기엔 인도를 따라 행진하던 대오가 지하도로 건너기가 불편해서 무단횡단을 한 것이었다.

20,000여 명에 달했다. '촛불자동차연합'도 경적을 울리며 행진에 참여했다. 중간에 조계사에서 문화제를 하려고 했던 대책회의는 "행진할 필요도 없는 적적한 거리에서, 시민들이 많거나 이슈가 될만한 거리도 아닌데도 불구하고 그 조용한 곳에서 문화제를 왜 하느냐"[56]는 시민들의 비난에 문화제를 포기했다.

7월 13일 시청광장이 봉쇄되어 시민들 100여 명이 보신각에 모이자 대책회의가 집회를 시작했다. 일부 시민들은 '대책회의와 함께할 수 없다'며 청계로 이동했고, 보신각에 있던 시민들도 집회가 끝나자 청계광장으로 합류했다. 밤 9시에 200여 명의 시민은 YTN으로 행진을 했고 100여 명의 시민은 청계광장에 남았다.

7월 17일 밤 9시경 100여 명의 시민들은 청계광장에서 종로구청 입구 도로로 진출해 동대문 방향 4개 차선을 막고 연좌했다. 밤 9시 30분 청계광장에서 촛불문화제를 마친 20,000여 명의 시민들은 종각으로 합류했다. 경찰이 종각 쪽에서 봉쇄하자 일부 시민들은 종로2가를 거쳐 종로4가까지 갔다가 다시 종각 쪽으로 방향을 바꾸었고, 민주노총과 대학생들이 앞장선 시위대는 대책회의와 함께 조계사와 일본 대사관으로 향했다. 밤 10시 30분 시위대는 안국동 동십자각에서 대치했고, '매국노 이명박 퇴진'이라고 적힌 깃발을 들고 나온 200~300명의 시민들은 "비폭력을 외칠 사람들은 뒤로 물러서라"고 말하면서 전경차 중 한 대의 타이어 바람을 빼고 철창을 뜯어냈다. 물대포와 소화기에 맞서 전경차 유리창을 깨고 밧줄로 당기다가 자정 무렵 진압이 시작되자 종각으로 후퇴해 인도에서 대치했다. 경찰은 이날 '촛불다방'[57] 자원봉사자들을 연행했다.

7월 19일 청계광장에서는 집회가 시작되기 전 주경복 교육감 후보의

56_ 구국의 빛더미, <(엠비아웃돌아왔습니다. 12일 서울대첩 완전분석>, 08.07.13.

57_ 촛불다방은 촛불항쟁 내내 시위대의 후방에서 커피 등을 무상으로 배급했다.

유세가 있었다. 저녁 7시에 집회가 시작되자 '전대협'과 '안티엠비'의 깃발을 든 1,000여 명의 시민들은 '타도 이명박! 해체 한나라당!'을 외치면서 종로로 진출해 종로3가 서울극장 앞을 지나 을지로를 거쳐 다시 종로2가로 행진했다. 밤 8시 30분 청계광장에서 집회를 끝낸 시민들이 행진에 합류하자 시위대는 3,000여 명으로 불어났다. 시민들은 전대협의 지휘 아래 스크럼을 짜고 경찰과 대치했다. 몇몇 사람들은 폭죽을 쏘기도 했고 사복에 흰 우비를 입고 이동하는 경찰들도 보였다.

7월 26일 집회 중인 청계광장을 경찰이 봉쇄하자 천변을 따라 빠져나온 시민들은 종로1가로 진출했다. 밤 11시가 넘자 경찰은 방패를 앞세워 시민들을 인도 위로 밀어붙인 뒤 강제연행을 시작했다. 5,000여 명의 시위대는 종로2가, 종로3가, 세운상가까지 후퇴하면서 새벽까지 저항을 계속했다. 이날 종로2가에서는 크레도스 차량이 시위대에 돌진하여 부상자가 발생했다.

8월 2일 청계 집회 후 5,000여 명의 시위대는 명동 밀리오레 앞 도로를 점거하고 대치하다가 백골단에게 밀려 명동 안으로 후퇴하여 해산하였다.

부시가 방문한 8월 5일 경찰이 청계광장에 난입하자 30,000여 명의 시민들은 종로로 이동하여 대치하였다. 경찰의 초강경 진압과 연행 때문에 여러 차례 무너졌지만 시민들은 종로2가부터 3가와 5가까지 후퇴하면서도 대치를 반복하다가 자정 무렵에 해산했다.

이날 이후 촛불은 아고라에서 [8.15 100만]을 선동했다. 8월 15일 오후 5시쯤 대학로에서 민주노총 집회와 '광복 63주년 기념 8.15민족통일대회'에 참석한 노동자와 시민 5,000여 명, 탑골공원과 종각 등지에서 유관순 열사 플래시 몹 등을 진행한 인터넷카페 '소울드레서' 회원 300여 명 등 시민 3만 명은 저녁 7시 신세계백화점 앞 소공동 로터리에 집결했다.

대책회의가 "더 이상 남은 것은 없다. 우리는 민주주의와 건강권을 지키기 위한 촛불을 끄지 않을 것이다"라며 '100차 촛불문화제 선언문'을 낭독하는 동안 경찰은 5거리 중 4개 방향에서 진압 대오를 갖추었다. "을지로 방면에서 3,000~4,000여 명의 경찰 병력을 동원해 살수차와 경고 방송으로 시민들을 압박하는 경찰에 맞서 '흑시단', '십대연합', '시민시수대' 등이 맨 앞에 섰다.[58] 십대연합 회원들은 자체 제작한 '촛불 방패'를 들고 나왔으며, 방패에 '형, 오빠, 오늘밤 무장해제'라는 글귀를 적어 넣었다. 시민시수대는 '죽지 않을 만큼만 맞겠습니다'라고 적힌 깃발을 들었다"(참세상 보도). 밤 8시 10분경 사방에서 색소가 섞인 물대포를 쏘며 몰려오는 경찰에 의해 30,000 대오는 순식간에 해산되었다. '국민과 대화할거요? 퇴진할거요? 둘 중 하나만 선택하시오!'라는 플래카드를 앞세우고 연좌했던 '815평화행동단' 20여 명도 물대포를 맞으며 처절하게 연행되었다.[59]

58_ '흑시단', '십대연합', '시민시수대' 등은 투쟁현장에서 친하게 된 사람들이 결집한 전투파들로 비공개 카페를 통해 소통하였다.

59_ "밤이 오고, 한국은행 앞이었습니다. 저 멀리서 경찰부대와 살수차가 대로를 따라 다가오고 있었습니다. … 예상보다 수가 적어서 연좌는 단 한 줄로 형성이 되었습니다. 스크럼을 짰습니다. … 뒤에서 강철대오 전대협이 외치는 구호에 뒤를 돌아봤습니다. "오늘 우리는 이 자리에서 한 발짝도 물러서지 않겠습니다!"라고 그분들은 외치고 있었습니다. 마침내 익숙한 살수차 돌아가는 소리가 납니다. 물이 바닥을 타고 흘러와 신발과 다리와 엉덩이를 적십니다. 그런데 파란색입니다. 뒤이어 거품물이 밀려옵니다. 곧 이어 우리를 겨냥한 살수가 시작되었습니다. 눈을 감고 고개를 숙였습니다. 앞에 서 계셨던 분들이 어찌 되셨는지 걱정되던 찰나에 물대포가 우리를 훑고 지나갑니다. 멀어졌던 물 부서지는 소리가 다시 가까워옵니다. 이번에는 한 명씩 얼굴에 대고 조준살수를 하는 모양입니다. 오른쪽에 계신 남자분에서 살수가 오래 머무릅니다. 그분은 처음엔 팔에 힘을 주고 버티시다가 곧 숨이 막히는지 몸을 비틀기 시작했습니다. 이분을 도망가시게 놓아드려야 하나 고민할 때쯤 물대포가 저에게 옮겨왔습니다. 숨이 막히고 감은 눈 사이로도 물이 비집고 들어왔습니다. 왼쪽에 앉은

명동으로 후퇴한 시민들 중 3,000여 명은 종로2가 탑골공원으로 향했다가 9시 35분경에 진압당했고, 노동자들과 함께 을지로를 거쳐 동대문 밀리오레 앞에 재집결한 5,000여 명의 대오 역시 10시 20분 전경들이 양방향에서 몰려오자 저항 한 번 못하고 속절없이 해산되었다. 참으로 분했다. 일부는 명동으로, 일부는 탑골공원으로 이동해 저항했지만 그 숫자는 수백 명도 안 되었다. 도심에서의 대규모 저항은 이렇게 끝을 맺었다.

여학생 차례에서 그분은 아예 몸이 뒤로 밀립니다. 제 왼팔에 더 힘을 주었습니다. … 곧 군홧발소리와 방패 찍는 소리가 들립니다. 고함소리도 들렸던 것 같습니다. 전경 또는 체포조가 몰려오고 있다는 것을 직감적으로 알 수 있었습니다. 이미 눈은 물이 들어가서 잘 안보이고, 소리의 공포에 고개를 들 수도 없었습니다. 곧 머리를 찍히겠구나… 생각하며 고개를 움츠리고 있는데, 지휘관의 소리가 들립니다. "얘네 놔두고 저 뒤에 싹 밀어버려!", "얘네들 둘러 싸!" 먼저 남자들이 뜯겨나가고… 여경들이 둘러쌌습니다. 곧 여자들을 연행해가기 시작했습니다." 모의고사, <[8.15 평화행동단] 연좌에서 연행까지 후기입니다>, 08.08.18.

제2장 항쟁 속의 쟁점들

심판인가? 퇴진인가? 타도인가?

촛불은 '미친 소, 미친 교육 반대, 미친 소 너나 먹어!'라는 피켓을 든 10대 여학생들로부터 시작되었으나 광우병에 대한 공포보다는 이명박 정권에 대한 불만이 훨씬 컸고, 가두행진과 투쟁 속의 주된 구호는 '명박퇴진'이었다. 이명박에 분노한 촛불은 청와대로 가고 싶어 했고, 새문안교회 골목을 뚫고자 했으며, 광화문과 종로 등 광장과 도로를 해방시키고 공권력과 대치했다. 그것은 분명한 '정권퇴진운동'이었다.

촛불의 적은 초반부터 이명박, 한나라당, 조중동, 뉴라이트로 정리되었다(민족반역자처단협회, 2008). 촛불을 규정짓는 수많은 정체성 중 으뜸인 것은 극도의 증오감을 수반한 이명박 퇴진이다. 촛불은 결코 이명박을 용납할 수 없었다. 안티엠비가 주최한 4월 26일과 5월 2일 집회에서는 '명박탄핵'이었지만 처음으로 도로로 진출했던 5월 24일에는 '고시철회'와 '협상무효'만이 아니라 '독재타도'가 외쳐지고 7월이 되자 '해체 한나라당, 타도 이명박'의 구호도 스스럼없이 나왔다.

그럼에도 광우병대책회의는 '고시철회'와 '협상무효'만 외치다가, '명박퇴진'이 대중의 열망이 되자 간신히 '명박심판'을 얘기했다.[1] '심판'이란 선

1_ "5월과 6월이 지나도록, 대책회의는 단 한 번도 공식행사에서 명박퇴진이나 명박심판이란 구호를 외쳐본 적이 없습니다. … 7월에 들어서 처음으로 명박심판이란 구호가

거로 선출되었으니 다음 선거 때 투표를 잘하기로 하고 지금은 '퇴진'을 외치며 싸우지 말고 지역에서 생활정치를 하면서 '미국산 쇠고기 불매운동'이나 하자는 주장과 같다. 그러나 이명박이 아무리 선거를 통해 당선되어 선출의 정당성을 가지고 있다고 하더라도 국민을 배반한 것이 명백한 이상 통치의 정당성을 상실했기 때문에 퇴진 요구는 정당한 것이었다.

폭압이 거세어지고 분노가 커질수록 몰아내고 싶었지만 타도할 힘은 없었다. 국민은 자기가 선출한 공복에 대해서 그 공복이 자신을 배반할 때 물러날 놈은 물러나라 하고 몰아낼 놈은 몰아낼 권리가 있다. 이것은 저항권이고 법률의 잣대로 정당성을 논할 필요가 없다.

대통령을 몰아내면 대안이 있느냐, 청와대를 왜 가느냐고 걱정하는 촛불도 있었다.[2] 그런데 이승만이 쫓겨나고 박정희가 죽었다고 헌정질서가

행사의 끝에 나왔었고, 행사가 끝나고 행진을 시작할 직후에 처음으로 대책위 마이크에서 이명박은 물러가라는 구호가 잠깐 나왔었습니다"(발표글 6).

* 부록에 실려있는 필자의 '발표글'과 '참고자료'는 이 책의 맨 뒤에 있는 '참고문헌'에 표기된 순번만 표시한다. 필자의 발표글은 촛불항쟁 때 주로 아고라와 참세상에 발표하거나 촛불연행자모임을비롯한 촛불조직들의 토론문으로 제출한 것이고, 참고자료는 주로 대책회의와 촛불조직들의 문건들이다.

2_ "단기간에 뭔가 결과를 보겠다고 나서면 우리의 확실한 패배입니다. 이 싸움은 매우 길고 또 지루한 장기전이 될 것이고 그렇게 되어야 합니다. … 제일 좋은 것은 역시 이명박 대통령을 끌어내리는 것이지만 조금 회의적인 것이 현재로서는 마땅한 대안이 없다는 것입니다. 끌어내린 후 누구를 다시 그 자리에 앉힐지도 걱정이고 … 우리의 패배는 무엇입니까? 국민적 지지를 잃어버리는 것입니다. 촛불시위가 토론의 장, 대화의 장, 문화의 장이 될 수 있도록 만들어야 합니다. 우리의 생각과는 다르게 아직도 많은 사람들이 시위하면 '쇠파이프, 최루탄, 죽창' 같은 폭력적 이미지에 사로잡혀 있습니다. 이것을 바꿔야 할 필요가 분명히 있습니다. 더 대중적인 지지를 받아야 합니다." 임일규, <시위대가 청와대로 갈 필요가 없는 이유>, 08.06.08; 아고라 폐인들(2008: 92)에서 재인용.

문란해졌던가? 이명박이 물러나든 쫓겨나든 그 다음 일은 걱정하지 않아도 될 일이었다. 어떠한 통치세력이나 정권이 들어서더라도 민의를 더 존중하거나 눈치 보는 세력일 테니까 ….

총체적으로 볼 때 촛불은 결코 광우병 소에 대한 정책반대운동이 아니라 국민을 배반한 정권에 대한 퇴진운동이라고 규정해야 한다. 따라서 대규모 가투가 사실상 막을 내린 8월 15일까지의 투쟁의 성격은 '항쟁'이다. 이것을 봉기라고 부르지 않는 것은 정권을 타도하고자 하는 의지와 힘이 충분히 결속되고 성장하지 못했기 때문이다. 또한 쌍차(쌍용자동차)에서 아무리 격렬하게 싸워도[3] 혹은 용산투쟁에서 '명박퇴진'을 아무리 외쳐도 퇴진운동이 아니었던 것은 퇴진을 밀어붙일 의지와 힘이 없었기 때문이다. 타도를 위해 건곤일척의 승부를 겨루고자 하는 투쟁의 치열함에까지는 이

"투쟁의 장기화는 시위대의 약화를 가져올 것이고, 그것은 이명박 정권이 가장 원하는 방법론임이 분명합니다. 또한 항의의 대상과 장소는 분리되어서는 안 됩니다. 이것은 집회 및 시위의 본질적 내용입니다. 버시바우에 불만이 있다면 미국 대사관 앞에서, 오세훈에게 불만이 있다면 시청광장 앞에서, 그리고 이명박에게 불만이 있다면 청와대 앞에서 집회 시위가 이루어져야 하는 것입니다. … 우리 국민들은 그 관념에 길들여진 나머지 청와대 앞에서의 시위가 곧바로 불법폭력시위인냥 착각하고 있는 것입니다. … 촛불시위의 장기화는 국민과 국가에 이로울 것이 하나도 없습니다. 청계천 광화문 시청광장 그리고 각 지방의 분산된 시위대는 효과없는 시위를 하고 있는 것입니다. 차라리 짧은 기간에, 하나의 장소에서 응집된 힘을 보여주는 것이 좋은 방법입니다." 짐승이라오, <시위대가 청와대로 가야 하는 이유>, 08.06.08.; 아고라 폐인들(2008: 93)에서 재인용.

3_ 쌍용자동차는 2009.4.8. 총 2,646명의 구조조정안을 발표하고, 2009.6.8. 강제적으로 희망퇴직서를 작성한 1,670명 외에 976명을 전격 해고했다. 이에 쌍차 노동자들은 구조조정과 졸속 매각에 반대하기 위해 '해고는 살인이다'는 구호를 내걸고 옥쇄파업을 결의한 뒤 640명의 노동자들이 도장 2공장 등을 점거하고 2009.8.6.까지 77일간의 영웅적인 투쟁을 하였다.

르지 않았다.[4]

한편 항쟁 초기에 '탄핵'이란 구호가 있었다. 그러나 탄핵이란 헌법상의 절차로 한나라당이 장악한 국회에서 국회의원 2/3 이상이 찬성해야만 하는 것으로 현실성이 없는 슬로건이었고 대중들이 거리로 진출한 이후 이 구호는 사라져 갔다. 그리고 간혹 '타도'라는 구호가 나오기는 했지만 지속되지는 않았다. '퇴진'은 '물러나라'는 뜻이고, '타도'는 '몰아내자'는 뜻이다. 이 점은 87년 6월 항쟁에서 '호헌 철폐, 독재 타도'가 주된 슬로건이었던 점과 대비되는 부분이다. '몰아내자'를 외치기 위해서는 힘에 대한 확신도 필요하지만 분노와 열망도 그만큼 커야 한다. 하지만 정권과 체제의 적대적 본질에 대한 인식이 부족했기 때문에 오직 맨손으로 청와대로만 가고자 했을 뿐, 항쟁의 미발달로 타도 투쟁의 단계에까지는 나아가지 못했다. 촛불은 끈질겼지만 치열하지는 않았다.

촛불은 끊임없이 변화하고 발전하였다.

깃발 부대와 폭력 선동을 경계했던[5] 촛불은 5월 2일에는 '미친 소는 너나

4_ 조정환이 2008년 촛불투쟁을 '봉기'라고 부르는 것은 상식에 반하는 아첨일 뿐이다.

5_ "★시위하실 때 절대 폭력 행위를 선동하는 프락치들에게 휘말리지 마세요. 특히 중고등학생, 대학생분들. 흥분하다가 휘말릴 수 있습니다. 한나라당이나 대통령 측에서 전략적으로 폭력 시위를 유도하는 자들 심어둘 거 뻔합니다. 오래전 시위에도 그런, 낡은 수법이죠. 여기에 부디 휘말리지 마시기 바랍니다. 이건 폭력시위로 유도하여 탄압의 명분을 만들 테니까요.★ [추가] 깃발 부대 따라다니지 않기! (깃발 부대의 목적은 의경, 전경과의 충돌 … 저런 수법에 넘어가면 절대로 안 됩니다. 이명박 탄핵을 외치며, 불을 지르거나, 거리의 상점에 폭력을 행사하는, 스파이가 있을 겁니다. 초기에, 주변 분들하고 같이 말리시거나, 촬영 장비가 있다면 정확히 촬영하십시오. 특히, 저놈들이 잘 쓰는 수법이니까 명심하시고 큰 소리로 주변에 알려주세요!". 피그말리온,

먹어', '이명박은 물러가라'고 외치기도 하고 경찰이 위협하자 다시 침묵 집회를 하기도 했지만, 불과 보름도 안 지난 5월 17일 여의도에서는 '고시 철회'나 외치면서 문화제나 하고 있는 대책회의 대신에 '이명박을 탄핵하자'며 가두행진을 하였다. 5월 28일 "노동자들이 붉은 조끼 입고 깃발 들고 와도 되느냐"고 물었을 땐 큰일 날 것처럼 반대하던 사람들이 있었지만, 다음 날인 5월 29일 대책회의가 공식적으로 가두행진을 결정했을 때 이를 이끈 것은 민주노총의 깃발과 서울지역 대학생들의 깃발이었다. 아고라와 유모차부대의 깃발이 등장한 것도 이때부터였다. 촛불은 스스로 깃발의 필요성을 깨우쳐갔던 것이다. 5월 31일이 지나면서 많은 깃발들이 나오기 시작했고, 6월 초 새문안교회 골목에는 민주노총을 비롯한 수많은 운동단체들의 깃발이 등장했다. 시민들은 어느 틈엔가 깃발과 조끼를 당연하게 생각하게 되었다. 합법의 틀 내에서 신고된 가두행진을 얘기하던 사람들이 5월 24일에는 광장과 도로를 점거하고 스크럼을 짜고 청와대로 진격하였다. 비폭력을 외치던 사람들은 끊임없이 있었지만 6월 1일 밧줄이 등장하자 많은 사람들은 환호하며 함께 당겼다. 6월 10일에는 스티로폼을 쌓지도 못하게 하는 사람들과 왜 산성을 안 넘어 가느냐는 사람들이 있었지만, 6월 21일에는 대책회의의 제안으로 국민토성을 쌓고 많은 시민들과 깃발이 올라갔다. 6월 25일과 26일 시민들은 자발적으로 토성을 쌓고 닭장차 위로 올라갔다. 6월 하순부터 다시 밧줄이 등장했고 색소포를 앞세운 강제 진압과 연행에도 끊임없이 대치하면서 해산하지 않았다.

이상으로 살펴본 바와 같이 깃발과 구호는 물론이고 단순히 촛불만 들

<집회 시 깃발 부대 주의하세요. 한나라당 알바입니다>, 08.05.02.

'폭력 시위는 경찰이 원하는 것, 폭력 시위자는 우리가 신고합니다.', '폭력 시위자는 경찰 프락치다'라는 비폭력 집회를 위한 플래카드 도안도 있었다(아고라 폐인들, 2008: 178).

던 문화제6에서 신고된 가두행진으로 나아가고, 평화적인 행진은 '광화문'과 '청와대'를 외치면서 전경차를 끌어내고 진압경찰과 대치하고 싸우는 형태로 변화하였다.

순수와 비폭력론의 고찰

촛불이 변화하고 발전하던 과정은 순수와 비폭력을 외치던 사람들이나 의견이 점차 소수가 되고 사라져가던 과정이기도 하였다. 촛불이 말하던 순수와 비순수, 폭력과 비폭력의 본질은 무엇인가? 구호도 외치지 말고 깃발도 들지 말자는 그 주장의 이면에는 죽창이나 파이프를 들고 싸우는 노동자들과의 차별화를 통해 언론이나 공권력으로 하여금 촛불시민을 적대하거나 탄압하지 말라는 혹은 운동세력으로 오해받아 탄압받고 싶지 않다는 그런 심리가 들어 있다.7 이것은 조중동을 증오하면서도 조중동의 논리에

6_ 2009.9. 헌법재판소에서 야간옥외집회의 원천 금지에 대하여 헌법불합치 결정이 내려지기 전까지 문화제나 종교행사를 제외한 야간 집회와 시위는 불법이었다. 그 때문에 촛불을 든 문화제라는 독특한 집회방식이 생겨났다.

7_ 헌법제1조, <◐ 민노총이 복장을 착용하고 깃발을 들으면 안됩니다(수정). ◑>, 08.05.28. 조회 4,272, 찬성 475, 반대 42. "물론 촛불 문화제 분위기상 그렇게 됐지만 … 그런 상황은 절대 막아야 한다고 생각합니다. 저들은 어떠한 빌미라도 잡으려고 혈안이 되있는 집단들입니다 … 집회는 항상 국민이 주도해야 합니다 … 어떤 이익을 추구하거나 이념을 가진 집단이 집회를 주도하게 되면 … 우리 국민들이 위험해질 수도 있고 … 여태껏 해왔던 집회가 왜곡된 시선으로 바라봐 질 수 있습니다 … 집회에 참가하지 않은 일반 국민들에게도 좋지 않게 보일 수도 있습니다. 가장 무서운 일입니다. 지금까지 비폭력 평화적인 방법으로 잘해왔지만 …. 다른 단체가 주도하게 되면 … 초기의 마음이 어느 순간 무너질 수 있다고 생각됩니다. 그런 급박한 상황에서는 순간의 분위기가 중요한데 … ps. 오해를 하시는 분들이 많은데요 … 참여를 반대하는 것이 아니구요 … 위에 내용을 적은 것은 조심하자는 의미입니다 …"

세뇌된 시민들이 자기 안에 내면화된 억압을 극복하지 못한 것을 보여준

ysgho: 이런 말이 나오는 것 자체가 조중동에 학습된 결과라는 생각 안 드세요? 민노총이 나서면 왠지 불안해지는 듯한 … 배후 조종설 때문에 이 문제가 거론되는 것이라면, 민노총보다 훨씬 많이 집회에 참석하신 강기갑 의원님과 강의원님께서 속하신 당은 벌써 집회의 배후세력이라고 거론하고도 남았을 것 같지 않나요? 본질을 비켜가는 왜곡된 걱정은 좀 지나치단 생각입니다. 님의 마음은 충분히 이해합니다만 …

우쒸: 지금 국민의 이름으로 민주노총이 참가하는 것입니다. 이상한 논리 만들지 마세요.

은률: 민주노총의 참여를 환영합니다. 국민의 이름으로 참여하신다면 조끼나 깃발은 필요하지 않을 듯 합니다.

새하얀밤, <[베스트]방금 청계천 민노총분 !!!!!깃발 조끼 안됩니다!!!!!>, 08.05.28. 조회 8,008, 찬성 1,179, 반대 44. "방금. 조끼 깃발 가져와도 환영하실거죠?"라고 하시는데 … 절대 환영 안 할겁니다. 이제까지 쌓아온 국민들의 자발적 시위가 완전히 색깔에 덮히는 겁니다. 국민의 자발적 시위를 민노총 그네들의 것으로 덮으려고 하지 마십시오!!!!! 이번 시위는 그 어떤 단체로 없는 중립적 위치를 유지하는 자발적 시위여야 합니다!!!!! 민노총 홈페이지에 가셔서 깃발, 조끼 안 된다고 한 말씀씩 해주세요, 이 촛불집회는 국민들이 모이는거지 어떤 단체끼리 모이는 것이 아니잖습니까. 깃발, 조끼 들고오면 조중동 신나게 까댈겁니다. 이제까지 우리가 지켜온 비폭력, 평화가 깨지지 딱 좋은거죠 … 참여를 반대하는 건 아닙니다. 민노총 주의해 주시기 바라는 겁니다. 정말, 그분 발언 듣고 깜짝 놀라서 급하게 올렸습니다.

H_MAKI: 빌미? 빌미를 안 줘도 알아서 조중동은 자기들 입맛에 맞게 기사 잘 만듭니다. 피켓 들면 빨간색이니 좌익이라 그럴 거고 촛불 들면 화염병에 불붙이는데 쓴다고 우길 거고 연행되면 폭력을 휘둘렀다고 잡아간다고 하고 가지가지 잘 합니다. 오늘 기사, 참 압권이었습니다. 그리고 그것 빼고 나면 집회 이야기는 죽어도 안 꺼내더군요. 그리고 조끼, 민노총분들 입던 안 입던 그건 자윱니다. 다만 국민들을 대표하는 한 사람으로서 동질감이 있었으면 합니다. 그러고 보니 전투복, 입자 안 입자 논란은 많았지만 정작 집회에서는 입은 사람은 그리 흔하지도 않았습니다. 이런 걸로 분열하지 맙시다. 지금은 민노총이건 국민이건 힘을 합쳐야 합니다.

원츄: 아고라인 여러분 제발 분열되지 맙시다. 우리의 목표는 이메가와 그 일당을 몰아내는 것입니다. 우리는 같은 편입니다. 민주노총이 오해받으면 우리가 감싸야지

다. 무릇 민중을 억압하는 권력이란 노골적인 폭력이 아니라 억압을 내면화함으로써 체제에 순응하게 하고 저항을 체념하게 만든다. 이것이 체제의 유지를 위한 중요한 도구로서의 이데올로기의 역할이다. 따라서 모든 투쟁은 이러한 내면의 억압을 극복하는 과정이다. 민중을 억압하는 권력과 싸우기 위해서는 먼저 내면의 억압과 상상력부터 해방시키는 과정이 필요하다. 내면의 억압으로부터의 해방이란 공권력에 대한 두려움만이 아니라 온갖 권위주의와 대리주의로부터의 해방이기도 하고 기존의 체제를 뛰어넘는 상상력을 획득하는 과정이기도 하다. 하지만 이러한 과정은 촛불항쟁 속에서 철저히 진행되지 못하였다.

폭력은 무조건 나쁜 것인가? 그렇다면 전두환을 몰아내기 위해 날마다 화염병을 들었던 80년대의 학생들은 테러범이고 범법자인가? 공수부대의 만행에 맞서 무기고를 털어 스스로를 총으로 무장했던 광주시민은 폭도인가? 생존을 유린하는 자본의 폭압 앞에 쇠파이프로 저항한 쌍차 노동자들은 법질서를 유린하는 폭도인가?

국민의 정당한 의사표현을 군홧발로 짓밟고 방패로 찍고 곤봉을 휘두르는 공권력은 조폭과 다름없는 부당한 폭력이지만 이에 맞선 시민의 저항은 정당한 폭력이다. 부당한 공권력에 달리 대항할 방법이 없을 때 억제된 폭력으로 스스로를 지키고, 부당한 폭력을 넘어뜨리는 것은 정당한 폭력이

요. 알바들의 먹이가 되지 말자구요.

찬우물: 구더기 무서워 장 못 담근다는 얘기입니다. 민노총 조합원은 아니지만 민노총 조합원이 민노총 조합 조끼를 입고 깃발을 들고 참여하지 그럼 한나라당 옷 만들어 입고 옵니까.

개신교_야훼: 민노총은 대한민국 국민 아닙니까?? 꼭 붉은 조끼 깃발 들어야 하나요.? 그냥 국민의 한 사람으로서 참여하시면 되잖아요 ….”

다. 시민의 정당한 저항은 합법과 불법을 따질 필요가 없다. 폭력이나 무장 외에 달리 방법이 없을 때는 무장을 하고 폭력을 쓸 수밖에 없는 것이고 이기면 민주화 유공자가 되는 것이고 지면 폭도가 될 뿐이다.

그럼에도 모든 경우에 '무조건 비폭력'을 외치면서 간디의 후손 행세를 하는 것은 잘못이다. 폭력의 정당성은 시민의 적이 되어버린 공권력의 태도와 행동에 달려있다. 그러므로 탄압받을지 모르고 폭도로 몰릴지 모른다면서 무조건 끝까지 비폭력을 운운하는 것은 한참 잘못된 것이고 그보다는 오히려 판단의 초점을, 첫째 현재의 상황이 폭력 외에는 자기를 지키고 자기의사를 관철할 다른 방법이 없는가를 따져 볼 일이고(보충성의 원칙), 둘째로는 폭력을 사용했을 때 자기를 지키고 감당할 수 있는가를 따져보는 것이 중요하다(계속성의 원칙).

이런 차원에서 볼 때 촛불이 아무리 군홧발에 짓밟히더라도 무장(쇠파이프와 화염병 등)을 하는 것은 처음부터 대단히 힘든 일이었다. 아무리 분노가 치밀어 오르는 상황이라고 할지라도 조직되어 있지 않고 투쟁 속에서 단련되지 않은 촛불들이 그리고 프락치가 득실거리는 상황에서 폭력투쟁을 선동하고 준비하기란 대단히 힘든 일이었다. 예를 들어 80년대의 학생들이나 노동자들은 서로를 잘 알기 때문에 즉 조직과 투쟁 속에서 단련이 되어 있기 때문에 화염병을 비밀리에 준비할 수도 있었고 앞장선 사람을 엄호할 수 있었다.

그러나 차벽이 중대한 장애로 작용할 때에 누군가가 준비해 온 밧줄에 환호했던 것처럼 특히 야만적인 폭력이 계속되는 상황에선 소수의 사람이 준비해 온 쇠파이프나 화염병이 환영을 받을 수도 있겠지만, 쇠파이프로라도 저항해야 할 만큼 혹은 쇠파이프가 환영을 받을 것이라고 확신할 수 있을 만큼 전투적인 분노와 의지는 형성되지 않았다. "가슴은 화염병을 들고 싶지만, 머리는 아직 아니라고 외치는"[8] 상황이었다.

촛불항쟁 내내 경찰은 거의 방어적이었다. 수많은 사람이 모여 청와대

8_ 산신령, <[멍퇴]이제 화염병 들어도 되겠습니까?>, 08.06.28. 조회 3,948, 찬성 535, 반대 182. "이제 이대로는 안될 것 같습니다만 고견을 듣고 싶습니다. ***추가*** 찬성이 훨씬 많지만, 댓글은 대부분 아직은 아니라는 글들이 많습니다. 가슴은 화염병을 들고 싶지만, 머리는 아직 아니라고 외칩니다.

다리아님: 조금 전까지 어린아들이랑 광화문에 있다가 집에 들어왔습니다. 저들이 막가고 있다는 것 눈으로 확인하고 왔지만, 화염병은 아닙니다. 양쪽의 피를 부르는 행위일 뿐입니다. 정당성이 없는 쪽이 폭력적으로 나올 수밖에 없고 지금 우리는 지지와 정당성을 동시에 갖고 있습니다. 그러나 방어적 물리력 이상으로 나온다면 우리의 지지세력을 버리는 행위입니다.

민태수님: 어차피 정부도 강을 건넜다. … 최류탄이 나오면 그 다음은 화염병이다. 정부의 의지에 따라 달라진다. 전경이 돌을 던지는 지금 나와도 전혀 이상할 것이 없지만 국민이 많이 참고 있는 것이다. 정말 착한 국민들 ㅜㅜ

lemon님: 화염병이 아니라 그보다 더한 것도 들고 싶네여~~~"

산신령, <[멍퇴]이제는 화염병 들어도 되겠습니까?>, 08.06.29. 조회 2,384 찬성 410 반대 40. "화염병을 들면 지든 이기든 빨리 끝납니다. 이기면 매국노들 쫓아내고 새세상 만들 수 있고, 지면 절망뿐입니다. 찬성은 [추천] 꾹!. 화염병을 들면 많은 분(전경도, 시민)들 다칩니다. 폭도로 매도되기도 합니다. 국민들이 등을 돌릴 수도 있습니다. 반대는 [반대] 꾹!

skdnjscka: 아~! 깝깝하네.. 지금 시민들 등돌리는 거 걱정할 필요없습니다. 이미 등돌릴 놈들은 돌렸구요. 시위 찬성하는 사람은 사실을 다 알고 있기 때문에 절대로 안 돌아섭니다. 그리고 이미 폭도입니다. 오늘같이 이렇게 깨져도 폭도로 몰릴게 뻔합니다. 지금까지 봐 왔잖아요. 아니면 아예 집회만 하던가 … 어정쩡하게 이렇게 나가면 시민들만 깨집니다. 깨지고 폭도로 몰리고 이러다간 더 등돌립니다. 절대 평화집회 아니면, 최소한 대등한 힘의 균형이 필요합니다.

화성에서온남자: 화염병 등장하면 필패합니다. 그거 원하는가요? 촛불의 동력은 국민들의 지지입니다. 그러나 화염병에 지지해줄까요? 심리적 한계선이라는 게 있습니다. 국민들이 '그건 심하네'라고 생각하는 순간 게임오버입니다. 잘 생각들 해보십시오. 흥분해서 될 일이 아닙니다."

로 가고자 했을 때 경찰은 방어적인 입장에서 차벽으로 막고 소수만이 남게 된 새벽에 해산작전을 하는 경우가 많았다. 바로 그 때문에 집회에 참석한 시민들이 상대적으로 안전함을 느낄 수 있었고 남성 청장년층뿐만 아니라 유모차부대를 포함한 여성들과 노약자들도 의지만 있으면 시위에 함께할 수 있었다. 시위대가 다수임에도 경찰이 공세적인 진압으로 나온 경우는 시위대가 청와대의 코앞까지 갔던 6월 1일 새벽과 관보 게재가 이루어지고 경찰이 수세에서 공세를 선언한 6월 25일부터 6월 29일 그리고 8월 5일 부시 방문일과 8월 15일 정도였다. 시민들이 의지만 있으면 버틸 수 있는 차벽과 소화기, 물대포, 색소포 정도가 아니라 전두환 시절 백골단에게서 보았던 무조건적인 구타를 수반한 폭력적 진압은 거의 없었다. 경찰의 공격적 진압에 맞서 대치하던 6월 하순의 상황이 계속되었다면 시민들은 어쩔 수 없이 각목이라도 들 수밖에 없었을 것이다.

이상으로 살펴본 바와 같이 순수와 비폭력을 얘기했던 촛불은 침묵집회와 문화제에서 거리행진으로 나아가고 '청와대'를 외치며 닭장차를 끌어내면서 도로를 점거하고 경찰과 맞서 싸웠다. 이처럼 촛불의 의식과 투쟁은 한 단계씩 치열해졌지만, 때로는 방어적 폭력이 정당화될 정도로 야만적인 진압을 받은 적은 있었지만, 조직되지 않은 대중이었다는 주체적 조건 때문에 폭력투쟁으로 발전할 수 없었고, 공권력 역시 강온을 조절하는 억제력을 발휘했기 때문에 폭력적 대결에까지는 이르지 않았다.

스티로폼 논쟁과 6월 10일의 의미

6.10 문화제가 끝나기 전인 밤 8시 30분 스티로폼을 준비한 인권단체는 '비폭력은 무저항을 의미하는 것은 아니다'면서 컨테이너 앞의 무기력을 극복하기 위하여 '산성을 넘자는 것이 아니라, 산성보다 높이 쌓아 저항의

의지를 보여주자'는 퍼포먼스를 준비했다. 그러나 이것을 산성을 넘자는 것으로 오해한 일부 시민들은 인권단체의 말을 들어 보려고도 하지 않고 '비폭력'을 외치면서 무조건 방해하고 제압해버렸다(참세상 기사).

"이명박은 이미 국민으로부터 심판받았다"는 대책회의의 마무리 발언 후 밤 9시가 넘어 출발한 행진 대오가 곳곳에서 차벽과 컨테이너에 막혀 광화문으로 돌아왔다. 자정 무렵 인권단체는 컨테이너와 거리를 두고 스티로폼으로 연단을 쌓으려고 했다. 그러나 '비폭력'을 외치는 사람들은 다시 연단을 쌓는 것 자체를 가로막았고, 한편으론 왜 컨테이너에 붙여서 안 쌓느냐고 항의하는 사람들이 뒤엉켜서 서로 몸싸움을 벌였다. 아고라에서는 인권단체를 폭력을 유도하는 프락치로 단정짓고 성토가 빗발쳤다.

한 시간여를 옥신각신하다가 연단을 쌓는 것으로 합의하고도 붙여서 쌓을 건지 떼어서 쌓을 건지 서로 대립하면서 새벽 2시가 되어 컨테이너에 붙여 연단이 쌓아졌다. 그리고 세 시간의 자유발언 후에 깃발만 올라가는 것으로 결정되었다. 그것도 처음에는 태극기와 아고라 깃발만 올라가는 것으로 했다가 모든 깃발이 올라갔다. 새벽 5시가 넘었고 날이 밝아오고 있었다.

인권단체의 사회자는 난장판 속을 오가는 고함소리에 내려올 수밖에 없었다. 그것은 무질서의 극치였다. 5시간이나 토론한 끝에 합의한 결론은 결국 인권단체의 원래 계획인 퍼포먼스였다. 자기와 의견이 다르더라도 상대가 의견을 밝힐 기회를 주고 서로 토론하는 민주주의를 위한 최소한의 소양도 보여주지 못했다. 만 명이 채 못 되는 시민들 대부분은 자리에 앉아 중앙을 주시하고 경청했지만, 폭력투쟁을 주장하는 사람들이 아무도 없음에도, 주로 '무조건 비폭력'을 외치는 몇십 명도 안 되는 사람들이 단순히 스티로폼을 쌓는 행위 그 자체 혹은 산성을 넘자는 시도 그 자체를 폭력으로 독단하고 자신들의 의견을 힘으로 관철하려 했다.

이날의 결론에는 모두가 합의했지만 그것은 현실과의 타협일 뿐이었다. 컨테이너가 높으면 닭장차를 넘어가든 혹은 차벽을 돌아 청와대로 향해야 할 시간에 소모적인 논쟁에 빠져 버렸다. 많은 사람들은 지루한 토론을 지켜보다가 집으로 돌아갔다.

컨테이너 앞에서 벌인 이날의 논쟁을 '폭력과 비폭력 논쟁'이라고 부르지만 작명부터가 잘못이다. 전경버스를 끌어내고 차벽을 넘으려 하는 것은 폭력이 아니다. 화풀이를 위해 끌려 나온 버스를 부수고 불을 질러도 기껏해야 기물파손인 것이지 폭력이 아니다. 최소한 신체에 상해를 가할 수 있는 각목이나 파이프 혹은 화염병을 동원했을 때 폭력투쟁 혹은 폭력시위라고 부를 수 있고, 그것마저도 공권력이 부당한 폭력을 행사하는 조폭과 같은 정권이라면 정당한 폭력이다. 아무도 폭력을 쓰자고 하거나 혹은 무장을 하자고 주장하는 사람들이 없는데도 상대방을 폭력으로 매도하며 '비폭력'을 외치면서 자기 의견만을 관철하려고 했던 것 자체가 엄청난 독선이고 폭력이었다.

이날의 논쟁은 퍼포먼스라도 해서 의지를 보여주자는 '저항파'에 대해 순수를 가장한 '소심파'와 청와대로 가야 한다는 '투쟁파' 간의 논쟁이었다. 폭력으로 오인받을 행동을 해서 빌미를 주어서는 안 된다는 게 소심파의 주장이었다. 그들은 비폭력을 찬미하면서 자신들의 의지를 폭력적으로 관철하려고 했다. 어떻게든 청와대를 향해 가려는 투쟁파가 다수였지만 5m가 넘는 산성을 올라갈 수는 있어도 뛰어내리는 것은 현실적으로 어려운 일이었다. 다른 방안을 찾아야 했지만 밤이 너무 깊었고 결국 그 자리에서 실천가능한 행동은 강력한 의지의 표현밖에 없었다.

승리를 위해서는 모이기만 해서는 안 되고 더 나아가야 했지만, 승리를 위해 행동했어야 할 순간에, 혹은 논쟁이 필요하다면 어떻게 할 것인가를 논쟁했어야 할 순간에, 대화와 토론 그 자체가 유린당하다가 퍼포먼스마저도 폭력이라고 규정하는 소심파 때문에, 발언의 주된 내용은 "비폭력을 주장하며 사람들의 정치적 의사표현을 막는 것은 또 다른 방식의 폭력이다", "구더기 무서워서 장 못 담그냐"는 등 소심파의 비폭력론의 허구성을 비판하는 것으로 채워졌다. 결국 논쟁은 퍼포먼스를 승인할 것인가 말 것인가가 되어버렸다.[9] 즉 논쟁의 구도가 잘못 설정되었다. 그리고 5시간 만

9_ "A: 비폭력으로 우리가 말하려는 것을 막는 사람들이 더 폭력적이다.

B: 대다수의 국민들이 우리에게 공감해주는 이유는 우리가 지금까지 비폭력을 주장하고 실천해왔기 때문인데, 일부의 소수가 차벽에 올라가 폭력 상황으로 번지게 하는 것을 원치 않는다.

C: 우리는 컨테이너에 올라가 폭력상황을 만들려 하는 것이 아니다. 예비군들이 정치적 의사표현을 막는 것에 대해 문제제기 하고 싶다.

D: 물대포를 맞고 경찰에게 얻어맞는 폭력을 당했지만, 컨테이너 위에 올라가지 않더라도 좀 더 적극적으로 우리의 의사표현을 하고 이명박 대통령에게 전달했으면 좋겠다.

E: 우리가 축제냐 투쟁이냐를 논할 시기는 지났다. 애초에 우리는 시작할 때부터 폭도였다. 이명박이 우리를 평화시민으로 보았으면 컨테이너를 쌓는 유치한 짓을 했겠느냐? 저들은 조직적이고 우리는 비조직적인데 우리가 투쟁이냐 축제냐 방황할 때가 아니다. 발이 아프겠지만 모든 시민들이 컨테이너를 발로 한 번씩 걷어차기라도 했으면 좋겠다.

F: 컨테이너를 넘어 청와대로 가려는 우리의 뜻을 표현한다면 바로 다음날 조중동은 '촛불시위대가 폭도로 변했다'라고 쓸 것이다. 그걸 바라는 사람은 다름 아닌 이명박이다. 여러분이 컨테이너를 밀면서 당장은 우리의 힘을 느끼겠지만, 집에서 지켜보는 수많은 시민들은 힘을 잃고 말 것이다.

G: 조중동에게 빌미를 주는 것보다 더 문제인 것은 여기 모인 시민들이 아무 것도 하지 못하고 무력감을 갖고 돌아가게 되는 것이다. 구조적 폭력은 바로 이 컨테이너이고 우리의 저항방식은 바로 민주적인 논의로 정당하게 우리 의사를 표현하는 것이어야 한다. 이 컨테이너 앞에서 무너져 내리는 무력감을 극복하고 싶다. 난 오늘 이 스티

에 얻은 결론은 처음에 인권단체가 제시한 결론과 같았다. 6월 21일 국민토성이라는 동일한 유의 퍼포먼스가 아무런 이의 없이 받아들여진 것과 대비되는 대목이다.

6월 10일은 시민의 의지를 관철시키고 승리를 쟁취할 수 있었던 거의 유일한 날이었지만 그처럼 허무하게 지나갔다. 그리고 승리의 기회는 다시는 돌아오지 않았다. 처음부터 100만 명을 모으려고 했고, 30만 명은 모일 것으로 예상되었고, 100만 명이 모였다. 그렇다면 모였을 때 '어떻게 할 것인가'라는 승리를 위한 행동계획이 준비되어야만 했지만 '평화대행진'도 아닌 '평화대잔치'로 끝났다.

즉 대책회의는 이기려는 의지가 없었다. 답답했던 인권단체는 퍼포먼스라도 해야 한다고 스티로폼을 준비했지만, 그리고 그 행동이 당연히 지지받을 줄 알았지 격렬한 논란이 될지는 몰랐다. 만약 소심파들이 연단을 쌓는 것 자체를 방해하거나 문제 삼지 않았다면, 연단을 일찍 쌓고 자유발언을 빨리 시작할 수 있었다면, 그날 그 순간에 무엇을 할 것인지, 앞으로 어떻게 할 것인지를 토론할 수 있었을 것이다. 그들은 소수임이 밝혀지자 집으로 갔다. 투쟁파 혹은 넘자파 역시 의지는 넘쳤지만 대안을 제시할 수가 없었기 때문에 인권단체의 현실론에 동의할 수밖에 없었다.[10]

로폼을 쌓고 올라가 우리의 이야기를 하고 싶다"(유영주, 2009: 72-73).

10_ "6월10일 자정이 넘어, 다수의 군중 뒤에서부터 세종로 네거리를 가로막은 컨테이너 앞으로 대형 스티로폼이 옮겨졌다. 스티로폼은 컨테이너와 다소 떨어진 상태에서 탑처럼 쌓아졌고 발언대를 만들기 시작했다. 그리고 그 발언대 위에서는 자칭 인권활동가라는 한 여성이 뭐라고 계속 떠들고 있었다. 한편으로는 컨테이너 뒤에서 일부가 몸싸움 비슷한 것을 하는 장면이 목격되었다. … 컨테이너 앞에서는 수십 명의 기자들과 그리고 기껏해야 20-30명 정도의 사람들이 결사적으로 스티로폼이 컨테이너 안쪽으로 옮겨지는 것을 막고 있었다. … 그리고 나서 조금 뒤에 연단을 독점한 인권활

의견과 의지의 차이가 큰 사람들이 모두가 동의할 수 있는 하나의 결론에 이르기까지 끝까지 토론했다는 점에서, 이날의 토론은 '광장의 민주주의'를 실현했다는 의미는 있지만 '광장의 지성'은 작동되지 않았다.

무엇보다도 서로 의견이 다를 땐 의견의 취합을 위한 최소한의 사회권 즉 사회자의 권위는 인정되어야 했음에도 자기만이 옳다는 지극히 독선적인 소수의 사람들이 자기 의사를 강요하고 관철하려 했기 때문에 난장판이 되어버렸다. 이것은 조직되지 않은 개인들에 입각한 최소한의 중심도 없는 투쟁의 한계였고, 그 한계가 바로 승리를 가로막는 한계였다.

동가라는 여성은 다수의 대중의 내려오라는 소리에 그만 내려오고 자유발언의 시간이 이어졌다. 두 번째로 자유발언에 올라온 한 시민에 의하여 지금 밑에서 벌어지고 있는 상항(한쪽에서는 스티로폼이 컨테이너 쪽으로 옮겨지는 것을 결사적으로 막고 있고, 한쪽에서는 스티로폼을 컨테이너 안쪽으로 붙여서 쌓아야 한다는 상황)을 다수의 대중에게 의견을 물어 보았다. 절대다수의 대중은 당연히 스티로폼을 안쪽으로 쌓아야 한다는 입장에 찬성하였고 그 입장에 우뢰와 같은 박수를 보냈다. … 그러나 인권단체의 입장에서는 지금 상태보다 더 높이 스티로폼을 쌓아 이명박에 대항하자는 말로 스티로폼을 안쪽으로 쌓아 올리자는 의견을 무시하고 그것을 막으려 하였다. 하지만 다수의 대중은 그들을 물리력으로 끌어내렸고 컨테이너 안쪽으로 탑을 쌓아 올렸다. 오히려 인권활동가라고 하는 사람들과 몇몇 사람들은 (여기에 예비군복을 입은 사람들도 포함됨) 그곳에 탑을 쌓는 것이 위험하고 현 정권에 폭력의 빌미를 주고 그렇게 하는 것이 저들에게 함정에 걸린다는 이상한 논리를 펴면서 결사적으로 막는 바람에 스티로폼 쌓는 것이 시간이 지체되었고 그들에 의하여 스티로폼을 안정적으로 쌓는 것에 방해가 되었다. … 이후에는 몇몇 사람들에 의하여 소수 특정한 깃발만 올라가는 것을 빼고는 (처음에는 태극기와 아고라 깃발만 올라갔음) 다른 깃발을 든 사람들이 올라가는 것을 강제로 저지하고 막았다. 하지만 이것도 다수 대중의 현명한 판단과 그들의 함성과 힘에 의해 이후에는 공평하게 다른 깃발도 모두 올라갈 수가 있었고 모든 깃발들이 함께 시위대 앞에서 힘차게 휘날렸다." —참세상의 <컨테이너 앞 논쟁 2탄, 비폭력과 직접민주주의>(08.6.13.)에 달린 현철민의 댓글.

넘으려면 넘을 수도 있었고, 이기려면 이길 수도 있었다. 산성을 꼭 넘고 싶으면 높은 컨테이너가 아니라 그보다 낮은 차벽을 스티로폼이나 모래주머니를 쌓아 넘으면 된다. 사다리를 가져와도 되고 중장비를 동원하여 닭장차를 끌어내어도 된다. 전경버스를 치우기 위해 불도저를 동원하겠다는 노조도 있었다.[11] 몇십 명이 넘어가면 안 되지만 천명 이상 넘어가면 차벽은 와해될 수밖에 없다. 설령 못 넘어가더라도 넘어가려는 열망을 끊임없이 진지하게 보여주면 된다.[12]

만약에 폭력이 그토록 싫고, 차벽을 넘을 수도 없고, 청와대에 갈 수 없다면, 그냥 광장에 주저앉으면 된다. 경찰이 아무리 많아도 3만이나 5만이 넘는 시민에게 강제적인 해산작전이나 진압을 시도할 수는 없다. 만약 강제로 해산작전을 시도한다면 터져 나오는 분노가 정권을 삼켜버릴 것이니까 …. 따라서 10만이나 20만 명이 모였을 때 이명박이 집에 갈 때까지

11_ "저희 회사 노조 여러분들은 경유값 인상에 이미 생업에 손을 놓고 계신 분들입니다. 이번 미국소 수입전면개방과 경유값 인상에 대항하기 위해 참여결정하였고 현재 운전석 유리는 제거 작업 및 철조망 장착 작업진행 중이며, 기사분들은 모두 안전모, 안전안경, 방진마스크 착용을 협의한 상태시며, 신변보호를 위해 가스총을 개인구매하신다고 하십니다. 이명박을 끌어내리기 위해서 저희도 모든 힘을 시위에 투자하기로 결정하였습니다. 또한 평화시위를 유지하기 위해 무자비한 진입은 하지 않을 것을 약속하였고, 시민분들 안전에 힘쓸 것을 다짐하였습니다. 평화시위 위협이라고 하시는 분들 저희는 시민 안전에 최대한 노력할 것이며, 불도저는 전경버스를 치우기 위해 동원하는 것을 알아주셨으면 합니다. 또한 서울시 진입은 작업이 끝나면 진입 시작할 것입니다." 주인장, <[부천 중장비 동원 시위참여 업체입니다]>, 08.06.01.

12_ 2000년 6월에는 매향리 사격장의 미군부대 철책을 뜯어낸 경험도 있고, 2006년 APEC 정상회담 때는 부산 수영만 다리 입구에서 어청수가 쌓은 컨테이너를 끌어내린 경험이 있다. 한국의 농민들은 2003년 9월 멕시코 칸쿤에서 열린 'WTO 제5차 각료회의' 반대투쟁에서, 밧줄과 갈고리 그리고 절단기 등을 사용하여 철책을 뜯어낸 경험이 있다. 넘지 못할 장벽은 없다.

광화문에서 헤어지지 않으면 된다. 솥단지 걸어 놓고 1주일만 광화문에서 밥해 먹으면 된다. 구호를 외칠 필요도 없고 현수막만 걸어놓고 즐겁게 지내면 된다. 단 청계광장이나 시청광장과 같이 교통에 불편을 주지 않는 곳은 안 된다. 그것은 공권력에게 협조하는 것이니까 …. 문화제를 해도 광화문 광장에서 해야 한다. 단 새벽에도 3만 명 이하로 줄어들면 안 된다. 아니 그 이하의 수가 지켜도 좋다. 침탈이 있으면 전 시민이 즉시 나오기로 약속하고 교대로 지켜도 된다. 대중의 의지를 끝내 억압할 수 없다면 이명박은 집으로 갈 수밖에 없다. 이기는 방법은 무궁무진하다. '용산범대위'와 같은 전투적인 항쟁 지도부가 대중의 열망과 지혜를 수렴했다면 반드시 넘을 수 있었을 것이다.

'될 때까지 모여라'고 해서 100만 명이 모였지만 밤새 토론하느라 지쳤고 성과는 아무 것도 없었다. 동틀 무렵 컨테이너 위에서 휘날리는 깃발을 보면서 누군가는 감동했겠지만 이날을 기점으로 많은 사람들이 집으로 돌아갔다. 비폭력을 외쳤던 사람들은 자신들의 의사가 관철될 수 없어서 집으로 돌아갔고, 뭔가를 기대하며 끝까지 싸워 보려던 사람들도 실망해서 집으로 돌아갔다. 그리고 승리의 기회는 다시는 오지 않을 것 같았다.

6월 25일~6월 29일 탄압과 대치의 시기와 6월 30일 미사의 의미

6월 19일의 특별담화 후 물러설 곳이 없었던 이명박은 6월 25일 고시를 강행하면서 강경진압에 나섰다. 6월 25일 138명, 6월 28일 59명, 6월 29일 131명 등 무차별 연행만이 아니라 인권지킴이 조끼를 입고 있었던 이준형 변호사까지 각목에 맞아 두개골이 깨지는 등 노골적인 폭력진압이 시작되었다. 이학영 YMCA 사무총장도 군홧발에 짓밟혔고 국회의원임을 밝혀도 얻어터졌다. 그리고 시청광장이 봉쇄되었다. 6월 25일부터 6월 29일까지의 국면을 어떻게 판단할 것인가는 항쟁의 중요한 쟁점 중의 하나다. 과연 촛불이 꺼져가거나 위축되고 있는 상황이었는지, 아니면 공권력의 탄압을 맞받아치면서 커나가고 있던 상황이었는지 ….

대책회의 실무자들에 대한 체포영장이 발부되고 참여연대와 한국진보연대에 대한 압수수색이 시작되자 이에 위기를 느낀 대책회의는 종교계와 민주당에 합류를 요청하였다. 7월 4일 대책회의의 긴급운영위에서는 집회를 평화적으로 마치지 않으면 더 이상 같이할 수 없다며 겁먹은 시민단체들이 퇴장하는 사태까지 벌어졌다.[13]

이런 상황에서 대책회의의 요청으로 천주교정의구현사제단이 나서서 월요일인 6월 30일부터 3일간 시청광장에서 미사를 열었다. 촛불을 위로하는 사제단이 비폭력과 평화를 강조하는 침묵시위를 제안했을 때 시민들은 그 뜻을 존중했다. 그리고 다시 목요일과 금요일에 목사님들과 스님들이 앞장선 행진에선 '공포와 두려움이 없이 거리로 나간다'(참고자료 1)는 기조 하에 '이명박은 물러가라'고 외쳤다.

사제들은 양심상 폭력에 유린당하는 촛불을 더 두고 볼 수 없어서 나왔겠지만 그 상황은 촛불이 스스로의 힘으로 극복할 때까지 기다려야 했다. 폭력진압과 무차별 연행이 속출했음에도, 6월 25일 2만 명, 26일 4만 명, 28일 12만 명이 집회에 참여하여 경찰과 맞섰다. 그리고 주말인 7월 5일 50만 명의 시민이 모였다. 사실상 이 시기는 투쟁의 의지가 강고해지고 대중의 동력이 다시 상승하는 때였다.

13_ "여연 공동대표가 자리를 박차고 일어섰고 시민단체 측 참가자들이 전원 퇴장했다. 한국진보연대 집행위원장은 시민단체 지도자들을 뒤쫓아가 중재를 섰고, 결국 모호한 타협안이 마련됐다"(김하영, 2009: 212).

정권퇴진을 외치는 투쟁은 언젠가는 공권력의 폭력적인 탄압에 부딪칠 수밖에 없다. 그 폭압을 넘어설 수 있으면 승리하는 것이고 폭압에 위축되거나 굴복하면 지는 것이다. 6월 25일 이후의 상황은 그동안의 낭만적인 오픈게임이 끝나고 드디어 쌍방의 진짜 실력을 겨루는 본게임이 시작된 것이었고, 시민들은 속출하는 연행자와 부상자에도 불구하고 전의를 불태우며 더욱 강해지고 있었다.

경찰의 폭력을 맨손인 시민들이 돌파할 수 있을지 아니면 새로운 투쟁 양상으로 변할지는 아직 판단할 시기가 아니었다. 공권력이라고 하여 무한정의 폭력을 쓸 수는 없고 그들에게도 한계는 있다. 이승만의 졸개들은 소총을 쏘다가 무너졌고, 전두환은 3천 명의 광주시민을 학살하여 제물로 삼았지만, 민주화 20년을 경험한 시민들에게 이명박이 사용할 수 있는 폭력은 분명 한계가 있을 수밖에 없다. 기껏해야 곤봉과 물대포이고 최루탄이겠지만 이 땅의 민중들은 이미 그것을 이겨낸 경험이 있다. 그리고 시민들은 이명박의 폭력에 조금도 굴하지 않고 강해지고 있었다.

시민들이 폭력적이어서 경찰이 폭력적으로 된 게 아니라, 경찰의 폭력에도 불구하고 맨몸으로 맞서면서 굴하지 않고 있는 상황이었다. 따라서 시민들에게는 비폭력과 평화를 얘기할 필요가 없었다. 시민들의 정당한 투쟁이 폭압에 못 이겨 '종교의 외투'의 보호를 받아야 된다면 그것은 역사를 30년 이상 후퇴시키는 것이다. 사소한 투쟁도 빨갱이로 몰리던 유신시절에 종교의 외피로 보호해주었던 그런 시절은 지났고, 결코 그 시절로 돌아가서도 안 되었다.[14] 사제단이 나서야 될 시기가 있다면, 그것은 폭압이 극심해진 마지막 순간에 '총을 쏜다면 나를 먼저 쏘아라'고 하면서 대중의 맨 앞에 서는 것이다. 싸우고자 하고 이기고자 하는 대중의 열망에 앞장

14_ 명숙, <종교의 권위가 아닌 시민의 권위로 일어설 때>, <참세상 기고>, 08.07.05. 참조

서는 것이다. 사제단은 억울함을 전면에 내세우는 용산투쟁과는 달리 공공연하게 정권퇴진을 외치는 항쟁에서는 공공연하게 앞장서도 될 때까지 더 억제하면서 대중과 함께 즉 대중의 앞이 아니라 대중의 옆에 있어야 했다.

그런 측면에서 본다면 6월 30일 미사에서 "겨우 꺼놓은 촛불을 왜 되살려 놓았느냐고 원망이 많더라"며, 비폭력과 평화를 강조하는 침묵시위로 마감하면서, "대통령도 우리 국민도 모두 승리했다"고 말한 것은 적절하지 않았다.

그럼에도 불구하고 종교계에 의해서 촛불이 진정되거나 순화되었다고 하는 것은 적절치 않다. 6월 30일부터 7월 4일까지 종교계가 주관하는 집회는 주중 집회였다. 그동안 촛불의 전투력은 주말에 발휘되어 왔다. 주말인 7월 5일 국민승리선언 대회에는 대책회의 내의 갈등으로 동원에 총력을 다하지 않았지만 무려 50만 명이 다시 모였다. 촛불의 열망과 의지는 변함이 없었던 것이다. 주말인 7월 12일과 제헌절인 7월 17일에도 2만 명의 시민들은 치열하게 투쟁했다. 그럼에도 촛불이 7월 6일 이후 광장을 되찾지 못한 것은 7월 5일 이후에 대책회의가 벌인 희극들 때문이었다.

7월 5일의 희극들

'될 때까지 모여라'고 해서 6월 10일 100만 명이 모였지만 이명박에게 감명을 준 '아침이슬'을 부른 것 외에는 승리를 위한 아무런 기획이나 실천이 없었다. 그리고 '국민승리선언'을 위한 날인 7월 5일 50만 명이 모였다. 이미 6월 10일 100만 명이 모였어도 아무런 성과를 끌어낼 수 없었기 때문에 이번에는 단지 모이기만 해서는 안 되고 문화제만 해서도 안 되었다. 그러나 이날 기획되고 관철된 것은 평화대행진과 심야 음악감상회였다. '평화적이지만 완강히 저항한다'는 기조는 '평화'만 남고 '저항'이 사라져버렸다. '비폭력 평화 축제파'가 제안한 '비폭력 전술팀'(참고자료 1)은 완강한 저항에 저항하는 팀이 되어버렸다.

6월 20일 '정권반대 불사 선언' 이후 6월 25일부터 탄압이 거세어졌지만 시민들은 조금도 위축되지 않고 저항의 의지를 키워가고 있었다. 하지만 대책회의(혹은 대책회의 내의 타협파 혹은 제도 내 존법파)는 항쟁이 부담스러웠고 그만두고 싶었다. 투쟁을 끝낼 명분을 위해 청와대에 요구조건을 전달하려 했지만 그마저도 거절당했다. 쪽팔려서 후퇴할 수도 없는 상황이었다. 그럼에도 '국민이 승리했다'면서 불매운동이나 하겠다고 밝혔다. '국민이 승리했다'는 선언은 수모를 감수하고서라도 투쟁을 포기하겠다는 선언이었다. 그것은 한편의 희극이었다.

이날(7월 5일) 대책회의는 작심하고 비폭력 평화 기조를 유지하기 위해 도로에 나가있는 대중을 철야 음악감상회로 줄기차게 유도했다. 그러나 50만 명이 넘는 대중은 음악감상이나 하려고 집회에 나온 것이 아니었다. 시민들은 불만과 분노를 표현하기 위해서 나왔고 저항과 투쟁을 하기 위해서 나왔다. 하지만 대책회의는 비폭력과 평화의 미명하에 투쟁의 열기를 식히고 있었다. 국민승리선언과 비폭력과 평화의 강조는 이명박에 대한 쪽팔림을 넘어 저항하고 투쟁하고자 하는 대중에 대한 우롱이고 기만이었다.

100만 명이 모이고 50만 명이 모여 스스로를 기만하는 축제와 재롱잔치가 끝난 뒤 이명박은 자신감을 얻었고 대중은 승리의 희망을 잃었다. 많은 대중은 전망을 잃고 집으로 돌아갔고 다시는 나오지 않았다. 평화와 안전이 보장되어야만 많은 시민이 참여할 수 있을 것이라는 '비폭력 축제론'은 투쟁의 의지를 배반하는 어떠한 집회도 승리의 전망과 동력을 소실시킬 뿐이라는 교훈을 배반한 것이었다. 그동안 항쟁의 과정을 살펴보면 5월

24일~5월 31일, 6월 25일~6월 28일처럼 투쟁이 격화되고 탄압이 심해질 수록 더 많은 시민들이 나왔고, 6월 10일이나 7월 5일처럼 기만적인 축제나 하고 난 후에는 참가인원이 급속히 감소했다.

한편 음악감상회에 불만을 품은 시민들은 종로에서 대치하고 있었다. 이때 시민들이 경찰과 충돌할까 봐 '늙자행동단'이 시민들의 앞에 끼어들어 경찰을 마주보고 앉았다. 여러 번 말하지만 촛불은 폭력을 당한 적은 있어도 폭력을 사용한 적도 없고 폭력을 사용할 능력이 없었다. 그럼에도 불구하고 늙자행동단이 시민을 등지고 앉아 있는 것은 마치 시민의 폭력성을 억제하려는 것과 같았다. 경찰의 폭력을 규탄하기는커녕 경찰을 자극시킬까 봐 시민을 억제하는 듯한 이러한 행동은 난센스였다.[15] 새문안교회 골목에서 전경과 대치하면서 소화기와 방패에 신나게 깨지고 있는 같은 시민들을 향해 뒤에서 비폭력을 외치는 짓이나 다름없었다. 이 또한 한편의 희극이었다.

깃발회의

공권력의 체계적인 공격에 맞서 슬기로운 저항과 투쟁을 하기 위해서는

15_ 이날 필자가 늙자행동단에게, "폭력은 경찰이 쓰고 있는데도 시민을 등지고 앉아있는 것은 시민들이 폭력을 쓰고 있다는 것과 같은 뜻이다. 이것은 민주시민으로서 너무나 자존심이 상하는 일이니까 경찰을 등지고 앉거나 그렇게 못하겠다면 철수하라"고 질타하자 철수했다. YTN은 이 사건을 촛불시민 내의 갈등으로 보도했다. 투쟁이 격화되면 시민과 함께 공권력과 싸울 것이냐 말 것이냐의 두 가지 선택만 있는 것이지, '중간자'의 입장은 적에게만 이로울 뿐이다. 항쟁 초기 일부 예비군복을 입은 사람들이 촛불과 함께 싸우거나 앞장서서 싸우려는 것이 아니라 '시민의 보호자'의 입장을 취하면서 시민들에게 비폭력을 유도한 것 역시 난센스였다.

중심이 있어야 한다. 중심이 없어서 적들이 쉽게 탄압할 수 없었고 그래서 투쟁이 오래 갈 수 있었다는 것은 헛소리다. 투쟁은 오래 끄는 것이 목적이 아니라 승리가 목적이다. 모든 투쟁은 중심이 있든 없든 탄압에 직면할 수밖에 없다. 중심이 없고 조직되지 않은 개인들의 의지에만 의존할 때 그 대중은 탄압을 견디어 낼 수 없다. 자발적인 개인들의 합은 공권력의 체계적이고 조직적인 탄압에 차례로 무너지게 되어 있다. 촛불항쟁의 전 과정이 바로 그것이다.[16] 용산투쟁은 전형적으로 중심이 있는 투쟁이었고 끈질기게 싸워서 승리를 쟁취했다. 승리를 할 수 있는 조건은 적의 공격과 탄압을 견디어 낼 수 있는 중심을 만드는 것이고, 그 중심이나 지도부가 얼마나 강한 의지와 지혜를 가지고 대중의 열망과 지혜와 의지를 조직해 내느냐에 달려있다.

대책회의는 중심에 있었지만 처음부터 항쟁을 함께하거나 앞장설 생각이 전혀 없는 조직이었다. '아고라386'은 가투를 선동하고 선두를 자임했지만 큰 호응을 얻지 못했다. 안티엠비는 독자집회와 가두행진으로 많은 지지를 받았지만 합법의 틀 내에서 활동한다는 경향이 강했기 때문에 항쟁의 지도부를 자임하지 않았고 그럴 수도 없었다.[17] 다만 앞장서는 깃발 중에서 세력이 큰 깃발이었다.

16_ 제대로 된 중심이 있었다면 더 잘 싸울 수 있었다. 대중의 열망과 투쟁의지가 있었음에도 이것을 수렴하고 확산하는 중심이 없었기 때문에 결정적 공격을 만들어내지 못하고 질질 끌다가 세력이 약해지자 탄압에 무너진 것이다. '조중동 광고주 전화걸기' 운동이 검찰의 조그만 위협에도 위축된 것도 같은 예이다. 그럼에도 '네트워크 투쟁'이나 '중심없는 투쟁'을 찬미하는 네그리나 조정환과 같은 사람들이 있다. 조직되지 않은 자생성이란 고양기에는 밀물처럼 밀려오지만 승리의 전망이 흔들릴 때는 썰물처럼 빠져나간다.

17_ 안티엠비는 2008년 5월 말 카페 내의 회계갈등이 노출되었고, '아고라386'과는 다르게 무허가 가두시위를 반대하면서 평화합법시위와 탄핵국민운동 등을 주장하였다.

대책회의가 7월 5일의 희극을 연출한 뒤 꼬리를 사리자 투쟁파들은 고립되었다. 공권력의 전면적인 공격에 맞서 대오를 갖출 필요가 있었다. 그리고 6월 28일부터 투쟁의 선두에 서서 환호를 받고 신뢰를 쌓아왔던 '전대협'이 드디어 7월 19일 전면에 나섰다. 시민들이 대오도 갖추지 못한 채 토끼몰이를 당하는 희생을 막고자 했다. '깃발회의'를 소집했고 자신들의 계획을 얘기하고 동의를 구했다. 그리고 투쟁을 리드했다. 대중들은 모두 그들의 지휘에 따랐다.

역사상 어떤 위대한 항쟁도 투쟁이 심화되면 자생적인 중심 혹은 지도부가 뜰 수밖에 없다. 파리코뮌이 그러했고 광주항쟁이 그러했다. 탄압과 보복에 맞설 수 있는 효과적인 방어와 공격을 위해선 유능한 중심이 필요하다. 중심이 없는 투쟁은 결코 이길 수 없다.

7월 19일, 이날 전대협은 종로전투에서 헌신성과 전투성 그리고 탈권위적인 지도력을 발휘했다. 비록 항쟁의 전 과정을 책임지는 전략지도부가 아니라 일시적인 전술지도부였지만, 항쟁이 시작된 이래 처음으로 투쟁하는 대중들 모두의 신뢰와 동의 속에 태어난 작은 중심이었다. '깃발회의'는 대중이 창조적으로 발견해 낸 위대한 틀이었다. 대중의 자발성과 앞장서는 사람들의 의식성이 어떻게 결합되어야 하는가에 대한 훌륭한 해답이었다. 1871년 파리의 시민과 노동자들이 혁명적 자치정부인 '파리코뮌'을 창조했다면 2008년 촛불은 '깃발회의'를 발명해내었다.

조직되지 않은 대중들이 중심다운 중심이 없어서 이길 수 없었던 그리고 질 수밖에 없었던 투쟁에서, 비록 작은 중심일망정 민주적인 방식으로 신뢰를 수렴하여 일시적으로나마 중심을 만들어 낸 것은 밧줄을 당기고 차벽을 넘는 것보다 훨씬 더 의미 있는 전진이었다. 그러므로 7월 19일은 패배한 이 항쟁 속에서 비록 늦기는 했지만 작더라도 가장 의미 있는 진전을 이룬 날이었다. 깃발회의는 자발성과 의식성, 그리고 민주적 중심(권위)

을 위한 중대한 해법을 담고 있었다.

배반의 날 8월 15일

7월 5일 국민승리선언, 즉 항쟁포기선언 이후 남은 사람들은 투쟁파였다. 이들은 약 2만 명 정도로 추산되었다. 그들은 새문안교회 골목 안에서 전경과 싸우고 있을 때, 방패로 찍고 벽돌을 집어던지는 전경을 향해서가 아니라 맨손으로 전경과 대적하는 같은 시민을 향해서 '비폭력'이나 외치던 사람들이 아니었다. 그들은 진심으로 청와대로 가고 싶었고 이명박을 끌어내리고 싶었다. 7월 12일에는 경찰과의 대치를 피하면서 2만 명의 시민들이 끝없이 게릴라 가투를 전개했고, 7월 17일, 19일, 26일, 그리고 부시가 방문한 8월 5일에는 종로의 대로에서 공권력과 대치했지만 곤봉과 방패를 앞세운 경찰에게 밀렸다. 그러나 강경한 진압작전에도 대오는 허물어지지 않았다. 허물어지면 다시 복구하면서 항쟁의 의지를 분명히 보여줬다. 맨손인 그들은 투쟁을 멈출 수는 없었지만 승리의 전망은 보이지 않았다. 결전이 필요했다. 그래서 이미 개점휴업 상태인 대책회의와는 별도로 아고라에서 [815 100만]을 선동하기 시작했다. 누구나 알고 있었다. 8월 15일이 최후의 항전이 될 것임을 ….

6월 25일 이후 탄압이 심해지자 대책회의는 정권반대운동이 대중의 열망임이 확인되었지만 격화되는 거리투쟁에 부담을 느끼면서 동요하기 시작했고 내분이 생기면서 기능을 잃어갔다. 대중의 기대와 질타를 외면할 수 없어서 주말집중투쟁이라도 하겠다고 했지만 시청광장의 봉쇄와 살벌한 분위기 속에서 간판을 내릴 수밖에 없었다.

8.15 집회는 이처럼 결코 함께할 수 없는 두 가지 지향이 섞여 있었다.

하나는 일전을 불사하겠다는 투쟁적인 시민들의 열망이었고, 다른 하나는 더 이상의 투쟁이 부담스러워서 사직인사를 하면서 짐을 벗어버리려는 대책회의의 자세였다. 대책회의에는 공개적이고 공식적인 사임행사가 필요했다. 비록 '집회를 짧게 하고 가두행진에 나선다'는 계획은 있었지만, 그들에게 의미있는 것은 '짧더라도 공식적인 사임행사'가 더 중요했다. 사임행사에 의미를 두는 대책회의와 가투에 의미를 두는 시민과의 모순이었다.

시청광장은 당연히 봉쇄될 것이 예상되었다. 그러나 행사가 중요했던 대책회의에게는 사직서를 들려 줄 넓은 공간이 필요했다. 그리하여 신세계 백화점 앞 로터리가 집결지로 결정되었다. 이곳은 서울에서도 가장 도로 폭이 넓은 곳이고 무려 5거리나 되는 로터리이다. 왕복 10차선의 가로로 뻗은 종로는 세로 방향에서 공격이 들어와 설령 허리가 잘리더라도 인도에 사람이 많을 뿐만 아니라 작은 골목도 많아서 해산이 목적인 공격은 별 효과가 없다. 그 때문에 전선은 대체로 광화문 쪽 한 방향에서만 형성된다. 부시 방문 날에도 경찰은 오직 한 방향에서만 공격을 반복할 수밖에 없었다. 이처럼 종로는 5,000 대오만 되어도 갇히지 않고 저항할 수 있는 요건을 갖추고 있지만, 신세계 앞 광장은 대치할 수도 없고 명동 쪽으로 피신하는 것 외에는 방도가 없다.

대책회의가 잘 들리지도 않고, 별 의미도 없고, 아무도 귀담아 듣지 않은 작별사인 선언문을 읽는 동안 진압경찰이 속속 도착했다. 밤 8시쯤 낭독이 끝나자 진압경찰과 체포조가 색소포와 곤봉을 가지고 사방에서 쇄도했다. 대오는 허물어질 수밖에 없었다. 명동에 들어갔던 사람들은 을지로에서 동대문까지 달려갔지만, 밤 9시가 넘어 아무런 중심이나 지침도 없이 두산타워 앞에 서 있는 동안, 양방향에서 대오를 갖춘 전경들이 달려들자마자 그냥 흩어졌다. 8.15통일행사에 참가하기 위해 상경했던 통일선봉대 노동자들은 귀가를 서둘러야 할 시간이기도 했다. 그들은 10월에 있을 총파업을 열심히 해보자고 다짐하면서 '투쟁'의 구호를 공허하게 외치며 뿔뿔이 흩어졌다. 그토록 벼르던 '815 100만 대첩'은 대치 한번 못한 채로 허무하게 끝이 났다. 그리고 도심에서의 대규모 저항도 끝이 났다. 순박한 개미 떼들의 반란과 꿈이 마지막으로 배반당하는 순간이기도 하였다.

항쟁의 고양과 쇠퇴—비폭력 축제론의 허구

표 2_ 촛불집회 참가자 수의 변동 (서울지역)

날 짜	5/3	5/10	5/17	5/24	5/31
참가 인원	20,000	18,000	40,000	50,000	150,000
연행자				37	228
날 짜	6/7	6/10	6/14	6/21	6/28
참가 인원	200,000	700,000	30,000	60,000	120,000
연행자	12			12	59
날 짜	7/5	7/12	7/17	7/19	7/26
참가 인원	500,000	20,000	20,000	5,000	5,000
연행자		3	7	17	42

* <표 1>의 데이타와 동일.

촛불항쟁 기간에는 두 번의 고양기와 한 번의 회복기가 있었다. 2008년 4월 6일 안단테가 시작한 탄핵 서명은 4월 25일 5만, 27일 7만, 28일 10만, 30일 21만, 5월 1일 40만, 5월 2일 60만 명으로 폭발적으로 고양되었다. 그리고 안티엠비 회원은 4월 19일 16,700, 4월 24일 21,600, 5월 2일 8만, 5월 29일 16만 명으로 증가했다. 안티엠비 회원은 한때 18만 명에 육박하였으나 16만 명 선을 유지했다. 결국 항쟁의 확장기는 5월 말과 6월 초에 거의 끝났고, 그 뒤로 새로운 사람들이 합류하지는 않았다.

한편 촛불집회의 주말과 휴일 참여자를 기준으로 보면 5월 2일~6월 10일까지 계속 증가하고 있고, 이 기간 중인 5월 하순에는 예비군, 유모차, 의료팀과 386의 등장이 두드러졌고, 6월 10일 전국노래자랑 이후 급감하였다가 6월 14일 3만 명을 기점으로 다시 7월 5일까지 상승하였다. 7월 5일 철야 음악감상회 후에는 2만 명으로 추산되는 전투적인 가투파만 남았다.

이러한 사실은 4월 하순부터 5월 2일까지 폭발적인 증가가 있었고(1차 고양), 다시 6월 10일까지 완만한 2차 고양이 있었으며, 6월 10일 이후 급감하였다가 7월 5일까지 점진적으로 다시 회복했지만, 대책회의의 배반으로 동력이 쇠퇴하였음을 알 수 있다. 또한 투쟁이 대단히 치열하고 탄압이 격심했던 5월 24일~31일, 6월 7일 등과, 6월 25일~28일 사이에 집회 참가자가 확대되고 있음을 알 수 있다. 특히 7월 5일 집회는 대책회의가 내분으로 인해 적극적인 동원을 하지 않았음에도 50만 명이 모였다. 이러한 사실은 집회가 평화적이어야 시민들이 참여한다는 비폭력 축제파의 주장과는 반대로, 투쟁의 열망을 배반하면 시민들은 집으로 돌아간다는 것을 말해주고 있다.

촛불과 대책회의의 불행한 만남

안티엠비는 이미 4월 26일과 5월 17일에 '명박 탄핵'의 구호를 내건 합법집회를 신고하고 합법적인 가두행진을 하였다. 부산에서는 이미 5월 10일에 화물연대가 주간에 합법적인 가두행진을 하였다. 5월 24일의 첫 가두진출(즉 신고되지 않은 도로 점거)도 가투파의 주도 하에 시작되었고, 이후의 수많은 가두투쟁 역시 신고 여부나 합법 여부를 따지지 않고 전개되었다. 즉 대중은 항쟁의 초반부터 거리로 나서고자 했고, 5월 24일부터는 국민을 배반한 정권에 대해 정당한 저항권을 행사하였다. 그럼에도 대책회의의 비공식적인 거리행진은 '다함께'가 리드한 5월 26일부터였고,[18] 대책회의가 공식적으로 가두행진에 나선 것은 5월 29일부터였다.

대규모 가두진출이 이루어지는 주말에는 평일보다 30분이나 1시간 빠르게 전철이 끝난다. 새벽 1시나 2시면 좌석버스도 끊어진다. 밤 11시가 넘으면 대오가 1/3로 줄고, 새벽 1시가 넘으면 또 1/3로 줄었다. 그리고 새벽이 되어 대오가 1,000명 이하로 줄면 진압과 연행이 시작되었다. 이 때문에 시민들은 주말집회를 저녁이 아닌 오후에 시작할 것을 줄기차게 요구했다. 그럼에도 대책회의는 밤 9시나 10시가 다 되어 문화제를 끝냈다. 문화제를 언제 시작하고 언제 끝내는가는 가두진출에 대한 의지를 가늠하는 척도이다. 100일이나 계속된 항쟁 속에서 대학로에서 사전집회를 하고 오후 5시경에 시청 등의 문화제 장소로 행진했던 5월 31일과 6월 6일, 7일, 20일 등을 제외하면, 대책회의가 저녁 8시 이전에 가두행진을 시작한 것은 6월 25일 오후 7시 30분, 6월 29일 6시 30분 등 이틀뿐이고, 오후 8시부터 8시 40분 사이에 행진을 시작한 것은 5월 26일과 31일, 6월 1일과 6월 3일~7일, 6월 26일~28일, 7월 19일 등이었다. 대책회의가 맨 앞에 서지는 않았지만 늦게까지 남아 시민들과 호흡이라도 같이한 날은 5월 30일~31일, 6월 25일~28일뿐이었다.

집회 시간, 집회 장소, 구호, 행진코스 등은 투쟁의 의지를 가늠하는 중요한 기준이다. 저녁 7시에 시작하여 밤 9시 혹은 거의 10시가 다 되어 행진을 시작하게 한다거나, 오직 '고시철회'만 외치면서 '명박퇴진'의 구호가 못 나오게 막는다거나, 경찰이 봉쇄하기 쉬운 병목 같은 청계광장만을 고집한다거나, 청와대나 광화문 방향이 아닌 명동이나 동대문으로 도는

18_ "이런 결정적 시기(5월 26일)에 대책회의는 행진 이끌기를 거부했고, 행진에 대해서 사전 논의했던 '의지와 능력이 있는 단체들'도 막상 행진 시간이 다가오자 나설 조짐을 보이지 않았다. … 그래서 우리는 행진을 호소하고 이끌기로 결단을 내렸다. 그 직후 대책회의 상황실의 주요 활동가로부터 '다함께가 행진을 나서주면 좋겠다'는 메시지가 왔다"(김하영, 2009: 192-193).

것은 모두 투쟁의 의지가 없음을 보여주는 것이고 그만큼 대중의 열망을 억제한 것이었다.[19]

이명박의 총체적인 국정 파탄에 대하여 대중은 처음부터 5대 현안 혹은 6대 현안을 요구하며 이명박의 퇴진을 요구했다. 그럼에도 대책회의의 1+5 의제 확대(미국 쇠고기 수입 반대 외에 대운하 철회, 의료민영화 반대, 물과 공공재 사유화 반대, 교육 자율화 반대, 공영방송 수호)는 무려 한 달이나 뒤진 6월 9일에 이루어졌고 그마저도 7월 4일에야 논란 끝에 확정될 수 있었다.[20] 대책회의가 의제를 확대한다는 것은 미친 소에 대한 정책반대운동에서 정권반대운동으로 나아가는 것을 의미한다. 대책회의는 6월 11일 "20일까지 재협상이 이루어지지 않으면 정권퇴진운동에 나서겠다"고 예고했지만 막상 제출한 구호는 '명박심판'이었고 그마저도 흐지부지되고 말았다. 그 이전이나 이후에도 '명박 퇴진'을 공식적으로 외친 적도 없고 결정한 적도 없었다(참고자료 2). 그리고 처음부터 일관된 구호는 '고시철회, 협상무효'였다. 6월 19일 국민대토론회에서 정권반대의 열망이 확인되었음에도 대책회의는 내부의 동요 때문에 정권반대투쟁을 단 한 번도 공식적으로 결의할 수 없었다(참고자료 1, 2).

5월 6일 1,500개가 넘는 시민단체가 합의한 것은 '협상 전면무효, 책임자 처벌'을 내건 '광우병 위험 미국산 쇠고기 전면 수입을 반대하는 국민대

19_ "많은 의욕적인 시민들이 늦은 밤에 청와대로 가는 것은 참여자도 줄어들고 채증도 곤란하고 더 위험하니까, 행사는 짧게 하고 낮 시간에 바로 행진을 시작하고 청와대로 가자고 했음에도 대책위는 수많은 시민들의 요구를 억압하면서, 자유발언으로 시간을 질질 끌어 김을 뺀 다음에도 행진마저도 빙빙 돌면서 9시도 넘은 시간에야 청와대쪽에 갈 사람은 가라고 하더군요"(발표글 1).

20_ 1+5란 광우병이 우선이고 나머지는 부차적인 의제로 해석될 수 있었고 7월 4일 대책회의 운영위에서 논란 끝에 병렬적인 의제로 정의되었지만 시민들은 이들 구호를 익혀 볼 기회조차 없었다.

책회의'였다. 결국 대중은 6대 현안을 내걸며 '명박탄핵'과 '명박퇴진'을 외치고 있을 때 시민단체는 오직 '광우병'만을 내건 '정책반대운동'을 하고자 했다. 바로 여기에서 촛불과 대책회의의 불행한 만남이 시작되었다. 또한 이것은 시민압력운동단체라는 제도 내 개혁주의 세력들의 한계가 관철된 것이기도 했다.

정책반대운동은 다수가 모여서 압력(문화제나 집회)만으로 해결될 수도 있을다. 그러나 정권퇴진운동은 거리의 투쟁이 없이는 결코 이루어지지 않는다. 거리의 투쟁은 경찰이 그어놓은 폴리스 라인을 얌전하게 존중할 때에는 결코 이루어지지 않는다. 폭력투쟁이 아니더라도 광장과 도로에서 엄청난 분노를 표출해야만, 그리고 그 의지가 꺾일 수 없다는 것이 분명할 때에만 스스로 물러나든지 기득권층(한나라당을 포함한 지배계급)이 그들의 대리인(이명박)을 버리든지 한다.

대책회의의 주요 세력들이 '민민연'(민주주의와 민생을 위한 새로운 연대기구)으로 간판만 바꿔달 때, 그들은 "촛불시위에서 '정권퇴진 불사'라는 말을 사용해 보수세력에게 빌미를 준 점, 시위대의 우발적인 폭력을 제지하지 못한 점이 대책회의의 두 가지 큰 실수였다"[21]고 반성하고 있다. 세상에! 대중은 첫날부터 '명박퇴진'을 외치며 싸우고 있는데 '퇴진운동을 하겠다'는 것도 아니고 '퇴진운동을 할지도 모른다'고 했다가 그마저도 '그것은 수사적 표현일 뿐'이라는 말을 언론에 흘리더니 이제 와서 그게 그토록 큰 실수였다고? 폭력에 짓밟힌 건 시위대인데, 시민들이 투쟁하지 못하도록 실컷 음악감상회나 강요하더니, 이제 와서 시위대가 우발적인 폭력을 써서 이기지 못했다고? 이것이 바로 제도 내 개혁세력들의 한계다. 그들은 항쟁의 마지막 순간까지 '명박퇴진'을 얘기하지 못하고 행여라도 대중들이

21_ 좋은세상, <민민연을 구성한다는 기존 대책위를 비판한다>, 08.10.6에서 재인용.

정권퇴진운동을 밀어붙일까봐 전전긍긍하면서, 온갖 수를 써서 대중들의 투쟁을 억압할 수밖에 없었다. 존법주의자들인 제도 내 개혁세력들은 도로교통법을 위반하는 촛불시민들과 함께할 수 없었다. 이것은 제도 내 개혁세력들이 촛불항쟁과 같은 낮은 단계의 반신자유주의 투쟁에서조차 투쟁하는 대중과 끝까지 함께할 수 없다는 본질적 한계를 분명하게 보여준 것이었다. 그들은 도로교통법만 존중할 뿐 아니라 민중의 삶을 유린하는 신자유주의 정권도 존중한다.

대중의 열망을 감당할 수 없을 때에는 사퇴하거나 간판을 바꿔 달고 의지가 있는 조직만 참여하면 되는데도, 간판도 안 내린 채 투쟁을 관리하려고 했던 것이 이들의 가장 큰 과오였다. 이 점에서 용산범대위가 꾸려질 때에 '명박퇴진'의 슬로건에 동의할 수 없어서 대책회의의 중심이었던 '참여연대'를 비롯한 시민단체들이 참가하지 않은 것은 차라리 책임있는 행동이라고 말할 수 있다.[22]

22_ "참사직후 용산범대위를 구성하면서 투쟁방향을 둘러싼 이견이 존재했다. 투쟁기조, 요구, 명칭에서 <이명박 정권퇴진> 문제가 쟁점이 되었다. 용산참사는 이명박 정권에 의한 민중살해이므로 투쟁기조, 요구, 명칭에서 이명박 정권퇴진을 분명히 해야 한다는 견해와 보다 광범위한 국민적 참여를 위해 구체적 표현에서는 유연성을 발휘하자는 견해가 대립되었다. 후자의 견해는 주로 시민단체에서 제기되었다. 이런 의견을 감안하여 1월 21일 제1차 대표자회의에서 명칭에서는 <이명박 정권퇴진> 표현을 빼고 기조와 요구에 이명박 정권퇴진을 표현하기로 했다. 그러나 시민단체들은 용산범대위에 불참했다. 1차 대표자회의 후 시민단체와 함께해야 한다는 측면에서 한국진보연대가 재논의를 제안했다. 1월 27일 집행위원회 사전논의를 통해 기조에는 이명박 정권퇴진을 그대로 두고, 투쟁요구에서 '이명박대통령퇴진'을 '이명박대통령사과'로 수정하는 조정안을 마련하여 1월 29일 2차 대표자회의에서 토론이 전개되었다. 그러나 이날 시민단체들이 회의에 참가하지 않은 가운데 범민련 등 다수 단체들의 주장으로 '이명박대통령퇴진'을 고수하기로 했다. … 공동집행위원장 9명이 확정되었으나 민주노총과 한국진보연대는 내부사정으로 결합하지 못했다. 민주노동당과

용산투쟁은 보상금이나 더 받아주기 위해 시작한 투쟁이 아니었다. 그것은 철거민의 생존권만의 문제도 아니고 공권력의 실수에 의한 과잉진압만의 문제도 아니었다. 그것은 신자유주의 경찰억압정권인 이명박 정권이 촛불항쟁에서 드러난 민중들의 항쟁의지의 싹을 자르고자 작심하고 저지른 학살만행이었다. 국민을 배반하고 국민을 적으로 삼고 학살을 자행하는 정권의 문제였지, 실수를 저지른 경찰 몇 사람의 책임자 처벌이나 재발방지의 문제가 아니었다. 당연하게 정권의 심장부를 향하는 투쟁이어야 하고 정권반대투쟁이 되어야 했다. 그럼에도 모 정치조직에서 '명박퇴진'의 구호를 '실현의 슬로건'이 아니라 '선동의 슬로건'으로조차 내세울 수 없다는 단체들과 함께하지 못해서, 시민들의 광범위한 참여를 이끌어낼 수 없었다고 말하는 것은 자가당착이다. 반이명박 노선을 명확하게 하지 않은 채 대책회의처럼 투쟁의 수위를 낮추고 광범위하고 나이브한 집회나 했다면 최소한의 승리라도 얻을 수 있었을까? 참여하는 단체가 적어서 시민들이 안 나오는 것이 아니라 '방송녀'가 '불법집회' 운운하고 공포분위기를 조성하면 시민들의 참여는 위축될 수밖에 없다. 많은 단체가 함께하는 것도 중요하지만 그보다 중요한 것은 단호한 비타협적 투쟁의 의지가 있느냐의 여부다.

운동의 질곡과 한계들

촛불항쟁의 전 시기 동안 대책회의만큼 대중의 비난을 받은 조직은 없었

진보신당에서 파견한 공동집행위원장은 4월 보궐선거국면으로 접어들면서 사실상 활동을 중단했다. … 용산참사리는 사안의 중대성, 참가단체들의 면면, 과거 전국적 시안별 연대체에서 보여준 이른바 '메이저급' 단체들의 역할 관행 등에 비추어 보면 매우 이례적이었다"(<용산범대위 평가서>).

다. 6월 10일 프락치로 매도되었던 인권단체만큼이나 오해에 기인한 부당한 비난도 많았다. 특히 모금함을 왜 돌리느냐며 투명하게 통장으로만 받으라는 주문도 있었다. 하지만 한국의 시민단체 중 돈 문제가 투명하지 않아 비난을 받을 만큼 타락한 조직은 없을 것이다.

대책회의의 가장 큰 공적은 대중이 모일 수 있는 장을 만들고 대중을 동원했다는 점이다. 그런데 대책회의는 항쟁의 초반부터 투쟁의 지도부가 아니라 현장지원조직임을 밝힌 바 있다. 그러나 그들의 말대로 투쟁에 책임을 지지 않는 보조자라면 최소한 투쟁을 억제하려고 해서는 안 되었다. 대책회의에 대한 비난의 본질은 대중은 정권퇴진투쟁을 하고 있는데 정책반대운동에 가두려고 했던 점이다. 대중이 5대 현안을 내걸고 '명박퇴진'을 외칠 때 '광우병'만의 문제로 축소하여 '고시철회, 협상무효'만 고집한다든지, 집회를 낮 시간에 하고 가두행진을 빨리 시작하라는 요구를 받지 않은 점이나, 병목 같은 청계광장을 고집하지 말고 시청이나 광화문에서 하자는 요구를 제 때에 받지 않은 점은 대중의 열망과 의지를 억압한 것이다. 이 점이 비판의 대상이다.

그런데 1,700개가 모인 단체라고 해도 회의에 결합하는 단체는 30~40여 개에 불과하였고, 그마저도 다양한 색깔과 입장을 가지고 있기 때문에 싸잡아서 비난하는 것도 문제가 있을 것이다. 또한 한국진보연대와 참여연대가 중심에 있었다고 해서 모든 책임을 두 단체에 돌리는 것도 잘못된 것이다. 특히 상황실 인력 50여 명의 대부분을 두 단체에서 투여한 점이나 고생한 점도 평가되어야 한다.[23]

대책회의의 가장 큰 과오는 밤늦게까지 문화제를 질질 끌어서 대중의 투쟁을 방해한 점이다. 이것은 대중의 열망을 배반하는 행위이고 결과적으

23_ 참여연대나 시민단체의 활동가 중에는 대중과 함께하려고 애쓴 사람들도 많이 있었다.

로는 이명박을 이롭게 한 범죄적 행위이다. 모든 투쟁은 이길 수도 있고 질 수도 있지만, 항쟁이 패배한 주된 이유가 대중의 열망을 배반하고 투쟁을 배신한 점에 있다면 그 책임소재는 반드시 밝혀야 한다. 도대체 누가, 어떤 세력이 그토록 비난받으면서도 문화제를 질질 끌었는가?

5월 24일 첫 가두진출에서 시민들이 광화문에서 대치하고 있을 때 박원석 실장이 집회장에서 동참을 호소한 행동에 대해 대책회의 운영위 소집자인 한국진보연대 집행위원장은 "박실장이 그렇게 말해서 깜짝 놀랬다"며, '왜 일을 내느냐'는 듯이 유감을 표명했다. … 6월 9일 대책회의 운영위는 6.10 대회를 하루 앞두고 그 대회의 기조를 '이명박 정권 퇴진불사'로 정하고, 의제도 1+5(광우병 외에 의료민영화, 공영방송, 물과 공공재 사유화, 대운하, 교육)로 결정했다. … 이날의 결정이 언론에 보도되자 대책회의 안팎의 개혁주의자들은 '그것은 수사적 표현일 뿐'이라는 말을 언론에 흘리며 … NGO 지도자들은 1+5를 1(광우병 쇠고기 쟁점)이 더 중요함을 보여주는 공식으로 해석했고, 나중에 단일 의제(불매운동)로 가는 발판으로 삼았다. … 6월 20일까지 재협상을 하지 않을 경우 정권퇴진운동을 불사하겠다고 한 후, 보건의료단체연합과 국민건강을 위한 수의사연대를 제외한 거의 모든 NGO들이 퇴진요구가 섣부르다고 주장했고, '막 나가는' 운동을 말리러 온 것처럼 행동했다. 녹색교통 같은 단체가 대표적이었다. 한국진보연대는 NGO와 거의 다르지 않은 입장으로 일관했다. 한국진보연대 집행위원장은 특히 그랬다. 민주노동당, 민주노총, 전농, 나눔문화도 모두 정권퇴진요구에 반대했다. 안티2MB도 퇴진을 지지하지 않았다. … 대책회의 지도자들은 민주노총 지도자들을 곤란하게 만들 수 있는 노동자 투쟁호소를 부담스러워 했다. 특히 한국진보연대 집행위원장은 "타 단체의 활동에 이러쿵저러쿵 하기 어렵다"면서 민주노총 파업에 대한 나의 촉구를 가로막기도 했다. 민주노동당이 등원을 거부해야 한다는 주장도 무마한 바 있다. … "이 정권 아래서는 재협상도 어려우므로 정권퇴진이라는 목표를 분명히 제시하고 노동자들에게 진정한 파업에 나서주기를 호소해야 한다." … 그러나 한국진보연대 집행위원장은 "왜 끝난 얘기를 다시 꺼내느냐"며 나를 윽박질렀다. … (6월 30일 운영위에서) NGO 지도자들은 우선 비폭력 기조를 재차 강조했다. 시위대의 폭력이 탄압을 불렀다는 듯이 말했고, 경찰진압을 부르는 행동은 모두 폭력이라고 규정짓는 듯도 했다. 예컨대 청와대를 향한 행진은 경찰진압을 부르므로 하면 안 된다는 식이었다. 참여연대, 여연, 녹색연합은 모두 이 점을 강조했다. 녹색연합 사무처장은 "청와대로 가자거나 전경차를 끌어내는 전술을 중단하고, 광장문화를 살리자"고 했다. 참여연대 사무처장은 평화적 행진임을 가시적으로 드러낼 수 있게 '탑돌이' 같은 퍼포먼스를 하자고 했다. 여연 공동대표는 7월 5일 집회를 불매운동/안사기 선언운동으로 전환하는 자리로 삼자고 했다. … NGO지도자들은 7월 5일 촛불승리를 선언하고 '이제 생활로 돌아가 불매운동을 이어가자'는 전환을 이루자는 것이었다.[24] 7월 3일 운영위에서 NGO 지도자들의 입김이 강력히 작용한 기조 전환이 제안되었으나 통과되지 못하자, 7월 4일 다시 긴급 운영위원회를 소집했다. … 종교계집회가 끝난 후 더는 집회를 유지하지 말

24_ "−특정 지역과 소비자운동 수준에서 불매운동을 진행하는 것을 반대할 이유는 없다. 문제는 광우병 대책위가 주요사업으로 불매운동을 해나가자는 데 있다. 이는 정부와의 직접대립에서 수입업자나 마트 등 유통 공급업자들과의 대립으로 전선이 이동된다는 점이다. 애초에 이명박 대통령은 미국산 쇠고기를 수입하더라도 안 사고 안 먹으면 된다고 말한 바 있듯이 일단 유통되면 정부의 책임이 아니라 공급자와 소비자의 문제가 된다는 사실이다. 현 상황에서 이는 명백한 운동의 후퇴다. −더 큰 문제는 불매운동이 촛불집회의 대안으로서 얘기되고 있다는 사실이다. 광우병 국민대책회의가 불매운동에 집중하라고 요구하는 것은 촛불집회를 통한 정권과의 대립이 예민하게 형성된 지금의 국면을 이완하고 전선의 변경을 요구하는 것이기 때문에 더 문제가 된다"(참고자료 2).

것(집회종료선언)과 경찰과 충돌할 가능성이 있는 방향으로 행진하지 말 것이었다. 시민단체 지도자들은 대책회의의 나머지 단체들이 이 요구를 수용하지 않으면 7월 5일 집회를 할 수 없다고 협박성 발언을 했다. … 논쟁이 계속되자 여연 공동대표가 자리를 박차고 일어섰고 시민단체 측 참가자들이 전원 퇴장했다. 한국진보연대 집행위원장은 시민단체 지도자들을 뒤쫓아가 중재를 섰고, 결국 모호한 타협안이 마련됐다.[25] 집회를 평화적 기조로 하며, 종교계와 함께 집회를 하고 행진을 한 뒤 10시부터 문화제를 이어간다는 것이었다. … 청와대 시민사회비서관 임삼진을 비공개 접촉한 사실이 드러나면서 우리 쪽의 타격이 더 컸다. … 임삼진을 만난 3인(여연 공동대표, 한국진보연대 집행위원장, 녹색연합 사무처장)이 촛불시위를 연착륙시키고 불매운동을 이어가자고 한 장본인들이고 … 대책회의는 6월 10일 '퇴진불사' 입장을 표명한 뒤 너무 오랫동안 이명박에게 시간을 벌게 해주면서 기회를 놓친 실책을 저질렀다. … NGO와 한국진보연대 일부 지도자들은 정권퇴진안을 부결시킴으로써 이 얘기를 다시는 못 꺼내도록 내 입을 막으려 했지만 한국진보연대의 균열로 그럴 수 없었다. 17 대 37로 1+5안과 병렬적 의제확장안이 승리했다. 그러자 민언련, 참여연대, 환경단체 등에서 이 결정을 고수하면 함께할 수 없다고

25_ "-시민단체들의 입장은 밤12시까지 집회 또는 행진 종료 공개적으로 선언하라는 것. 그래야 평화집회가 보장될 수 있고 더 많은 사람들이 참여 할 수 있다는 주장. 나머지 단체들은 종료선언이 자칫 큰 혼란을 줄 수 있고 그렇게 많은 사람들이 참여했어도 아무런 성과도 없이 돌아가게 되어 오히려 이후 역량을 축소시키게 된다고 보았음. -격론 끝에 어제 결정에 준하는 것으로 결론이 날 즈음 여연 대표가 '이렇게 되면 대책위와 함께할 수 없다'고 선언하고 회의장을 빠져 나오자 시민단체들이 대거 '같이 좀 보자'고 하며 함께 회의장을 나감. -한국진보연대의 중재로 종료선언은 하지 않고 집회는 7시까지, 행진은 10시까지 그 이후에는 문화제, 이렇게 시간과 순서만 명기하는 것으로 정리함. 또한 집회 당일 대표단이 국민요구시항을 청와대에 전달하는 것으로 함"(참고자료 2).

탈퇴 압력을 가하며 번복할 것을 요구했다(김하영, 2009: 206-218).

우리는 이러한 김하영의 증언 속에서 한국진보연대와 일부 시민단체 그리고 그 단체들의 특정 지도자들이 대중의 열망과 투쟁을 배반하기 위하여 항쟁 속에서 어떤 행동들을 했는지 잘 알 수 있다. 이들이 바로 촛불시민들이 "행여라도 투쟁을 할까 봐, 행여라도 투쟁이 커질까 봐 항상 방해하고 억제"(발표글 6)해 온 당사자들이다. 촛불시민들은 이명박의 폭압에 억압당하기 이전에 이명박의 아르바이트생과 똑같은 행동을 한 '직업이 투쟁의 집행위원장이 아니라 투쟁의 관리위원장'인 사람과 겁먹은 존법주의자들에게 관리되고 억압당했다. 그러나 더욱 중요한 것은 수많은 단체들이 모인 대책회의가 왜 대중의 열망을 배반하고 억압할 수밖에 없었고, 왜 운동은 대중의 열망에 부응하지 못했는가이다.

시민단체 내의 존법주의자들

87년 6월 항쟁으로 확장된 민주적 공간은 그 이전의 억압적 통치체제에서 성장하기 어려웠던 시민사회운동이 성장하는 발판이 되었다.

기왕의 민주 대 반민주라는 구도 하에서 반독재 연합을 이루었던 사회운동세력은, 신자유주의로의 개편과정에서 자유주의 세력이 보수세력과 함께 신자유주의 좌우파를 이룸으로써, 비판적인 개혁적 세력은 시민운동으로, 진보적 변혁세력은 민중운동으로 분화가 일어났다. 이 과정에서 진보적 변혁세력은 노동자와 민중에 대한 신자유주의의 공세에 적절한 대응과 반격을 조직하지 못한 채 후퇴를 거듭하고 있는 중이고, 중간에 있는 비판적 개혁세력은 정체성의 혼란 속에서 동요하면서 변혁성과 운동성을 상실해가고 있는 중이다.

현시기의 시민사회운동이 시민을 단지 후원회원과 관객으로 소외시키면서, 시민 없는 시민운동 혹은 상근자나 전문가 집단의 대리주의적 실천에 머물고 있는 것은 운동의 기반과 전망에 대한 의식의 불철저함에 기인하는 바도 있을 것이다. 대부분의 시민단체가 신자유주의에 대한 모호한 태도 혹은 타협적 태도를 보이고 있는 것이 운동에 대한 장애와 질곡으로 되어 있고, 이 점은 신자유주의 반대라는 슬로건은 죽어도 걸 수 없다는 대책위 내부논쟁이나 용산 철거민 투쟁에 함께하지 않은 것에서도 확인되는 바이다(박석삼, 2010b: 543-544).

참여연대나 여연이나 녹색연합 등의 시민단체는 무슨 혁명조직이나 변혁세력이 아니라 제도의 틀 내에서 그리고 합법의 테두리 내에서 개혁을 추구하는 단체들이다. 그들은 '제도 내'와 '합법의 틀'이라는 자기 정체성 때문에 평상시에는 대중보다 앞서 있는 것 같지만 대중이 폭발적으로 진출하는 항쟁의 시기에는 대중의 뒤에 있을 수밖에 없고, 관성을 벗어날 수 없는 자기 한계 때문에 대중의 열망을 제도의 틀에 가두려고 한 것이다. 대책회의는 처음부터 투쟁의 지도부가 아니라 현장지원조직(보조자)이라고 밝혔다. 바로 여기에서 비극이 시작되었다. 2008년 촛불투쟁은 단순한 투쟁이 아니라 정권퇴진을 요구하는 항쟁이었다. 따라서 존법을 벗어날 수 없는 세력들이 이 투쟁에 앞장선다는 것은 불가능할 뿐만 아니라 보조하는 것도 불가능하다. 보조만 하는 것도 내란의 공범이 되는데 어떻게 보조를 할 수 있겠는가? 그들은 도로교통법도 어길 수 있는 조직이 못 된다. 따라서 도로교통법을 밥 먹듯이 위반하는 촛불시민들을 앞장서지는 못해도 뒷바라지는 할 수 있다는 생각 자체가 모순이고, 결국 이 모순은 촛불들이 도로교통법을 어기지 못하게 하는 노력으로 해결될 수밖에 없었다. 이것이 '비폭력 축제론'의 본질이다. 그들에게는 전투성과 변혁성이 없다.

따라서 일부 비타협적이고 투쟁적인 시민단체들이 없는 것도 아니고 대중의 열망에 부응하려고 한 수많은 헌신적인 시민단체 활동가들이 있음에도 불구하고, 이들과는 다르게 '존법'을 행동의 제1강령으로 삼는 시민압력운동단체[26]나 그 지도자들은 평상시에는 대중보다 앞서 있지만 투쟁이 조금만 격화되면 대중의 발목을 잡을 수밖에 없다. 제도 내 존법주의자들은 촛불항쟁처럼 낮은 단계의 반신자유주의 투쟁에서조차 비타협적으로 함께 맞서 싸울 수 없다는 것을 보여주었다. 항쟁의 '중심의 역할'을 요구받았던 대책회의에서 이들 제도 내 존법주의자들이 중심에 있었다는 것이 촛불시민들의 첫 번째 불행이었다.

'존법주의'란 민중의 저항을 억압하기 위해 온갖 악법을 양산하여 '법질서'의 수호라는 탈을 쓰고 자행되는 신자유주의 경찰독재체제 등이 강요하는 억압에 순응하는 이데올로기이다. 존법주의자와 비타협주의자가 다른 점은, 존법주의자는 폴리스 라인을 아무리 좁혀 와도 끝까지 존중하는 신앙을 가진 사람들이고, 비타협주의자는 비록 힘이 없어서 폴리스 라인을 지킬 수밖에 없는 상황에서도 그 현실에 분노하고 그 라인을 넘기 위해 끊임없이 노력하는 사람들을 말한다. 제도 내 개혁주의자나 존법주의자들의 실천 중에는 사회적 문제에 대한 고발과 비판 등 가치있는 실천이 있지만, 그들은 분노를 담을 수 있는 뜨거운 심장이 없는 까닭으로 대중의 분노를 고무하거나 조직하여 이 현실을 넘을 수 없다. 그러므로 그들은 시민 없는 대리주의적 압력운동에 매몰된다.

패권주의와 보신주의의 야합

26_ 시민단체 중에는 비타협적이고 투쟁적인 운동체도 있지만, 시민압력운동단체란 시민들 혹은 대중의 직접행동을 추구하는 단체가 아니라, 대다수의 회원은 회비만 내는 후원회원이고, 주된 활동은 상근자나 전문가들에게 맡겨지는 대리주의적 실천으로 이루어지며, 주로 언론보도나 기자회견 등에 의존하는 여론압력운동의 형태를 띤다.

그러나 더욱 심각한 문제는 대책회의 내에도 대중의 투쟁의 열망을 받아안아야 한다는 단체가 37개나 되었음에도, 왜 17개 단체의 주장대로 '비폭력 축제론'이 관철되어 이명박을 위한 재롱잔치나 하게 되었는가이다.[27] 물론 김하영(2009)의 글에서 보듯 피상적으로 보면 끊임없이 투쟁파를 억제하거나, 투쟁파와 축제파가 대립하고 있을 때 축제파까지 껴안고 가야 한다면서 결국은 축제파의 의지가 관철되게 한 원만한 품성을 지닌 관리위원장에게 화살을 돌릴 수도 있다. 그러나 이것은 한 개인의 문제가 아니다. 지나간 7-8년간 결코 비타협적이거나 투쟁적이지 않은 누군가에게 투쟁의 관리위원장을 단골로 맡긴 바로 그 질서와 힘이 문제다.

그동안 우리 운동에서 투쟁의 지도부가 투쟁의 의지를 억압하고 관리하려고 한다는 비판은 어제오늘의 일이 아니다. 비단 촛불항쟁에서뿐만 아니라 "파병반대든 FTA반대든 간에 이름의 앞부분만 바꾼 대책위가, 항상 투쟁의 수위를 조절한답시고 혹은 투쟁을 관리통제한다는 온갖 의혹을 받으면서, 심지어는 대중들이 나아가려고만 하면 경찰과 합의해서 정리집회나 일삼으면서 투쟁을 배반해 온 게 한두 번이 아니었고"(발표글 1),[28] 투쟁의 의지를 보여주는 것이 아니라 적당히 행사나 한다는 비판은 줄곧 있어 왔다. 그래도 '민중연대' 때에는 좌파와 우파가 동거하면서 투쟁을 만들어 내었다. 그런데 민주노동당과 민주노총에서 패권을 장악한 우파[29] 내의 특정 세력들은 좌파를 배제하려고 했다. 그들의 패권주의에 대해서는 새벽

27_ 여기서 필자가 문제삼는 것은, 7월 4일의 시점에서 퇴진운동에 전면적으로 나설 것인가 혹은 억제할 것인가의 전술국면에 대한 판단의 차이를 지목하는 것이 아니라, 항쟁의 전 과정 내내 대중의 열망과 투쟁의지를 억압했다는 점을 얘기하는 것이다.

28_ 2003년부터 시작된 파병반대투쟁 때부터 많은 동지들이 관리되는 운동에 대해 공개적인 비판을 해왔고, 필자도 여러 번 공개글을 발표한 바 있다.

29_ 노동운동 내에서는 단병호, 심상정 등을 '중앙파', 노동자의힘, 사노련 등을 '좌파', 민족운동세력을 '우파'로 부르고, 그 외에 '국민파'가 있다.

길을 비롯해 많은 사람들이 문제를 제기한 바 있고, 진보신당 역시 단순히 종북문제가 아니라 패권주의에 견디다 못해 민주노동당에서 떨어져 나왔다.[30] 그리고 민중연대에서 좌파를 배제하고 만든 것이 통일운동단체들이 주로 모인 한국진보연대였다. 다양한 정치적 지향성을 가지고 있는 대중조직인 민주노총과 대중정당인 민주노동당을 한국진보연대에 가입시켜 시대착오적인 통일전선을 만들려고 했다.[31] 이것이 불행의 시작이었다.

구조조정과 같은 신자유주의의 공세 속에서 총체적인 투쟁이 필요했음에도 민주노총의 80%를 차지하는 대기업노조는 자기 밥그릇을 건드리지 않는 한 투쟁을 원하지 않았고, 이런 대중의 보수화에 영합하여 우파는 국민파와 합작으로 타협적 지도부를 만들었다. 입으로만 투쟁과 총파업을 외칠 뿐 투쟁을 조직할 생각은 전혀 없었다.

2009년 8월 초 평택에서 쌍차 동지들과 연대하러 간 대중들은 연속 2주 동안이나 경찰에 쫓겨 5km 단축 마라톤을 했다. 그것은 87년 노동자 대투쟁과 전노협(전국노동조합협의회)과 민주노총을 건설했던 한국 노동계급의 자존심이 최종적으로 망가지는 순간이었다. 대중의 투쟁의지가 없는 것도 아니었고 일전을 불사하기 위한 준비도 되어 있었다. 하지만 행여라도 폭력세력으로 매도되거나 대중들이 위험에 처할지도 모른다고 판단하

30_ 모 도당 운영위에서는 회의록을 공개하는 것은 상식인데도 표결로 결정하자는 터무니없는 일이 벌어지기도 했다. 구 민주노동당은 좌파 민족주의자만이 아니라 사회민주주의자와 사회주의자까지 모여 만든 '전선당' 혹은 '정파연합당'이다. 따라서 소수에 대한 배려와 연대의 원칙이 작동되어야 했다. 한나라당이 다수라고 하여 모든 것을 표결로 결정하자고 한다면 국회는 존립할 이유가 없는 것이다. 다수에만 의지하여 소수와 공존할 생각이 없는 것을 패권주의라고 한다.

31_ 민주노총 내에는 한국진보연대가 추구하는 통일운동이나 민족운동에 동의하지 못하는 수많은 노동자들이 있음에도, 왜 그들이 한국진보연대의 하위 소속단체의 성원이 되어야 할까?

신 노동관료들께서는 7월 25일에는 공장 앞도 아닌 평택역에서 조금 떨어진 법원사거리 앞에서 집회를 하자느니, 새벽에 농성장이 침탈당한 8월 2일에는 하루종일 뭉개다가 오후 늦게야 평택역 앞에서 촛불이나 들자고 하면서 대중의 투쟁의지를 가로막았다. 촛불항쟁 때 민주노총은 무려 총 120분(=2시간)이나 되는 7.2 총파업을 단행하였다. 2009년 2월 28일 용산 범국민추모대회 때 여의도에서 전국노동자대회를 끝낸 1만 노동자 대오가 모처럼 전경을 밀어붙이며 시청과 남대문을 거쳐 신세계 앞 명동입구에서 대치하고 있을 때 노동관료들은 8시도 채 안 되었는데 정리집회를 하자면서 대오를 명동성당 앞으로 집결시켰다. 파업을 조직하려고 해도 일선의 대중들이 움직이지 않아 어렵다고 하더니 막상 대중들이 싸우고 있을 때는 한 사람의 연행자나 희생자도 생기지 않도록 하겠다는 책임감에 불타올라 행동했다.

민주노총과 민주노동당과 한국진보연대에서 일부 우파들이 패권을 장악하고 확립한 과정은 운동의 몰락 과정과 정확히 일치하고 있다. 변혁을 얘기하면서도 투쟁할 생각은 없이 조직의 안위를 지키고 세력의 확장에만 관심이 있는 일부 우파들이 만든 이 운동질서 속에서 자기 세력을 위험에 빠뜨리지 않을 고매한 인품을 갖춘 관리위원장들이 옹립되는 것은 결코 이상한 일이 아니다. 축제파까지 반드시 함께하려는 고매한 인격자가 수많은 투쟁체에 집행위원장으로 단골로 추대되는 그 힘과, '법질서'를 존중하며 항상 노동자들의 부상을 걱정하면서 '성숙한 시민의식'으로 '산업평화'를 위해 애쓰시는 분들을 총연맹의 위원장[32]으로 옹립하는 그 힘이 바로 운동질서의 패권을 장악하고 있는 일부 우파들이다.

32_ 촛불항쟁 때의 위원장은 2005년 울산 플랜트노동자 파업투쟁 때 노동자들이 손에 쥘만한 것을 두 트럭이나 준비한 것을 알자, 울산 시청으로 달려가 기만적인 타협안을 서둘러서 성사시킨 적이 있다.

그들은 투쟁의 외연을 확장한다면서 항상 좌파 대신에 시민사회단체와의 연대를 추구했다. 이제 일부 우파들의 모든 연대투쟁의 원칙은 시민압력운동단체가 함께하느냐 안 하느냐로 결정되고 있다. 변혁과 진보라는 간판은 내리지 않았지만 실천과 연대는 항상 비전투적이고 비변혁적인 제도 내 존법주의자들과 함께했다.[33] 그들을 투쟁으로 끌어내기 위해서가 아니라, 행사에만 만족하지 않고 승리를 위해 진지하고 비타협적인 투쟁을 하자는 세력을 억제하기 위해 그들과 함께했다.

지난 7~8년간 일부 우파가 다수를 장악하고 패권주의적으로 전투적 세력을 배제하면서 전선과 투쟁은 망가져왔다. 모든 투쟁은 교묘하게 억압되고 관리되었다. 그리고 그 절정이 바로 억압되고 관리된 촛불항쟁이었던 것이다. 일부 우파들은 항쟁이 패배할 수밖에 없었던 운동의 타락한 질서의 한가운데에 서 있는 것이다.

그들은 대중의 분노를 조직하고 투쟁을 해도 시원찮을 판에 전투적인 세력을 배제하면서 대중을 억압하고 배반한 신자유주의 세력까지 포함한 연대를 주장한다. 이것이 일부 우파의 통 큰 그림이고 '통 큰 단결'이다. 그러나 그 미래는 자기 존재의 부정이기 때문에 대책회의가 배척받았던 것처럼 대중으로부터 배척받을 것이다. 깜박이도 고장난 채 우회전만 한다

33_ 김하영(2009)의 글과 <용산범대위 평가서>에서 보듯, 항쟁의 초반부터 존법주의자들인 비폭력 축제파들이 대책회의 내의 다수파를 형성하여 내용도 없는 문화제를 밤늦게까지 질질 끌어 대중의 진출을 고의적으로 방해하고, '고시철회'만 외치면서 '명박퇴진'의 열망을 억압하다가, 7월 4일 소수가 되자 "이렇게 되면 대책위와 함께할 수 없다"면서 자리를 박차고 일어난다든지, 탈퇴하겠다고 협박한다든지, 용산범대위의 구성 때 시민단체들이 '명박퇴진'의 슬로건은 죽어도 걸 수 없다며 퇴장할 때, 그들을 붙든 것은 한국진보연대 혹은 한국진보연대의 지도자였다. 용산항쟁처럼 중요한 투쟁에서 한국진보연대와 민주노총이 공동집행위원장을 내지 않은 것은 결코 우연한 일이 아니다.

면 그들의 미래도 없고 대중의 미래도 없다.

여기서 필자가 말하는 일부 우파란 통일운동과 민족운동을 자신의 신념으로 삼고 진지하게 실천하고 투쟁하는 사람들이나 조직을 얘기하는 것이 아니라, 특정한 조직이나 사람으로 환원할 수 없는 거대한 '정서적 흐름'을 말한다. 통일운동을 하는 단체 중에는 '평통사(평화와 통일을 여는 사람들)'처럼 참으로 훌륭한 실천을 하는 단체도 있고, 한국진보연대 내에도 평생을 신념에 따라 실천하고 계시는 어르신들의 단체도 있고, 촛불항쟁에 앞장선 '추모연대'나 용산투쟁에서 원칙적 입장을 고수한 '범민련'을 비롯하여 진지한 실천을 고민하는 많은 단체들이 있다. 민주노동당 내에도 쌍차 농성장이 침탈당했을 때 전국에서 달려 온 수많은 동지들이 있고, 용산투쟁에 헌신적으로 결합한 동지들도 많이 있다. 필자가 지목하고 있는 것은 이처럼 정치적 신념으로 뭉쳐 그 신념을 관철하기 위해 비타협적으로 투쟁하는 정치세력이 아니라, 막연한 정서로 어울리면서 투쟁할 의지는 전혀 없이 오직 세력의 확장에만 관심이 있는 일부 경향을 얘기하는 것이다.[34] 그들은 정파가 아니라 종파다.[35] 통일운동과 노동운동에 기생하는 종파가 문제다. 종파들의 패권주의는 보신주의와 야합하여 거대한 타협적 질서를 만들어내었다. 이것은 오늘 우리 운동이 안고 있는 커다란 질곡 중의 하나다.

항쟁은 끝났다. 투쟁의 관리위원장들과 제도 내 존법주의자들의 억압과

34_ '타락한 정서의 공동체'에 대하여는 제3장의 '구속감 없는 개인'을 참조하라.

35_ 몇 년 전 민노당에서는 술좌석에서 남성 상급자가 여성 하급자에게 재떨이를 던진 사건이 있었다. 종파주의(패거리주의)에 물든 사람들은 가해자가 NL이고 피해자는 PD계열이라는 것이 알려지자, "여자가 얼마나 싸가지가 없으면 그랬겠느냐"고 두둔하는 일이 공공연하게 벌어졌다. 정치적 신념보다 패거리의 단결이 우선되는 것이 종파이다. 그들은 민주주의나 성평등이나 탈권위주의 등 진보적 가치에 대한 감수성이 매우 희박하다.

배신으로 제대로 된 싸움 한번 해보지 못한 채로 100만의 열망은 배반당했다. 이제 그들은 역사와 대중 앞에 진지하게 반성해야 한다! 운동을 이토록 타락시킨 일부 종파들은 운동에 기생하는 종파가 아닌 투쟁하는 정파로서 다시 태어나야 한다!

노동자 대중과 변혁세력

민주노총을 비롯한 조직운동과 변혁세력들이 대중의 분출 앞에서 대중의 열망에 부응하지 못한 점은 뼈아픈 과오다. 물론 촛불항쟁 기간 동안의 모든 동원은 민주노총을 비롯한 조직대오를 기반으로 한 것이었다. 5월 24일 집회에는 전국교사대회에 참가한 전국교직원노조 2만 명과 대학생들 5,000명 등을 포함한 5만 명이 모였다. 조직대오가 절반 이상이었다. 그리고 가투파의 선동에 대학생 대오가 호응하였다. 5월 29일과 30일에도 민주노총과 학생대오가 기반이 되어 선두에 섰고, 5월 31일 대학로에서 있었던 오후 2시 집회는 대학생들의 전국집회였고, 4시에 예정되었던 대책회의 집회는 민주노총과 시민단체의 연대집회였다. 이들을 기반으로 오후 5시부터 행진이 시작되었고, 밤 10시 사직터널과 안국역을 돌파한 것도 조직대오가 앞장선 것이었다. 그러나 전체적으로 볼 때에 노동자와 시민이 신자유주의에 유린당하는 민중으로서 하나가 되었다기보다는 "노동자들이 시민의 한 사람으로 참여한다"[36]는 방침에 따라, 개별 전투에서의 전투력이나 몸빵이 아닌 전체 투쟁에서 중심이 되어 방향을 제시하고 선도하지 못했다. 이것은 지난 실천들이 변혁성을 상실하여 노동자 대중이 계급으로서의 자각과 전망을 가질 수 있는 훈련이 부족했기 때문이기도 하다. 다시금 우리 운동은 변혁에 대한 총체적인 전망을 가지고 변혁성과 전투성을

36_ 민주노총 위원장은 5월 하순 촛불집회에서 "노동자들이 시민의 한 사람으로서 촛불집회에 참여하도록 하겠다"고 발언했다.

복원해야 할 과제를 남겨두고 있다.

대책회의 내에서 비타협적 투쟁을 주장하던 좌파를 비롯한 강경파들은 항쟁기간 내내 소수파였다. 그 상황이 일시적으로나마 역전된 것은 7월 4일 긴급운영위에서였다. 김하영(2009)의 글에서 보듯, 한국진보연대와 시민단체들 내에서도 대중의 열망을 받아 안아야 된다는 목소리가 다수가 된 사실이 이날 처음으로 확인되었던 것이다. 그럼에도 끝내 존법주의자들의 비폭력 축제론이 관철되었다. 이 현실 즉 운동의 상층부에서 비투쟁적이고 타협적인 세력들이 헤게모니를 관철하고 있는 것은 촛불항쟁 전에도 그랬고 촛불항쟁 후에도 여전히 변함이 없다. 항쟁의 열망을 억압했던 그 관리위원장들은 지금도 시민단체와 진보단체의 지도자로서 항상 '비폭력 축제론'과 '성숙한 시민의식'을 강조하면서 연대 운동의 중심에 서 있다.

그렇다면 항쟁 기간 내내 변혁세력이나 좌파들은 왜 그토록 무기력했던가? 혹자는 구태의연한 낡은 운동권이 변화된 새로운 운동이나 대중 혹은 대중의 새로운 감수성을 이해하지 못했기 때문이라고 말한다. 물론 타성과 관성을 벗어나지 못한 점도 있고 감수성의 차이도 있다. 그러나 이런 이유 때문에 변혁세력이 무기력했던 것이 아니다. 무기력의 본질은 대중의 열망을 짓누르고 있는 타협적 질서를 파탄내고 비타협적이고 투쟁적인 '운동의 헤게모니'를 관철하지 못했다는 점이다.

촛불항쟁은 조직운동이 침체된 상황에서 조직되지 않은 시민들이 앞장선 것이었다. 조직운동이 강력한 곳에서는 비조직 대중이나 시민들은 자연스럽게 합류한다. 운동이 살아 있으면 중심만 잘 지키면 된다. 하지만 중심이어야 할 대책회의가 비투쟁적이고 타협적인 질서하에서 중심의 역할을 배반하고 있는 상황이라면 그 질서를 깨뜨려야 했다. 그렇다면 강경파 혹은 투쟁파들이 파병반대투쟁 때처럼 "대책위의 타협성을 극복하고 투쟁을 승리로 이끌기 위해서 별도의 비타협적인 운동체를 만들어 대응하지"(발표글 3)[37] 못하고, 항쟁 후반에야 '강경파 협의체'[38] 이상으로 나아가지 못한 것은 무슨 까닭인가?

물론 결단을 막는 여러 사정이 있었다. 먼저 "깃발도 들지 말고 조끼도 입지 마라"는 '순수'를 들먹이며 시민과 운동권을 구분지으려는 듯한 배척의 정서가 있었다. 둘째, 대중의 의지와 의사를 확인하기 어려웠다. 6월 10일 명박산성 앞에서 스티로폼 논쟁을 할 때 변혁세력들은 현장에서 대중을 도와 대중과 함께 명박산성을 넘는다는 계획이 있었다. 그러나 '비폭력'을 외치는 소심파와 넘자파 간의 논란 속에서 오직 대중의 의사와 의지를 확인하고 존중하고 지켜볼 수밖에 없었다. 그 외에도 많은 노력과 계획들이 없었던 것은 아니다. 하지만 구상과 실천을 합리적이고 논리적으로만 사고하는 데 익숙한 변혁세력들은 대책회의 내에서 논쟁하는 것에는 익숙했지만 현실의 미조직 대중과 눈앞의 운동을 파악하고 적응하는 게 너무 힘들었고, 자신들이 앞장섰을 때 환영받을지에 대한 확신도 없었고, 프락치가 득실거리는 노출된 온오프 공간에서의 선동도 부담스러웠다.[39] 그러

37_ '별도의 비타협적 운동체'를 만들자는 필자의 이런 주장도 너무 늦었다고 할 수 있다. 2003년 파병반대투쟁 때는 관리되는 투쟁을 벗어나고자 노동자의힘, 다함께, 사회진보연대, 사회당, '이윤보다 인간을', 민주노동당의 '자율과 연대' 등등이 별개의 '선도적 투쟁체'로 결합하여 싸운 경험이 있다.

38_ "나는[다함께의 김하영] 대책회의 내 촛불강경파들의 모임에도 참석하고 있었다. 이 모임은 7월 4일 이후 NGO의 촛불 기조 전환에 반대해 시작된 것이었다. 여기에는 노동자의힘, 노동전선, 사회진보연대, 학생행진, 사회당, 문화연대, 평통사, 전태일을 따르는민주노동연구소, 추모연대, 민주노동당 서울시당, 보건의료단체연합 등이 참여하고 있었다"(김하영, 2009: 218).

39_ 이상의 서술은 필자만의 주관적 판단일 수 있다. 촛불항쟁 때 노동전선과 노동자의힘,

다가 시민의 일부로서 적극적으로 참가해 온 것 이상의 결단을 내리고자 했을 때는 너무 늦었다. 결국 현실 대중과 운동의 거리가 너무 컸고 소통의 고리가 없는 미조직 대중과 열린 공간에 적응하지 못했다.

그러나 중심의 역할을 해야 할 운동의 상층질서가 대중을 배반해 온 것은 어제오늘의 일이 아니다. 대중의 열망을 조직하고 대중의 힘으로 이 질서를 깨뜨려 나아가야 하는 것은 변혁세력들의 본연의 임무다. 이 점에서 5월 24일 가투파인 아고라386이 대책회의의 집회를 파탄시키고 가두진출을 실력으로 관철시킨 행동은 많은 교훈을 담고 있다. 그들은 항쟁의 초반부터 마지막 날까지 끊임없이 선동하고 실천했다. 비록 소수의 개인들이었기 때문에 큰 영향력을 발휘하지는 못했지만 참으로 용기있는 행동이었고 열정이 넘친 실천이었다. 결단을 주저하게 하는 많은 요소들이 있었고 지켜보아야 할 사정이 있었지만 변혁세력들의 존재이유가 '의식성'의 관철이라면 변혁을 자임하는 세력들이 그 상황을 변화시켜 가야 할 본연의 책무를 다하지 못한 점은 깊이 반성해야 하고 대중으로부터 배워야만 한다. 촛불항쟁에서 의식성을 관철하려는 노력은 변혁세력들보다는 오히려 아고라386을 비롯한 시민들의 자생적인 결사에서 나왔다. 대중의 열망을 정확히 파악하고, 대중의 불만을 조직하여, 조직운동과 미조직 대중 그리고 상층 연대질서 속에서 운동의 헤게모니를 관철시켜야 하는 과제는 앞으로도 끊임없이 제기될 것이다. 변혁세력이 현실의 대중과 투쟁 속에서 대중과 함께하면서 투쟁을 발전시키지 못한 점과, 운동의 헤게모니를 관철하지 못한 채 대중들이 배반당하는 것을 막지 못한 무능력과 과오는 너무나 크다.[40]

사노련 등의 좌파 단위에는 항상 '짭새'와 카메라가 따라다녔다.

40_ 용산학살이 벌어졌을 때 사노준을 비롯한 좌파들이 즉각 개입한 것도 이러한 과오를 벗어나기 위한 반성에서 나온 것이었다.

의료민영화나 공공재의 사유화, 교육의 서열화/시장화, 구조조정, 비정규직, 파견제 등 노동의 유연화를 위해 끊임없이 진행되는 신자유주의적 공세에 맞서 저항과 반격을 제대로 건설하기란 쉬운 일은 아니다. 97년 이래 신자유주의 공격에 맞서 유효한 투쟁과 반격을 조직하지 못하고 패퇴를 거듭하면서 운동은 위축되고 대중은 보수화되면서 전투성과 변혁성을 잃어갔다. 여기에는 노동자들의 파업을 자기 밥그릇만 챙기는 배부른 이기주의자 혹은 귀족노동자들이라고 공격하고 적대시한 노무현과 같은 신자유주의 정권의 기층운동에 대한 끊임없는 배제와 억압도 작용했고, 투쟁할 생각은 전혀 없는 일부 우파와 관료들의 보신주의 동맹의 역할도 컸다. 그러나 전투성과 변혁성을 회복하고 운동을 복원하는 것은 그들의 몫이 아니라 대중과 변혁세력의 몫이다.

촛불시민들의 한계

100만의 열망은 왜 배신당했고 항쟁은 왜 패배할 수밖에 없었던 것인가? 촛불항쟁은 기층조직운동이 위축되고 침체된 상황에서 신자유주의에 유린당하는 조직되지 않은 대중들이 즉자적으로 투쟁에 나선 것이다. 그런데 지구상의 어느 나라에서 100만 명의 대중이 거리에 나서고도 독재자를 몰아내지 못한 경우가 있었던가? 2001년 아르헨티나에서는 조직되지 않은 대중들이 폭발적으로 진출하여 신자유주의를 강요했던 대통령이 헬리콥터를 타고 도망가게 만들었다. 2005년의 볼리비아도 마찬가지이다. 4.19 혁명도 따지고 보면 자생적인 대중들이 폭발적으로 진출하여 이승만을 몰아낸 것이다. 그러므로 단지 조직되지 않은 대중이었기 때문에 이길 수 없었다고 말할 수는 없다. 촛불대중은 조직되지는 않았지만 최선을 다해 싸웠다고 할 수 있다. 문제의 핵심은 100만 명의 열망이 모였음에도 폭발적인 분출이 억제당한 것에 있다. 이것이 가장 큰 패배의 원인이었다. 그러므로 무기력하기만 했던 변혁세력은 책임을 면할 수 없지만, 대중의 투쟁을 억압하고 관리한 대책회의 혹은 대책회의 내의 관리위원장들과 존법주의자들 그리고 그러한 질서를 만든 세력에게 가장 큰 책임이 있다고 할 것이다.

그렇다면 촛불시민들에게는 부족한 점이 없었던 것인가? 그들은 조직되지 않은 개인들이었다. 적과의 투쟁에서 이기기 위해선 구심적인 집단적 전투력이 발휘되어야 한다. 투쟁의 열망에 불타는 다양한 전투부대와 그들의 열망을 수렴하여 탄압과 난관을 깨쳐 나갈 수 있는 중심을 만들어내지 못했다. 이명박의 아르바이트생이란 비난까지 들었던 대책회의는 중심에 있었으나 중심의 역할을 할 생각은커녕 투쟁을 관리하고 억압했다. 아고라에서는 깃발과 조끼를 그토록 비난하면서도 바로 그 다음날 대중들은 민주노총과 학생들의 깃발을 따라 행진했다. 다함께에 그토록 반발하면서도 대중은 다함께의 깃발을 따랐다. 앞에 있는 사람이 불만스럽지만 독자적인 행동을 꾸리고 관철할 실력이 없는 나약한 존재였다. 이것이 조직되지 않은 대중의 한계다. 이 점은 한편으로 조직운동의 무능력이기도 하다.

또한 촛불시민들은 자신들의 삶이 유린당할 수밖에 없는 이 체제에 대한 인식이 미흡했다. 왜 이명박이 국민을 배반하고 미친 소를 먹이려 하는지에 대한 철저한 인식이 없었다. 민중의 행복이 아니라 자본의 천국을 위해서 민중을 배반할 수밖에 없는 신자유주의 축적체제의 본질에 대해서 무지했다. KTX 여승무원들이 시청광장에 부스를 차렸을 때 "왜 비정규직이 촛불에 빌붙느냐"고 비난하는 사람들이 있었다. 조중동을 증오하면서도 조중동이 세뇌시킨 이데올로기를 완전히 극복하지 못했다. 시민과 노동자를 가르고 촛불과 운동권을 이간질하는 분열주의를 극복하지 못했다. 좌빨 폭도의 비난이 두려워 체제가 강요하는 내면의 억압을 극복하지 못한 사람들은 '비폭력 순수'를 외쳤다. 체제 내의 제도개선 투쟁이 아닌 항쟁은 민중과 체제와의 모순이 격화되어 그 적대적 본질에 부딪치지 않는 한 이길 수 없다. 이것이 촛불시민들의 한계였다. 그 외에도 조직되지 않은 개인들에 기반한 투쟁은 많은 한계를 가지고 있었다.

이 체제의 본질이 민중에 대한 배반을 숙명으로 하는 것이라면 대중은 저항할 수밖에 없고 그들은 억압할 수밖에 없다. 이제 2008년의 촛불항쟁의 패배를 딛고 새로이 운동과 투쟁을 건설해야 하는 과제가 남아있다. 그러므로 지금 필요한 것은 패배한 투쟁의 위로와 예찬이 아니라 비판과 반성이다.[41] 이길 수 없었던 투쟁과 무기력하기만 했던 운동에는 뼈아픈 반성의 과제가 남아 있다.

41_ 그런 의미에서 촛불을 위대하고 영원하다고 예찬하는 조정환의 '촛불 다중론' 혹은 '다중 물신론'은 참으로 해롭다. 더구나 그 예찬이 촛불이 승리를 위해서 극복해야 할 부정적인 측면만 찬양하고 있다는 점에서 더욱 그렇다. 이에 대해서는 이 책의 '보론: 다중 물신론 비판'을 참고하라.

제3장 항쟁의 본질과 특수성

국민을 배반한 정권에 대한 항쟁

촛불항쟁의 본질은 무엇인가? 2008년 촛불은 미친 소는 죽어도 먹기 싫다는 국민에게 방패로 찍고 군홧발로 밟아서라도 먹이겠다는 국민을 배반한 정권에 대한 항쟁이었다.

하나의 정치체제로서 근대 부르주아 민주주의는 형식적인 대의제 민주주의의 극단으로서, 아무리 보통 직접 평등 비밀의 선거를 하더라도 국민이 주권자라는 것은 단지 이념일 뿐이고 실제로는 4년에 한 번 투표권을 행사할 때만 유권자일 뿐, 평상시에는 통치의 대상 혹은 피치자일 뿐이다. 즉 국민이 뽑은 정치인들이 국민으로부터 독립된 권력으로서 국민에게 대립물로 서서 국민을 소외시키는 것이 부르주아 민주주의의 본질이다.[1] 마치 맑스(2007)가 『1844년 경제학·철학 초고』에서 언급한 것처럼, 자본주의적 생산관계 하에서는 인간이 생산한 상품과 사회적 관계가 인간으로부터 독립하여 인간에 대한 적대적인 대립물로서 나타난다는 것과 동전의 양면을 이루는 것이라고 할 수 있다.

촛불은 단지 광우병 협상이라는 행정행위가 위험하고 잘못되었다는 것에

1_ "사회로부터 나왔지만 사회보다 상부에 위치하며 사회로부터 그 자신을 소외시키는 권력이 바로 국가인 것이다"(엥겔스, 2012. 『가족, 사유재산 및 국가의 기원』).

> 대한 분노가 아니라, 국민이 뽑은 권력과 대통령이 국민의 뜻을 받들고 복종하기는커녕 배반하고 적대하는 것에 대한 분노의 측면을 가지고 있는 것이고, 이것은 형식적이고 기만적인 부르주아 대의제 민주주의에 대한 분노로서, 그 자체에 직접민주주의에 대한 열망을 포함하고 있다.[2] 즉 자신들이 뽑아 준 권력이 맘에 안 들 때 4년이나 5년 후에 표로 심판하자는 것이 아니라, 그때까지 기다리기에는 분노가 너무 커서 당장 갈아치우자는 열망이 '명박퇴진'으로 나타난 것이고, 이는 기껏해야 조작과 동원의 대상이었던 유권자인 시민이 정치로부터 소외되고 억압받는 피치자이기를 거부하고 주권자로서 직접 정치에 개입하는 행동이다(발표글 13).

그것은 부르주아 대의제 민주주의 즉 허구적인 대리주의의 한계가 극명하게 드러난 사건이었지만, 대중의 상상력은 심판, 탄핵, 퇴진 등 여전히 대리주의의 한계를 넘지 못하고 비정상적인 통치자에 대한 감상적 악마화를 동반한 배제를 통해, 정상국가에 대한 희구로 나타났다. 모든 기성의 권위주의를 거부하고 '상상력에 권력을!'이라는 모토 하에 새로운 가치와 이념을 꿈꾸었던 프랑스의 68혁명과도 다른 모습이었다.

대중의 상상력은 87년의 형식적 민주주의 체제의 회복을 바라는, 정권과 통치자에 대한 즉자적 부정에 머무른 것이다. 하지만 이명박은 87년의 형식적인 직선제 민주주의의 산물이었지 그 부정으로서 성립한 것은 아니었다. 당선된 지 100일도 안 되는, 즉 통치의 정당성은 없지만 선출의 정당성은 있다는 사실도 전두환 독재의 성립 때와는 달리 대중의 상상력을 억압하는 요소 중의 하나였다.

2_ 이 표현은 선동을 위해 과장된 것이다. "대의제 민주주의에 대한 분노로 발전할 수 있는 직접민주주의에 대한 '열망의 싹'을 포함하고 있었다"가 적절한 표현일 것이다.

억압당하고 왜곡당한 반신자유주의 투쟁

촛불항쟁은 신자유주의 지구화에 위협당하고 있는 민중들이 '미친 소' 수입이라는 파렴치한 공격을 계기로 폭발한 즉자적이고 자생적인 투쟁이었다.

항쟁의 계기가 되었던 미친 소란 무엇인가? 미국의 축산업자와 사료업자의 이익을 위해 자신들은 결코 먹지 않을 독극물을 미친 정부에게 강요한 것이었다. 미국은 이미 자국과 FTA를 맺은 멕시코에 암과 각종 질병을 유발하기 때문에 자국에서는 동물의 사료로도 쓰지 않은 GMO 옥수수를 수출하여 멕시코 민중들의 생명을 위협하고 있다.[3] 이것도 자본의 이익을 위해 진행되는 지구화의 한 단면이다. 또한 촛불시민들이 민감하게 반응을 보였던 의료민영화란 복지의 축소(민중의 삶에 대한 공격)이자 상대적 과잉자본[4]을 위한 시장화 정책이기도 하다. 그리고 '미친 교육'이라고 불렸던 이명박의 공교육 포기 정책은 교육의 서열화와 시장화이다. 아마 한국만큼

3_ "멕시코는 미국의 농업식품산업의 쓰레기통이 되었다. … 멕시코에 들어오는 음식은 미국시장에서의 소비가 거절당했거나 인구의 최하층을 겨냥한 가격대의 것이다. 이러한 예 중의 하나가 암을 유발하는 곰팡이를 만드는 아스페르토시나(aspertosina)와 함께 팔리는 옥수수이다. 아스페르토시나가 함유된 옥수수는 미국에서는 동물 소비용으로 팔리는 것이고, 어느 수준 이상이 되면 오직 공업용으로만 사용할 수 있다. 이와 똑같은 제품이 값싸게 팔리는 멕시코로 수출되고 대중들은 너무나 가난하기 때문에 필연적으로 이런 종류의 값싼 음식을 소비한다. 퀠블레테롤(quelbuleterol)이 함유된 고기, 항생제가 과도하게 들어있는 닭고기, 우유 대체물 혹은 식물성 유장으로 만들어진 성장호르몬이 들어있는 우유도 똑같다. 거기에서 우리는 쓰레기, 찌꺼기, 유해한 화학성분들을 먹는 사람들을 볼 수 있다"(발표글 2).

4_ 사회적 필요를 위한 자본이 부족한 것이 아니라, 적절한 이윤을 낼 수 있는 투자처를 찾지 못하는 자본을 '상대적 과잉자본'이라고 한다.

청소년을 학대하는 나라는 없을 것이다. 그들에게도 인생을 행복하게 살 권리가 있다. 하지만 신자유주의자들은 청소년들을 1등만 기억하는 더러운 나라의 노예로 만들어버린다. 그 과정에서 권력과 재력이 있는 집의 자녀들은 좋은 스펙을 쌓아 부와 권력을 세습하겠지만 그렇지 않은 청소년들에게는 낙오된 인생을 자신이 공부를 못한 탓으로 받아들이게 하고 체제에 순응하고 체념하게 만든다. 이것이 서열화/경쟁화의 효과다. 전국 일제고사를 강요하고 평준화를 무너뜨리고 특목고를 만드는 이유가 여기에 있다. 이 경쟁에 뒤떨어지지 않기 위해 서민들은 허리띠를 졸라매며 사교육을 시킨다. 이 과정을 통해 교육의 시장화도 진행된다.

공공재의 사유화와 4대강과 같은 개발정책 그리고 용산학살의 비극을 가져오고 온 국토를 투기장으로 만든 각종 부동산 정책 역시 과잉자본에게 투기의 기회를 주기 위한 것이다. 비단 한국만이 아니라 미국은 물론 중국, 태국, 두바이, 그리고 남유럽의 수많은 신자유주의 정권하에서 부동산 투기의 광풍이 불었다. 2008년에 시작된 전 세계적인 경제위기의 촉매제가 되었던 서브프라임 모기지라는 것도 상대적 과잉자본의 욕구에 부응한 것이었다. 경기부양을 운운하며 투기를 조장하면서 넘치는 돈을 서민들의 '미래의 소득'을 담보로 빌려주었다. 버블이 끝나고 부동산 가격이 폭락했을 때 그 피해는 고스란히 미국의 서민들에게 돌아가고 투자자들은 국민의 세금으로 구제받았다. 미국이란 나라에서는 상위 1%가 전체 국부의 절반을 가지고 있다. 한국에서도 투기를 노리는 과잉자본이 2003년에는 300조원, 2007년에는 800조원으로 추산되었다. 그들에게는 돈이 넘치는 것이다. 이것이 상대적 과잉자본이다. 가진 자들은 너무 많이 가지고 있고 없는 자들은 너무 없다. 과잉자본의 투자처와 투기처를 만들어주기 위한 것이 바로 시장화/사유화이다. 개방과 효율을 빙자하면서 진행되는 전력과 물 등 각종 공공재의 사유화와 의료, 교육 등의 시장화는 바로 그 본질이 상대적 과잉자본의 탐욕을 채워주기 위해서 자행되는 것이고, 그 과정에서 민중들의 삶이 유린된다.

이처럼 촛불과 용산과 쌍차, 의료민영화, 공공재의 사유화, 구조조정과 비정규직, 청년실업의 양산, 이 모든 것은 하나로 묶여 있다. 일자리가 위협받고 삶이 위협받는 그 모든 것의 배경에 탐욕을 배반할 수 없는 과잉 축적된 자본이 있고, 그 자본의 탐욕을 위해 신자유주의 지구화가 진행된다. 즉 신자유주의 지구화란 개방과 효율의 탈을 쓰고 진행되는 현단계 자본의 축적 전략이다. 누구를 위한 자유이고, 누구를 위한 지구화인가? 그것은 바로 축적위기에 몰린 자본 혹은 투기적 독점자본을 위한 것이다. 신자유주의란 결국 축적위기에 몰린 자본의 천국을 위해 국가와 자본이 끊임없이 노동과 복지를 공격하는 축적체제다.[5] 온갖 구조조정과 비정규직, 청년실업 등 일자리에 대한 공격과, 교육의 서열화와 시장화, 의료, 전기, 물 등의 공공재의 사유화, 부자 감세, 서민을 울리는 부동산 투기 조장 등 한마디로 신자유주의 지구화란 80년대 이후 축적위기에 몰린 자본과 국가가 노동계급을 포함한 민중의 삶에 대해 자행하는 전면적인 공격이다. 촛불항쟁이 한창이던 2008년 여름의 고환율 정책 역시 서민의 피와 땀을 수탈하여 수출대기업에 보조금을 지급한 것이었다. 기업하기 좋은 나라와 비즈니스 프랜들리란 바로 이런 것이다. 부자 감세나 파견노동제의 확장, 타임오프 제도 마찬가지이다. 촛불항쟁은 이러한 신자유주의 지구화에 위협당하고 수탈당하는 민중들의 즉자적인 저항이었다.

하지만 그 투쟁은 대책회의에 의해 억압당하고 왜곡당했다. 안단테는 서명 문안에서 대운하, 영어 몰입식 교육, 보험 민영화, 고소영, 물가정책,

---

5_ 신자유주의를 축적위기에 몰린 현단계 자본의 축적전략으로 보지 못하고, '국가의 개입'과 대비되는 '시장의 자유'를 추구하는 정책 정도로 규정짓는 것은 크게 잘못된 인식이다. 국가는 끊임없이 자본을 위해 개입하고 봉사해 왔다.

천황, 공권력을 동원한 강제연행, 쇠고기 고시, 독도 문제 등을 제기했고, 안티엠비는 민영화 서민말살, 대운하 국토절단, 대기업 규제완화, 자사고 100개, 부도덕, 고소영·강부자 내각, 대북위기고조 등의 문제를 제기했다. 이 불만의 대부분은 신자유주의 지구화에 의해 유린당하고 위협당하는 이 땅의 서민 즉 민중들의 삶의 문제였다. 대중은 항쟁의 초기부터 6대 현안을 제기하고 청와대로 가고자 했지만 대책회의가 지긋지긋하게 '고시철회'와 '협상무효'만 강요하면서 문화제를 밤 늦게까지 질질 끌었기 때문에 광우병 협상문제만 부각되면서 비정상적 통치자에 대한 증오만 남게 되었다. 촛불항쟁은 분명 신자유주의에 고통받는 대중들의 투쟁이었지만 대중은 제대로 싸워보지도 못한 채 투쟁의 슬로건과 성격이 왜곡당했다. 그러므로 촛불항쟁은 타락한 운동에 의해 억압당하고 왜곡당한 따라서 미성숙한 반신자유주의 투쟁이다.

신자유주의 경찰독재체제 하에서의 미발달한 낮은 단계의 투쟁

소위 재벌주도하의 한국자본주의가 IMF 후 그 축적위기를 타개하기 위해 선택한 것이 신자유주의 지구화 정책이었습니다. 신자유주의는 무엇보다도 시장만능의 미명하에 노동의 유연화/비정규직의 양산, 복지의 축소, 의료 교육 전기 수도 가스 철도 등 공공재의 민영화/사유화, 투기적 금융자본을 위한 개방 등을 그 특징으로 하고 있고, 이 모든 정책은 하나같이 힘없는 자들에게 빼앗아 힘있는 자들을 살찌우는 소위 20대 80의 입장을 관철하는 것입니다. 이 땅 민중들의 고통의 뿌리는 바로 이 신자유주의로 표현되는 20의 80에 대한 철면피한 약탈에 기인하는 것이고, 바로 이를 관철하기 위해 이에 저항하는 민중을 억압할 수밖에 없는 것이고, 여기에서 형식적 민주주의를 형해화하고 공권력을 동원하여 억압하고, 조중동과 뉴라이트 수구꼴통들이 동원되고 있는 것입니다(발표글 10).

이러한 신자유주의 지구화의 시대에 있어서 가장 희생을 강요당하고 있는 것은 노동계급을 포함한 민중이다. 전체 근로자의 60%가 월 100만 원도 안 되는 비정규노동에 시달리고 있고, 청년들을 비롯한 광범위한 실업은 전체 민중에게 굴욕적이고 동물적인 삶을 강요하고 있으며, 이는 필연적으로 노동계급과 민중의 강력한 저항에 부딪칠 수밖에 없고, 이를 억압하기 위한 자본의 독재형태가 신자유주의 경찰독재국가인 것이다[6](김광석, 2009).

형식적 민주주의가 확립된 나라에서는 우선 악법을 만든 다음 '법질서'를

6_ 자본주의 국가는 그 상부구조가 어떤 형식을 취하든 간에 자본가계급에게 봉사한다는 점에서 자본가 독재이고, 사회주의로의 이행기 국가 역시 형태가 어떻든 간에 프롤레타리아를 위해 자본가계급을 억압한다는 점에서 프롤레타리아 독재라고 부른다. 이때의 독재란 그 국가의 본질과 성격을 얘기한다. 한편 부르주아 국가 내에서는 정치적 반대파(야당)에게 정치활동의 자유가 있고 형식적으로 정권교체의 가능성이 있는 주기적 선거가 정착된 체제를 민주주의 국가라 부르고, 권력이 군대나 정보경찰에 의지하거나 정치활동의 자유가 제약되어 있거나 선거가 무의미한 경우를 독재국가라 부르고, 정치활동의 자유나 선거가 없지는 않지만 권력이 편법과 탈법을 불사하기 때문에 선거를 통한 정권교체의 가능성이 낮은 권위주의 국가가 있다. 즉 체제의 성격을 나타내는 독재와 국가나 권력의 성격을 나타내는 독재는 다르다.

전 세계적으로 일어나고 있는 반신자유주의 투쟁에 대한 억압은 시민의 생존권을 위한 투쟁의 형식을 띠기 때문에 대부분 경찰이라는 공권력의 동원으로 억압되고 있고, 따라서 신자유주의 체제는 본질상 경찰독재체제이다. 그런데 어떤 나라나 정권을 정치적 자유와 정권교체의 가능성에 따라 독재국가, 권위주의 국가, 민주주의 국가로 구분할 때 한국이나 이명박정권을 곧바로 독재정권으로 부르는 것은 무리가 있고, 이 경우에는 공권력 혹은 경찰력을 남용하는 경찰억압정권이라고 부르는 게 타당하다. 이명박 정권은 시민의 저항을 억압하기 위해 경찰력을 남용한 선출된 권력이었고 선거에 의해 교체되었다.

빙자하여 공권력을 동원하는 '경찰독재'가 일반적이다. 나라마다 사정은 다르지만 신자유주의 정권은 민중을 억압하기 위한 각종 악법을 만들고 있다. 시민적 인권이 존중된다는 미국이나 유럽에서도 애국법과 반테러법으로 시민의 권리를 위협하고 있고, 한국에서도 기왕의 인터넷재갈법 등 각종 언론억압법도 부족하여 G20특별법과 집시억압법을 만들고 있다. 또한 공익사업장이나 필수유지업무의 지정 등 각종 노동악법으로 거의 모든 파업이 불법이다.[7] 노동자가 파업을 하면 자본가는 손해보게 되어 있다. 하지만 온갖 악법으로 노동자의 파업을 불법파업으로 규정하고 손해배상을 청구한다. 이 모든 것이 법과 질서의 이름으로 진행되는 경찰력에 의거한 독재이다. 반민중적 세력이 걸핏하면 들먹거리는 것이 바로 이러한 '법질서'다. 그런데 노동자들이 파업할 때 경찰이 단 한 번이라도 노동자나 민중의 편을 든 적이 있었던가? 경찰은 시민의 지팡이여야 하지만 실제로는 민중을 억압하는 몽둥이다. 그렇다면 누구를 위한 몽둥이인가? 한 줌도 안 되는 지배세력과 특권층을 위한 것이 아니던가? 이것이 바로 계급지배의 도구로써 기능하는 국가의 본질이다.[8]

노무현 시절 무수히 보아 왔던 철거민 투쟁에서는 경찰력보다 용역이 주로 동원되었다. 이것은 경찰독재의 일종인 '경찰용역독재'이다. 경찰이 구사대와 용역의 온갖 불법을 비호하면서도 용역만으로 안될 때 노골적인 공권력이 등장한다. 뉴라이트 역시 용역의 일종이다. 기륭과 용산과 쌍차

7_ 이런 악법을 다 지키자는 얘기는 투쟁을 하지 말자는 것과 같다. 도로교통법을 존중하면 가투는 있을 수 없다. 준법주의자들은 결코 비타협적 투쟁을 할 수 없다.

8_ '모든 권력은 국민으로부터 나온다'는 모두의 국가(보편성)라는 '형식'과, 실제로는 그들만의 이익(특수성)이 관철되는 '내용' 간의 모순은, 수많은 '현상' 속에서 우여곡절 끝에 관철되는 '본질'의 문제와 짝을 이루고 있다. 보편과 특수, 내용과 형식, 본질과 현상, 우연과 필연 등은 (변증법) 철학의 중요한 범주(category)들이다.

에서 공권력이어야 할 경찰이 용역의 탈을 쓴 조폭과 한통속이 되어 이 땅의 노동자와 민중을 얼마나 유린하고 있는지 우리는 똑똑히 본 바 있다. 폭력의 초월적 담지자로서의 공권력의 본질은 투쟁하는 시민들이 도로로 나섰을 때, 노동자와 철거민들이 생존을 위해 투쟁할 때, 비로소 그 모습을 드러낸다.

수많은 억압적 악법들은 민중들을 숨 막히게 하고 체제에 대한 굴종과 체념을 강요한다. 공권력과 법질서는 내 안의 억압으로서 내면화된다. 그리고 순진함을 가장한 소심한 저항이 시작된다. "시위의 자유가 없는 중국에서 우보(牛步) 산책의 제안이 있었다. 그냥 시 중심가 광장에서 서로 어울리지 말고 천천히 어슬렁거리면서 산책만 하자는 제안이었다. [벨로루시에서는] 독재자에 항의하는 사람들이 광장에 나와 웃으면서 아이스크림이나 먹자는 실천도 있었다"(김광석, 2009). 거대한 공권력에 저항할 엄두가 나지 않기 때문에 법과 제도의 테두리 안에서 애교 섞인 투쟁이 시작된다. 그리고 대중의 분노가 소심함을 넘어 가두로 진출할 때 거대한 공권력은 민중을 배반하는 적대적 폭력으로서 자신의 본질을 드러낸다. 따라서 평화적인 혹은 소심한 저항이라는 형태를 찬양하는 것은 저항과 투쟁의 본질을 이해하지 못한 것으로 수용될 수 없다.

촛불항쟁의 초기에 나타났던 문화적인 감수성에 가득 찬 투쟁이나 애교 섞이고 재기발랄한 투쟁은 공권력이 압도적인 상황에서 의지할 곳이라곤 도덕적 우위밖에 없는 시민들이 선택하는 저항의 한 방법이다. 물대포에 '온수'를 외치고 전경들에게 '오빠 놀아줘'를 외치는 본질은 이런 것이다.[9]

9_ 나영은 "살수차 뿌리면 운동권은 '폭력경찰 몰아내자'는 결의를 호소하지만, 네티즌은 온수나 이온음료를 달라는 구호를 외쳐요. 기본적으로 감수성이 다른 거죠"라면서 분노와 위트의 감수성의 차이를 지적한다(나영, <참세상 인터뷰기사>, 08.06.16.). 그런

하지만 대중이 자신의 힘을 자각하고 항쟁이 격화되어 곤봉과 방패가 난무할 때 '낭만의 외투'는 어느 틈엔가 벗지 않을 수 없다. 촛불시민이 거리로

데 이러한 차이를 절대화하여, "비장미에 넘치거나 수동을 강요하는 권위적인 낡은 운동권이 새로운 주체들의 새로운 감수성에 적응하지 못했다"든지, "낡은 운동권은 한문투의 8박자 구호부터 버려야 한다"고 얘기하는 '문화절대론자' 혹은 '문화장벽론자'들이 있다. 하지만 현실의 촛불투쟁에서 '온수'를 외치는 청소년과 '폭력경찰 타도하자'는 386 세대가 서로 충돌한 적이 있었던가? 낡은 세대가 '온수'나 '차비 줘'라는 구호를 선창하지는 못했지만, 그 구호가 그 상황에 어울리는 것을 알고 즐겁게 따라 하지 않았던가? 분명히 말하지만 감수성의 차이는 있었지만 그 차이가 장애가 된 적은 없었다. 권위적이고 관료적인 문화는 극복의 대상이지만, 대책회의에 대한 비난은 권위적인 작태에 대한 것이라기보다는 비투쟁적인 작태에 대한 비난이 본질을 이루고 있다. 싸우려고 하고 이기려는 마음만 같다면 감수성의 차이나 문화적인 차이는 큰 장애가 되지 못한다. 그리고 항쟁이 치열해질수록 위트는 사라지고 분노와 비장미가 압도하게 되었다. 촛불들이 가투할 때 특히 강남역 4거리에서 운동회를 할 때 8박자 구호밖에 외칠 것이 없었다. 8박자 구호는 이 땅의 대중들이 투쟁 속에서 발견해낸 것이다. 그런데 위트나 낭만적 감수성에는 민주화 20년 이후 억압을 겪어보지 못한 젊은 세대의 체제의 보편성(즉 모두의 국가, 국민을 위한 국가, 시민의 지팡이 등)에 대한 믿음이 들어 있다. 이 믿음이 깨졌을 때 분노와 비장미가 발전하게 된 것이다. 이처럼 비적대적 낭만성은 적대의 미발전 단계에 조응하는 것이다. 물론 운동권과 시민들 간에는 많은 거리감이 있고 감수성도 그 중의 하나다. 하지만 운동권과 시민의 감수성이 다르다는 것은 본질적 문제가 아니다. 힘의 대결이 본질인 적대적 투쟁에서 문화적 감수성은 부차적인 것이다. 항쟁 속에서 운동권이 무기력했던 주된 이유는 감수성이 달랐기 때문이 아니라, 조직되지 않은 현실대중과의 소통의 고리를 발견하기 힘들었기 때문이다. 혁명적 낭만주의는 고수되어야 하지만, 비적대적 낭만성은 현실대중의 감성으로서 존중의 대상이지 우열을 가려 굴복해야 할 대상이 아니다(몸짓패 운동을 하는 필자의 후배가 아프리카에 가서 '비장하고 힘이 넘치는 춤'[한국에서는 노조집회에서 흔히 보는 춤]을 공연한 적이 있었다. 그런데 아프리카의 동지들은 춤이란 즐거운 마음으로 추는 것인데 왜 춤을 추면서 비장할 수 있는지 도저히 이해하지 못하더란 얘기를 들은 적이 있다.—투쟁에 있어서 문화적 차이란 부차적인 것이다).

진출하고 '광화문'을 외칠 땐 촛불로 자신을 포장할 이유가 없다. 촛불은 저항의 상징이지만 투쟁이 격화되면 버려야 할 상징이기도 하다.[10] 조롱과 해학, 플래시 몹 등 '비적대적인 낭만적 투쟁'[11]은 공권력이 압도적인 상황에서 그리고 투쟁의 낮은 단계에서 나타나는 전형적인 현상이다. 그러므로 촛불항쟁은 본질상 경찰독재체제인 신자유주의체제에서 공권력을 남용하는 경찰억압정권에 맞서 본격적인 투쟁으로 발전하지 못한 미발달한 낮은 단계의 투쟁이다.

정당성에 대한 집착과 반신자유주의 의제의 유실

촛불시민들이 항쟁의 전 기간 동안 '고시철회'와 '협상무효'의 슬로건만 강요당하면서 '명박퇴진'의 구호 외에 다른 슬로건을 익힐 기회가 없었던 점은 이후의 실천에 많은 영향을 끼쳤다.

촛불시민들은 미친 소 반대 외에 조중동 반대를 슬로건화하고, 공영방

10_ 많은 시민들이 거리로 진출할 때는 모두 촛불을 버리고 갔다. 하지만 분위기가 살벌하고 비폭력과 평화가 강요될 때는 촛불을 드는 경우도 있었다. 촛불을 숭고한 평화의 상징이라고 예찬하는 것은 자기최면에 불과하다. 촛불을 절대화하고 미화하는 '촛불 물신론(=예찬론)'을 극복하지 않으면 대중은 결코 승리할 수 없다.

11_ 네그리와 하트 그리고 조정환은 이런 투쟁을 '비대칭적인 투쟁'(조정환, 2009: 134) 혹은 '삐딱한 투쟁'이라고 찬미하고 있다. "근대에서의 대항은 종종 직접적인 그리고/또는 변증법적인 힘의 대립을 의미했던 반면, 탈근대에서의 대항은 애매하거나 삐딱한 자세에서 가장 효과적인 것은 당연하다"(네그리·하트, 2001: 284). 노예근성에 사로잡힌 네그리와 하트의 이 말은 쌍차 노동자들이 쇠파이프를 들고 싸우는 힘의 대립보다는 도장공장 옥상에 올라가 아이스크림이나 먹으면서 경찰을 조롱하는 삐딱한 투쟁이 가장 효과적인 것이 당연하다는 얘기와 같다. '삐딱한 투쟁'에 대하여는 필자가 김광석이란 필명으로 발표한 앞의 글(김광석, 2009)을 참고하라.

송 사수를 위한 KBS와 YTN 등의 지킴이에 크게 결속하였다. 촛불시민들이 조중동, 공영방송, 언론악법, '진알시'(진실을 알리는 시민들–한겨레와 경향신문 살리기 운동으로 주로 휴일에 무상 배포했다), '조반마'(조선일보 반대 마라톤) 등등 언론 문제에 대해 특히 민감한 반응을 보인 것은 다른 나라의 투쟁과 비교하여 매우 이례적이다.[12] 촛불들은 KBS지킴이인 노란 천막과 YTN지킴이, 언소주(언론소비자주권 국민캠페인), 진알시 등의 카페를 만들어 결합했고, 2008년 말 언론악법저지를 위해서 민주당사 농성을 주도하기도 했으며, 항쟁 초반 조중동 광고주에 대한 전화걸기 운동은 한때 큰 성과를 거두기도 했다. 이것은 항쟁의 확산과 승리를 위해 공정한 보도가 중요하다는 인식과 민주주의의 핵심이 언론에 있다는 인식에서 나온 것이기도 하고, 타인이나 전체 사회로부터의 정당성의 '인정'과 '평가'를 중요하게 생각하는 현대인의 감수성 때문이기도 할 것이다.[13] 무릇 모든 사회적 투쟁이란 정당성의 다툼이라고 할 때 기왕의 운동권이 헤게모니의 다툼이나 대항 헤게모니 측면에서 접근했다고 한다면 촛불들은 공정성의 확보를 중시했다.

또한 촛불시민들은 천황 호칭과 굴욕 외교에 반발하였고, 독도망언과 관련하여 일본대사관 앞에서 1인시위를 하거나 요미우리 신문과 소송운동을 벌이기도 하고,[14] 뉴라이트의 식민지지배를 정당화하는 교과서에 반대

12_ 촛불집회의 첫날인 5월 2일부터 조중동 반대가 외쳐진 것은 노무현 시절 조중동과의 갈등을 승계한 노사모(안티엠비의 핵심은 노사모로 알려져 있다)의 영향과, 민처협(민족반역자처단협의회) 등의 친일언론에 대한 반감의 공유가 크게 작용하였을 것이다. 그럼에도 촛불시민들이 다른 의제들보다 공영방송사 경영진의 임면권을 둘러싼 대립에 민감한 반응을 보인 것은 이례적인 것으로 별도의 설명을 요구한다.

13_ 현대인의 감수성에 대해서는 이 장의 뒤에 나오는 '소외된 대중으로서의 네티즌' 참조.

14_ 안티엠비가 이명박의 독도망언을 보도한 요미우리 신문과의 소송에 크게 집착한 것

하는 등 민족주의적이거나 애국주의적인 감수성을 보여주었다. 일본대사관의 친일행사에 참여한 나경원 의원 등을 친일파로 규탄하고 조중동에 반대하는 판넬[15]도 친일행적을 폭로하는 내용이 크게 부각되었다. 2009년 겨울에는 안중근 서거 100주년을 맞아 시민추모음악회를 추진하기도 하였다.

항쟁이 끝난 후 촛불들의 실천을 보면, 2008년 가을에는 최대 300명 정도가 기륭전자 투쟁에 결합하기도 하였고, 12월 6일에 있었던 '비정규직 없는 세상만들기' 5차 행동에는 서명 동참자가 10,000명을 넘었고, 집회장에는 1,000여 명이 참석하기도 했다. 초겨울에는 대한문에서 출발하는 촛불산책(100여 명 정도가 1-2명으로 조를 나누어 앞의 조와 30m 이상의 간격을 두고 촛불만 들고 광화문 일대를 도는 침묵행진)이 있었고, 연말에는 민주당사에서 언론악법 저지를 위한 농성투쟁을 벌였다. 그리고 2009년 1월 하순에 시작된 용산투쟁에는 전문 시위꾼으로 불린 300여 명이 지하철로 이동하는 야간 가투의 큰 동력으로 참여하였고, 여름에 있었던 쌍차

은 항쟁의 본질과 관련이 있는 서민이나 민중적 감수성보다는 '감상적 악마화'로 후퇴하고 있음을 보여준다. 이것은 항쟁의 패배가 거의 확실해졌을 때 이러한 사안이 이명박에게 치명적 약점과 반격의 재료로 될 수 있다는 희망에서 나온 것이다. 하지만 이명박의 퇴진을 주장하는 촛불의 정당성은 넘치고 있었다. 분노의 재료가 넘침에도 새로운 분노의 재료를 갈구하는 것은 이길 수 없는 적에 대한 증오의 단계이다. 또한 이런 소송투쟁은 대리주의를 극복하려는 대중의 직접행동의 관점에서 생각해 볼 필요가 있다. 가령 4대강 공사의 가처분소송을 법원에 냈을 때 그 결정권은 투쟁하는 대중이 아니라 대리적 기구인 법원에 넘어가 버리기 때문에 결정권을 되찾으려는 대중의 직접행동과는 결을 달리하는 실천이 된다. 촛불항쟁은 미친 소에 대한 결정권을 이명박으로부터 빼앗아오려는 것이었음을 생각해 보라.

15_ 진알시나 지역 촛불들이 전시한 판넬 내용은 주로 조선일보와 동아일보의 친일행적, 4대강, 의료민영화가 주를 이루었고 공공재의 사유화와 용산학살이 주제로 결합되는 날도 있었다.

투쟁 등에도 몇십 명 정도가 결합하였다. 한편 2009년 가을에는 안산 등의 재보궐선거에서 후보단일화운동을 전개한다든지, 6.2 지방선거에서 반MB 연합의 지향 속에서 선거참여 독려운동을 하기도 하였다. 항쟁이 시작된 이래 촛불시민들과 촛불카페들은 공영방송 지키기 운동에서 언론노조나 미디어 행동과 함께하였고, 공공재의 사유화 반대는 공공노조와 함께하는 '공감 2009'/'공감 2010'의 틀로, 의료민영화 반대는 주로 진알시가 결합하였지만, 공영방송 지키기 운동 외에는 큰 호응을 모으지 못했고 최근(2010년 말)에는 4대강 반대를 중심으로 결합하고 있다. 조중동 광고주 전화걸기 운동이나 조중동 불매운동은 거의 유실되었다. 2009년 12월에는 진알시와 삼국(화장발)과 소울드레서 등이 조계사에서 김장나누기 행사를 하기도 하였다.

항쟁의 6대 의제(쇠고기, 대운하, 공기업민영화, 의료민영화, 정부 언론통제, 공교육 자율화) 가운데 촛불들이 가장 많은 관심을 보이고 결합한 것은 공영방송 지키기와 대운하 혹은 4대강 반대이다. 즉 공공재의 사유화 반대와 의료민영화 반대는 힘을 얻지 못하였고, 미친 교육(교육의 자율화/경쟁화/시장화) 의제는 소실되었다. 2008년 12월 일제고사 반대운동으로 정은주 교사 등이 해직되었을 때 촛불들은 집회장에 잠시 참석하였지만 전교조 농성장이나 투쟁에 결합하지 않았다. 미친 교육의 문제는 항쟁의 초기 주역이었던 10대들이 제기한 중요한 의제였음에도 심화되지 않았다.[16] 촛불

16_ 미친 교육과 관련하여 촛불시민과의 결합이 크게 이루어지지 않은 이유가 촛불의 감수성 때문인지, 아니면 전교조 등 교육운동 주체들의 열의 부족이나 미숙함 때문인지, 혹은 운동의 위축기였기 때문이었는지는 따져볼 일이다. 언론 관련 카페나 노무현을 지지하는 카페(아름다운 동행)는 만들어졌지만 미친 교육을 반대하는 모임은 만들어지지 않았다. 미친 교육 반대에 앞장서서 투쟁하고 있는 단체에는 '평등교육실현

들이 보여준 놀라운 대중의 자기학습능력은 미친 소의 뿌리인 광우병에 대한 지식은 심화시켰지만 한미 FTA 문제나 우리 사회의 가장 큰 고통의 표현인 비정규직이나 청년실업 나아가 신자유주의 체제의 본질에 대한 본격적 학습으로 발전되지 않았다. 기륭투쟁이나 비정규직반대 선언운동[17]은 많은 가능성을 보여주었고, '비없세'(비정규직 없는 세상)나 '함께 맞는 비'와 같은 카페를 낳기도 하고 2009년에는 '청년유니온' 운동으로 발전되기도 하였지만 큰 호응을 얻지 못했다. 촛불항쟁은 반신자유주의 투쟁으로 발전할 수 있는 소중한 기회였지만 '고시철회'와 '협상무효'의 슬로건만 강요당하면서 그 발전이 억압당하고 왜곡당했다.

항쟁의 비교를 통해 본 특수성

촛불항쟁의 특수성을 분석하기에 앞서 08년 촛불과 87년 민주항쟁을 비교하는 것이 08년의 특수성을 파악하는 데에 도움을 줄 것이다.

배경: 87년 민주항쟁 → 80년 광주학살 이후 전두환 독재는 83년부터 표면화된 학생운동의 성장 때문에 억압 일변도에서 유화국면으로 전화하였다. 많은 조직사건과 화염병을 수반하는 데모가 있었고 연행과 구속에도 불구하고 투쟁역량은 재생산구조를 갖추었다. 또한 학생인자들의 노동운동으로의 이전도 활발하게 진행되었다.

을 위한 전국학부모회'(http://parents.jinbo.net)가 있고, '미친 일자리' 반대에는 '전국불안정노동철폐연대'(http://workright.jinbo.net)가 앞장서고 있지만 아직 시민들의 참여가 부족하다.

17_ 대단히 유의미했던 이 운동은 자발성을 묶어내려는 의식성의 노력이 중요함을 보여준다. 성과의 축적을 위해서는 보다 세련된 방법론과 지속적인 노력이 필요할 것이다.

08년 촛불항쟁 → IMF 이후 김대중, 노무현 정권하에서 추진된 구조조정 등 노동의 유연화와 공공재의 사유화를 비롯한 각종 신자유주의 정책과 부동산 투기바람은 전체 근로자의 절반이 넘는 840만 명을 월 소득 123만원에 불과한 비정규직으로 양산하는 등 노동자와 민중의 삶을 유린하고 박탈하여 사회의 양극화가 심화되었다.

계기와 진행: 87년 → 87년 4월 차기 대통령을 또다시 체육관에서 간접선거로 뽑겠다는 전두환의 발표는 군부독재를 더 이상 용납하지 않겠다는 민중의 광범한 저항에 부딪쳤다. 박종철 고문치사 사건을 고리로 하여 6월 초부터 시작된 항쟁은 노태우의 '6.29 직선제 수용'의 발표가 있기까지 약 20일간 계속되었으며, '호헌철폐'와 '독재타도'의 슬로건하에 학생들이 앞장선 시위는 경찰의 제지를 무력화하고 시내 중심가를 해방공간으로 만들었다. 백골단과 사과탄을 앞세운 진압에도 불구하고 화염병으로 무장한 대학생들의 줄기찬 시위는 넥타이부대(남성 화이트칼라)와 시민 그리고 노동자들의 결합으로 공권력의 한계를 뛰어넘었다. 지배계급에게 남은 수단이 군대를 동원한 계엄령밖에 없게 되자 전두환은 직선제 개헌을 수용했고 항쟁지도부(민주헌법쟁취국민운동본부)는 이를 수용했다.[18] 항쟁지도부와 시민들이 집으로 돌아갔을 때 노동자들은 공장으로 돌아가 공장 민주화와 민주노조쟁취 투쟁을 시작하였다. 7, 8, 9월 약 3개월 동안 전국의 사업장

18_ 당시에 전두환의 반쪽짜리 양보에 대하여 수용 여부를 놓고 격렬한 논쟁이 있었다. 결국 대통령의 선출방식만 바뀌었을 뿐 사회 전반의 민주화는 관철되지 않았고 노동자들은 외롭게 싸워야 했다. 이는 핵심 슬로건이 왜소했기 때문이다. 촛불항쟁 역시 6대 현안을 전면에 내걸지 않은 채 단지 재협상과 명박퇴진만 부각시켰을 때 명박퇴진은 이루지 못하고 재협상만 수용될 가능성이 컸다. 비타협적인 최대요구를 구체화하여 내걸지 않고 최소요구만으로 싸울 경우 언제든지 기만적인 양보로 투쟁이 끝나 버릴 위험이 있다. 촛불항쟁이 최소요구(재협상)도 관철하지 못한 것은 대책회의가 고의적으로 슬로건을 협소하게 고착시켰기 때문이다.

에선 노동자 투쟁의 대분출이 있었고 이를 기반으로 노동계급은 91년 전노협과 95년 민주노총의 건설로 나아가는 토대를 만들었다. 이것을 '노동자대투쟁'으로 부른다.

08년 → 한미 FTA를 추진해야 할 아무런 합리적 이유도 없을 뿐만 아니라[19] 온갖 독소조항으로 가득 차있음에도,[20] 그리고 시민사회단체의 광범위한 반대에도 불구하고 노무현이 김종훈 등과 함께 'FTA 5적'이라는 소리를 들어가면서까지 한미 FTA를 밀어붙였다. 노무현의 독선과 무능력 그리고 노동계급에 대한 억압은 노무현으로 상징되는 신자유주의 좌파에 대한 광범위한 환멸을 불러일으켰고 지지율은 20%대 아래로 추락하였다. 07년 대선에서 대중은 경제를 살리겠다는 신자유주의 우파인 이명박을 선택했

19_ 한미 FTA에 대한 문제점은 '발표글 2'를 참조하라. 한국경제의 문제점은 개방이 부족해서가 아니라 개방이 너무 많이 되어서 문제이다. 세계에서 개방이 가장 많이 된 나라가 한국이다. 미국과 캐나다, 멕시코가 맺은 북미자유무역협정(NAFTA)은 상호 수출액은 증가시켰지만 새로 생겨나는 나쁜 일자리보다 2배가 넘는 좋은 일자리를 없애 버렸다. 일반적으로 FTA나 지구화는 관련국의 독점자본에게는 새로운 시장과 투자/투기의 기회를 주지만 내수산업과 일자리와 복지에는 치명적인 타격을 입힌다. 반도체와 자동차의 수출이 아무리 늘어도 청년백수와 불법파견 노동자만 늘어나는 것과 같다. 한미 FTA가 미친 소와 스크린 쿼터와 자동차 시장의 개방 등을 전제로 한다는 것은 소수의 독점자본의 이익을 위해 자국 민중의 삶과 복지를 포기한다는 것과 같다.

20_ "진짜 우리가 주권국가의 국민으로서 열받는 것은 투자자제소조항이지요. 미국기업이 한국에 투자했다가 손해보면 제3의 법정에 한국정부를 제소해서 손해배상을 해줘야 되는 조항인데요, 벡텔이 볼리비아에 투자했다가 공해 땜에 사업을 못하게 되자 볼리비아 정부를 제소해서 5억불(5,000억원)을 뜯어가고, 캐나다 정부는 에틸사에게 패소해서 환경법안 철회하고 1,300만불 물어주고, 메탈클라드사는 독성폐기물을 못 묻게 한다고 소송해서 1,670만 달러 뜯어가고, 등등등 주권국가가 자국민을 위한 정책을 폈다가 개박살난 사례는 수없이 많지요"(발표글 2).

다.

당선 후부터 강부자 내각을 꾸리고 '어륀쥐' 교육을 운운하면서 서민들의 심기를 불편하게 하던 이명박은 한미 FTA의 4대 선결조건의 하나였던 쇠고기 협상에서 국민의 건강과 생명을 감안할 때 결코 허용할 수 없는 미친 소를 미국 방문의 선물로 주고 말았다. 미국 앞에서는 한없이 비굴해지는 친미반공 사대주의 세력(이 세력이 해방 후 한국을 지배해온 세력이고 여전히 수구보수세력으로 청산되지 않고 있다)의 본성이 유감없이 드러난 사건이었다. 그러자 경쟁만을 강요하는 신자유주의 교육정책의 직접적 희생자였던 10대 청소년들의 '미친 소 너나 먹어! 미친 교육 반대!'의 외침이 터져 나오고 대중의 분노와 저항은 급속하게 분출되었다. 1,700개가 넘는 시민사회단체가 결합한 광우병 대책회의는 항쟁의 지도부가 아니라 보조자의 역할을 하겠다고 하면서도 대중의 투쟁을 억압했다. 광범위하게 진출한 대중의 저항은 고시 강행과 함께 자행된 공권력의 무력진압과 연행에도 굴하지 않고 맞서 싸우다가 8.15를 마지막으로 사실상 대규모의 투쟁은 막을 내렸다.

이상과 같은 비교를 통해 살펴볼 때 87년 투쟁과 08년 투쟁은 대중이 광범위하게 결합하고 진출했다는 점에서는 같지만 87년은 화염병을 동원한 대학생들의 선도적이고 헌신적인 투쟁이 넥타이부대를 비롯한 노동계급과 시민들의 결합으로 백골단과 사과탄 등 공권력의 폭압을 뚫고 나감으로써 정권의 양보를 강요하여 작은 승리라도 쟁취한 투쟁이었고 조직적이고 대중적이며 폭력적인 투쟁이었다.

이와 비교하면 08년 투쟁은 광범위한 분노와 불만을 기반으로 대중의 진출이 이루어졌지만 자발성과 인터넷을 통한 비조직적 동원이 특색이었고, 여학생, 배운 녀자, 유모차, 82쿡, 소울드레서, 개념찬 언니들, 화장발,

쌍코 등에서 보듯 여성들의 진출이 두드러진 투쟁이었다. 또한 초기 국면에서 재기발랄함과 풍자와 해학이 두드러진 투쟁이었으며, 완강하고 끈질기지만 비조직적이고 비폭력적인 투쟁이었고, 공권력의 폭압 앞에 위축되고 좌절된 투쟁이었다. 즉 08년의 새로움을 규정하는 단어는 자발성, 여성, 탈모던(네티즌과 발랄한 감수성)이라고 할 수 있다.

항쟁이 끝난 후 87년에 참여했던 수많은 시민들 혹은 학생과 노동자들은 대중운동에 대한 신뢰를 가지고 노동운동과 사회운동으로 진출하였고 아직까지도 여러 사회운동의 중추에 남아 있다. 반면 08년 촛불은 야비한 탄압에도 촛불을 끄지 않은 채 끈질긴 저항을 계속하지만 독자적인 이념이나 담론 혹은 대규모의 독자적 저항을 만들어내지 못하고 용산투쟁이나 공영방송 지킴이, 의료민영화 반대 혹은 MB심판이나 투표독려와 같은 운동과 이슈에 참여하고 연대하였다.

이것은 1968년 파리에서 학생들로부터 시작된 5월 항쟁이 노동계급과 결합하여 격렬한 저항 끝에 진압당한 후 젠더(성해방)나 생태(환경), 소수자 운동 등 '뉴레프트 운동'으로 혹은 새로운 '정체성 운동'으로 발전한 것과 대비되는 부분이다. 또한 2001년부터 남미의 아르헨티나나 볼리비아 등에서 조직되지 않은 대중의 폭발적인 투쟁으로 신자유주의 정권을 몰아낸 것과도 다르다. 물론 그 투쟁들은 대중의 자기지배 혹은 민중권력을 이루어내지 못했기 때문에 불과 2~3년 만에 신자유주의 정권이 다시 들어서는 것을 막지 못했다.

이처럼 투쟁의 주체와 양태에서 08년 투쟁은 여타의 항쟁과 많은 차이점 혹은 새로운 점을 가지고 있다. 우리는 이 새로움이 무엇인지, 어떠한 의미를 갖는지를 이해해야만 한다.

2008년 촛불항쟁은 비록 신자유주의 정권을 몰아내지도 못했고 새로운 이념이나 운동을 창출하지도 못했지만 참으로 다양한 사람들이 참여하였고, 끈질기게 지속된 투쟁이었고, 그 과정 속에서 촛불들은 진화하고 변화하였다. 그런 까닭으로 촛불을 한마디로 정의한다는 것은 곤란하고 무의미한 일일지도 모른다. 그럼에도 이명박을 결코 용납할 수 없는(감상적 악마화) 촛불의 정체성을 얘기하자면 불의와 싸우는 정의였고, 끈질긴 저항이었다는 점과 대중의 직접행동이었다는 점일 것이다.

모든 항쟁이나 투쟁이 정의의 투쟁이겠지만 촛불들은 특히 자기 정체성을 '정의'라고 규정하고 있다. 여기에는 전기세와 수도세를 걱정하던 서민들이 대책회의의 억압이나 주체의 미성숙이나 항쟁의 미발달로 5대 의제였던 의료민영화나 공공재의 사유화 반대 혹은 비정규직 반대 투쟁과 같은 민중적이거나 계급적인 요구로 나아가지 못하고, 오직 미친 소 반대나 공영방송과 같은 보편적인 국민이나 시민으로서의 요구에 머무를 수밖에 없었음에도, 촛불들은 은연중에 노동계급이나 운동권과 다르다는 점 혹은 노동운동이나 계급운동은 순수하지 않다는 심리가 작동하고 있다. 모 촛불연대체에서 민주당은 물론 민주노총에 대해서까지 은연중에 자신들만이 고결한 정의인 것처럼 행동한 것은 우연이 아니다.[21] 그러나 촛불만이 고결하고 정의롭다는 의식은 슬로건의 미발달로 인한 탈계급적인 추상적인 정의에 대한 집착으로 이어질 수 있고, 이것은 촛불들의 자기 정당성의 발전을 제약할 수밖에 없다.

21_ 오늘날 노동조합이나 운동의 중추에 남아있는 40~50대의 386세대들은 촛불시민들보다 훨씬 더 치열한 투쟁을 해온 사람들이다. 빈손으로 약한 수준의 몸싸움조차 제대로 해본 적이 없는 촛불시민들과 화염병과 쇠파이프를 들고 싸웠던 운동권 사람들과의 경험의 차이나 문화적 차이는 무척 크다. 일부에게서 보여지듯 촛불만이 순수하고 정의를 대표한다는 자만심이나 자부심은 독선과 배척의 뿌리로서 운동의 발전에는 전혀 도움이 안 된다.

그런데 역사상의 모든 투쟁이 정의를 기반으로 한 대중의 직접행동이었다면 촛불투쟁은 '끈질감'이 구분되는 특성일 것이다. '될 때까지 모여라!'는 이 특성이 표현된 것이다.

촛불폐인: 끈질김과 자기실현

촛불투쟁의 특성 중의 하나로 '끈질감'을 들 수 있다. 100일이 넘는 긴 항쟁, 그리고 이명박이 집에 갈 때까지 결코 촛불을 내릴 수 없다는 그 끈질김은 어디서 나오고, 무엇 때문이었을까?

먼저 운동의 억압을 들 수 있겠다. 이명박은 끊임없이 열받게 하는데 대책회의가 촛불을 청계광장에 가둔다거나 비폭력을 운운하며 투쟁을 억압한 것이 항쟁을 장기전으로 만들었고 항쟁의 매듭이 분명하게 지어지지 않았기 때문이다. 촛불의 외침이 정당한데도 조금도 인정받지 못한 상황에서 피아간의 모든 역량을 다한 싸움을 해보지 못했기 때문에 패배를 인정할 수가 없었다. 결국 이기지는 못했지만 굴복할 수 없었고 촛불이 정의라는 확신과 분노를 억제할 수 없었기 때문이다. 이것이 지역에서 촛불을 끈질기게 들게 한 힘이다.

그러나 이러한 분노와 정의감 그리고 모든 힘을 다해 싸워 보지 못한 점만이 패배를 인정하지 못하고 끝없는 저항을 이어가게 하는 힘은 아니다.

> 왜 우리는 촛불을 들었고, 끝까지 포기하지 않으면서 저항하고 있는가? 이 투쟁을 이끄는 힘은 무엇인가?
>
> 아마 맨 처음엔 제 나라 국민들에게 미친 소를 못 먹여서 환장한 놈들이 국민을 속이는 것도 모자라 방패로 찍고 군홧발로 밟아서라도 먹이려는 정권

에 대한 분노였겠지요. … 그렇다면 단지 이들 한 무리의 세력들의 말도 안 되는 처사에 대한 분노만이 우리를 이렇게 끈질기게 이끌어 온 힘일까요?

저는 우리가 비록 확실히 느끼지는 못할지라도 단지 분노만이 혹은 우리가 정당하다는 확신만이 우리를 여기까지 그리고 앞으로도 촛불을 들게 할 것으로 생각되지 않습니다.

그것은 여학생과 시민과 임신부를 칼과 총으로 학살하는 것에 분노하여 일어선 시민군이 진압당한 후에 즉 분노와 슬픔은 남아 있지만 더 이상 저항을 계속하지 못했던 것을 보면 알 수 있습니다. 즉 촛불에는 불의에 대한 분노 외의 그 무언가가 촛불 속에 흐르고 있다는 것을 의미합니다. 왜 어떤 사람은 날마다 KBS에 가서 밤을 새우고, 어떤 사람은 자기 돈으로 전단지를 만들어 뿌리는 걸까요?

저는 이 모든 저항이 자기실현의 과정이기 때문이라고 생각합니다. 경쟁사회에 찌들은 소시민으로서 더 많이 가져야 하고, 더 높이 올라가야 하고, 단지 나와 내 가족만을 생각하면서 살아야 했던 무기력에 세뇌된 인간들이 처음으로 국가권력과 한 줌의 세력들이 자신의 삶을 유린하고 부정하는 것을 깨우치고 평화로운 촛불에 동참하면서 자신의 작은 실천이 유의미하고 역사를 바꾸는 힘이 된다는 것을 자각했기 때문이라는 것입니다. 그 실천 속에서 처음으로 내가 아닌 내 이웃과 공동체에 대한 실천 속에서 자아의 해방을 맛본 것입니다. 그 순간 존재의 합일화 즉 나와 남이 아니라 우리라는 합일화의 과정을 통해서 소외된 자아가 해방된 기쁨과 희열[22]을 맛본 것입니다.

새문안교회에서 버스를 끌어내기 위해 수백 명의 사람들이 밧줄을 당길 때, 물을 가져오는 사람, 부채를 부쳐주는 사람, 떡을 가져오는 사람들과 함께하면서 인생에 처음으로 정말 순수하고 정당한 열정 속에서 이름 모를 사람들

22_ 이 희열은 카치아피카스가 말하는 '해방의 에로스'와 비슷한 감정일 것이다(카치아피카스, 2009).

과 함께하는 희열감! 권위적이고 경쟁적이고 이기적인 사회 속의 왜소하고 고립된 소아에서는 결코 맛볼 수 없었던 타자와의 합일화를 통한 희열감과 행복감을 맛본 것이고, 그 속에서 의미있는 자아를 실현하면서 기왕에 쫓기듯 찌들어 살아왔던 소아가 무의미해지고, 매일의 작은 실천이 주는 자아실현의 행복에 빠져든 것이 아닐는지 ….

나와 내 주변이 모두 순수한 열정과 분노 속에서 함께하고 있다는 것, 나도 그 속에서 존재의 해방감을 느끼면서 행복하다는 것, 바로 이 행복감과 해방감의 경험이 너무나 좋고(왜냐하면 그것이 인간의 본성에 합치하니까), 그 행복을 유린하는 권력이 너무나 밉고 용서할 수 없는 존재가 된 것입니다.

도로에 나선 당당하고 수많은 촛불 속에서 느끼는 해방감과 수많은 사람과 함께하고 있다는 다시 말하여 나와 내 옆 사람이 우리가 되어 서로 사랑으로 묶여가는 희열, 무의식 속에 잠재되었던 두려움과 억압으로부터 벗어나 해방된 자아를 향해 나아가는 환희. 이 모든 해방감과 희열과 환희가 바로 촛불이 느끼는 행복감과 일체감의 근원인 것입니다. 바로 그 때문에 우리가 처음으로 만나면서도 함께한다는 마음과 순수한 열정으로 하나되고 있다는 것을 확인하면서 서로에게 엔도르핀을 주는 즉 인간의 본성에 합치하는 기쁨을 주는 존재가 된 것입니다(발표글 7).

이처럼 촛불을 끌 수 없는 힘은 분노와 정의감만이 아니라 항쟁 속에서 맛본 해방과 희열이 해방된 자아로 나아가는, 즉 이 사회가 강요하는 소외를 극복하는 자기실현의 과정이기 때문이기도 하였다. 촛불폐인이 될 수밖에 없는 것은 평상시의 우리들의 삶이 너무나 소외되어 있어서 일상 속에서는 아무런 기쁨이나 가치를 못 느끼고 오직 촛불들과 함께하는 시간만이 유의미하게 느껴지기 때문이다. 그만큼 현대사회가 소외되어 있기 때문이기도 하고 자기실현을 할 기회가 없기 때문이기도 하다.

여성과 청소년

촛불항쟁의 키워드는 네티즌(혹은 인터넷), 여성, 청소년 그리고 대중의 자발성이다. 왜 청소년들이 먼저 나섰고, 여성의 진출이 두드러졌는지, 인터넷에 친화적이었는지는 깊이 탐구할 주제이다.

우리 사회의 여성들이 성인 남성보다도 훨씬 더 많은 억압과 소외를 경험하고 있으며 생명과 먹거리와 민주주의에 대한 감수성이 훨씬 더 크다는 것, 그리고 청소년들이 교육의 서열화/시장화로 심각하게 학대당하고 있기 때문이라는 설명은 설득력이 있다.[23] 여학생들이 남학생들보다 적극적이었다는 것은 "걔들(남학생들)은 게임밖에 안 해요"라는 데서 알 수 있는 것처럼 여학생들이 삶과 사회적 관계 그리고 교류에 대한 관심과 친화성이 더 높기 때문일 것이다. 역사상의 모든 투쟁에서 여성들이 오히려 더 용감하게 앞장서고 헌신한 사례는 무수히 많다.

그러나 앞으로도 항쟁이 발생한다면 여성과 청소년들이 또 앞장을 설

23_ 10대들이 20대보다 앞장선 이유에 대하여 10대들의 부모세대인 386세대의 영향일 것이라는 추론은 우리 사회에서 40대 후반과 50대 초반의 386세대가 부동산 투기정책의 혜택을 보는 등 박탈당하고 있는 30대에 비교하여 보다 안정적이고 보수적인 중산층 의식을 가지고 있다는 점에서 별로 설득력이 없다. 특히 다음 장에서 소개되는 김철규와 이해진 등의 연구를 보면 10대 참가자들의 상당수가 가정형편을 '중류 이하'로 대답한 점을 보아도 '격세 영향론'은 문제가 있다. 그리고 '88만원 세대'라고 얘기하듯 현실 속에서 10대와 20대 그리고 40대와 50대는 살아온 처지와 경험이 다르기 때문에 여러가지 세대적 차이를 보이고 있는 것은 사실이다. 하지만 이러한 세대간 차이를 절대화하여 기성세대와 88만원 세대의 대립으로 보는 '세대론'은 청년실업을 강요할 수밖에 없는 신자유주의적 축적체제의 구조적 모순에 대한 인식과 투쟁을 방해할 위험이 있다. 청년실업을 포함한 각종 비정규직 등 일자리의 문제는 결코 세대의 문제로 보아서는 안 된다.

것인지, 혹은 전 세계적으로 확립된 신자유주의적 억압 하에서 여성과 청소년들이 앞장설 것인지는 확신할 수 없다. 2008년 세계적인 경제위기(경제위기란 무엇보다 민중 특히 하층민의 삶을 유린한다)가 발발했을 때, 미국과 독일, 프랑스와 같은 몇몇 나라에서는 대학생들의 등록금 인상 반대 투쟁과 같은 신자유주의적 교육정책에 대한 저항이 있었다.[24] 그리고 2009년에 있었던 프랑스의 300만 총파업은 연금 개악과 같은 복지의 축소에 대한 노동계급의 투쟁이었다. 그리스를 비롯한 경제위기에 몰린 대부분의 나라에서는 노동계급이 구조조정과 복지축소를 쟁점으로 투쟁하였다. 2010년 10월에도 프랑스에서는 연금개악에 반대하여 350만 명의 노동자들이 총파업을 벌였고, 경제위기하에 있는 유럽의 다른 나라 역시 노동자들의 투쟁이 거세어지고 있다. 특히 프랑스에서는 대학생들과 고등학생들까지 "우리는 계급투쟁을 하고 있다"면서 학교를 봉쇄하고 노동계급의 투쟁에 합류했다. 즉 똑같은 신자유주의에 대한 반대투쟁이지만 대부분의 나라에서는 노동계급이 주력을 이루고 있고 그 외에 대학생들(일부 국가에서는 고등학생들)이나 도시하층민들(남미)이 앞장서고 있다.

2008년 한국의 촛불항쟁은 노동운동이 침체된 상황에서 즉 노동계급이 자신감과 힘을 잃은 빈 공간에서 좌절과 억압을 받은 경험이 없는 청소년들과 감수성이 큰 여성들이 앞장섰다. 노동운동이 침체되지 않았더라면 노동자들은 촛불과 함께 나아갈 수도 있었을 것이고, 운동이 살아 있었더라면 노동자들은 시민들과 함께 민중의 정체성[25]으로 누구보다 앞장서서 명박산성을 넘었을 것이다. 결국 청소년과 여성이 앞장선 것은 그들이 이

24_ 2008.12. 그리스에서는 경찰이 고등학생을 죽인 사건이 알려지자 고등학생들이 폭동에 가까운 투쟁을 벌였다.

25_ 시민과 노동자는 민중의 정체성 속에서 통일성(하나됨)을 획득한다. -이 책의 '보론: 다중 물신론'에 있는 '동일성과 통일성 그리고 공통성' 부분을 참조하라.

체제의 가장 큰 억압과 소외를 겪고 있는 존재이기 때문이기도 하고 그들의 감수성이 크기 때문이기도 하지만 노동운동이 침체됐기 때문이기도 하다.[26]

네티즌

인터넷은 단순히 도구만이 아니라 현대인의 삶의 일부이기도 하다. 정보와 지식을 교환하고 획득하는 장일뿐만 아니라, 우리들의 감성과 의견과 인격이 부딪치는 또 하나의 공간이다.[27] 그러나 그 공간은 현실의 삶과 동떨어진 '디지털 유목민'이 사는 공간이 아니라 현실의 삶과 고통을 그대로 지닌 네티즌들의 공간이다. 그러므로 촛불항쟁에 앞장섰던 네티즌은 신자유주의에 고통받고 위협당하는 민중 혹은 소외된 대중의 또 다른 모습이고 그 일부이기도 하다. 바로 그 때문에 네티즌들이 이명박의 반서민적 정책에 열받는 것이고, 마이클럽, 소울드레서, 화장발, 쌍코 등의 동호회에서 미친

26_ 이 문제는 주체형성의 측면에서 비노동자적인 정체성을 가진 시민과 기층운동이 어떻게 결합해야 하는가의 문제를 제기한 것이다. 신자유주의 지구화의 공격이 단순히 생산의 현장만이 아니라 삶의 모든 것을 유린하고 있는 현실에서 새로운 시민적 대중운동의 과제를 제기한 것이다. 이것은 단순히 노동운동만의 차원이 아니라 반자본과 반신자유주의 투쟁을 대중과 함께 전면적으로 건설할 수 있는 가능성과 의무를 제기한 것이기도 하다. 그러나 새로운 시민운동은 기존의 시민사회운동처럼 "시민을 단지 후원회원과 관객으로 소외시키면서, 시민 없는 시민운동 혹은 상근자나 전문가 집단의 대리주의적" 운동이 아니라 '대중의 직접행동'을 기본으로 하는 '시민적 대중운동'이어야 할 것이다(박석삼, 2010b).

27_ 최근 우리나라의 인터넷 사용자의 비중은 30대는 100%, 40대는 87%라고 보도되었다. 네티즌이란 단순히 정보취득이나 게임이나 하는 인터넷 사용자가 아니라 인터넷을 통한 타인과의 교류가 삶의 일부인 사람들을 말한다.

소, 미친 교육, 의료민영화, 대운하 등등의 의제에 분노하고 공감을 표시하는 것이다. 현실의 삶과 동떨어진 '디지털 유목민'은 없다. 그럼에도 익명의 공간인 사이버 세계에서의 네티즌들의 활동양식은 현실 속에서 행동할 때와는 다른 문화적 모습을 보인다. 즉 현실의 삶에 규정되고 있는 동일인의 양면성이다.

소외된 대중으로서의 네티즌[28]

촛불폐인이 현대적 삶이 강요하는 소외에 대한 자기실현의 측면이 있다는 점은 이미 얘기했지만, 현대인들이 인터넷에 빠져들고 트위터 등에 열중하는 것도 바로 그들이 소외된 대중이기 때문이기도 하다. 현대 자본주의는 단지 생산현장에서의 착취만이 아니라 우리들의 삶과 문화의 모든 것을 화폐로 소비하게 하는 상품화[29]와 생존경쟁을 강요한다. 즉 현대인은 비단

28_ 여기서는 아고라나 트위터 등 인터넷 공간의 도구적 측면이나 문화나 헤게모니의 각축장으로서의 공간의 측면이 아닌, 인터넷상의 교류에 대응하는 소외된 대중의 문화적 감수성의 한 특질을 살펴볼 것이다. 촛불항쟁 때의 아고라나 최근의 트위터 공간의 도구적 특성을 절대시하면서 무슨 새로운 민주주의가 저절로 이루어질 것처럼 예찬하는 사람들이 있는데 이들 공간의 도구적 유용함은 하나의 조건일 뿐이고, 민주주의란 주체인 대중의 직접적 실천과 투쟁 없이는 결코 이루어지지 않는다. 인터넷상의 폭로와 비판과 저주가 그렇게 힘이 있다면 이명박은 벌써 집으로 갔어야 하지 않겠는가?

29_ 한국의 공립초등학교의 교사처럼 영국에서는 대부분의 의사들이 영업을 하는 것이 아니라 국가의료서비스(NHS) 부문에 고용되어 있다. 즉 한국에서는 초등학교 등의 교육이 상품이 아닌 것처럼 영국에서는 (최근에 공격을 받고 있기는 하지만) 대부분의 의료가 상품이 아니다. 세금체납자일지라도 서울시내의 도로나 근린공원을 무료로 이용한다. 하지만 민자 도로나 삼성의 에버랜드는 돈을 내야 한다. 즉 상품으로 소비한다. 세콤 등 각종 경비업도 상품이다. 치안이 상품화된 것이다. 자본은 우리 삶의 모든 것을 상품화한다. 교육, 의료, 보육 등 공적인 것의 시장화/사유화나 물,

일터에서뿐만 아니라, 정치, 경제, 사회, 문화, 소비생활 등 삶의 모든 곳에서 소외를 강요당하는 존재이다.

이러한 소외된 대중들의 문화적 감수성에 어필하여 성공한 것이 트위터다. 문화란 현실의 삶과 동떨어진 것이 아니라 현실 속의 대중의 처지와 욕망에 부응하는 이데올로기적 상부구조의 한 영역이다. 최근에 현대의 대중들이 탐닉하게 된 트위터의 첫 번째 특징은 가벼운 정보(instant information)의 교류다. 정보라기보다는 가벼운 신상의 표현들이 주를 이룬다. 이러한 트위터의 중요한 특징은 '표현의 문화'다. 침묵하고 있을 때 혹은 눈팅만 하고 있을 때 그의 존재는 없다. 오직 트윗(재잘거림)[30]을 하고

전기 등 공공재의 사유화의 본질은 이런 것이다. 탈상품화와 탈시장화는 반자본 투쟁의 중요한 요소이다. 이런 측면에서 무상의료, 무상교육, 무상보육, 무상주택과 같은 탈시장화나 탈상품화의 방향이 아니라, 누구나 같은 액수의 소득을 화폐로 나누어 복지를 상품으로 소비하자는 '무조건적 보장소득론=기본소득론'은 참으로 많은 문제점을 안고 있다(박석삼, 2010a).

30_ 네티즌의 특성 중 '수다'에 주목하면서 소통능력을 강조하는 학자들이 많은데 이런 주장은 과도하다고 할 수 있다. 아고라를 보면 자기와 다른 의견을 감정적으로 배척하는 경우도 많았는데 과연 이런 유의 소통이 탈권위를 특성으로 하는 진정한 의미의 소통인지 의문이다. 촛불항쟁 때부터 시대적 화두가 소통이 되었지만, 이명박이 미친 소를 고집하는 것은 내외의 독점자본의 이해 때문이지 그의 독선이나 소통 능력과는 아무런 상관이 없다. 1년 이상 계속된 파병반대나 FTA 반대투쟁 때 보여준 노무현의 독선도 만만치 않았다. 이명박은 이명박대로, 노무현은 노무현대로 소통했지만 한국사회에서 자기와 다른 주장의 인정과 존중이라는 본래적 의미의 소통을 보여준 세력은 없다. 한편 운동권의 근엄하거나 진지한 토론문화와 네티즌들의 '수다문화'를 대비시키는 관점이 있다. 그러나 운동단체의 자유게시판이나 토론게시판이 제 기능을 하지 못하고 있다거나 자기들만의 고답적인 논쟁만 하고 있는 현실에 대한 반성과 극복방향은 이러한 대비로 파악할 문제가 아니다. 오히려 운동권의 인터넷이라는 도구나 공간에 대한 적응 능력과 대중의 존재양태에 대한 현실감각과 개방과 공유를 위한 감수성이 부족한 것이 아닌가 생각된다.

팔로우를 했을 때에만 그는 존재한다. 표현을 해야만 존재하는 그는 현대인의 '인정받고자 하는 욕망'[31]과 깊은 관련이 있다. 존재를 위해서 혹은 욕망을 위해서 그는 타자(他者)를 필요로 한다. 혼자 힘으로 존재하지 못하는 그는 전형적으로 소외된 존재이다. 현대인이 트윗에 열중하는 것은 바로 그가 지극히 소외된 존재이기 때문이기도 하다.

세상에는 수많은 종류의 인간관계가 있겠지만 인터넷으로 맺어지는 미지의 다양한 사람들과의 소통은 보편적이고 상식적인 그리고 짧고 가벼운 언사의 교환이 주를 이룬다. 트윗을 새로운 놀이문화라고 한 것은 예리한 지적이다. 자기를 벗어난 혹은 진지한 관계를 벗어난 다른 사람들과의 소통은 결국 자기의 허전함을 달래는 놀이가 된다. 현대인이 탐닉하는 혹은 현대인의 감수성에 부응하여 성공한 싸이월드나 페이스북, 네이트온, 아고라 등등 여러 인터넷 공간과 (촛불)카페와 같은 공동체 혹은 트위터는 이처럼 현대인의 소외를 달래는 기능도 하고 있다. 결국 새로운 인터넷 공간은 소외된 대중을 기반으로 하고 있고 그 중요한 특징은 '표현(드러냄)의 문화'다.

이곳에선 모두가 착해야 한다. 보편적이고 상식적이고 정상적인 감정상의 반응을 보여야 하고, 그리고 드러내야 한다. 일상의 작은 느낌들을 문장으로 만들어야 한다. 이것은 전형적인 '표현의 문화'다. 그리고 이곳에선 (요즘 문화가 다 그렇지만) 서로의 호감을 표현으로써 확인해야만 한다. 이게 '칭찬의 문화'다. 칭찬해주세요!, 착해요!, 잘했어요!, 안타까워요! 등등

31_ 프랑크푸르트학파의 호네트는 '인정받고자 하는 욕구'를 중요한 테제로 삼고 있다. 이 욕구는 '무시'에 대하여 반발한다(문성훈, 2009: 276). 현대의 개인들이나 집단 특히 정서적 집단이 조금만 무시를 당하거나 자존심에 상처를 받았을 때 발끈하거나 심한 감정적인 반발을 보이는 것도 이와 관련이 있다. 하지만 이런 경향이 강할 때에는 비판과 반성이 불가능하게 된다.

감정과 감상의 공감 속에서 서로를 칭찬하고 공감하면서 서로의 우정과 호감과 사랑을 확인한다. 호감을 드러내야만 하는 '칭찬의 문화'는 생존경쟁에 내몰리는 적대적 환경하에 있는 소외된 대중들의 욕망이 만들어 낸 것이기도 하고, 그 자체가 '표현의 문화'의 연장이기도 하다.[32]

이러한 표현의 문화는 나와 남이 아니라 '우리로서 하나가 됨'이나 단결을 중시하는 공동체 문화나 동양적인 정신세계나 지성의 세계와는 정반대의 문화이다. 유교의 군자철학이나 불교의 '버림의 철학'에서는 '존재(소아)'나 '감상'이나 '감정'이 표현의 대상이 아니라 억제의 대상이고 극복의 대상이다. 단결을 중시하는 공동체 문화에서는 '잘난 체'와 같은 사적 개인의 드러냄이나, 단결을 해칠 수 있는 사적 감정의 표현은 억제된다. 결국 유교나 불교의 덕목이란 공동체에서 존중되는 덕목이고, 이러한 덕목을 갖추고 있는 사람을 우리는 인격자라고 한다. 일상의 작은 감상을 표현하여 주위로부터 공감을 얻고자 하는 문화와, 그러한 표현을 천박하게 보고 표현하는 것을 수치로 아는 문화와의 차이! 이것은 엄청난 차이이다. 공동체적 감수성이 강한 사람들이 트위터에서 오고가는 사랑이나 감성을 속물적이거나 천박하게 느끼는 것은 이 때문이다.[33]

32_ 유치원생들이 인정과 호감을 이끌어내고자 자기를 표현하고 선생님과 주위 아동들이 칭찬으로 반응하는 것이나, 이기주의와 개인주의에 절은 속물들이 많이 모인 곳 예를 들어 S교회와 같은 곳일수록 사랑을 들먹이며 서로를 칭찬하고 격려하는 것도 전형적인 표현의 문화다. 하지만 그 사랑에는 깊이가 없기 때문에 마음의 수준도 천박하다. 개인이든 공동체든 존재란 그들이 주고받는 언사로 판단되는 것이 아니라 그들이 실현하는 사랑과 미움의 깊이로 판단된다. 현대인들이 서로 호감을 표시하고 확인해야만 하는 것 자체가 현대인들의 삶이 그만큼 경쟁적이고 적대적인 처지에 놓여 있기 때문이다.

33_ "<한겨레>의 매거진 'ESC'에서 김도형과 소설가 이기호가 트위터의 속성을 지적한 내용이 마음에 와 닿는다. 트위터는 "우리를 속물로 만들어주면서, 또 한편 속물이라

촛불항쟁 때 "저 숙제했어요. 칭찬해 주세요!"[34]라는 글들이 많이 올라왔다. 이 또한 타인으로부터 인정받고자 하는 욕구에 기반한 표현과 칭찬의 문화다. 바로 이런 문화 때문에도 필자가 현대인들이나 네티즌들을 소외된 대중으로 규정하는 이유이다. 공동체 문화와 공동체에 기반하지 않은 소외된 개인의 문화는 차이가 크다. 표현하고 칭찬하고 격려하는 이런 문화는 항쟁의 초기 자발성에 많은 기여를 했다. 아이돌 스타의 문화 역시 표현과 발산의 문화다. 그것은 억압당하고 있는 소외된 대중의 욕망이기도 하다. 그러므로 현대인은 그들의 발산에 열광한다. 이처럼 탈모던한 현대의 문화적 특질의 중요한 측면의 하나는 표현의 문화이고 대중의 존재양식

는 사실을 잘 감추어주는 매체"라는 게 그의 진단이다. 그의 말대로 남의 평가에 연연하고 인정받고 싶어하는 속물근성을 인정하지 않을 수 없는 게 초보 트위터 이용자의 고백이다."(김도형, <[편집국에서] 나의 트위터 도전기>, http://www.hani.co.kr/arti/opinion/column/427220.html); "자신이 속물임을 감추지 마세요. 남의 평가에 연연하고 남을 의식하는 병이 있어요"(이기호, <[매거진 esc] 이기호의 독고다이 상담실>, http://www.hani.co.kr/arti/specialsection/esc_section/425941.html). 인정받고자 하는 욕망과 평가에 대한 연연함 때문에 속물적인 느낌을 받는다는 것은 트위터 혹은 현대문화의 본질이 욕구와 감상의 억제와는 반대인 표현의 문화이기 때문이다.

34_ '칭찬해 주세요'라는 문화적 감수성은 '왼손이 한 일을 오른손이 모르게 하라'는 성경말씀과는 정반대의 문화다. 또한 '왼뺨을 맞으면 오른뺨을 내밀어라'는 성경말씀은 원래 불교에서 유래된 것인데, 불교에서는 자존심이나 감정이 표현의 대상이 아니라 억제와 부정의 대상이다. 또한 논어에서 "남이 나를 알아주지 않아도 화내지 않으면 이 또한 군자가 아니겠는가(人不知而不慍 不亦君子乎 인부지이불온 불역군자호)"란 평가에 연연하지 않는 품성과 감정을 억제하는 품성을 말하는 것이고, 명심보감에서 "군자들의 사귐은 담담하기가 물과 같고, 소인들의 사귐은 달콤하기가 감주와 같다(君子之交 淡如水 군자지교 담여수, 小人之交 甘若醴 소인지교는 감약례)"는 것 또한 담담하지 않고 서로 칭찬이나 하는 달콤한 인간관계를 낮게 평가한다. 결국 이러한 문화는 현대의 '표현과 칭찬의 문화'와는 정반대의 문화다.

이기 때문에 운동은 이 특질을 이해할 필요가 있다.

소외된 대중의 문화로서의 트위터는 현대인의 인정받고자 하는 욕망에 부응하여 즐거움을 주지만 소외는 극복되지 않는다. 촛불항쟁은 공동체 속에서 하나가 되는 해방의 희열을 주었다. 그 희열은 소외를 극복해가는 자기 실현의 즐거움이기도 하다. 연예인에 대한 잡담으로 일상의 무료함(이것도 소외이다)을 달래던 네티즌들이 미친 소 반대운동을 하면서 희열을 느끼듯, 트위터들도 선거참여 격려나 4대강 반대와 같은 투쟁에 참여할 때 평상시와는 또 다른 즐거움이나 희열을 맛본다. 이것은 자신이 순수한 마음으로 다른 사람들과 함께 공동체의 정의에 참여하고 있다는 즐거움이다. 이는 월드컵 응원전에 참여하는 것이나,[35] 인기연예인에 열광하여 적극적인 서포터즈가 되는 것과는 다른 종류의 즐거움이다. 그리고 그 즐거움이 다른 어떤 것보다도 크기 때문에 빠져드는 것이다. 왜냐하면 그 즐거움은 소외를 극복하는 해방된 자아나 공동체로 향하는 즐거움이기 때문이다. 촛불집회의 놀이문화적 측면은 이처럼 소외된 문화의 대체이면서 연장이기도 하다. 결국 네티즌들이나 트위터들이 항쟁이나 투쟁에 앞장서게 되거나 촛불폐인이 되는 것은 무슨 탈물질적인 문화적 특질이나 유목민이기 때문이 아니라, 그들의 현실의 삶이 유린당하고 위협당하고 있는 소외된 대중이기 때문이다. 하지만 그들은 '소속감과 구속감이 없는' 개인으로서의 한계를 짙게 남기고 있다. 왜냐하면 그들이 맛보는 희열이란 아직 '공동체와 조화를 이룬 개인'[36]으로서의 희열의 단계가 아니기 때문이다.

35_ 월드컵 응원전에 참여하는 것은 하나됨의 기쁨은 주지만 정의에 참여하고 있다는 자기 헌신(희생)이 주는 기쁨과는 다르다.

36_ 개인과 공동체의 관계는 우리들 인간과 인류가 함께 어울려 살아가는 데에 있어서 참으로 중요한 문제이다. 우리들 인간은 서로 의지하고 힘을 합쳐 살아갈 수밖에 없

소속감 없는 개인

변혁을 꿈꾸어 왔던 기왕의 운동권들이 거대한 촛불과 맞부딪쳤을 때 느껴지는 당혹감의 정체는 무엇인가? … 이들을 관통하는 것은 자기가 옳다는 것을 실천에 옮기는 자발적이고 창조적인 지성이라는 점임. 이것은 기존 운동권의 조직적 사업과 같은 관성이 아니라, 인터넷상의 이용과 소통의 행위가 그 자체에서 주어지는 평등함과 자발적인 개인의 의지라는 특성이 반영된 결과라고 할 수 있음, 즉 네티즌은 기존 운동권처럼 조직적인 틀을 통해 판단하는 것이 아니라 집단지성에 합류하는 데에는 개별적 확신만으로 족하다는 점임.

그리고 이것은 눈팅족도 있고, 키보드 워리어도 있지만, 다중 가운데는 실천에 옮기는 사람들이 있다는 것. 설득력있는 행동방안을 냈을 때, 이를 공감하고 따라서 실천하는 사람들이 있다는 것. 동일한 실천의지를 갖는 사람들이 카페를 결성했을 땐, 토론을 통해서 더 나은 방법론을 찾아 실천한다는 것을 보여주는 사례라고 할 수 있음.

나아가 기존의 운동권처럼 전략전술 혹은 기획목표와 실천방안을 먼저 고민하는 방식으로는 나올 수 없는, 혹은 그러한 사고에서 보면 도저히 이해가 안 가는 무모하다고 할 만한 실천이 있음. 몇 달 동안 하루도 쉬지 않고 저녁

는 존재인데도 개인의 이익이 공동체와 대립하는 것으로 사고한다든지, 공동체 속에서는 개성이 억압될 수밖에 없다는 반인간적이고 악의적인 요설들이 많이 있다. "개개인의 자유로운 발전이 만인의 자유로운 발전의 전제조건이 되는 연합"(맑스·엥겔스, 1989. 『공산당 선언』)이라고 할 때에는 개인과 공동체의 조화와 통일이 있다. 맑스와 엥겔스가 밝힌 이 이상은 인류의 꿈이기도 하고, 구체적인 현실 속에서 끊임없이 실현방도를 찾아내야 할 과제이기도 하다. '공동체와 조화를 이룬 개인'이란 서로 존중하고 힘을 합하는 공동체와 조화를 이룬 개인을 말한다. 그 개인은 단결할 줄 모르는 개인우선주의자나 자기만 앞세우는 이기주의자와는 다르다. 개인우선주의를 극복하는 것과 개성을 존중하고 포용하는 것은 별개 차원의 문제이다.

이면 KBS에 출근하여 날을 새야만 직성이 풀리는 사람들, 횟칼 테러가 났다고 했을 때 함께해야 된다면서 서울대 병원의 주차장에서 몇날 며칠을 밤을 새는 사람들이 있음.

성과 혹은 승리에 대한 전망이 아니라 그냥 분노와 공감 혹은 동참으로 족하고 그 이상 바라지 않는 사고방식이 있음.

이것은 운동권에서는 하나의 전투에서 동력과 전술을 고민하는 데 익숙하지만, 네티즌은 처음부터 집단에 소속된 개인이 아니라 그냥 다중 속의 일인으로서 자기의지만으로 자기행위를 결정해온 관성 때문에, 자기가 참여한 거대한 물결을 지도하는 그룹이 있다거나 누군가의 지휘하에 일사분란하게 움직이는 병사가 아니라, 자기와 같은 생각과 참여를 하는 사람이 누구인지 얼마나 될지 어떤 결과를 낳을지에 대한 고민보다는 단지 옳고 정당하다는 자각만 있으면 실천에 옮기는 데 익숙하기 때문에 나올 수 있는 사고의 표현이 아니겠는가 하는 생각이 듦.

아무튼 당신이 만약 조계사에 갔을 때, 그저 아무 말 없이 촛불을 켜고 앉아 있는 사람을 봤을 때, 조직운동을 한 사람은 한두 시간 같이 할 수 있겠지만 날을 새야겠다, 오늘만이 아니라 낼이고 모레고 날을 새야겠다는 사고는 결코 나올 수가 없고, 이것이 촛불 혹은 촛불폐인과 운동권과의 사고방식의 결정적인 차이라는 생각이 듦.

그러나 이러한 무모하다고 보여지는 실천이 거대한 물결을 이룰 때 개미떼는 태산을 움직이는 결과를 가져오고 있다는 것이고, 수많은 개미 중엔 참으로 발랄하고 창조적이고 실천적인 지성이 있게 마련이고 그 실천이 보편성을 가질 때엔 즉 모범이 되었을 땐 즉각 따라하고 함께 한다는 것임(발표글 8).

결국 기성 운동권 가령 노동조합의 조합원은 승리를 위해 자기 조합원 대중들이 어떻게 할 것인가를 먼저 사고한다면, 네티즌은 소속감 없는 개인으로서 '옳다'라든지, '효과가 있을 것 같다'는 개별적 확신만으로 실천에 나선다. 즉 성과 혹은 승리에 대한 전망이 아니라 그냥 분노와 공감 혹은 동참으로 족하고 그 이상을 바랄 수 없고, 바라지 않는 사고방식이다. 이러한 작은 실천과 제안이 항쟁 초기 고양기라는 조건하에서 '광고주 전화걸기 운동'과 같은 개미 떼들의 '따라하기'를 이루어내었다. 이처럼 촛불의 실천은 소속감 없는 개인들에 기반한 판단과 동참이 크게 이루어졌고(자생성과 자발성), 이것이 항쟁의 확산을 가져온 힘이었지만 또한 승리할 수 없는 한계를 내포한 것이기도 하였다. 결국 촛불항쟁은 소속감 없는(조직되지 않은) 개인에 기반한 투쟁의 장점과 단점을 모두 가지고 있다.[37]

구속감 없는 개인

도심에서의 대규모 항쟁이 벽에 부딪혔을 때 촛불시민들의 카페로의 결집이 두드러졌다.

> 신문에 삽입되는 전단지의 반응도가 10만 장에 2~300명 즉 0.2~0.3%라고 할 때, 가령 조중동 광고주에 전화하자는 글에 대하여 아고라 방문객 80만 중 800명이 반응하고 실천했다면, 대강 0.1%의 반응을 보인 것이고, (카페는) 아고라의 무수한 방문객 중 행동과 실천을 선동 또는 공지하는 좋은 글에 대하여 반응하는 사람들을 점차 실천과 동원을 통한 순도를 높여 조직해가는 과정이기도 하다는 것. 카페는 이 0.1%만을 모을 수 있다는 것이 중요함. 나아가 대부분의 카페의 참여율이 10% 정도라면 그리고 이들 0.01%가 모여서 10,000명의 투사를 만들어 냈다면 참으로 능률적인 구조라고 아니할 수 없음

37_ 조중동 광고주 전화걸기 운동이 검찰의 조그마한 위협에도 위축되어 버린 것은 그 좋은 예이다. 의지의 결집 없는 개인들은 폭압을 넘어설 수 없다.

(발표글 8).

이처럼 촛불카페는 현실의 대중이 익숙한 기왕의 '다음 카페'에 창조적으로 적응한 측면이 있고 대중의 현실에 기초한 적절하고 능률적인 공동체라고 할 수가 있지만 대중조직과는 다른 특성과 한계를 가지고 있다.

카페 조직은 카페지기와 운영자에게 게시판 운영권이나 등업권, 강퇴권 등을 부여하는 등 중앙집권적으로 설계되어 있기는 하지만—즉 자칫하면 중앙집권적이고 비민주적으로 운영될 소지가 크기는 하지만—회비나 실천 등의 의무를 강제하지 않고 낮은 참여율을 높이기 위한 소통의 노력(즉 민주적 운영을 위한 노력)이 운영진의 민주적 품성에 많이 의존하는 구조를 가지고 있다.

어쨌든 독재는 중앙집권적이고 위계적 수직적인 데 반해 민주주의는 수평적 참여를 지향한다고 볼 때, 즉자적 다중[38]의 직접참여라는 특성을 갖는 촛불들은 다수를 그저 회비나 내는 수동적 존재로 만드는 시민단체와 같은 상근자운동체와는 거리가 멀고, 노조나 여러 정치운동체처럼 비록 민주적으로 선출된 집행부와 민주적 의결구조를 가지고 있다고 하더라도 중앙집권적이고 위계적인 조직방식과도 친화하기 어려운 특성을 가지고 있다.

이런 점에서 직업적인 활동가가 아닌 생활인으로서 참여하는 촛불조직은 활동과 참여와 의지의 강도가 시민단체나 대중조직과는 전혀 다른 참여 형태를 가질 수밖에 없다. 즉 속박이 강하지 않은 혹은 성원의 자율을 침해하지 않고 나아가 강력한 참여나 결의를 요구하지 않으면서도 공동의 대의에 공감하고 참여하는 공동체인 바, 이 공동체는 개방적이고 수평적이며 민주적인 의결과 실천구조에서 낮은 단계의 실천을 추구하는 즉 즉자적 다중이 결합하여 대자적[39] 다중으로 전화되는 틀이라고 할 수 있다.

38_ 여기서 '다중'이란 그냥 다양한 사람들이란 뜻이다.

39_ '즉자'와 '대자'란 원래 헤겔 변증법의 개념이지만, 여기서 '즉자적'이란 1차적이고 감

그동안 촛불에 관한 글들을 보면 촛불을 다중으로서의 자주적 자율적 개방적 성격을 상찬하는 글들이 주를 이룬 것은 사실이지만, 그 다중은 즉자적 다중으로만 멈춘다면 승리를 기약할 수 없다는 점에서 목적과 지향을 분명하게 하는 의지와 실천의 공동체의 성원으로서의 대자적 다중으로 전화해야 한다는 것은 두말할 필요가 없다. 지금 촛불은 카페라는 틀을 매개로 한 온오프의 활동을 통해서 그러한 전화를 훌륭하게 수행하고 있다.

이처럼 체제 내에서 비판과 개량을 추구하는 시민단체가 다수의 참여를 배제하고 소외시키는 구조라면, 또 체제저항적인 대중운동체가 민주적이면서도 중앙집중적인 구조를 갖는 것과는 달리, 촛불조직은 낮은 단계의 참여와 실천을 수렴하는 직접민주적이고 개방적인 틀을 가져야 한다는 점에서 제3의 새로운 형태의 조직임을 알 수 있다.

이러한 촛불조직 혹은 카페는 즉자적 다중의 의지의 공감에 따른 자발적 가입으로 이루어지고 회비와 규율의 강제가 없는 카페로 이루어지기 때문에 다수 성원은 즉자적 다중의 흔적을 가질 수밖에 없고, 이 때문에 대부분의 카페는 회원의 결합도가 10% 내외에 그치고 있다.

즉 촛불조직을 평가하고 판단함에 있어서는 이와 같은 대중조직과 다중조직의 차이에 유념할 필요가 있다. 따라서 카페에 가입한 회원이더라도 카페의 사업이나 결정에 따르는 것은 개별회원의 자율에 달려있다. 마치 광장의 토론이나 깃발모임에서 무엇으로 결정되든 실천에 옮기는 것은 여전히 개인의 자율이란 점에서 카페는 위계적 집행부와는 친화될 수 없는 속성을 가지고 있다. 이 점에서 위계적이 아닌 개방적이고 수평적인 집행부이어야만 한다.

나아가 혼자서 판단하고 실천하는 습성이 있고 실천의 동기가 자기설득(확신)이기 때문에 합리적인 대안으로 성원의 다수의 공감이 없는 한 어떠한 동

각적이며 주관적인 인식이고, '대자적'이란 목적과 대상에 대한 분명하고 이성적인 인식을 말한다.

> 원도 실패할 수밖에 없다는 점에서, 어떠한 결정과 실천도 위임받은 집행부만의 결정이 아닌 성원들이 직접 참여한 합리적인 토론의 과정이 성패의 핵심일 것이다(발표글 13).

자발적이고 자율적인 개인 즉 '구속감 없는' 개인들이 모인 "카페는 위계적 집행부와는 친화될 수 없는 속성을 가지고 있다. 이 점에서 위계적이 아닌 개방적이고 수평적" 조직이어야만 하는 카페는 낮은 단계의 작은 실천에서 벗어나기 어려운 한계를 가지고 있다. 강경파와 온건파, 열성파와 관망파가 공존하기 위해서는 섬세한 균형 감각이 필요하다. 차이에 대한 존중보다 독선과 배척이 묵인되면 구속감 없는 개인들은 침묵하거나 탈퇴해 버린다. 차이가 있더라도 공존하고 함께하려는 노력보다는 차이를 확인하고 헤어져 버린다. 독선과 배척은 특히 개방적인 공동체에서는 치명적인 독으로 작용한다.

네티즌에 기반한 촛불카페의 특성은 다른 동호회와 마찬가지로 '소속감은 있으나 구속감은 없는' 공동체라는 점이다. 이것은 단결의 기풍을 중시하는 '처지의 공동체'인 대중조직과는 다른 점이다. 촛불카페는 '의지의 공동체'이다. 정치조직은 의지와 사상의 공동체이고 처지의 동일성에 기반한 대중을 전제로 하는 조직이다. 그러므로 정치조직은 단결의 기풍과 공동체의 이상이 존중된다. 결국 촛불카페는 소속감 자체가 없는 개인과, '소속감과 구속감이 주어지는' 대중조직과의 사이에 있는 중간적 존재이고, 양극분해의 힘이 항시적으로 작용한다. 2008년 겨울 투쟁의 전망이 없고 힘들었을 때, 구속감 없는 공동체인 촛불카페는 동력의 대부분을 상실하였다.[40] 대중조직인 노동조합이 어용화되고 타락하더라도 끈질기게 생존하는 것

40_ 시간이 지날수록 40대 이상보다는 구속감이 부족한 젊은 세대들의 이탈이 두드러진 것도 우연은 아닐 것이다.

과는 다른 모습이다.

구속감 없는 공동체에서는 개인주의와 이기주의가 온존할 위험이 있다. 그들은 카페에 참여하더라도 '공동체에 조화되지 않은 개인'으로 남아 있고, 모든 발상이 개인주의적이다. 항쟁의 열기가 식었을 때 자기 이념을 낳지 못한 운동 속에서 인터넷상의 표현과 칭찬의 문화 즉 소외된 문화가 촛불카페에까지 연장되어 정서의 공동체가 된다든지, 혹은 완장주의(소영웅주의), 배척, 독선, 상처주기, 끌어내리기[41] 등등의 병폐가 나타나는 것은 이 때문이다.

자전거 동호회 같은 카페야 애초부터 도덕을 운운할 이유가 없지만 정의나 신념을 기반으로 하는 촛불카페에서 운동의 고양기가 아닌 쇠퇴기에 의지보다 정서가 강해질 경우, 도덕의 담지자를 자임하면서 의지의 공동체가 아닌 정서의 공동체가 된다든지, 사적 이익에 기반한 타락한 운동이 될 위험이 있다. 이미 기왕의 여러 촛불카페들과는 다르게 '촛불'이라는 이름을 앞에 붙여 사적 이익이나 완장에 대한 욕구를 정의로 포장한 이러저러한 새로운 촛불운동체가 만들어지고 있고 만들어질 것이다. 마치 80년대에 통일운동과 민족운동을 피 터지게 했던 사람들이 세월이 지나 한때의 추억만을 공유하면서 초기의 신념을 잃은 채 정서의 공동체가 된 후에도, 도덕과 정의의 포장을 포기하지 않으면서 패거리 짓이나 하는 타락한 정서의 공동체가 될 위험이 있는 것과 같다.[42]

41_ 가끔 촛불 속에서 보여졌던 상처주기와 끌어내리기와 같은 행동의 본질은 정의의 탈을 쓰고 진행되는 '공동체에 조화되지 않은 구속감없는 개인들'의 사적 증오의 실현이다. 그들은 증오를 생산하고 분배하고 전염시켜 주변 사람들을 수치스런 행위에 동참하게 만든다.

42_ 개독교가 아무리 사랑을 얘기하고 신도들끼리 아무리 서로를 아껴주고 존중해도 그 사랑이 천박한 것은 공동체에 조화되지 않은 개인(이기주의나 개인우선주의에 기반한 속물적 개인)에 기반한 정서의 공동체이기 때문이다. 중세의 마녀사냥이나 십자군

똑같이 촛불을 들었다면 함께해야 할 동지이고 투쟁의 현장에서 만나면 그저 반가운 동지이어야 하지만, 같은 카페의 회원임에도 자기와 조금만 의견이 달라도 매도나 야유나 경멸을 서슴지 않거나 사적 감정이나 증오 때문에 공유할 만한 가치도 없는 하찮은 일을 빌미삼거나 지어내어 모략과 중상질을 하면서도 부끄러운 줄 모르는 것 역시 '공동체에 조화되지 않은 구속감 없는 개인'의 흔적이다. 이런 것들은 '타락한 정서의 공동체'에서는 피하기 어렵다. 아무리 꼴보기 싫어도 같은 촛불이니까 함께해야 한다는 단결의 훈련이 전혀 없기 때문에 빚어지는 일이다. '공동체에 조화되지 않은 구속감 없는 개인'은 단결의 덕목이 강조되는 대중조직의 기풍 속에서 단련될 필요가 있다.

탈모던

인터넷 공간에서의 소속감 없는 개인들의 자발성과 자생성 즉 네티즌들의 비조직적 자발성은 사회운동의 중요한 관심사가 되었다. 위키디피아나 네이버 지식iN은 네티즌들의 자발성을 성공적으로 조직한 예이다. 한토마(한겨레신문의 토론방)나 다른 공간이 아닌 '다음 아고라'가 촛불 네티즌들의 공간이 된 것은 그만큼 네티즌의 감성에 부응하여 합리적으로 설계되어 있기 때문일 것이다.

촛불항쟁 때 네티즌들의 탈모던한 특성 혹은 감수성이 많이 회자되었다. 탈모던(post-modern)이란 무엇인가? 그것은 2차 대전 이후 성립한 대량생산과 대량소비를 특징으로 하는 포디즘(fordism)적 축적체제가 끝나고 70년대 이후 성립한 포스트 포디즘(post-fordism)적 생산체제와 관련이 있다.

전쟁 그리고 '우리가 남이가?' 혹은 '끼리끼리 문화'의 본질도 같다.

새로운 생산체제가 가져온 변화는 절대적 빈곤이 상대적으로 극복된 측면과 산업 노동보다는 서비스 노동의 확산, 자본의 축적위기와 관련하여 강요된 노동의 분절화[43]와 위계화, 그리고 대가족의 해체와 시민권이나 민주주의의 확장으로 인한 개인과 개성의 존중, 발달한 소비문화와 인터넷 문화 등이 어울려 대중의 생활양식과 문화에 많은 영향을 끼쳤다.

> 촛불은 과거의 아날로그적으로 단절된 무기력한 개인들이 여론과 정보를 독점했던 구래의 통치자들에 대하여, 21세기의 쌍방향 인터넷 소통 웹2.0이란 공간을 통해서 이러한 지식과 정보의 독점을 무너뜨리고, 집단적이고 자발적으로 학습을 시작하고 지식과 정보를 공유하면서 집단지성과 자유로운 의지의 발로를 보여주고 있다는 것임. 즉 넷상에서의 자유로운 참여는 억제되지 않은 실천욕구가 그 배경이기도 하다는 점이고, 나아가 선전과 교육과 조직이 아날로그적 현장만이 아니라 그보다 훨씬 능률적으로 가능하게 되었다는 점이 있음(발표글 8).

탈모던의 대표적 특징 중의 하나인 '웹 2.0'이라고 표현되는 문화의 특징은 '쌍방향성'이다. 즉 포디즘적 사회에서 보이는 획일화된 수동적인 소비자가 아니라 다양하고 능동적인 행위자의 측면을 갖는다.[44] 이것은 현대인 혹은 청소년이나 젊은 세대들이 구세대와 비교하여 개성을 표현하고 드러냄에 익숙한 특징과 관련이 있다. 한편 현대인의 삶은 궁핍과는 관련이 없는 듯하지만 신자유주의가 강요하는 국가와 자본의 민중의 삶에 대한

43_ 노동의 분절화란 블루칼라와 화이트칼라, 비정규직과 정규직, 이주노동, 미숙련, 반숙련 노동과 전문직 노동 등 노동계급 내에서도 다양한 계층화가 이루어지고 있는 것을 말한다.

44_ 집회문화의 쌍방향성에 대한 고민은 이 책 '제2부 촛불 속에서—쌍방향 집회'를 참조하라.

공격은 현대인의 존재와 미래를 위협하고 불확실하게 만들어 생존경쟁을 강요하고, 끊임없이 강요되는 삶과 소비의 상품화는 현대인의 삶을 파편화하고 분절화하면서 소외를 강요한다. 현대인은 정치와 경제와 사회와 문화 등 모든 면에서 소외를 강요당하는 존재이다.[45] 삶이 끊임없이 위협당하고 소외당하는 분절화되고 파편화된 개인이 현대인이다. 현대의 문화 혹은 탈모던한 문화의 배경은 이렇다.

현대인의 이러한 특성에 주목했을 때 위키피디아나 네이버 지식iN, 트위터 등의 성공을 이해할 수 있다. 위키피디아는 소속감 없는 개인들의 가벼운 참여가 축적되어 소중한 집단적인 결실을 맺는다. 네이버 지식iN도 마찬가지이다. 바로 이것이 촛불항쟁에서 보여진 네티즌들의 자발성을 이해하는 고리가 된다. 그것은 탈권위적이고 개방적인 공간에서의 '작은 실천'이 타인이나 공동체나 전체에 유의미한 기여가 된다는 희열감이다. 그 작은 실천은 대가를 바라지 않는 것으로 상품화가 강요하는 소외에 대한 대응이다.[46] 네티즌들의 자발성이란 현대인에게 강요되는 소외에 대응하

45_ 이처럼 소외(alienation)는 현대인을 이해하기 위한 핵심고리가 된다. 사회주의란 단지 착취가 없는 세상을 꿈꾸는 운동이 아니라, 자본주의 사회에서 '인간이 자연과 사회와 맺는 모든 관계'가 강요하는 '소외로부터의 해방을 꿈꾸는 운동'이다. 이런 의미에서 사회주의자는 진정한 민주주의를 추구하는 사람들이다. 자본주의가 강요하는 소외에 대하여는 맑스(2007)의 『1844년 경제학·철학 수고』를 참조하라.

46_ 이처럼 네티즌들이 위키피디아나 네이버 지식iN에 참여하는 행위의 본질은 상품화가 강요하는 소외에 대한 대응으로서 대가를 바라지 않는 작은 실천임에도, 일부 기본소득론자들 중에는 '공통으로 생산한 부' 운운하며 대가를 지불하게 해야 한다는 이상한 주장을 하는 사람들이 있다(<[고용난민 시대, 일자리 없나요?]기술발전 성과 '그림자 노동'에도 대가 지불해야>, 경향신문, 10.10.16.). 위키피디아나 네이버는 네티즌들의 작은 실천이 무상임을 전제로 투자된 자본이다. 이들의 이윤은 무상의 노동을 착취하여 생산한 성과물을 판매하는 것이 아니라, 부수적 효과(방문객 수나 노출효과)를 상품화하여 판매한 뒤 그의 투자비용(촛불항쟁 때 아고라가 위기에 처하자 대

는 자기실현과 관련이 있다. 결국 소속감 없고 구속감 없는 개인들이 공동체에 참여하고 기여하는 작은 실천이다. 촛불카페 역시 그 연장에서 구속감 없는 개인들의 작은 의지와 실천이 모인 것이다. 촛불항쟁 혹은 촛불운동 그 자체가 소외된 대중인 네티즌들이 탈권위적이고 개방된 공간에서 고무된 작은 실천들의 연장이고 발전이었다. 운동은 현대 대중의 이러한 특질을 이해하고 존중함으로써 대중의 자발성과 만날 수 있고 조직할 수 있다. 그 고리는 '탈권위주의와 개방성에 기반한 작은 실천의 고무'이다. 쌍방향이라는 것도 탈권위주의와 개방성이 자극하는 능동적 행위(자발성)의 다른 표현이다. 이처럼 네티즌들의 자발성이라고 표현된 '진지하지 않은 가볍고 작은 실천'을 모아내는 것은 탈권위주의적 개방성이지만, 그 실천이 소속감과 구속감이 없는 개인의 한계를 가지고 있다는 점과 그 한계를 극복하기 위해서는 개인주의와 이기주의를 극복하는 단결의 기풍이 중시될 필요가 있다는 점은 앞서 얘기한 바와 같다. 또한 '진지하지 않은 가볍고 작은 실천'을 모아내고 보다 높은 강한 실천으로 발전시키는 것도 운동의 몫이다. 그러므로 탈권위적이고 개방적인 결국 민주적이고 자주적인 저항체의 건설은 끊임없이 시도될 필요가 있다.[47]

체할 사이트와 서버를 새로 준비하는 데 최소 2억 원 이상이 들 것으로 추산되었다)과 관리비용을 제외하고 얻어진 것으로 다른 자본의 운동과 하등 다를 바가 없고, 이들 자본의 이윤에 대하여는 이미 과세가 되고 있다. 따라서 다른 자본과는 다르게 이들 자본에 대해서만 네티즌들의 성과물에 투여된 노동에 대한 대가를 추가로 지불하게 하자는 것은 대가를 바라지 않기 때문에 가능했던 기본 전제를 부정하는 것이다. 자본의 특별 이윤은 중과세나 누진과세의 대상이겠지만 '그림자 노동'에 대가를 운운하며 새로운 과세원천인 양 주장하는 것은 대중을 현혹하는 것이고, 대가를 바라지 않고 서로 나누는 인간다운 사회와 탈상품화의 원칙에도 반한다. '공통으로 생산하는 부'의 허구성에 대해서는 이 책의 '보론'을 참조하라.

47_ '자주적이고 민주적인 저항의 공동체'는 이 책의 2부 '촛불 속에서'를 참조하라.

애국주의와 민족주의

촛불항쟁 속에서 특이한 점은 애국주의와 민족주의적 정서가 처음부터 존재하였고 강하게 지속되었다는 점이다. 이것은 다른 나라와 비교하여 매우 특이한 현상이다.

일제와 같은 식민지지배를 당하는 나라에서는 제국주의에 반대하는 민족주의가 당연히 긍정적인 역할을 하였고 근대국가의 형성에 기여했다. 하지만 근대 세계사를 보면 국가주의, 애국주의, 민족주의는 수구보수나 극우들의 전유물이었다. 히틀러가 독일 노동자들에게 아무 죄 없는 프랑스 노동자들과 유태인들에게 총을 겨누게 만든 것이 바로 독일 민족주의인 나치즘이다. 수백만 명에 이르는 죄 없는 이라크 민중을 학살하고 있는 '더러운 석유전쟁'도 미국을 비롯한 많은 나라의 젊은이들에게 애국주의를 강요한다. 자기 집 강아지는 끔찍하게 사랑하면서도 같은 인간인 이주노동자들에게는 극단적인 혐오감을 끊임없이 선동하는 유럽 극우들의 사상적 기반도 민족주의와 애국주의이다. 히틀러가 유치한 1932년 베를린 올림픽이나 전두환이 유치한 88년 서울 올림픽 혹은 2002년 월드컵과 같은 행사는 애국주의를 고무하는 역할을 하였다.

그러나 문제는 전 국민이 하나의 국민으로 단결하기에는 너무나 평등하지 않다는 것이다. 우리 사회는 총취업자의 1/3 혹은 총급여생활자의 절반 이상이 비정규직으로 월평균 123만 원의 급여로 동물적 삶을 강요당하고 있다. 40대의 가장이 월 100여만 원의 수입으로 어떻게 살아갈 수 있겠는가?[48] 수십만 명의 젊은이들이 사회생활의 첫출발부터 일자리를 구할 수

48_ 국영방송인 KBS는 PD와 전문기사만 빼고 나머지 촬영보조나 기사는 모두 비정규직이다. 심지어 방송차량의 기사들이 단결하지 못하도록 6개의 파견회사에서 공급받는

없어서 시급 4,000~5,000원의 편의점이나 피시방 아르바이트를 하고 있는 현실이다. 수많은 젊은이들이 전세는커녕 월세방도 구할 수 없어서 사랑하는 사람과의 결혼을 미루는 것이나, 경제적 불안 때문에 아이를 낳아 키울 엄두를 못 내어 출산율이 세계 최저(186개국 중 184위)인 나라가 바로 이 나라다. 또한 100만 명이 넘는 젊은 여성들이 오직 돈을 위해서 유흥업소에서 일해야 하는 곳도 이 나라고, 삶에 절망하여 자살률이 가장 높은 곳도 이 나라다.

이 땅의 민중들이 겪고 있는 고통들 중에는 민족적 모순이나 분단의 현실에서 기인한 것도 있겠지만, 전체 국민의 절대다수가 겪고 있는 이 고통들은 민족이라는 틀로는 파악이 안 된다. 출산기피나 청년실업 혹은 구조조정이나 비정규직 문제가 어떻게 민족이나 애국의 틀로서 파악될 수 있겠는가? 촛불이 제기하였던 의료민영화나 전기, 수도 등 공공재의 사유화의 이유를 어떻게 친일파 민족반역자 때문이라고 말할 수 있겠는가? 이것은 사회경제적 처지에 기반한 계급적 문제이다. '대~한민국'이라는 엇박자 속에는 환호하는 국민만 있고 동시대의 비참한 비정규직의 고통은 설 자리가 없다. 그래서 항상 이명박이나 이건희는 '국민 여러분'이라고 부른다. 그들은 소수 특권층만의 이익을 항상 국익이라고 강변한다. 환율조작으로 서민들의 호주머니를 털어 수출대기업을 밀어주는 것도 국익이고, 미친 소를 수입하는 것도 국익이고, 한미 FTA나 한EU FTA를 추진하여 가혹한 경쟁 속에서 민중들의 삶을 유린하는 것도 국익이다.

촛불이 스스로의 정당성을 애국주의나 민족주의에서만 찾는다면 절대

다. 차량 기사들은 출장과 야근과 철야 수당을 모두 합하여도 월 100여만 원밖에 못 받는다. 외국에 가서 박사학위를 따와도 시간강사는 연봉 1,500만 원이 안 된다. 이것은 노동자의 능력의 문제가 아니라 신자유주의가 강요하는 사회적 제도의 문제이고 따라서 계급적 문제다.

다수의 민중이 겪고 있는 시대의 아픔과 고통에 눈을 감는 배부른 슬로건이 될 수밖에 없다. 삶이 괴로운 대다수의 사람들은 자기 이름을 찾아야 하고 자기 처지의 부당함을 얘기해야만 한다. 그것은 민중이고, 노동계급이고, 도시하층민이고, 청년백수이고, 실업자이고, 철거민이고, 0교시와 야자를 강요당하는 청소년이고, 무상교육은커녕 수백만 원의 등록금을 수탈당하는 대학생이다. 민중이 민중의 이름으로, 노동자들이 노동계급의 이름으로 당당하게 자기 목소리를 내고 자기 몫을 찾아야만 이 사회는 정의로울 수 있다.

그럼에도 촛불항쟁 때에 조중동에 세뇌된 일부 사람들이 운동권이나 노동자들이 깃발을 들면 안 된다고 하거나, 비정규직이 왜 촛불에 빌붙느냐고 얘기한 것은 결코 정의롭지 못했다. 결코 평등하지 않은 이 현실에 눈을 감고 모두가 애국적 국민이나 민족이나 시민으로 단결해야 한다는 것은 조중동과 수구세력의 밥이 되는 수밖에 없다.

촛불항쟁의 초기에 애국주의나 민족주의가 항쟁의 전투성을 고양하는데 많은 기여를 한 것은 사실이지만, 이 사회의 진정한 정의를 위해선 한 걸음 더 나가야 한다. 그것은 이 사회의 야만적인 부당함을 바로 잡을 수 있는 계급적 정의이다.[49]

49_ 계급이란 사회경제적 처지를 일컫는 말이다. 흔히 계급이나 계급투쟁이라고 하면 어마어마한 것 같지만, KTX 여승무원이나 쌍차 노동자들의 투쟁만이 계급투쟁이 아니라, 촛불들이 제기한 의료민영화 반대나 전기/수도 등 공공재의 사유화 반대야말로 '사회경제적 처지에 기반한 (즉 계급적 정의에 기반한) 투쟁'이라는 본래적 의미의 계급투쟁이다. 모든 정치적 투쟁은 당사자들이 의식하든 않든 간에 계급투쟁이다. 2010.10. 프랑스에서는 고등학생들이 "우리는 계급투쟁을 하고 있다"면서 연금개악안 반대투쟁에 앞장섰다. 이 점에서 수구꼴통들의 친미반공 이데올로기가 극심한 나라에서 언어의 시민권을 획득하는 것은 투쟁의 출발이기도 하다. "그리고 저항의 출발은 적에 대한 두려움을 극복하는 것부터 시작하는 것은 당연할 것입니다. 놈들의

신자유주의에 유린당하는 민중들이 스스로의 정당성을 자신들의 사회경제적 처지인 노동계급이나 민중에서 찾지 못하고 민족주의나 애국주의에서 찾으려 했던 것은 운동의 헤게모니가 관철되지 않은 상황하에서 80년대에 활동하였던 386세대의 영향이기도 하고 수구세력들이 세뇌시킨 친미반공주의의 영향이기도 하다. 촛불은 이명박의 독도망언에는 분노하였지만 막상 미친 소라는 독극물을 강요하는 장본인인 미국에 대해서는 어떠한 항의도 조직하지 않았다. 기존의 민족주의적인 통일근본주의자들이 미국대사관 앞에서 반미집회 한번 조직하지 않은 것도 의아한 일이지만 그것은 항쟁의 확산을 두려워했기 때문이라고 이해할 수도 있다. 하지만 촛불들이 당면한 저항에서 반미가 아닌 반일에 집착한 것은 그만큼 수구세력들에 의해 왜곡된 민족주의 때문이기도 하다. 반미와 반공은 아직도 성역으로 남아있다. 수구세력들의 최대의 무기이자 헤게모니를 관철하고 있는 반미와 반공을 넘어서지 못하는 한 촛불을 비롯한 모든 진보적 운동은 빨갱이로 매도당하면서 움츠려질 수밖에 없다.

개인우선주의와 집단주의

청년실업이나 구조조정과 같은 일자리에 대한 공격은 신자유주의적 축적체제의 숙명이다. 이러한 공격에 대하여 대학생들이 영어학원을 다니면서

협박에 위축되어 스스로 정당하고 당당한 언어를 자기검열하는 것이야 말로 촛불인 우리의 존재를 부정하게 될 것입니다. 그러므로 저는 우리 스스로의 정당함을 확신하고 나아가기 위하여 당당하고 정당한 우리의 언어를 결코 포기하지 말아야 한다고 생각합니다. 그러기에 사파티스타의 부사령관인 마르코스가 '우리의 언어가 우리의 무기(Our word is our weapon.)'라고 표현한 것입니다. … 결국 저항과 투쟁이란 두려움을 극복하고 우리의 언어를 당당하게 되찾는 과정인 것입니다"(발표글 7).

스펙을 쌓는 것은 개인적인 해결이다. 청년유니온을 결성하여 사회적인 해결을 요구하는 것은 집단적인 노력이다. 1,000명이 다니는 회사에서 200명이 구조조정 대상이라고 할 때, 개인적인 노력으로 그 200명에 들지 않으려고 하는 것은 개인우선주의(ego-centrism)[50]이고, 1,000명의 전체 노동자가 단결하여 희생을 막아내려고 하는 것은 집단주의 혹은 공동체주의[51]이다. 어떤 교차로에서 B가 아닌 A가 교통사고를 당한 것은 우연이다. 그러나 그 교차로가 평소에 사고가 많은 곳이었다면 A의 사고는 필연이다. 이처럼 필연은 우연 속에서 관철된다. 2008년에 시작된 세계적인 경제위기에서 하필 A라는 노동자가 해고를 당하는 것은 우연이지만, A를 포함한 수많은 노동자가 구조조정을 당한 것은 필연이다. 타이타닉이 보유한 보트의 빈자리는 승객의 절반밖에 못 태우듯, 대학생들이 아무리 개인적으로 노력하여도 그 절반이 실업자가 되는 것은 필연이다. 개인우선주의란 혼자 살자는 것이고, 공동체주의나 집단주의는 함께 살자는 것이다. 개인을 먼저 생각하는 것과 집단이나 전체를 먼저 생각하는 차이다. 소속감 없는 개인과 구속감 없는 개인은 공동체주의나 집단주의 훈련이 필요하다. 사회의 전체 구성원의 문제에 대한 대중의 직접행동은 이처럼 구속감 없는 개인이나 개인우선주의의 극복을 요구한다. 일터만이 아니라 삶의 모든 영역에서 자주적이고 민주적인 저항의 공동체를 대중조직으로 건설하는 것은 시대의 과제이다.

50_ 개인주의(indivisualism)란 공산당 선언에서 개개인의 자유로운 발전을 이상으로 할 때의 개인주의이고, 이 개인은 속박되지 않은 개인이고 로마와 같은 세계제국이나 근대에 와서 발견된 개인에서 발전한 개념이다. 근대의 개인이란 상품의 평등한 소유자일 뿐만 아니라 인신은 물론 인격, 양심의 자유를 전제한다. 한편 개인우선주의란 공동체나 전체의 운명과 관계없이 자신의 처지만을 우선하는 태도이다.

51_ 보통 집단주의라고 하는데 공동체주의가 더 좋은 표현일 때가 있다.

지성론 고찰

촛불항쟁의 초기 조직되어 있지 않은 시민들이 아고라를 통해 지혜를 나누면서 훌륭한 투쟁을 전개했을 때 누구나 감탄을 금치 못했다. 어떤 이는 다중지성이라고 하기도 하고 어떤 이는 대중지성 혹은 집단지성이라고 얘기했다. 촛불항쟁 속에서 발휘된 지성은 어떤 유의 지성이고, 어떤 조건에서 발휘되는 지성일까? 지식(knowledge)과 지혜(wisdom)와 지성(intelligence)은 다르다. 지식과 지혜가 어우러진 것이 지성이다.

먼저 눈에 띄는 것은 대중의 자기학습능력이었다. 그 맹렬한 학습욕은 인터넷을 통한 지식습득에 익숙한 대중들이 이명박으로부터 부정당하는 자기 정당성을 위해 혹은 정당성의 우위에 서기 위한 욕구였다. 러시아혁명 때 병사들이 정보에 목말라하고 온갖 정치신문을 통해 정보와 지식을 습득하는 데 열성적이었다는 것은 잘 알려진 사실이다. 지식의 전달과 선전 선동에 앞서 대중의 습득욕구가 선행되어야 한다는 것을 다시 일깨워주었다.

그렇다면 이러한 학습욕구는 언제 생기는가? 그것은 적대적인 상대와 대립하고 투쟁하고 있을 때다. 무릇 사회적 투쟁이란 명분의 싸움이고 정당성을 다투는 싸움이다. 무력이 앞선 권력에 저항하는 힘은 정당성의 무장에서 나온다. 국민건강을 위한 수의사연대가 2003년부터 광우병 문제를 제기하였지만 별 관심을 끌지 못했다.[52] 하지만 대중의 정당성을 이명박이

52_ 2007.2. 노무현은 살코기의 혈액에도 광우병 위험이 있음에도 이를 안전하다면서 30개월 미만의 쇠고기 수입을 강행했다. 이때 촛불항쟁에서 유명세를 탄 박상표(국민건강을 위한 수의사연대)는 07.2.21. "도대체 국민의 생명과 안전과 직결된 광우병과 무엇을 바꿀 수 있을지 궁금하다"면서, 송민순 장관, 김현종 본부장, 김종훈 대표, 김무

부정하자 대중은 순식간에 전문적 지식으로 무장했다.

또랑에든소의 '사망설'이나 천안함 사태도 대중의 학습욕구를 자극한 사례다. 가치있는 지식과 정보는 전문가들이나 지식인들이 생산하지만, 그것이 정당성으로 대결하는 대중과 만났을 때 대중의 자기학습이 이루어진다. 파업이 최상의 정치학교이고 투쟁이 가장 훌륭한 교육자라는 교훈은 촛불항쟁에도 그대로 적용된다.

그런데 이러한 지식의 습득과는 다른, '실천을 위한 판단을 동반하는' 지성의 영역이 있었다. 이 지성은 다양한 사람들이 지혜와 경험과 지식을 나누면서 이루어진 것이다. 그 지성이 얻어지는 조건은 탈권위적인 개방성과 투쟁에서 이기기 위한 하나된 마음과 열정 즉 구심력이 작용했기에 가능한 것이었다. 그러나 그 구심력은 수렴되지 않았다. 즉 대중의 토론은 있었지만 그것을 정리하는 사회자 혹은 중심이 없었다. 그럼에도 무수한 의견과 주장들이 걸러질 수 있었던 것은 추천에 기반한 '베스트' 기능과 댓글 기능이었다.

따라서 서로 모순되는 즉 양립할 수 없는 정반대의 의견이 동시에 찬성을 받는 경우도 있었다.[53] 합리적인 의견은 존중받았지만 감성을 건드리는

성 의원에게, <미국산 쇠고기가 그렇게 먹고 싶습니까?>라는 공개편지를 보낸 바 있고, 07.2.23. "한미 FTA 협상 체결의 걸림돌을 제거한다는 명분으로 뼛조각이나 갈비 그리고 내장까지 미국산 쇠고기 수입을 전면 개방할 경우, 캐나다와 같은 광우병 발생국가로부터 쇠고기 수입을 금지할 명분이 없어지게 된다"고 비판했다. 광우병 논쟁과 미친 소 반대운동은 이때부터 공개적으로 시작되었다. —박상표의 <참세상> 기고문 참조

53_ 새하얀밤, '[베스트]방금 청계천 민노총분 !!!!!깃발 조끼 안됩니다!!!!!' 08.05.28. 조회 8,008, 찬성 1,179, 반대 44; 헌법제1조, '◐ 민노총이 복장을 착용하고 깃발을 들으면 안됩니다(수정). ◑', 조회 4,271, 찬성 475, 반대 41; 초령, '민노총의 촛불집회 합류 반대하는 분들께' 08.05.28. 조회 2,449, 찬성 265, 반대 0.

의견은 배척당했다. 이명박을 편드는 의견이 '알밥'으로 찍히는 것은 당연했지만, 노무현을 비판하는 글도 많은 배척을 받았다. 어떤 때는 소중하고 훌륭한 의견이었지만 반응을 못 얻는 경우도 있었다. 6월 10일에는 인권단체를 프락치로 규정짓고 끌어내리자고 선동한 글들이 아고라의 베스트 게시판을 도배하기도 했다.

아고라는 로고스(이성)만이 지배하는 공간이 아니라 파토스(감성)가 지배하는 공간이기도 했다. 그럼에도 지성이 관철된 것은 고양기라는 특수한 열정의 시기였기 때문이다. 운동의 쇠퇴기에 관심과 열의가 떨어지는 것이나,[54] 감성이 지배할 때에 이성이 억압당하는 것도 당연한 일이다.

그렇다면 추천받고 공감받은 글 혹은 지성이 관철된 글들은 누가 생산한 것일까? 의견은 분석/판단과 제안으로 나누어진다. 단지 감성에 일치한다고 지성이 아니라, 사태의 본질을 바르게 분석하고 바람직한 실천방향을 제시한 사람은 자각하든 자각하지 않았든 간에 이미 '유기적 지식인'이다. 평범한 사람도 의견을 낼 수 있고 베스트에 갈 수도 있다. 그러나 꼼꼼히 보면 지식과 경험과 지혜가 어우러진 의견들은 대부분 지식인들의 글이 많았다. 단지 숙제를 칭찬해 달라거나 혹은 투쟁속보나 지식과 정보를 전달하는 글이 아니라 작성자의 지성에 의해 다듬어진 그리고 대중의 감성과 일치하고 대중을 설득할 수 있는 그런 의견이었다. 그 지식인은 탈권위적 지식인이고 대중의 일부이다. 즉 대중이자 지식인이다. 이것이 대중과 지식인의 통일이다. 따라서 "지식인이 무지의 나락으로 추락하고, 대중이 지성의 불을 뿜으며 다중이 주인공으로 되고" 있다면서(조정환, 2009: 88), 지식인과 대중을 기계적으로 대립시키고 은연 중에 반지성주의적인 입장을 취하는 '다중지성론'은 대단히 위험한 발상이다.

54_ 작금의 아고라에서 이명박에 대한 고발과 저주가 주를 이루면서도 지성이 관철된 실천을 위한 제안이 나오지 않는 것은 이 때문이다.

지성에는 여러 종류가 있다. 먼저 천재의 지성이 있고, 이에 대립하는 대중지성 혹은 집단지성이 있다. 한 사람의 천재보다 보통사람 여러 명의 지혜가 더 낫다는 얘기다. 이것은 한 사람의 투자예측 전문가보다 여러 사람의 비전문가의 예측이 더 정확했다는 제임스 서로위키의 실험에서도 확인되었다(장호종, 2009).

> 세계적으로 가장 성공한 개방형 소스 프로그램은 리눅스 컴퓨터 운영체제이다. 하지만 최근에 일어난 3만 8천 건의 개선 중 3만 7천 건이 겨우 1백 명의 프로그래머에 의해 이루어졌는데, 이들은 모두 운영체제 개선을 위해 기업에 고용된 사람들이었다(추나라, 2009).

한편으론 '복잡계' 이론에 따른 '떼지성'이 있다. 네그리와 하트는 '떼지성'이라는 글의 처음을 "분산된 네트워크는 떼(swarm)를 이루어 자신의 적을 공격한다"고 시작한다. 이어서 " … 열대지방의 흰개미들이 서로 소통하면서 장대하고 정교한 반구형의 구조물을 어떻게 세우는지 생각해 보라"며 '중앙 통제 없는 떼지성'을 찬양한다(네그리·하트, 2008: 127). 충분한 수의 개체는 일정한 시간을 거쳐 질적으로 훨씬 높은 수준의 행동을 하곤 하는데, 이는 복잡계 이론으로 체계화되었고 곤충이나 박테리아 등의 실험에서 증명되곤 했다. 그런데 외국에 가서 박사학위를 따왔어도 연봉 1,000여만 원의 비정규직을 감수해야 하는 수많은 머리 좋은 시간강사들은 왜 떼지성을 발휘하여 자신들의 처지개선을 위한 훌륭한 투쟁을 만들어내지 못할까? 인간사회는 이러한 자생적인 떼지성의 발휘를 억제하는 수많은 사회적 제약이 있다. 뿐만 아니라 연예인들을 자살로 몰아넣는 악플러들도 전형적인 떼지성이고, 6월 10일 명박산성 앞에서 난장판을 벌였던 사람들도 떼지성이다. 중앙통제 없는 떼(swarm)가 때로는 지성을 발휘할 수 있겠지만, 때로는 터무니없는 결론에 도달하기도 한다. 자율주의자인 네그리와 하트가 떼지성(다중지성)을 찬양하는 이유는 다중은 단결하지 않아도 지성을 이룰 수 있다는 반동적인 선동을 하기 위해서다.

다양한 전문가들이 함께 힘을 합했을 때 가장 이상적인 지성에 도달할 수 있다는 것은 인류의 경험이고 상식이다. 어리석은 사람 천명과 다양한 전문가 천명이 경쟁하면 누가 더 낫겠는가? 이때의 지성은 탈권위적이고 개방적인 환경 속에서 수렴되는 집단지성이다. 보통의 연구소에서 하나의 과제를 여러 명의 전문가들이 함께 해결하는 것도 집단지성이다. 마이크로소프트사가 연구원들에게 자율성을 제공하여 얻는 지성은 네그리와 하트가 우기듯 다중이 만들어내는 지성이 아니라 전문가들의 집단지성이다.

2008년 촛불항쟁의 초기 아고라에서 발휘된 지성은 이명박이라는 적대적 존재에 대한 즉 이기고자 하는 한 방향의 열망 속에서 발휘된 지성이다. 이 지성은 다중의 지성이기도 하고, 대중의 지성이기도 하고, 집단지성이기도 하다. 그러나 그것이 지성이 될 수 있었던 것은 다양한 지식과 경험과 지혜가 한 방향으로 모였기 때문이지, 단지 중앙의 통제가 없다는 조건 즉 탈권위적인 조건만으로 생산된 것이 아니다. 아고라에 올라온 훌륭한 의견은 대부분 '유기적 지식인'이 생산했다.[55]

용산범대위는 인권단체와 종교계를 비롯하여 문화예술계, 여러 정당과

55_ "이준웅 등의 연구결과를 보면 주목을 많이 받고 찬성 의견을 이끌어 낸 사람들을 '온라인 의견지도자'로 분류했는데, 이들이 전체의 11%, 주목을 많이 받지는 못했지만 찬성의견을 많이 이끌어 낸 '조용한 설득자'는 4%, 관심은 많이 끌었지만 찬성의견을 많이 얻지 못한 '관심 유발자'는 7%인데, 이들은 주목이나 찬성을 많이 얻지 못한 78%에 해당하는 '온라인 일반토론공중'보다, 나이도 많고 학력도 높고, 신문 읽는 시간도 훨씬 길었다. … 활짝 열린 기회에도 불구하고 인터넷 토론공간은 주로 교육수준이 높은 중년 남성의 전유물이며, 정치적 영향력을 행사하는 기존의 집단이나 계층이 여전히 영향력을 유지한다"(이준웅 외, 2007. 장호종(2009)에서 재인용).

정치조직 그리고 대중조직들이 결합한 것이다. 만약 네그리나 조정환이 말하듯 다중지성이나 떼지성이 그토록 위대하다면 자발적인 시민들에게 투쟁을 맡기고 용산범대위는 만들 필요가 없다. 결국 뭉치지 않아서 위대한 것이 아니라 대중의 자발성이 의식성과 어떻게 조화롭게 통일되느냐의 문제다.

자발성과 의식성

촛불항쟁에 있어서 중요한 쟁점 중의 하나는 촛불이 보여준 자발성을 어떻게 해석할 것인가이다. 또한 자발성과 의식성의 통일은 어떻게 어떤 모습으로 이루어져야 하는가의 문제이기도 하다.

항쟁의 초기, 시민과 네티즌들의 자발성은 '지휘자 없는 오케스트라'를 연상시켰다. 그러나 많은 사람들의 탄복을 자아냈던 '중심 없는 투쟁'은 또한 승리를 잉태할 수 없는 한계를 가지고 있었다. 공권력의 체계적인 공격에 맞서 슬기로운 저항과 투쟁을 하기 위해서는 중심이 있어야 한다. '지휘자 없는 오케스트라'[56]는 보다 나은 연주를 위해서 비록 무능한 땜빵일지라도 지휘자를 만들어내야만 한다.

문제는 중심과 대중과의 관계 즉 의식성과 자발성과의 관계이다. 촛불항쟁은 깃발회의를 창조하였고, 그 속에서 신뢰를 얻은 전대협이 비록 일시적이었지만 '탈권위적 헌신체'로서 중심으로 태어났다. 전대협, 안티엠비, 민처협, 전청련, 민주노총, 노동전선, 노동자의힘, 사노련 등등 이 모든 수많은 깃발은 그 자체가 자발성이고 동시에 의식성이다. 자발성과 의식성은 이렇게 통일되어 있다. 의식성이란 자발성의 다른 모습이다. 이기고자

56_ 원래 들뢰즈가 고안한 이 말은 단결할 줄 모르는 자율주의자들이 즐겨 쓰는 뻔뻔한 농담이다.

하는 열망이 자발성과 단결을 가져온다면, 보통사람들보다 훨씬 더 큰 열망으로 어떻게 하면 이길 것인가에 몰두하는 사람들이 있다. 이들이 바로 의식성이고, 의식성이 최대로 발전한 것이 정치조직이나 당(party)이다. 이러한 정치조직은 (목적)의식성으로 대중 속에서 자신들의 유능함과 헌신성과 도덕적 고결함으로 대중의 신뢰를 획득해야만 한다. 그 의식성은 대중의 신뢰에 기반한 군림하지 않는 의식성이다. 수많은 깃발 중에서 가장 유능하고 헌신적인 깃발이 신뢰를 획득한다. 의식성과 자발성은 이렇게 만나는 것이고, 만나야 한다.[57]

또한 의식성은 모든 자발성을 수렴하고 통제할 필요가 없다. 그것은 불가능하기도 하다. 예비군이나 전대협이 모이자고 선동하는 것이나, 소울드레서나 마이클럽이 광고를 내는 것이나, 아줌마들이 공항에 쫓아가서 이명박의 귀국을 막는 것이나, 누군가가 광고주 불매운동을 선동하는 것이나, 회칼 테러가 일어나자 조계사에 달려오는 자발성이란, 명령과 지시에

57_ 이런 측면에서 의식성과 자발성이라는 두 대립물의 변증법적인 통일을 보지 못하고, 자율주의자들처럼 의식성 그 자체가 자발성임에도 의식성을 자발성과 대립하는 것으로만 사고하고 의식성을 배척하는 것은 크게 잘못된 것이다. '대중을 자기 운명의 주인이 되게 하여 자주적이고 창조적인 존재가 되게 한다'는 주체사상은 의식성을 인정하고 있다는 점에서, '다중은 내버려둬도 자주적이고 창조적'이라는 자율주의보다는 수준이 높지만, 여전히 자발성과 의식성이 대립하고 있다(대중을 지도대상으로만 보는 것을 엘리트주의라 한다). 그리고 그 대중이 구체적인 역사와 사회로부터 규정되지 않은 존재라는 점과, '수령론'을 내세워 대중을 수동적 객체로 만드는 점이 맑스주의와도 다르다. 주체사상에서 수령은 기독교의 자애로운 신과 같은 존재이다. "신은 인간의 모든 덕성을 양도받아 스스로를 소외시킨 존재"다(신을 훌륭하다고 찬양할수록 인간은 신 앞에서 왜소해진다. 신을 찬양하는 묘사는 실은 인간들이 훌륭하다고 느끼는 덕성의 표현이다—맑스, 1989. 「포이에르 바하에 관한 테제들」 등). 즉 아무리 자애로워도 살아있는 수령은 대중을 소외시킨다. 3대 세습만이 잘못이 아니라, '수령'이나 '영도자' 그 자체가 잘못이다.

의한 것도 아니고 토론과 회의를 통해 수렴된 것이 아니다. 의식성이란 자발성이 최대한 발휘될 수 있는 여건을 조성하는 것과 자발성이 향하는 방향을 제시하면서 점진적으로 다양한 깃발들과 함께 낮은 수준부터 높은 수준까지 단결과 연대의 방향으로 나아가면서 힘을 모으는 것이다. 의식성의 관철(지도)이란 자발성을 고양하고 수렴하려는 노력이지 자발성의 통제가 아니다.

사이버 공간과 아고라-헤게모니의 장

촛불항쟁에서 아고라는 단순한 인터넷 공간이 아니라 이명박과 '알밥'들을 제압한 촛불들이 장악한 공간이었다. 촛불들은 그 공간에서 정보와 지식을 공유하고, 지성을 만들어내고, 투쟁과 실천을 선동했다. 안토니오 그람시를 들먹거릴 필요도 없이 그곳은 촛불들이 '대항 헤게모니'를 구축한 공간이었다. 또한 그 공간은 소외된 대중의 다른 이름인 민중과 서민들의 정서만이 아니라, 애국주의와 민족주의 그리고 노무현 지지자들이 힘을 얻은 공간이기도 하였다. 그곳은 이성만이 아니라 감성이 지배하는 공간이기도 하고, 현실 대중들의 정서가 수렴되는 곳이기도 했다. 온갖 신문매체와 방송만이 아니라 아고라와 인터넷 공간 역시 여론을 만들어내는 곳이고, 대중의 자발성과 자기학습능력을 고무하는 장이기도 하다. 그곳은 사회의 온갖 세력들이 각축하는 헤게모니의 장이다.

운동은 결국 헤게모니의 다툼이다. 무장력의 다툼이 아니라 정당성의 다툼이다. 사회의 어떠한 세력이든지 자기주장의 정당성이 보편성을 획득했을 때만, 즉 자신의 주장이 모두의 정의로 받아들여져야만 승리할 수 있다.[58] 이런 점에서 시대의 담론과 전선을 대중들의 고통과 절실히 만날 수 있는 진보 대 반진보의 축으로 이동시키는 투쟁은 절박하다.

촛불정국에서 보면 노무현 지지자들의 활약이 두드러졌다. 그 외에 정청래 전 의원과, 민주노동당과 이정희 의원, 화물연대 등이 자주 글을 올렸다. 유기적 지식인들은 바로 이곳에서 대중의 언어와 대중의 정서로 대중과 소통하면서 대중의 신뢰와 지지를 얻기 위해 노력해야 한다는 것을 일깨워 주었다.

58_ "모든 새로운 계급은 그들의 목적을 관철하기 위하여 반드시 그들의 이해를 사회의 모든 성원의 공동이해로서 제시할 필요가 있는 바, 그들의 사상들에 보편적인 형태를 부여하고 이것들을 유일하게 이성적이며 보편타당한 사상들로서 제시할 필요가 있다"(맑스·엥겔스, 2015. 『독일 이데올로기』).

제4장 촛불 주체론

들어가며

2008년 여름을 뜨겁게 달궜던 촛불에 대하여, 은수미(2009)는 중산층이라고 하고, 이택광(2009a, b, c)은 중간계급이었다고 하고, 조정환(2009)은 다중이었다고 주장한다. 혹자는 네티즌들이 항쟁에 나선 이유가 탈물질주의적 문화적 특성 때문이라고 주장하고, 혹자는 촛불 네티즌이 디지털 유목민이라고 주장한다.

촛불의 성격을 규명하기 위해서는 그들의 사회경제적인 처지에 대한 실증조사와 그들의 요구와 행동, 양태 등을 종합적으로 고려하는 작업이 필요하다. 이 글은 이용 가능한 실증자료와 촛불들의 여러 모습과 실천을 통하여 이 주장들이 지지될 수 있는지, 그 의미는 무엇인지를 따져보고 필자의 주장을 개진하려고 한다. (이글에 나오는 대부분의 호칭이나 모임의 명칭은 대부분 인터넷 공간인 '다음'에서 사용하는 닉네임과 인터넷 카페의 명칭인데, 인터넷 카페나 모임이 아닌 경우도 있다.)

촛불의 슬로건과 실천들

이명박은 당선된 후 고소영, 강부자 내각과 부자 감세 및 '어륀쥐' 교육 등으로 서민적 정서를 크게 자극하였다.

2008년 4월 6일 고등학생인 닉네임 '안단테'는 아고라에 이명박 탄핵 청원을 하면서, "이명박 대통령은 국민을 위한 정치를 하겠다고 했습니다. 그러나 지난 3개월 동안 이명박 대통령은 국정에 성의를 다하지 않았습니다. 대운하, 영어 몰입식 교육, 보험 민영화, 고소영, 물가정책, 천황, 공권력 동원한 강제연행, 쇠고기 고시, 독도 … 국민과 국가와 자존심을 갖다 버리신 대통령님, 이런 대통령을 우리는 인정할 수 없습니다"고 주장하였고, 촛불집회가 시작되던 5월 2일 탄핵 서명이 60만 명을 돌파했다.[1]

인터넷 카페인 안티엠비가 4월 26일 탄핵 집회의 공지문에서 밝힌 '기본 비판 사항'은, '민영화 서민 말살, 대운하 국토 절단, 대기업 규제 완화, 자사고 100개, 부도덕, 고소영 강부자 내각, 대북 위기 고조'였다. 이 웹자보는 이명박이 일본 국왕에게 머리를 조아리고 있는 사진을 배경으로 '굴욕 외교, 국혼 말살, 허구 실용, 미친 소' 등을 타이틀로 내걸었다.[2]

5월 3일 한겨레신문에 실린 '마이클럽'의 전면광고 내용은 '6대 현안(쇠고기, 대운하, 공기업 민영화, 의료민영화, 정부 언론통제, 공교육 자율화)'이었다.[3] 이 광고는 '잘 들어라! 국민이 아니라면 아닌 거다!'라는 타이틀 하에 '주인의 말을 듣지 않는 머슴은 필요없습니다'라는 소타이틀이 붙어 있었다.

촛불을 처음 들고나온 여학생들은 '미친 소 너나 먹어'라는 피켓과 함께 '미친 소, 미친 교육'을 반대했고, 5월 3일 제2차 촛불문화제에 참석한 20,000명 중 60~70%가 청소년들이었다(김철규 외, 2008). 이날 청소년이 들고 나온 피켓은 '미친 소 먹고, 민영 의료보험으로 돈 없어 죽거든 대운하에 뿌려주오!'였다.

1_ 안단테, <[1천만 명 서명] 국회에 이명박 대통령 탄핵을 요구합니다>, 08.04.06.

2_ 아름다운 청년, <[안티2mb토요집회] 함께하지 않으시렵니까??>, 08.04.25.

3_ 윤현희, 「우리는 이렇게 소통한다」, 『진보평론』 37호(2008년 가을).

5월 17일 안티엠비가 주관한 여의도 집회의 공식 구호(현수막과 피켓)는 '국민 기만, 서민 말살, 이명박을 탄핵하라!'였고, 5월 26일 공지문에 예시된 구호는 '명박 지옥, 탄핵 천국!!', '국민 배신, 민족 배신, 매국노를 처단하자!!', '서민 압살, 특권 정부, 탄핵으로 끝장내자!!'였다.[4]

닉네임 '권태로운창'은 5월 23일 아고라에 올린 격문에서 스스로를 '애국열사의 핏줄 권태로운창 드림'[5]으로 끝맺고 있고, 5월 22일의 격문에서는 "국민의 힘으로 친일 종미 매국노들을 하나도 남김없이 처단해야 한다. 민주에 의한, 자주적 국가의 자랑스러움을 반드시 이루자"[6]고 선동하고 있다. 한편 민족반역자처단협의회가 정한 구호는 '이명박은 물러가라!', '한나라당을 해체하라!', '조중동을 폐간하라!', '뉴라이트 박살내자!'였다.[7]

안단테의 주장은 영어 몰입식 교육, 보험 민영화, 고소영, 물가정책 등 서민적 감수성 즉 신자유주의 정책에 대한 반감이 주를 이루면서도, 독도나 천황 호칭 등 민족주의 혹은 애국주의적 정서가 깔려 있다. 이에 대한 네티즌들의 폭발적인 서명은 4.9 총선과 상관없이 이명박에 대한 광범한 불만이 형성되어 있었음을 보여준다. 이러한 불만이 촛불집회의 폭발적

4_ 사람사는 세상, [탄핵]5.21 탄핵집회, 무조건 모입시다!!! 08.05.21.

5_ 권태로운창, "결전의 날!! 토요일 여의도와 청계천에서 분노의 불길로~", 08.05.23.

6_ 권태로운창, "결전의 때가 왔다. 오늘 7시 청계천, 토요일 청계천", 08.05.22.

7_ "광복투사들을 존경하고 그 분들의 뜻을 이어받아, 아직도 부일민족반역자는 떵떵거리며 살고 자신을 희생시켜 빼앗긴 조국을 되찾기 위해 투쟁했던 독립투사들은 핍박 속에서 숨어 사는 우리 사회의 부조리한 현실을 극복하자는 것이 민처협의 정신이다. 대중들에게 뉴라이트의 망언을 폭로하고 그들이 바로 우리 사회의 암덩어리이며 악의 축이고 그들이 부일민족반역자들의 후손이며 우리 사회의 지배세력이고 그 세력을 몰아 내지 않는 한 우리의 미래는 결코 보장 받을 수 없다는 사실을 알려 나가기 시작했다"(민족반역자처단협의회, 2008). 자료의 이용에 도움을 준 최규엽 소장과 장창규 연구원에게 감사의 뜻을 전한다.

확산을 이루는 배경이었다.

안티엠비의 4월 26일 공지문도 민영화 서민 말살 등 서민적 반감이 주를 이루면서, 민족적 자존심이 깔려 있고, 마이클럽의 광고는 전형적으로 신자유주의 정책에 대한 위기감을 표현하고 있다.[8] 흔히 얘기하는 돈 없고 빽 없는 '서민'이란 억압되고 수탈당하는 정체성인 '민중'의 또 다른 표현 혹은 잠재적 민중이다.

대책회의가 '고시 철회, 협상 무효'의 슬로건을 고집할 때, 촛불시민들은 '명박 퇴진'의 구호를 외쳤고, 민간의료에 의존하는 미국 의료의 현실을 비판하는 영화 '식코' 상연 등의 효과로 의료민영화에 광범위한 반대가 형성되었지만 구호화되지는 않았다. 7월 4일 대책회의 운영위에서 의제 확장(1+5, 미친 소 반대 외에, 교육 자율화, 대운하, 공기업 민영화, 물 사유화, 공영방송 장악기도 등에 대한 반대)이 이루어졌지만(유영주, 2009: 75), 미친 소 이외의 의제는 병렬적이라기보다는 부차적인 슬로건에 불과하였고 그마저도 구호화되지 못했다.

이상으로 볼 때, 이명박의 반서민적 행보(결국 신자유주의적인 행보)가 광범위한 불만을 야기한 정세 속에서, 미친 소와 미친 교육을 도화선으로 청소년과 여성을 포함한 네티즌들이 시작한 촛불집회는, 여대생 군홧발 사건 등 공권력의 탄압이 (서민적이거나 계급적이 아닌) 시민적 분노를 폭발시키면서 386세대를 끌어들였고, 대책회의의 기만적인 억압으로 의료민영화와 공기업사유화 반대 등 신자유주의적인 의제가 부차화되거나 유실되면서, 촛불들은 이명박의 감상적 악마화를 동반한 부도덕한 통치자의 배제를 통해 정상국가의 회복을 갈망하게 되었다. 즉 말도 안 되는 짓을

8_ 기혼여성이 주를 이루는 마이클럽이 6대 현안을 얘기했다면 미혼여성이 주를 이루는 소울드레서는 미친 소 반대 광고에 치중하는 미묘한 차이를 보이고 있다.

하는 부도덕한 대통령만 제거하면 정상국가가 회복될 것으로 믿었다.

촛불항쟁 속에서 폭발적 인기를 얻었던 노래인 '헌법1조'의 가사는 '대한민국은 민주공화국이다. 모든 권력은 국민으로부터 나온다'였다. 이것은 '주인의 말을 듣지 않는 머슴은 필요없습니다'는 정서와 동일하다. 이 가사는 주권자로서의 자각이면서도 직접민주주의에 대한 즉각적 열망이 아니라, 국민을 배반한 정권에 대한 분노 따라서 민의를 배반하지 않을 훌륭한 정권에 대한 바람을 내포하고 있다. 바로 이 정서가 노무현 서거 시의 추모로 나타난 것이다.

그리고 이러한 열망과 함께 이명박, 한나라당, 조중동, 뉴라이트 등 주적의 성격이 반민중적 신자유주의 우파임에도, 친일파 민족반역자들로 보는 386세대의 애국주의적 혹은 민족주의적 정서가 결합하였다. 촛불애국시민전국연대와 촛불시민연석회의의 창립선언문 역시 민족주의적 기조로 되어 있었다(참고자료 3, 5).

촛불들의 이러한 슬로건과 정서 그리고 실천들을 살펴볼 때, "제가 알기론 탄핵집회로 알고 있는데 어째서 언론들은 미국산 쇠고기반대집회로만 조명을 하는 건가요? 이명박의 정책 중 미국산 쇠고기 말고도 의료보험민영화, 수도세민영화, 공기업민영화, 대운하, 간접세 등등… 너무나 문제점이 많다고 생각하는데…"[9]에서 보는 것처럼, 촛불항쟁의 시작은 분명 반민중적(반서민적)인 신자유주의 정책에 대한 총체적 불만의 귀결로서 '명박탄핵'과 '명박퇴진'이었지만, 운동의 헤게모니가 관철되지 못한 채, 대책회의의 억압과 386세대의 등장으로 민중적이거나 서민적인 감수성이 희석되면서, 신자유주의 체제가 강요하는 위기에 대한 불만이 공권력의 노골적인

9_ katy, <오늘 청계천 집회 후기>, 08.05.03.

탄압과 맞물려 국민과 시민의 정체성이 앞서게 되었다. 촛불항쟁 속에서 외쳐진 '명박퇴진'의 구호는 이처럼 신자유주의 반대와 부도덕한 권력에 대한 반대와 민족주의적 감수성의 3자가 교묘하게 합쳐진 것이고, 그 중의 으뜸이 부도덕한 권력에 대한 반대 혹은 주권자나 시민을 배반한 권력에 대한 반대의 열망 즉 '명박퇴진'으로 귀결된 것이다.

그러므로 촛불항쟁은 초기의 (대중들의 사회경제적 처지에 기반한) 서민적(민중적 혹은 계급적) 정체성이 대책회의가 대중들의 자발성을 억압하면서, (국민국가의 구성원인) 시민적 정체성이 압도하게 되는 과정이기도 하다. 바로 이 점이 신자유주의 지구화와 세계적인 경제위기에 위협받고 있는 다른 나라들에서 대중들이 노동계급이나 민중의 정체성으로 투쟁하고 있는 것과 다른 모습이다.

조기숙의 반신자유주의 성격 부정론 검토

이처럼 촛불항쟁의 반신자유주의적 성격을 부인할 수 없음에도 촛불투쟁이 단순히 광우병 협상에 대한 반대나 이명박 정권의 비민주성에 대한 투쟁이었다는 주장은 널리 퍼져 있다.

> 우선 6월의 조사에서 미국산 쇠고기 전면수입 금지를 주장하는 응답자는 34.1%에 불과했다. 이들은 주로 저연령층, 저학력층에서 많이 발견되었다. … 대다수 응답자(55.9%)가 참여정부의 수입조건을 받아들일 수 있다고 응답했다. 이보다 더 중요한 사실은 기존 여론조사 결과에 따르면 촛불집회 참여자들의 특징이라고 할 수 있는 고학력, 수도권, 고소득자[10]에서 한미 FTA에 대해 찬성하는 비율이 높았다는 것이다. … 촛불집회 참여자들은 대다수가

10_ 촛불시민들이 고소득자라고 하는 것은 자신들의 통계에 의해서도 지지될 수 없는 전혀 근거없는 얘기다.

> 수도권 거주자이며 일반 국민에 비해 학력과 소득수준이 높은 것으로 보고되었다(조기숙·박혜윤, 2008).
>
> 만일 촛불집회가 반신자유주의 시위였다면 한미 FTA를 체결한 노무현 전 대통령에 대한 평가가 매우 부정적으로 나와야 정상일 것이다. 그러나 노무현 전 대통령의 지난 5년간의 국정운영평가를 묻는 질문에 응답자의 11.5%, 62.1%가 각각 '매우 잘했다', '잘한 편이다'라고 응답해 73.6%가 긍정적인 평가를 하고 있었다. 반면 이명박 대통령에 대한 국정운영평가에 대해서는 13.6%, 85.3%가 잘못하는 편, 매우 잘못하고 있다고 응답해 응답자의 98.9%가 이대통령을 부정적으로 평가했다. 앞에서 살펴보았듯이 좌파 지식인들은 김대중, 노무현 전직 대통령의 신자유주의 정책이 이명박 대통령으로 이어졌다며 촛불집회는 신자유주의에 대한 저항이라고 주장했다. 그러나 참여당사자들은 이러한 주장에 동의하지 않는다는 점을 분명히 보여주고 있다. 오히려 이명박 정부의 민주성에 대한 평가에서 민주적인 편이라는 응답자가 0.7%, 보통 2.6%로 나타났다. 이로부터 이들이 거리로 나올 수밖에 없었던 이유가 신자유주의에 대한 반대나 단순한 먹거리에 대한 걱정보다는 비민주적인 쇠고기 협상에 대해 항의하는 데에 있었다고 추론할 수 있다. 집회 내내 '대한민국은 민주공화국'이라는 노래가 울려 퍼진 것에서도 집회의 핵심이유가 '절차적 비민주성'에 대한 항의에 있었음을 알 수 있다(조기숙, 2008: 140).

그러나 조기숙의 이러한 주장은 한미 FTA 즉 지구화나 개방화만을 신자유주의의 본질로 착각하는 데서 나온 잘못된 견해라고 할 수 있다. 이미 앞선 장에서 말했듯이 신자유주의란 자본의 천국을 만들기 위한 노동과 민중의 삶에 대한 철면피한 공격이다. 그리고 이명박에 대한 증오가 노무현에 대한 호감으로 발전한 것을 보지 못하고 오직 대중의 한미 FTA에 대한 어중간한 인식만으로 촛불항쟁의 핵심이유가 신자유주의에 대한 반대가 아니라 단지 절차적 비민주성에 대한 반대였다고 단언하는 것은 항쟁의 초기 의제인 6대 현안의 대부분이 신자유주의적인 의제였다는 사실에 눈을 감는 것이다. 나아가 촛불항쟁 내내 신자유주의 좌파인 민주당에 대한 지지도가 20%를 넘지 못한 사실도 설명할 수 없다. 촛불항쟁은 신자유주의에 유린당하는 민중들의 항쟁이었지만 타락한 운동 때문에 그 발전이 억압당하고 왜곡되어 신자유주의에 대한 본격적인 반대로 나아가지 못했을 뿐이다.

조기숙처럼 특정 시점의 결과적 현상만으로 사태를 단언하는 것은 심히 잘못된 것이다. 의사가 올바른 처방을 하려면 환자에 대한 진단이 모든 객관적 증세를 종합하고 원인과 결과를 '총체적'[11]으로 설명할 수 있어야 한다. 어떠한 경우에도 특정 시점의 일부의 증세만을 설명할 수 있는 진단이나 변화(운동)를 설명할 수 없는 진단은 결코 올바른 것이 아니다.

대선과 총선 자료로 본 촛불

이명박은 2007년 12월 18일 대통령에 당선된 이후부터 영어 몰입교육, 강부자 내각, 고소영 참모진, 의료민영화 정책 등으로 서민들의 심기를 자극했다. 그럼에도 4.9 총선에서는 수구보수들이 개헌선이 넘는 200석 이상의 대승을 거두고 국회를 장악했다.

국민들이 열 받았는데 왜 그들은 사상 최대의 압승을 거둘 수 있었을까?

11_ 맑스주의적 방법론은 현상을 인정하지만 현상에 굴복하지 않고 현상의 배후에 있는 본질적 연관을 찾아내어 '총체성'을 추구한다. 올바른 인식과 설명은 기왕의 현상이나 사실뿐만 아니라 앞으로 발견될 증거와도 충돌해서는 안 된다. 즉 사물이 변화하고 운동하게 만드는 본질적 연관과 모순을 바르게 파악해야 한다. 총체성은 통찰력과 관련이 있다.

표 3_ 대선과 총선 결과 비교표

	16대 대선			17대 총선			17대 대선			18대 총선			6/2지방선거	
선거일	2002.12.19		선거일	2004.4.15		선거일	2007.12.17.		선거일	2008.4.9		선거일	2010.6.2.	
총유권자	34,991,529		총유권자	35,596,497		총유권자	37,653,518		총유권자	37,796,035		총유권자	38,851,159	
총투표수	24,784,963		총투표수	21,581,550		총투표수	23,732,854		총투표수	17,415,920		총투표수	21,162,988	
투표율	70.80%		투표율	60.60%		투표율	63.00%		투표율	46.10%		투표율	54.50%	
유효투표수	24,561,916	100%		21,330,770	100%		23,612,880	100%		17,395,887	100%		20,664,351	100%
이회창	11,443,297	46.59%	한나라당	8,083,609	37.90%	이명박	11,492,389	48.67%	한나라당	6,421,727	36.92%	한나라당	8,229,963	39.83%
			자민련	569,083	2.67%	이회창	3,559,963	15.08%	자유선진당	1,173,463	6.75%	자유선진당	936,966	4.53%
						이인제	160,708	0.68%	친박연대	2,258,750	12.98%	친박연대	379,737	1.84%
									창조한국당	651,993	3.75%			
소계	11,443,297	46.59%		8,652,692	40.56%		15,213,060	64.43%		10,505,933	60.40%		9,546,666	46.20%
노무현	12,014,277	48.91%	열린우리당	8,957,665	41.99%	정동영	6,174,681	26.15%	통합민주당	4,313,645	24.80%	민주당	6,364,600	30.80%
권영길	957,148	3.90%	새천년민주당	1,698,368	7.96%	문국현	1,375,498	5.83%	민노당	973,445	5.60%	국민참여당	1,374,950	6.65%
이한동	74,027	0.30%	민주노동당	920,229	4.31%	권영길	712,121	3.02%				민주노동당	1,519,362	7.35%
김길수	51,104	0.21%										진보신당	647,345	3.13%
소계	13,096,556	53.32%		11,576,262	54.26%		8,262,300	35.00%		5,287,090	30.40%		9,906,257	47.93%

* 이 표는 중앙선관위 등의 자료를 취합하여 작성한 것이다.

흔히 노무현에게 실망한 중산층들이 경제를 살릴 것 같은 이명박을 선택했다가 국정을 너무 개판치기 때문에 촛불이 일어난 것이라고 말한다. 이택광의 주장처럼 위기에 처한 보수화된 중산층의 양면성 때문에 대선에서는 쾌락에의 동참을 위해 이명박을 찍었다가, 분배의 참여를 위해 촛불을 든 것일까?(이택광, 2009c). 설령 그렇다고 하더라도 4월 6일 안단테의 탄원과, 4월 9일 한나라당의 압승과, 4월 19일 안티엠비의 탄핵집회가 어떻게 동시적으로 진행될 수 있는가?

<표 3>에서 16대 대선과 17대 대선을 비교하면, 유권자는 265만 명이 늘었음에도 투표자는 100만 명이 줄었고, 16대 대선에서 노무현이 얻은 1,201만 표는 17대 대선의 정동영의 617만 표와 비교하면 거의 절반(약 584만 표)이 날아갔음을 알 수 있다. 한편 <표 4>의 투표율 변동을 보면,

표 4_ 전국투표율 변동

	16대 투표율	17대 투표율	증감
전 국	70.8%	63.0%	-7.8%
서 울	71.4%	62.9%	-8.5%
경 기	69.6%	61.2%	-8.3%
인 천	67.8%	60.3%	-7.4%
대 전	67.6%	61.9%	-5.7%
충 남	66.0%	60.3%	-5.7%
충 북	68.0%	61.3%	-6.7%
광 주	78.1%	64.3%	-13.8%
전 남	76.4%	64.7%	-11.6%
전 북	74.6%	67.2%	-7.4%
부 산	71.2%	62.1%	-9.1%
경 남	72.4%	64.1%	-8.3%
울 산	70.0%	64.6%	-5.3%
대 구	71.1%	66.8%	-4.3%
경 북	71.6%	68.5%	-3.1%
강 원	68.4%	62.6%	-5.8%
제 주	68.6%	60.9%	-7.7%

* P&C가 발표한 <17대 대선평가 및 주요 시사점>에서 인용

친노무현이었던 광주/전남은 기권율이 평균 12.7%로 가장 높고, 친한나라당 성향인 대구/경북은 평균 3.7%로 가장 낮다. 16대 대선에서 노무현과 이회창의 득표수에 이 수치를 곱하면 노무현 152만 표, 이회창 42만 표이다. 즉 노무현 지지자의 총이탈자 584만표에서 152만표를 제외한 나머지는 432만표(약 74%)는 이명박에게 갔고, 이것은 노무현의 신자유주의 정책에 대한 반발로 볼 수 있다. 2004년 17대 총선의 투표율은 60.6%인데, 2008년 18대 총선은 46.1%로 급감했다. 선관위의 자료는 20대 후반의 투표율이 가장 낮고, 30대 전반의 투표율이 가장 많이 감소한 것을 보여주고 있다.[12] 결국 청년실업을 비롯하여 경제위기의 고통을 가장 많이 받는 계층의 반발이다.

<표 5>은 중산층의 몰락과 빈곤층의 급속한 증가를 보여주고 있다. 즉 이러한 선거 결과는 노무현이 추진한 신자유주의 정책으로 위기에 처하거나 몰락한 계층들이 자유주의 정권인 신자유주의 좌파에 대한 지지를 철회하고(노무현 1,201만 표－정동영의 617만 표=584만 표), 그 중 432만 표는 경제를 살리겠다는 이명박에게 표를 던졌고, 나머지 152만 명은 투표를 거부했음을 알 수 있다.

촛불항쟁 직전에 실시된 2008년 4월 9일 18대 총선에서는 한나라당을

12_ "○ 연령대별 투표율은 60세 이상이 65.5%로 가장 높고, 20대 후반이 24.2%로 가장 낮았음. 20대 후반부터는 연령대가 높을수록 투표율이 높아지는 특징을 보임. ○ 한편 20대의 경우, 20대 후반이 20대 전반보다 낮은 투표율을 보이고 있음. 이는 20대 전반 군 복무자의 부재자 투표가 영향을 미친 것으로 보임. ○ 2006년 지방선거에서 처음으로 선거권이 부여된 19세의 투표율은 33.2%로 투표율이 가장 낮은 연령대인 20대 후반(24.2%)보다 9.0%p 높은 것으로 나타남. ○ 제17대 국회의원선거와 비교시 전 연령대에서 투표율이 감소하였으며, 투표율이 가장 많이 감소한 연령대는 30대 전반으로 22.2%p가 감소한 반면, 60세 이상은 6.0%p 감소하였음"(중앙선관위, <18대 국선 투표율 분석>, 11-12쪽).

표 5_ 소득기준 계층 구성 변화 추이

	1996년	2006년 상반기	증감
상류층	20.08%	25.34%	5.26%
중간층	55.54%	43.68%	-11.86%
중하층	13.19%	10.93%	-2.26%
빈곤층	11.19%	20.05%	8.86%

*자료 : 한국보건사회연구원. OECD(1995) 기준에 의거 중위소득의 50% 이하를 빈곤층으로, 50~70%를 중하층, 70~150%를 중간층, 150% 이상을 상류층으로 구분함.

** P&C가 발표한 <17대 대선평가 및 주요 시사점>에서 재인용.

포함한 수구보수가 개헌선을 넘는 당선자를 내었다. 그렇다면 대중은 4.9 총선에는 한나라당에 몰표를 주고, 불과 20일도 안 되어 반한나라당으로 돌아선 것일까? <표 3>을 면밀히 보면 수구보수가 17대 대선에서 얻은 1,521만 표는 불과 4개월 만에 470만 표가 줄었고, 민주/진보의 842만 표는 297만 표가 줄었다. 결국 한나라당의 압승은 승자독식제도에 기인한 것이지만, 노무현의 신자유주의에 환멸을 느낀 대중들은 일부가 이명박을 지지했다가 이명박의 반서민적 정책에 따라 대거 이탈한 것이고, 같은 신자유주의 세력인 민주당에 대한 지지도 철회한 것이다. 따라서 4.9 총선은 수구보수의 압승이 아니라, 신자유주의 좌파와 우파에 대한 대중의 절망이 표현된 것에 불과하다. 단지 표의 충성도와 결집도가 높은 수구보수가 선거제도 때문에 득을 본 것이다.

그럼에도 불구하고 진보를 자처하는 정당이나 시민단체들이 진보대연합이 아닌 (반한나라당/반독재) 민주대연합을 운운하며 대중은 이미 버려버린 신자유주의 세력인 민주당과의 연합을 추구하는 것은 대중의 참다운 고통을 외면하는 것이다.[13] 87년 형식적 민주주의 체제의 성립 이후 혹은

13_ 이명박 정권이 이 사회 구석구석에서 저지르고 있는 횡포를 똑똑히 지켜본 사람들은 무슨 수를 써서라도 정권을 바꿔야겠다는 간절함을 남몰래 가슴 속 깊이 새겨둔다. 그런 이들에게는 2년 뒤 정권을 교체하는 것만큼 중요한 일이 없다. … '섹시 치어리

98년 신자유주의 체제의 성립 이후, 이 땅의 민중들이 겪고 있는 고통의 근본원인은 신자유주의 정책 때문인데도, 이에 맞서 진보세력을 강화할 생각은 포기하고 87년 이전의 민주대연합이라는 낡은 틀로 돌아가자는 것은 역사를 20년 이상 후퇴시키는 것과 같다.

흔히 이명박 당선의 일등 공신은 노무현이라고 얘기하듯이, 노무현은 전 국토를 투기장으로 만들고 노동에 대한 배제와 공격으로 840만 명의 비정규직을 양산하였다. 이것은 전체 취업인구의 1/3이고 전체 급여생활자의 53%에 해당되며, 그들의 평균임금은 123만 원이다. 평소에 삼성의 이전무를 친형님처럼 모시던 노무현은 삼성의 매뉴얼대로 통치했다.[14] 경쟁과

더 군단' 야권 단일 정당론은 그 논리를 어떻게 전개하든 현실적으로 진보정당을 포함한 비민주당을 민주당과 합치는 흡수통합론 혹은 민주당 확대 강화론이 될 수밖에 없다. … 정권교체는 수단일 뿐 목적이 될 수 없다. 재집권만 막으면 좋은 일이 절로 생길 거라고 믿는 건 그야말로 순진하고 낭만적인 생각이다. 그런 식의 묻지마 정권교체는 반드시 그 대가를 치른다. 집권의 구체적인 구상이나 방향, 정책을 따져보지 않을 경우 "이러려고 정권 잡았나" 하는 소리가 또 나온다. … 문성근도 민주당 바로 세우기로 방향을 바꾸는 것이 좋다. 야권 통합은 실현 가능성도 없을 뿐더러 정권교체를 위해 불가피한 것도, 한국정치를 위해 좋은 일도, 옳은 일도 아니다. 사실 정치 발전을 생각하면 통합보다 분화가 더 낫다. 비정규직 문제를 예로 들어보자. 민주당, 창조한국당, 국민참여당, 민주노동당, 진보신당 모두 비정규직 문제가 중요하다고 한다. 정도의 차이가 있지만 한나라당, 자유선진당도 별로 다르지 않다. 이런 상황이라면 비정규직 문제는 벌써 해결됐어야 한다. … 그런데 진보정당이 민주당에 흡수돼 사라졌다고 생각해 보자. 비정규직 문제는 좀처럼 관심사로 떠오르지 못할 것이다. 한국 정치는 아무도 대변해주지 않아서가 아니라, 모두를 대변하기 때문에 대변할 수 없는 것이 문제다. 이제 그만 섞여야 한다. … 정당들은 대표되지 않는 이들에게 목소리를 주기 위해 따로 존재해야 할 마땅한 이유가 있다." 이대근, <[이대근 칼럼] 야권 단일 정당, 그 위험한 상상>, 경향신문, 2010.11.26.

14_ 2003년 말 개인정보의 집적과 국가통제로 큰 논란을 빚었던 NEIS(교육행정정보시스

효율을 내세우면서 교육의 서열화와 시장화, 의료민영화, 공공재의 사유화, 한미 FTA의 추진, 전 국토의 투기장화 등으로 노동자와 민중의 삶을 끊임없이 위협하고 파탄시켰다.[15] 임기 말에 대연정을 추진했던 노무현의 고백처럼 "그들(한나라당)과 우리(열린우리당)는 별로 다르지 않다." 매일 매일 신문을 보기가 짜증이 날 지경에 이르러 대중은 좌측 깜박이를 켜며 우회전을 하는 노무현과 민주당을 버렸다. 이것이 07년 대선과 08년 총선에서 이명박과 한나라당이 압승한 배경이다. 표의 결집력과 충성도가 높은 수구와 보수들은 단결했지만, 노무현과 민주당을 살려냈던 서민들은 지지를 철회하고 투표를 포기했다. 이것이 두 선거의 의미다.

결국 2008년 촛불항쟁은 노무현의 신자유주의에 배반당하고, 이명박의 반서민 정책에 절망하고 위기감을 느낀 중류하층 이하 결국 소외된 대중의 반감이 주된 배경으로 자리잡고 있다. 앞서 살펴본 대로 촛불의 계급적 성격은 억압되었던 것이다. 만약 타락한 운동이 대중의 요구와 열망을 억압하지 않았더라면 혹은 항쟁 초기 5월 2일부터 5월 24일까지 '고시철회'와 '협상무효'만 외치지 않고 다양한 의제를 슬로건화했다면, 대중은 신자유주의 체제에 정면으로 도전할 수도 있었을 것이다.

템)는 삼성의 작품이고, 최근에는 전자주민카드에도 군침을 흘리고 있다. 2010.10.5. 보건복지부가 발표한 <보건의료산업 선진화 방안>도 삼성경제연구소의 작품이다. 이 방안에는 건강보험의 예산으로 삼성의 의료분야 진출을 지원할 수 있게 되어 있다. 국가정책에 대한 삼성의 공작은 공공재의 시장화와 사유화에 맞물려 민중의 삶을 유린하는 신자유주의 정책으로 구체화되고 있다.

15_ "1990년대에는 상위 20퍼센트의 소득을 하위 20퍼센트로 나눈 비율이 5배 미만이었는데, 노무현 정부 초기에는 5.43배로 증가했고, 노무현 정부가 임기를 마친 직후에는 8.41배로 치솟았다. 2007년 현재 (노무현 정부가 열심히 만들어낸-필자 첨가) 사회서비스 일자리의 평균임금은 연간 644만 원 정도"밖에 되지 않았다(장호종, 2010).

통계자료로 본 촛불

조기숙과 박혜윤의 연구[16]와 검토

촛불집회 참가자들은 일반 국민에 비해 경제적으로 여유가 있고, 80%가 대학 재학 이상으로 높은 학력보유자임이 밝혀졌다. 일반 국민이 TV와 라디오에서 주로 정보를 얻는 데 비해 촛불집회 참가자들의 대다수는 인터넷에서 정보를 얻는다는 점에서도 차이를 보였다. 집회 참가자는 이러한 사회경제적 배경 때문에 일반 국민과는 다른 문화적 특징을 갖는 것으로 드러났다. 가장 특징적인 것은 집단주의적이기보다는 개인주의적이며, 물질주의적이기보다는 탈물질주의적이라는 것이다. 탈물질주의는 전후 오랜 경제적 호황을 경험한 유럽과 미국의 젊은 세대에서 주로 발견되는 가치관으로, 물질적 가치보다는 삶의 질이나 인권, 환경 등의 탈물질주의적 가치를 중요하게 여긴다. 이들은 정치에 관심이 많으며, 투표와 같은 전통적 정치참여뿐만 아니라 항의, 집회, 농성과 같은 비전통적인 정치참여에도 적극적인 것으로 알려져 있다. 촛불집회 참가자들은 서구의 탈물질주의자와 같은 문화적 속성을 보였으며, 정치적 참여에 있어서도 매우 유사한 행태를 보여주고 있다(조기숙·박혜윤, 2008:

16_ "6월 6일 서강대학교와 이화여대 대학원생 등 10여 명의 조사원이 정오와 늦은 오후(370명), 초저녁(1,130명) 세 차례에 걸쳐 모두 1,500개의 설문지를 배포하고 수거하는 방식으로 이루어졌다. 낮에는 시청과 청계천 일대의 시민 중에서 촛불집회에 나왔는지를 확인한 후, 임의의 5번째의 사람을 선택하는 계통표본추출방식을 사용하고, 초저녁에는 시청과 대한문 사이의 거리에 앉은 시민 중에서 앞, 중간, 뒷부분의 블록을 선정한 후 매 10번째 사람을 선정하는 방식으로 표본추출이 이루어졌다. 이 중, 설문조사 대상자가 아닌 중학생들이 참여한 설문 150여부와 미완성 설문 일부가 배제되고 남은 응답지가 이번 분석에 활용되었다. 총 표본은 1,300여 개로 표본오차는 95% 신뢰구간에서 ±2.7%이다"(조기숙·박혜윤, 2008).

표 6_ 촛불집회 설문 응답자와 전체 국민의 소득/학력/연령별 분포 비교

(%)

구 분		촛 불	전체 국민
소득	100만원 이하	2.60	9.21
	101-200만원	15.70	18.12
	201-300만원	22.20	21.92
	301-400만원	21.70	19.23
	401-500만원	14.50	12.35
	501만원 이상	23.20	19.17
	N	1,156명	6,200가구
학력	중졸 이하	8.9	32.26
	고졸	14.30	34.03
	대재 이상	76.90	33.71
	N	1,181명	41,716,764명
연령	16-18세	9.40	8.15
	20대	38.00	19.27
	30대	28.90	21.57
	40대	18.40	21.08
	50대 이상	5.40	29.92
	N	1,326명	38,055,306명

* 조기숙·박혜윤, 2008: 253.

250).

촛불집회 참가자들이 탈물질주의적이었다는 조기숙과 박혜윤의 이러한 주장은 항쟁의 초기부터 일관되게 회자된 6대 현안(쇠고기, 대운하, 공기업 민영화, 의료민영화, 정부 언론통제, 공교육 자율화) 중 언론통제를 제외한 나머지 현안이 모두 물질주의적이었던 사정을 설명할 수가 없다. 촛불은 인권, 환경 등의 탈물질주의적 가치관 때문이라기보다는 서민적 삶 그 자체를 위협하는 신자유주의 공세에 큰 불만과 위협을 느꼈던 것이고, 그 불만이 누구도 부인할 수 없고 아무도 피해가기 어려운 미친 소와 미친 교육을 도화선으로 폭발한 것이다. 또한 공권력의 폭력과 대운하 반대를 인권과 환경에 민감한 감수성이라고 하는 것도 일면적이다. 특히 대운하는

환경과 관련한 의제이기도 하지만, 국가예산의 터무니없는 낭비와 투기 등과 관련한 의제이기도 하다. 미친 소 역시 생명에 대한 감수성보다는 국민을 배반하고 국민들의 삶 그 자체를 위험에 빠뜨리는 이명박의 말도 안 되는 처사에 대한 분노가 훨씬 더 크다고 할 수 있다. 그리고 삶의 질 그 자체가 참으로 사회경제적이고 물질적인 것이다. 그러므로 촛불들이 탈물질주의적 문화적 속성을 보였다고 할지라도, 그것은 결코 본질적 속성이 아니라 부차적 속성이라고 해야 한다. 현대 사회에서는 먹고 사는 문제에서 완전히 해방된 사람들이나 현실의 삶에 연연하지 않는 경우가 있는 것이지, 무슨 "TV나 라디오가 아니라 인터넷으로 정보를 얻는다"고 해서 정의감이 넘치게 되거나 고상한 탈물질주의자가 되는 것이 아니다. 도대체 대한민국 국민 중에 삶의 문제나 삶의 질에 관심없는 탈물질주의자가 몇 명이나 되겠는가?

이갑윤의 연구[17]와 검토

> 촛불집회 참여자는 기본적으로 호남 출신 지역, 젊고, 진보적인 성향을 가진 사람, 민주당과 진보정당과 같은 야당을 지지하는 사람, 이명박 대통령의 직무수행을 부정적으로 평가하고 정부의 비민주성을 비판하는 사람들로 구성되어 있다. 요약하면 촛불집회 참가자는 지난 10년간 지속되어 왔던 지역, 세대, 이념 균열의 축에서 한쪽을 대표하는 호남, 젊은 세대, 진보 성향의 집단으로 구성되어 있다는 것이다. 이렇게 볼 때 촛불집회는 물질주의와 탈물질주의의 균열과 같은 새로운 생활과 문화적 균열을 대표한다기보다 기존의 정치

17_ 이갑윤은 서강대학교 현대정치연구소가 한국리서치에 의뢰해 촛불집회가 거의 끝난 2008년 8월 4일과 5일 양일간 전국 19세 이상 1,000명의 성인남녀를 무작위 추출하여 전화로 면접한 조사 결과를 토대로 촛불집회 참여자의 인구·사회학적 특성 및 정치적 정향과 태도를 분석하였다(이갑윤, 2008).

표 7_ 인구사회학적 집단별 촛불집회 참여

		참여해 본 적이 있다	참여할 의사가 있지만 사정상 참여하지 못했다	참여해본 적도 없고 참여할 생각도 없다	사례수	χ^2-검증
성별	남자	14.8	32.0	53.1	493	χ^2=18.113
	여자	6.5	35.8	57.7	506	$p<0.001$
연령	19∼29세	13.7	40.3	46.0	211	
	30∼39세	14.8	42.4	42.8	229	χ^2=71.933
	40∼49세	12.8	35.4	51.8	226	$p<0.001$
	50∼59세	6.5	27.9	65.6	154	
	60세∼	2.2	19.4	78.3	180	
교육수준	초졸 이하	1.4	24.3	74.3	70	
	중졸	2.5	28.8	68.8	80	χ^2=46.609
	고졸	6.2	36.6	57.2	292	$p<0.001$
	대재 이상	15.3	35.6	49.1	528	
소득	100이하	4.0	25.0	71.0	124	
	101∼200	12.9	34.2	52.9	155	
	201∼300	9.2	38.8	51.9	206	χ^2=28.909
	301∼400	10.7	44.3	45.0	149	$p<0.01$
	401∼500	13.8	24.5	61.7	94	
	501 이상	12.5	32.5	55.0	160	
출신지역	수도권	8.6	28.9	62.5	152	
	충청	6.8	32.4	60.8	176	
	호남	19.4	47.8	32.8	232	χ^2=76.573
	영남	8.2	28.9	62.9	329	$p<0.001$
	기타	0.0	22.2	77.8	27	
이념성향	진보	15.5	44.9	39.6	419	=95.524
	중도	10.7	38.3	51.0	196	$p<0.001$
	보수	4.9	19.4	75.7	309	
정당지지	한나라당	4.3	12.2	83.5	327	
	민주당	16.0	55.9	28.2	188	χ^2=222.074
	진보(민노/진보신당)	27.0	51.0	22.0	100	$p<0.001$
정보획득원	TV	5.4	32.7	61.9	446	
	신문	7.9	26.6	65.4	214	χ^2=68.753
	인터넷	19.5	42.1	38.4	297	$p<0.001$

* 이갑윤, 2008: 100.

균열이 생활과 문화에까지 확대된 것이라고 할 수 있을 것이다. 특히 미국산 쇠고기를 먹을 의사조차 기존의 정치균열에 크게 영향을 받는다는 것은 이를 잘 나타내는 증거이다(이갑윤, 2008).

이갑윤의 주장 중 주목할 점은 촛불집회 참가자는 지난 10년간 지속되어 왔던 지역, 세대, 이념 균열의 축에서 한쪽을 대표하는 호남, 젊은 세대로 구성되어 있다는 점인데, 먼저 이갑윤의 통계에 의하더라도 반드시 젊은 세대(30대 이하와 40대 이상이 거의 반반임)가 많다고 볼 수 없고, 촛불집회가 주로 호남사람들의 비중이 특히 높은 서울과 수도권 거주자들이 참여

표 8_ 지지정당의 분석

	참여자	참여의사 유	참여의사 무	사례수	총 정당 지지도	참여자 수	비중
남자	14.8	32	53.1	493		72	
여자	6.5	35.8	57.7	506		32	
소계				999		104	
한나라당	4.3	12.2	83.5	327	32.7	14	13.5
민주당	16	55.9	28.2	188	18.8	30	28.9
민노/진보신당	27	51	22	100	10	27	26
무응답자				384	38.4	33	31.7
합계				999	99.9	104	100

* <표 8>은 이갑윤의 <표 7>을 재구성한 것이다.

한 점을 감안한다면 통계상 크게 유의미하다고 보기 어렵다고 판단할 수도 있다.

그런데 이갑윤의 조사에서 특히 주목되는 점은 정당지지에 관한 답변이다. <표 7>을 재구성한 <표 8>에서 총응답자의 정당지지율을 보면 한나라당, 민주당, 민노/진보신당의 비중이 각각 32.7%, 18.8%, 10.0%이고 무응답자가 38.4%로 당시(2008년 8월 초)의 정당 지지도로 보아 신뢰할 만한 수준임을 알 수 있다. 그러므로 이 조사에 따르면 촛불시민 100명 중에는 한나라당에 투표했던 사람이 13.5명이 들어 있음을 알 수 있고, 나머지

86.5명은 한나라당을 찍지 않았던 사람들이다. 그리고 민주당을 지지했던 사람은 28.9%이고, 신자유주의 세력(한나라당과 민주당)을 지지한 사람은 42.4%이다. 즉 촛불집회 참여자의 57.6%는 신자유주의를 지지하지 않았던 사람들임을 알 수 있다.

따라서 이갑윤이 (조기숙과 박혜윤이 주장하듯) "촛불집회는 물질주의와 탈물질주의의 균열과 같은 새로운 생활과 문화적 균열을 대표하는 것"이 아니라는 점은 전적으로 옳다고 할 수 있지만, 단순히 세대와 지역을 근거로 '기존의 정치균열의 확장'으로 파악하는 것은 과도하다고 할 수 있다. 오히려 촛불집회 참가자 중 민주당 지지자 28.9%를 뺀 71.1%를 (기존의 정치균열과 다르게) 노무현과 민주당의 신자유주의에 염증을 느낀 사람들로 해석할 때에만, 촛불집회 중에 나타난 민주당에 대한 혐오감이나 일반 시민의 낮은 지지율(18.8%)을 바로 해석할 수 있을 것이다. 즉 기존의 '호남사람=민주당 지지'의 공식으로는 신자유주의에 유린당하는 대중의 정서를 적절하게 이해할 수가 없다. 즉 대중은 한나라당과 반한나라당의 대립이 아니라, 신자유주의 좌/우파 대 민중으로 나뉘어 있다.

촛불연행자모임 자료

필자는 2008년 말 촛불연행자모임의 정회원 750명 중 파악이 가능한 90명의 사례 통계를 분석하였다(<표 9>). 이들은 연행자모임의 회합이나 실천에 한 번 이상 결합한 사람들이다.[18]

18_ 한편 2008.5.30. 민변 보도자료 통계(촛불에게 다시 길을 묻다.－촛불 2주년 민변 촛불토론회)에 의하면, "5.28.까지의 연행자 113명 중 104명을 대상으로 조사한 결과, 연행된 사람의 직업은 학생, 재수생, 일반 회사원, 대학(원)생, 취업준비생, 영어강사, 부동산 중개인, 대리운전기사, 자영업자, 사진동호회 회원, 무직 등 매우 다양하였고, 전체 99명 중 중고생 8명, 대학생 36명, 직장인 26명, 자영업 5명, 일용직 3명, 시민단

표 9_ 촛불연행자들의 세대별 학력별 직업별 분포

	합계	비중	여성	기혼자
10대	6	6.67	2	
20대	18	20.00	5	
30대	21	23.33	5	1
40대	33	36.67	4	9
50대	11	12.22	2	6
60대	1	1.11	0	1
계	90	100	18	17
고재	6	6.67		
고졸	22	24.44		
대재 이상	62	68.89		
계	90	100		
사업	3	4.00		
자영업A	5	6.60	12.00	501만 원 이상
전문직/간부A	1	1.40		
자영업B	6	7.90		
전문직/간부B	2	2.70	12.00	401-500
종교인	1	1.40		
직장인	29	38.20	38.20	201-400
일용직	4	5.30		
청년실업	7	9.30	38.30	200만 원 이하
실직	12	15.80		
활동가	6	7.9		
계	76	100.50	100.50	

* 조사 및 표 작업 : 저자

세 통계의 신뢰도 및 특징

필자는 조기숙과 박혜윤(2008), 이갑윤(2008) 그리고 필자의 통계 중 연령과 학력 및 소득을 하나의 표로 만들어 보았다(<표 10>).

조기숙과 박혜윤의 조사가 이루어진 6월 6일은 촛불집회 참가자의 확

체 6명이었으며, 정당이나 시민단체에 소속되어 있는 사람은 10명에 불과하였다"고 한다.

표 10_ 촛불 참여자들의 소득별 학력별 세대별 분포

구분	촛불 (%)	전체 국민	구간별 참여자 비중	총 사례수	사례수 비중	실제 참여자수	참여자 비중	연행자	비중
	a	b	c	d	e	f=d*c	g	h	i
100만원 이하	2.6	9.21	4.0	124	13.96	5	5.38		
101 - 200만원	15.7	18.12	12.9	155	17.45	20	21.51		
201 - 300만원	22.2	21.92	9.2	206	23.20	19	20.43		
301 - 400만원	21.7	19.23	10.7	149	16.78	16	17.20		
401 - 500만원	14.5	12.35	13.8	94	10.59	13	13.98		12
501만원 이상	23.2	19.17	12.5	160	18.02	20	21.51		8.4
N	1,156명	6,200가구		888	100	93	100		
중졸 이하	8.9	32.26	3.9	150	15.46	6	5.71		
고졸	14.3	34.03	6.2	292	30.10	18	17.14	28	31.11
대재 이상	76.9	33.71	15.3	528	54.43	81	77.14	62	68.89
N	1,181 명	41,716,764 명		970	100	105	100	90	100
16 - 18세	9.4	8.15						6	6.67
20대	38	19.27	13.7	211	21.1	29	23.97	18	20.00
30대	28.9	21.57	14.8	229	22.9	34	28.10	21	23.33
40대	18.4	21.08	12.8	226	22.6	29	23.97	33	36.67
50대 이상	5.4	29.92	8.7	334	33.4	29	23.97	12	13.33
N	1,326 명	38,055,306 명		1000	100	121	100	90	100

* a, b는 <표 6>(조기숙·박혜윤)에서, c, d는 <표 7>(이갑윤)에서, h, i는 <표 9>(연행자)에서 가져옴.

장이 거의 끝난 최고조의 시점에서 현장 참여자 1,300여 명을 표본으로 조사한 것이고, 이갑윤의 조사는 촛불항쟁이 거의 종료한 8월 4일과 5일에 전국의 성인 1,000명을 조사한 것이고, 촛불연행자모임의 통계는 촛불집회가 완전히 끝난 2008년 12월의 조사다.

이 통계에서 이갑윤의 경우 응답자의 54.4%가 대재 이상으로 조기숙과 박혜윤의 33.71%보다 훨씬 높은 점이 신뢰도에 영향을 미치고 있지만(아마 저학력층의 응답 거부율이 높기 때문일 것이다), 촛불집회 참여자 중 대재 이상의 비중이 조기숙 76.9%, 이갑윤 60.2%(총응답자 중 총참여자 25.4%에서 15.3%임), 연행자 68.9%로 60% 내지 70% 정도가 대재 이상의

표 11_ 촛불 참여자의 세대별 비중(%)

	전체 국민	조기숙·박혜윤	이갑윤	연행자
16-18세	8.15	9.4	-	6.67
20대	19.27	38.0	23.97	20.00
30대	21.57	28.9	28.1	23.33
40대	21.08	18.4	23.97	36.67
50대 이상	29.92	5.4	23.97	13.33
계	99.99	100.1	100	100

학력자였다는 점을 확인할 수 있다.[19] 이 점은 촛불집회가 인터넷을 통한 동원 혹은 네티즌적인 감수성을 가진 점과 연관이 있다고 할 것이다.

한편 세대별 비중을 보면, 촛불집회 중반의 조사인 조기숙과 박혜윤의 조사에서는 20대와 30대의 비중이 두드러지고, 이갑윤의 조사에서는 30대만 약간 높고 나머지 세대는 고르게 참여하고 있으며, 연행자 조사에서는 40대가 약진하고 있다.

조기숙과 박혜윤의 조사는 항쟁의 고양기의 끝부분인 6월 6일의 현장조사이고, 이후 새로운 유입은 없었다. 그럼에도 항쟁의 소멸기인 8월 4일과 5일에 이루어진 이갑윤의 조사가 특히 50대 이상에서 차이를 보이는 것은 참여의 빈도를 감안하지 않고 1회 이상 참여자를 모두 포함하였기 때문일 것이다. 그러나 항쟁의 주역인 촛불시민의 정체성은 '6.10 100만 대회'에 한번 참여하기 위해서, 절에서 대절한 관광버스를 타고 오신 할머님들과는 다르다. 한편 연행자의 조사대상은 참여율이 높은 적극적이고 지속적인 참가자들이라고 할 수 있다.

5월 2일(3일)까지의 1차 고양기와, 5월 24일-31일의 공세기를 포함한 6월 10일까지의 2차 고양기, 그리고 6월 25일~28일의 대치를 겪은 7월 5일까지의 회복기의 기간 중, 초기의 청소년과 네티즌들이 5월 24일을 기

19_ 80% 이상이 대학진학을 하는 한국에서 '대재 이상'의 학력이 반드시 고학력자임을 의미하는지는 생각해 볼 문제다.

점으로 386 세대의 대거 유입을 거치면서 구성원의 성격이 변화하였고, 6월 10일과 7월 5일 이후에도 남은 구성원의 변화가 있었을 것으로 추측된다. 즉 5월 24일까지는 초기 정체성이고, 5월 말부터 예비군, 유모차, 386의 참여가 두드러지면서 구성원의 확장과 변화가 있었고, 7월 5일 국민승리선언을 기점으로 강경파만 남아, 이후 지역촛불과 용산투쟁까지 이어진다고 봤을 때, 각 시점별 참가자와 빈도수를 감안한 조사가 필요하다.

그리고 항쟁의 초기에 청소년에 비해서 대학생들(20대 초중반)의 참여가 적었다는 지적이 많이 있었는데, 항쟁 중반에 이루어진 조기숙과 박혜윤의 조사는 20대의 비중이 38%로 지나치게 높으면서도[20] 소득 구간에서는 500만 원 이상의 비중이 23.2%나 되고, 101-200만 원의 비중이 15.7%밖에 안 되는 점은 수긍하기 어렵다. 20대 참여자가 부모소득이나 가구소득으로 응답했을지도 모르지만, 세 자료 모두 한계가 있다고 할 것이고, 전체적으로 볼 때에 촛불항쟁은 특정 세대가 주도했다고 하기보다는 청소년을 포함하여 20대부터 50대까지 모든 세대가 고르게 참여했다고 할 수 있다.

소득별 계급별 분석의 시도

정권퇴진운동이었던 촛불항쟁에서 가장 중요한 것은 참가자의 소득별 계급별 분석이라고 할 수 있다. 신광영은 생산수단의 소유 여부와 종사상의 위치 등을 감안하여, 자본가계급, 쁘띠 부르주아지, 중간계급, 노동계급의 4개 계급으로 분류하면서, 소득수준을 감안하여, 쁘띠 부르주아지와 중간계급을 중산층으로 규정하고 있다.[21]

20_ 조사 전날인 6월 4일과 5일에 시작된 대학생들의 동맹휴학이 큰 영향을 끼쳤을 것이다.

21_ 신광영은, "생산수단의 소유여부와 타인 노동력의 고용여부에 따라서 자본가계급과

표 12_ 계급별 참가자 비중

	6월	비중	7월	비중	연행자	비중
자영업	96	7.56%	80	10.61%	13	14.44%
블루칼라	168	13.23%	77	10.21%	7	7.78%
화이트칼라	425	33.46%	319	42.31%	29	32.22%
무직/기타	117	9.21%	122	16.18%	26	28.89%
주부	91	7.17%	25	3.32%	1	1.11%
학생	373	29.37%	131	17.37%	14	15.56%
합계	1270	100%	754	100%	90	100%

* 6월과 7월은 조기숙(2008: 135)의 자료인 <직업별 이념 일원분산분석표>에서 인용한 것이고, 여기에 연행자 자료를 다시 대입한 것이다.

<표 12>의 직업별 자료를 보면, 노동계급(블루칼라, 화이트칼라, 무직/기타)의 비중이 6월 55.91%, 7월 68.70%, 연행자 68.89%로 2/3에 달한다는 점과, 주부와 학생의 비중이 줄어든 점과 자영업자도 상당수 있다는 점을 알 수 있다.

연행자 자료의 계급·계층별 구분은, 자본가 4%, 중간계급 8%(500만 원 이상 소득의 자영업자와 전문/관리직), 중간하층 12%, 노동계급 76.5%이다. 또한 소득 구간을 필자의 추정으로 판단하면, 500만 원 이상 소득자는 8.4%, 401~500만 원 구간은 12%, 일용직과 청년실업, 실직자, 활동가들을

쁘띠 부르주아지로 구분하고, (종사상의 지위와 전문성의 소유 여부를 감안하여) 비소유 계급을 경영이나 감독의 권위를 행사하거나 조직의 의사결정에 참여하는 사람들과 전문적 지식이나 기술을 소유한 사람들인 중간계급과 이외의 모든 피고용자인 노동계급으로 구분하면서, 노동계급은 비감독직 육체노동자와 일상적인 화이트칼라 노동자를 포함"한다고 정의한다(신광영, 2004: 137). 또 "중산층이란 '계급'이라는 사회과학 개념이 정치적으로 탄압받았던 시기에 사용한 용어이기 때문에, 개념이 매우 혼란스럽고 사용자들에 따라서 각기 다른 의미를 가지지만, 굳이 정의하자면, 소득이 일정수준에 달하여 경제생활이 안정되었고, 노동자나 농민들의 수준을 훨씬 넘는 여가 및 소비생활을 영위하는 사회집단이고, … 대체로 중간계급과 소득이 높은 쁘띠 부르주아지인 자영업자가 이러한 집단에 속한다고 볼 수 있다"고 한다(신광영, 2004: 247).

표 13_ 소득별 참가자 비중(%)

	전체 국민 b	조기숙·박혜윤 a	이갑윤 g	평균 (a+g)/2	누계	연행자
100만원 이하	9.21	2.6	5.4	3.99	3.99	
101-200만원	18.12	15.7	21.51	18.61	22.60	(38.3)
201-300만원	21.92	22.2	20.43	21.32	43.91	
301-400만원	19.23	21.7	17.2	19.45	63.36	
401-500만원	12.35	14.5	13.98	14.24	77.60	12
501만원 이상	19.17	23.2	21.51	22.36	99.96	8.4
계	100.00	99.90	100.01	99.96		

* b, a, g 등은 <표 10>의 수치이다.

200만 원 이하로 볼 때 38.3%이다. 그리고 여성의 비중이 20%이다. 그런데 연행자 자료에서 특이한 점은, 30대 이상(83명) 중 기혼자는 17명(20.4%)뿐으로, 싱글의 비중이 압도적으로 높다. 기혼자가 주말마다 광화문에서 가투를 하기는 힘들었을 것이다.[22]

<표 13>의 소득별 분포를 보면, 월 소득 100만 원 이하의 참여자가 현저하게 낮고, 101-200만 원 구간은 전체 국민의 평균과 같으며, 나머지 소득 구간은 모두 평균 구성비보다 높다. 한편 300만 원 이하의 비중은 43.91%, 400만 원 이하는 63.4%(전체 국민은 각 49.25%, 68.48%)로, 100만 원 이하 결국 비정규직이나 불안정 고용층의 참여가 현저하게 낮은 점 외에는 전체 국민의 비중과 큰 차이를 보이지 않는다.

또한 <표 13>의 소득별 비중을 50만 원 단위로 쪼갠 뒤 OECD의 분류법[23]으로 계산하면, 촛불집회 참가자 중 빈곤층(150만 원 이하)은 13.3%,

22_ 2008년 가을 이후 촛불카페 등에 결합하여 완강한 실천을 보인 사람들의 70%는 싱글로 보였다. 그리고 연행자의 40%는 과거에 데모나 운동에 참여한 사람들이었다. 결국 40대 이상의 대부분은 운동이나 데모의 참여 경험이 있고, 이 점에서 20-30대와 차이가 있다. 또한 소득수준은 80%가 중류하층으로 보였다. 이러한 점은 항쟁의 후기 정체성(가투파)을 규명하는 단서가 될 수 있을 것이다.

23_ OECD는 중위소득의 50% 미만을 빈곤층, 50-150%를 중산층, 150% 이상을 고소득층

중산층은 57.2%[중하층(151~200만 원) 9.3%+중상층(201~450만 원) 47.9%], 상류층(450만 원 이상)은 29.5%이다. 그러나 이러한 분류는 계급적 특성을 전혀 반영하지 못한다고 할 수 있다. 월 소득이 200만 원이라고 하더라도 20대 후반이라면 적당한 급여일 수 있겠지만 40대 초반의 가장은 심하게 쪼들릴 것이다.

그런데 한국사회에서 신광영이 정의하는 "노동자나 농민들의 수준을 훨씬 넘는 여가 및 소비생활을 영위하는 사회집단"인 중산층은 어느 정도의 소득 구간에 해당될 것인가? 평균 가구원 수 3.5인 이상의 도시 생계비를 감안할 때, 최소한 월소득 500만 원 이상은 되어야 중산층 혹은 중간계급이라고 할 수 있을 것이다.

여기에서 과도하게 자본가계급과 중간계급의 소득을 500만 원 이상으로 설정한다면, 22.4%이다. 결국 이 통계는 불완전하지만 노동계급이 2/3 이상이라고 말할 수 있고, 중간계급이나 중산층도 상당수 있었다고 말할 수도 있다. 그런데 항쟁의 주역을 노동계급이라고 하지 않는 것은 노동계급이 자신의 독자적 요구를 내걸고 참여하지 않았기 때문이다. 뿐만 아니라 어떻게 해석해도 아주 쪼들리지는 않는 계층이라고 할 수 있는 500만 원 이상의 소득자도 상당수 있다는 점에서, 항쟁의 주역에는 노동계급과 중간계급이 섞여있고, 노동계급도 시민이기를 강요당하였기 때문에 여러 측면에서 소시민이나 중간계급적 모습이 보여지는 것도 부정할 수 없다. 결국 촛불은 국민과 시민의 정체성과, 중간계급이나 중산층의 정체성 그리

으로 분류한다. 2010년 우리나라의 1인 가구와 농어촌 가구를 제외한 도시가구의 중위소득은 302만 2,000원이다. 따라서 빈곤층은 150만 원 이하, 중산층은 150~450만 원, 고소득층은 450만 원 이상이다. 그런데 중위 소득의 50~70%를 중하층으로 할 경우 150~210만 원에 해당한다.

고 노동계급과 서민의 정체성이 혼재하고 있다. 이러한 여러 정체성 가운데 어떤 정체성이 압도하게 되느냐는 운동의 전개과정에 달려 있는 문제다.

'대~한민국'이라는 엇박자 구호 속에서는 국민이라는 정체성이 강요되면서 기륭전자의 비정규직과 청년실업의 고통은 잊혀질 수밖에 없고, 민족이나 시민이라는 정체성 하에선 청년백수의 고통이나, '해고가 살인이다'는 구조조정의 아픔이나, 세입자이기 때문에 학살당해야 하는 철거민의 고통은 설 자리가 없다. '반독재 민주 대연합'의 구호 하에서는 노동계급은 시민이기를 강요받는다.[24] 사회적 의식은 사회적 존재로부터의 이탈과 왜곡을 끊임없이 강요당하고 있다.

촛불집회 초기에 "이명박의 정책 중 미국산 쇠고기 말고도 의료보험 민영화, 수도세 민영화, 공기업 민영화, 대운하, 간접세 등등 … 너무나 문제점이 많다고 생각하는데…"[25]라고 말했던 정체성은 분명 '돈 없고 빽 없는 서민' 즉 신자유주의적 공세에 위협당하고 있는 민중의 정체성이다. 또한 서민이란 계급적 자각에까지는 이르지 못한 감수성이기도 하다. 그런데 이 감수성이 대책회의에 의해 억압당하면서, 초기부터 혼재한 민족주의와 애국주의적 감수성과 함께 계급으로의 분화 이전의 보편적 시민의 정체성이 압도하게 되었다.[26] 한 사람의 노동자는 출근하면 직장인이고, 퇴근하

24_ '반MB연합'이니, '민주대연합'을 운운한 지난 6.2 지방선거에서, 민주노동당은 뉴타운을 25개나 공약한 오세훈보다 두 배나 많은 50개를 공약했던 민주당과 손을 잡았고, 민주노총에서는 소속 조합원들에게 의료민영화를 꿋꿋하게 밀어붙인 유시민과, 평택 미군기지 이전 반대 시위와 한미 FTA 반대 시위를 폭력진압한 후 불법폭력 시위 참여단체에 대한 '정부보조금 지급'을 중단하겠다고 결정하여 이명박에게 귀감을 준 한명숙을 지지하라는 촌극이 벌어졌다.

25_ katy, <오늘 청계천 집회 후기>, 08.05.03.

면 시민이고, 마트에 가면 소비자이고, 학교에 가면 학부형이다. 직장인과 시민, 학부형 등 여러 정체성 중에서 노동자들은 노동계급의 정체성이 억압당하면서 점차 시민의 정체성으로 광장에 나서게 되었다. 값싼 수입 농산물이나 쇠고기 수입이 문제가 될 때는 농민들에게만 즉각적인 이해관계가 있겠지만, 광우병 발발의 위험이나 부당한 협정 체결은 전 국민이 느끼는 문제다. 또한 여대생이 전경의 군홧발에 짓밟힐 때는 한나라당을 제외한 민주시민이라면 누구나 분노를 느끼는 사안이기 때문에, 계급으로 분화하기 이전의 시민이라는 정체성만으로 항의에 동참하고 나서는 것도 충분하였다.

결국 촛불항쟁 초기에 제기된 의제들과 배경은 분명 사회경제적 처지에 기반한 즉 계급적인 감수성이지만, 계급적 성격이 억압되고 희석되면서, 계급으로의 분화 이전의 국민이나 시민의 감수성이 강해졌고, 그 때문에 계급이나 계층 혹은 소득이나 연령의 차이를 넘어 광범위한 참여가 이루어진 것이라고 할 수 있다.

중간계급과 중산층론의 검토

> 한국사회는 이런 부르주아의 욕망과 '서민들'의 욕망이 동일한 나라다. 이명박 대통령에 분노하면서도 한나라당에 대한 지지를 철회하지 않는 것은 이 때문이다. 이런 이중성은 중간계급의 의식세계에서 발생한다. 1997년 이후 한국의 중간계급은 지속적으로 몰락했지만 여전히 남아있는 부동산 거품이

26_ 촛불시민들이 사회경제적 처지에 기반한 계급적 의제라고 할 수 있는 의료민영화나 공공재의 사유화 혹은 비정규투쟁에 반응하기보다는, 시민적 의제라고 할 수 있는 언론문제와 4대강 문제에 적극적인 반응을 보인 점도 이와 관련이 있다. 비정규투쟁에는 '비정규직없는 세상(비없세)'과 '함께맞는비'와 같은 카페가 결합하였지만 큰 힘을 못 얻었다.

이들의 정체성을 무너지지 않게 만드는 것이라고 할 수 있다. 따라서 촛불은 이명박 정부와 부르주아를 향한 쾌락의 평등주의를 주장하는 중간계급의 행동이었다고 볼 수 있다. 물론 여기에 불을 붙인 존재는 바로 이들 중간계급의 아들딸들이었다(이택광, 2009c: 66-67).

그러나 이러한 이택광의 주장은 예리한 통찰로 보이기는 하지만, 객관적인 통계와 충돌한다. 먼저 이갑윤(2008)의 조사에서 보듯 쾌락의 동참에 참여하고자 했던 한나라당 지지자는 13.5%에 불과하다는 점을 상기한다면 촛불집회에 나온 시민들은 쾌락의 동참을 위해 이명박을 찍었다가 쾌락의 평등이나 정상국가에 대한 욕망 때문에 반이명박으로 된 것이 아니라 애초부터 이명박을 안 찍은 사람들이 절대다수라는 점을 볼 때, 한국의 중간계급이 양면적이라고 해서 촛불집회 참여자들도 양면적이라고 하기에는 무리가 있는 주장이다. 그리고 한나라당은 물론 민주당도 지지하지 않은 사람들이 57.7%인 것을 보면, 처음부터 쾌락의 평등주의를 주장하거나 쾌락에 동참할 수 없는 서민적인 정서를 가진 사람들이 훨씬 더 많았다고 볼 수 있다. 그러므로 촛불이 비정규직 등 신자유주의적인 의제에 대해 무감각했다는 이유만으로 한국사회에서 보편적인 양면적 중간계급이라고 하기에는 무리가 있고, 오히려 쾌락에 동참하기 어려운 중간하층 즉 서민층(서민적 감수성을 가진 층)이라고 보아야 할 것이다. 기회주의적인 양면성을 가진 사람들이 어떻게 정권퇴진의 항쟁에 앞장설 수 있겠는가?

그러나 앞서 말했듯이 촛불의 주체는 분명 신자유주의에 유린당하는 민중이었지만 시민적 감수성을 강요당함으로써 그 요구와 행태에 있어서 탈계급적 특성을 보이는 것도 사실이고, 따라서 중간계급의 정상국가에 대한 욕망으로 읽을 수도 있다. 그럼에도 그 (탈계급적) 욕망은 강요당하고 왜곡된 결과이지 항쟁을 시작하고 지속시킨 본래적인 동력은 아니라고 해야 할 것이다.

> 촛불집회에 참여하는 사람들의 상당수가 중산층일 것으로 가설을 세우고 … 촛불을 들고 내 새끼를 위해 싸울 수 있는 여성은 누구일까? 내 새끼에게조차 그 쇠고기를 먹여야 하는 여성 집단은 최소한 아닐 것이다. … 최소한 중산층 여성은 되어야 그 시간에 촛불을 들 수 있으며 시청 앞 광장에서 촛불축제에 참여할 수 있다. … IMF를 겪으면서 생활상의 어려움에 직면하였던 중산층은 보수화되었다. … 대부분 300인 이상 사업장의 정규직 중심으로 된 노동조합의 조합원들은 한국사회의 중산층의 지위를 점하고 있기 때문이다. … 시민운동을 지지하는 중산층은 상대적으로 고학력이고, 노동조합운동에 의해 형성된 중산층은 고졸 생산직이었으며 … 시민운동과 노동조합운동의 공통점이 하나 있었다. 비정규직이나 사회취약계층에 대해서는 관심이 덜했다는 사실이다. 한국의 중산층은 제 코가 석자인 상황이었다(은수미, 2009: 222, 226-230).

은수미가 주장하듯, 노동자들의 보수화는 인정될 수 있고(조돈문, 2006), 중산층이 비정규직이나 사회취약계층에 관심이 적다는 것도 인정될 수 있다. 또한 항쟁 참여자의 소득별 분포를 보면 빈곤층이 극히 적은 사실도 통계에 의해 지지된다. 그러나 이런 주장은 지나치게 협소하다. 은수미가 말하는 중산층이란 그냥 보수화된 노동계급의 상층의 모습일 뿐이다. 신자유주의에 억압당하고 수탈당하는 이 땅의 민중의 정체성은 설령 계급적 자각은 부족하더라도 의료보험 인상을 걱정하고, 전기세와 수도세 인상에 반응하는 계층이다. 그러므로 그들이 비정규문제나 소외계층에게 대한 관심이 적었다고 하더라도 그것은 운동의 미발달로 인한 계급의식의 억압으로 보아야 할 것이다.[27]

현대사회 혹은 한국사회의 계급분석은 종사상의 지위만이 아니라 소득과 자산까지 함께 고려할 때 행위동기를 충분히 파악할 수 있다면, 단지 빈곤층이 아닌 중산층이라는 소득수준만으로 촛불운동을 설명하기에는 무리가 있다. 그리고 전후의 대량생산과 대량소비를 특징으로 하는 포디즘적 축적체제 이후 성립된 신자유주의 축적체제 하에서 진행된 노동계급의 분절화와 위계화는 은연중에 형성되어 있는 노동계급=빈곤층이라는 인식을 탈피할 것을 요구하고 있다. 노동계급 내부에는 빈곤에 시달리는 불안정 노동층만이 아니라 상대적인 배려를 받는 정규직도 있고 전문직도 있다. 그러나 소위 신중간계급이나 전문직과 정규직 역시 구조조정 등으로 존재가 위협받는 것은 마찬가지이고, 복지에 대한 각종 신자유주의적 공격에 노출되어 있는 것도 마찬가지이다. 즉 상대적인 안정을 넘어 신자유주의 체제가 이들에게 강요하는 끊임없는 위협과 불안이 조합주의적이고 타협적인 의식을 강요하는 것은 사실이지만, 이것만으로 이들을 보수적이라고 배제할 경우 일면적인 실천에 빠질 위험이 있다. 분절화된 노동계급이 어떻게 계급으로서의 통일성을 획득하게 할 것인가는 주체의 실천에 달린 문제이다.

한국사회의 가장 보편적인 감수성은 뉴라이트가 아무리 설쳐도 '중산층의식'보다는 '서민의식'이다. 6.2 지방선거에서 한나라당의 슬로건조차 '서민이 행복한 나라'였다. 서민이란 쾌락에 동참할 능력이 없는 사람들이 쾌락의 불평등에 불만을 품는 정체성이다. 그리고 100만 원 이하의 빈곤층을

27_ 연행자들의 자료를 보면 80%가 중류하층이었다. 필자가 보기에 촛불카페에 결합한 투쟁파의 상당수 혹은 앞장선 사람들의 상당수가 대부분 실직 상태였거나 도시하층민에 가까운 층으로 보였는데, 촛불투쟁의 탈계급적 성격만으로 주체를 중산층으로 추정하는 것은 사실과 다르다고 하겠다(2008.8.11 연행자모임의 첫 정식 모임 때 직장이 없는 사람이나 부담스러운 사람은 10,000원인 회비를 안 내도 좋다고 했더니, 총 45명 중 25명만 회비를 낸 사례도 있다).

제외한 전 소득계층이 참여한 것만을 보면 특정계층의 욕망이라기보다는 분노와 정의에 대한 감수성이 높은 시민들이라고 할 수 있겠지만, 중산층이라고 보기 힘든 400만 원 이하가 63.4%(500만 원 이하는 77.6%)나 되는 것으로 보면 그들은 또한 의료민영화와 공기업 사유화 등 신자유주의적인 의제에 공감을 보여주는 서민적 대중 즉 신자유주의하에서 유린당하고 수탈당하는 소외된 대중이고 민중이었다. 촛불항쟁의 주체는 결코 보수화된 중산층이 아니다. 지구상의 어느 나라에서 보수적인 중산층이 항쟁에 나설 수 있겠는가?

그런데 이처럼 촛불을 민중이면서 소외된 대중으로 보아야 하는 이유는 촛불의 또 다른 특성인 여성적 감수성(여학생, 유모차, 소울드레서, 쌍코, 화장발 등)과 네티즌적인 특성이 만날 수 있는 영역이 소외alienation이기 때문이다.[28] 자본주의 특히 삶의 모든 것을 상품화하는 신자유주의는 비단 일터에서뿐만 아니라 삶과 여가와 문화의 모든 분야에서 소외를 강요하고 있고, 이러한 소외에 대한 대중의 대응이 발달한 인터넷 문화를 기반으로 네티즌 문화를 형성하고 있기 때문이다. 현실이 괴롭거나 즐겁지 않으면 종교나 사이버 세계가 도피처가 되는 것은 당연하다. 현대인들이 비단 정보의 습득만이 아니라 개인 홈피, 컴퓨터 게임, 인터넷 동호회, 트위터 등에 탐닉하는 것이 바로 현대사회의 소외에 대한 대중의 대응이기 때문이다.

대규모 항쟁이 끝난 후 많은 지역촛불카페들은 '명박퇴진'과 '촛불이 정의다'라는 정체성 하에 이명박의 감상적 악마화를 통하여 형식적인 민주주의 체제의 회복을 갈구한 듯하다. 그러나 촛불카페들을 살펴보면 친일파와 뉴라이트 청산에 열을 올리는 카페도 있지만, 강남의 직장인들이 많이 참

28_ 여학생은 물론 인터넷 카페인 유모차, 소울드레서, 쌍코, 화장발 등은 생산의 영역에서 얻어지는 노동계급의 정체성과는 거리가 멀다.

여한 강남촛불은 대운하 반대에 지속적인 관심을 보였고 성모병원 비정규직 투쟁에도 일부가 결합하였다. 진알시[29]는 의료민영화 반대운동과 꾸준히 연대하고 있다. 화장발/삼국은 달동네 주민들에게 김장나누기 행사를 하기도 했다. 어떤 카페는 언노련과 연대사업을 하고 있고, 공공연맹이 네티즌과 함께 만든 공감 2010은 사유화 반대운동을 벌이고 있기도 하다. 또 많은 촛불은 유시민이 만든 시민주권모임에 합류하기도 하였다. 하나의 카페가 여러 운동에 관심을 갖고 연대하는 경우도 흔하다.

결국 촛불시민들은 구성원이 다양하였듯이 감수성도 다양하다. 그들을 하나로 묶는 키워드는 분명 '명박퇴진'이지만 그 명박퇴진 속에는 민주시민의 감수성이 압도적인 가운데 신자유주의에 반발하는 감수성도 작동하고 있다.

의료보험료와 전기세 수도세를 걱정하는 사람들이 어떻게 중산층일 수 있겠는가? 연예계나 드라마에 대한 대화를 주로 나누는 마이클럽을 비롯해, 싱글인 직장여성들이 많을 것으로 생각되는 소울드레서 혹은 화장발/삼국, 쌍코(성형수술 카페) 등등은 언뜻 보아 쪼들리는 삶과는 관계없는 중산층일 것 같지만, 이들이 촛불항쟁 때 촛불이 제기한 여러 의제에 공감하는 것은 바로 그들의 실존이 신자유주의하에서 수탈당하는 민중이고 소외당하는 대중들이기 때문이다. 성형도 반드시 돈 많은 여성들만의 전유물이 아니다. 심지어 PC방에서 아르바이트하는 여성도 월 100만 원도 안 되는 수입으로 쌍꺼풀 수술을 하고 치아교정을 한다. 물론 성형외과는 이들 고객을 위해서 10%만 받고 할부거래를 하고 있다. 외모마저도 경쟁과 상품화를 강요당하는 게 탈모던한 신자유주의하의 젊은 여성들의 처지다. 네티즌 문화라는 것도 소외된 대중들이 만들어 내고 있는 것이다. 아이돌

29_ 진알시는 진실을 알리는 시민의 약자인데 진실을 알린다고 생각되는 한겨레신문과 경향신문을 시민들에게 무상으로 나눠주는 활동을 하였다.

스타에 열광하는 청소년들 역시 0교시에 야간자율학습과 학원으로 시달리는 자신들의 억압받고 소외된 일상과 비교하여, 모든 고통을 벗어던진 듯한 동 세대에 대한 열광과 동경이 들어있다. 문화라는 것은 인터넷이든 어떤 것이든 현실 대중의 삶의 반영이고 반응이다. 이들은 결코 디지털 유목민이 아니다.

모든 정치적 행동에는 사회경제적인 처지 즉 계급적인 배경이 있겠지만, 모든 사회적 현상을 계급적으로 환원하여 설명하려는 것은 무리일 것이다. 사회적 의식은 사회적 존재의 기계적인 반영이 아니라 궁극적으로 관철되는 것이고, 계급투쟁이 치열하지 않고 계급운동이 덜 발달된 상황에서는 피지배계급이 지배계급의 의식과 헤게모니를 내면화하는 것이 오히려 자연스러운 현상이라고 할 때, 촛불항쟁이 결과론적으로 계급적인 운동이 아니었다는 것은 무의미한 지적일 수밖에 없다. 촛불항쟁은 계급적으로 발전할 수 있었던 운동이 다른 나라와는 달리 운동의 헤게모니가 관철되지 않은 상황 속에서 제도 내 존법주의자들과 운동에 기생하는 관료들에게 억압당했을 뿐이다. 비록 타락한 운동에 의해 그 정체성이 억압당했을지라도, 촛불은 분명 그 존재론적인 측면에서 볼 때 신자유주의체제의 파렴치한 공세에 위협당하고 유린당하는 민중이고 소외된 대중이다.

민중인가? 다중인가?

『미네르바의 촛불』의 저자인 조정환(2009)은, 촛불이 다중이고, 다중이어야 한다고 주장한다. 자율주의자인 빠올로 비르노에 따르면, "위대한 저술가였던 홉스는 다중이 얼마나 반-국가적인가를, 그러나 바로 그 때문에 얼마나 반-민중인가를 존경스러울 정도로 세련되게 강조했다. … 말하자면 민중이 있다면 다중은 없다. 또한 다중이 있다면 민중은 없다"(비르노, 2004: 41). 그래서 이득재는 "국가라는 일자(one), 국가라는 중심으로 구심력 운동을 하는 것이 민중 개념이라면, 다중은 국가로부터 멀어지는 원심력 운동을 하는 개념이다"고 세련되게 정리하였다(이득재, 2008: 102).

즉 민중은 중앙정치에 관심을 가지는 존재이고, 다중은 중앙정치에는 관심이 없거나 벗어나려는 집시나 유목민과 같은 존재이다. 이런 정의에 따르면 '재협상'을 요구하고 이명박 정권의 퇴진을 요구하는 촛불시민은, 중앙정치에 관심이 없는 원심력적인 다중이 아니라 국민국가와 투쟁하고 중앙정치의 변혁을 요구하는 전형적인 민중이다.

그런데 조정환의 스승인 안토니오 네그리와 마이클 하트는 "국지적인 기획으로는 제국에 저항할 수 없으니 자본의 전 지구화에 저항하지 말고 가속화해야 하고, 국민에 의거하는 전략 혹은 민중에 기초하여 국가권력을 잡는 국지적인 기획은 목표가 아니고, 잘못되고 해롭고 반동적"이라고 주장한다(네그리·하트, 2001: 81, 276-277).

2008 촛불의 도화선이 된 광우병 소고기의 수입은 한미 FTA의 4대 선결조건 중의 하나였다. 미국의 사료자본과 축산자본의 이익을 위해 한국 국민에게 미친 소를 먹이기 위한 것이 광우병 협상이다. 즉 자본의 이익을 위한 전지구화다. 여기에 저항하여 한국 국민은 이명박에게 재협상과 퇴진을 요구했다. 즉 국민국가에 기반한 국지적 기획이다. 그리고 촛불시민들이 이명박의 퇴진을 외치며 거리로 나섰을 때 국민국가의 공권력의 탄압을 받았다.

그럼에도 네그리와 하트와 조정환은, '한국국민 여러분! 국민국가는 쇠퇴하고 있습니다. 미친 소 수입과 같은 자본의 전지구화에 저항해서는 안 됩니다. 촛불시민들이 국민에 의거하거나 민중에 기초하는 전략인 '재협상'을 요구하거나 명박퇴진의 투쟁을 하는 것은 참으로 잘못되고 해롭고 반동적인 것입니다.'라고 말하고 있는 것이다(박석삼, 2010c).

결국 조정환이 촛불은 다중이어야 한다고 주장하는 것은, 촛불시민들이 '재협상'이나 '명박퇴진' 같은 반동적인 투쟁을 하지 말고, '탈출(exodos)'이나 해야 한다고 선동하는 것과 같은 얘기이다. 단지 이런 주장만 하고 있는 것이 아니다. 촛불과 변혁운동에 대한 참으로 허무맹랑하고 황당한 이들의 주장에 대해서는 이 책의 '보론 1-다중 물신론 비판'에서 보다 상세하게 다룰 것이다.

실증조사로 본 청소년 연구의 함의

김철규, 김선업, 이철의 연구

표 14_ 처음 촛불집회에 나오게 된 가장 중요한 이유(%)

이유	비율
광우병에 대한 두려움 때문에	14.0
이명박 정부의 정책에 대한 분노 때문에	56.1
친구의 문자 메시지를 받고	2.5
TV, 신문 등 매체의 정보를 접하고	13.7
온라인 생중계를 보고(아프리카, 오마이뉴스 등)	4.0
온라인 커뮤니티의 권유로	0.9
구경삼아서	4.4
기타	4.4
계	100.0

* 출처: 김철규·김선업·이철, 2008.

청소년에 대하여는 김철규, 김선업, 이철(2008)의 연구결과[30]가 많은 시사점을 던져주고 있다. 여기서는 필자가 유의미하다고 생각되는 조사자료와

30_ 이들의 조사는 2008.6.16 시청 앞 집회장에 참가한 청소년들의 거의 전부에 대한 현장 조사와, 6월 19일부터 비참여학생 441명을 비교 조사한 것이다(김철규·김선업·이철, 2008).

연구결과를 소개하고, 기왕의 쟁점에 대하여 필자의 견해를 밝히도록 한다.

> 설문조사에 응답한 전체 학생 수는 333명이었으며, 그 중 여학생이 70.4%, 남학생이 29.6%로 여학생이 남학생의 두 배 이상이었다. 학교별로는 중학생이 33.8%, 고등학생이 66.2%로 고등학생이 중학생의 두 배 정도였다. 학교별 성별 분포로는 중학생의 경우 여학생과 남학생 비율이 3:1 정도로 고등학생에 비해 여학생 비율이 높았다. 전체 평균 연령은 만 15.9세로서 대략 고등학교 1학년 초반에 해당하는 나이이다.
>
> 부모의 교육수준은 참여 빈도와 별 상관이 없는 것으로 나타났지만, 가정의 경제적 계층에 따른 차이가 비교적 뚜렷하게 나타난 것이다. 가정의 경제적 계층이 중하 이하인 경우에 3회 이상 자주 참여하는 비율이 30.3%로 중간계층의 18.1%, 중상 이상의 13.8%에 비해 월등히 높았다. 또 평균 참여 횟수도 중하 이하는 3.2회로 중간층의 2.19회, 중상 이상층 2.16회에 비해 1회 정도 높게 나타났다. 우선 계층과 상관없이 많은 청소년이 촛불집회에 관심을 가지고 한 번쯤은 참여하지만, 이후 지속적 참여 여부는 학생에 대한 '통제' 기제 강도에 달려 있는 것으로 보인다. 통제 기제란 부모를 비롯한 가족의 관여 정도와 학업으로 인한 참여에 대한 부담을 말한다. 중상 이상 계층은 상대적으로 사교육이나 성적에 대한 부담이 더 클 가능성이 높은 반면 중하 이하의 계층은 부모가 맞벌이일 가능성이 더 높고, 개인시간을 통제하는 학원이나 과외의 부담이 적다고 할 수 있는 것이다. 이에 따라 중하 이하 계층의 학생들은 촛불집회 참여의 욕구를 더 자유롭게 실현할 수 있었던 것은 아닐까? …
>
> 중하층 이하에서 3회 이상 참여율이 다른 계층보다 크게 높다는 것은 적어도 촛불집회에 대한 지속적 참여 동기는 사회나 자신의 주변 환경에 대한 비판적 인식과 연결되어 있음을 보여주는 결과이다. …

동기화 기제를 성, 학교, 성·학교별로 교차 분석한 결과 분노는 여학생, 고등학생, 그리고 특히 여자 고등학생에서 높다. 이러한 결과는 공포를 더 많이 느꼈기 때문에 여학생의 참여가 많았다는 일부 진단과 거리가 있다. 여자 고등학생이 단순한 공포심보다는 공격적 분노를 더 많이 느낀 것이 집회에 더 많이 참여한 이유의 하나임을 보여준다. …

더욱 엄밀한 의미에서 통계적인 차이를 보여준 것은 오히려 비참여 학생 사이에서 나타난 성별 차이였다. 즉, 먹을거리 안전과 외모에 대한 관심에서 여학생이 남학생에 비해 높은 관심을 가지고 있는 것으로 나타났다. 반면 참여 학생의 관심 정도는 성별 차이가 나타나지 않았다. 한 가지 눈에 띄는 경향은 학업성적에 대한 관심이 많을수록 참여 빈도가 낮으며, 참여 시 활동도 소극적이라는 것이다. 이러한 결과는 학업성적에 대한 관심과 우려가 참여 빈도와 행동성을 제약하는 요인이라는 점을 보여준다. 한국 사회의 청소년들이 보편적으로 가지고 있는 학업성적에 대한 심리적 부담의 무게를 다시 한번 보여주는 대목이다. …

두 번째로는 기존의 참여나 활동의 조직적 기반이나 네트워크가 작동하여 촛불집회에서도 적극적인 참여와 활동을 이끌어냈다는 조직적 동원화의 맥락에서도 이해할 수 있을 것이다. 예상대로 촛불집회 참여자는 집회 참여 이전에 여러 단체활동이나 집회 참여율이 높고 활동 양상도 적극적이었다. '사회활동'의 범주에 포함한 모든 항목에서 집회 참여 청소년이 비참여 청소년에 비해 참여도가 높은 것으로 나타났다(김철규·김선업·이철, 2008).

김철규, 이해진, 김선업, 이철의 연구[31]

31_ 이 연구는 앞의 김철규 등(2008)의 피조사자들을 3개월 후인 2008년 9월 2차 조사와 2009년 8월 3차 조사를 통한 총 112명에 대한 통계조사이다(김철규·이해진·김선업·이철, 2010).

3차 조사에 따르면, '경제적 불평등이 심각하다'고 응답한 학생들이 96.2%에 달했고, '학력에 의한 불평등이 심각하다'고 응답한 학생 역시 90.2%로 매우 높았다. 이 결과가 촛불집회 참여 경험에 영향을 받은 것인지 아니면 촛불집회에 참여한 학생들이 원래 그랬던 것인지에 대해서 직접적인 판단을 내리기 어렵다. 다만, 동일 응답자의 비교를 통해(106명) 1차 조사 시점 당시의 소득 불평등 인식에 비해(평균=3.81) 3차 조사의 경제 불평등에 대한 인식이 통계적으로 유의미한 차이를 보이며 훨씬 높게 나온 점(평균=4.49)에서, 촛불집회 참여를 통해 불평등의식이 더욱 강화되었다는 사실을 확인할 수 있었다. 이처럼 높은 평등의식을 지닌 10대들이 바람직한 사회상에 대해서는 평등주의(47.0%)와 능력주의(53.0%)로 양분된 입장을 보였다. 불평등에 대한 사회 비판적 인식과 개인주의적 지향이 혼재되어있는 것으로 해석할 수 있다. …

3차 조사 응답자(n=111)의 74.7%가 비정규직 문제에 관심이 많은 편이라고 응답했으며, 미디어법 개정(85.7%), 4대강 살리기(62.5%) 등에도 관심을 갖고 있다고 응답했다. 특히, 비정규직 문제와 미디어법 개정에 대한 10대 청소년 참여자들의 높은 관심은 시사하는 바가 적지 않다. 촛불 10대들은 우리 사회의 공적 문제와 관련하여 공공성의 정치의식을 갖게 된 것으로 해석할 수 있다. 촛불집회를 실패한 사회운동이자 새로울 것 없는 중산층 시민계급의 욕망을 드러낸 사회운동으로 해석하는 논의들은, 그 근거로 촛불 주체들이 노동이나 비정규직 문제와 같은 사회구조적 쟁점들을 연계시키지 못한 점을 지적하고 있다(당대비평 기획위원회, 2009). 우리 조사에서 보이는 촛불 10대 참여자들의 공공적 관심과 정치의식은 이러한 섣부른 예단에 경고를 보내는 것으로 읽을 수 있다(김철규·이해진·김선업·이철, 2010).

필자의 소견

청소년들이 공포(14%)보다 분노(56%) 때문에 나왔다는 것과, 남학생보다 여학생이 그리고 중학생보다 고등학생이 훨씬 더 참여율이 높았다는 점, 비참여 학생 사이에서도 나타난 먹을거리 안전과 외모에 대한 관심에서 여학생이 남학생에 비해 높은 관심을 가지고 있는 것으로 나타난 점, '경제적 불평등이 심각하다'고 응답한 학생들이 96.2%에 달했고, '학력에 의한 불평등이 심각하다'고 응답한 학생 역시 90.2%로 매우 높았다는 점, "응답자의 74.7%가 비정규직 문제에 관심이 많은 편이라고 응답했으며, 미디어법 개정(85.7%), 4대강 살리기 (62.5%) 등에도 관심을 갖고있다고 응답했다"는 점 등은 반드시 청소년과 여학생에게만 해당되는 특성은 아니라고 생각된다. 성인들 역시 공포보다는 분노의 감정이 압도적이었고, 5대 의제에 대한 촛불시민들의 감수성을 고려할 때 사회적 불평등에 대한 자각 또한 공유하고 있었다. 또한 여학생의 높은 참가 역시 촛불항쟁에서 나타난 아줌마, 요리, 화장, 성형수술 카페 등의 여성적 특성과 관련하여 여성 일반의 감수성이 풍부한 것으로 해석할 수 있다. 그러므로 촛불항쟁은 청소년과 여성들이 앞장선 것은 맞지만, "특정 세대가 주도했다고 하기보다는 청소년을 포함하여 20대부터 50대까지 모든 세대가 고르게 참여했다고 할 수 있다"는 필자의 주장처럼 세대별 특성을 강조할 필요는 없을 것이다.

그렇다면 5월 3일 집회의 60-70%가 청소년이었다는 것은 무슨 의미인가? 혹자는 청소년들이 인터넷과 친화적이고 무슨 네티즌 혹은 디지털 유목민 운운하며 탈물질적인 문화적 감수성 때문이라는 얘기를 하고 있으나, 이미 살펴본 바와 같이 마이클럽이나 소울드레서와 같은 카페에서조차 5대 의제에 대한 공감이 이루어진 사실에서도 알 수 있듯이 인터넷 공간의 네티즌 역시 신자유주의하에 수탈당하고 위협당하는 소외된 대중의 다른 모습이었다.

결국 네티즌이 더 감수성이 풍부하고 정의감이 강하여 촛불집회를 주도

했다는 것은 허구다. 인터넷 공간은 이미 현대인의 삶의 일부분이다. 그 공간에서 소통하고 교류하는 사람들은 현실의 물질적 삶과 동떨어진 존재가 결코 아니다. 여성이 남성보다 혹은 청소년이 성인보다, 혹은 여학생이 남학생보다 감수성이 풍부하다는 것은 얼마든지 인정될 수 있는 주장이지만, 네티즌이 비네티즌보다 더 감수성이 풍부하고 더 정의감이 강하다는 주장이 어떻게 나올 수 있는가? 5월 2일 집회는 단지 네티즌들이 먼저 알고, 더 많이 알고, 더 빨리 분노를 느꼈다는 것과 관련이 되는 문제이다. 그것은 무슨 소통과 개방을 운운하는 네티즌들의 특성이 아니다. 미친 소를 비롯한 여러 의제들의 공유가 인터넷의 도구적 편리함과 관련이 있는 것이고, 현대인들을 네티즌과 비네티즌으로 따로 구분할 이유가 없다. 구분으로 유의미한 것은 허구적인 유목적 감수성이 아니라 현실의 사회경제적 처지이다. 촛불집회에 지속적으로 참여한 10대들의 경제적 계층이 '중하 이하'인 경우가 많다는 점과 경제적 불평등과 학력 불평등을 심하게 느끼고 비정규직 문제에 관심이 많다는 응답이 바로 그들이 느끼는 현실의 사회경제적 처지의 반영이다.

그렇다면 5월 2일 당시 60만 명의 서명이 이루어지고, 2만 명이 집회에 나왔는데,[32] 그 중의 60~70%가 왜 청소년이었는가를 질문해야 한다. 그것은 결국 청소년 혹은 10대 학생들이 교육의 서열화와 시장화로 동물적인 학대를 받고 있다는 점이 가장 중요한 이유이지만, 좌절과 억압을 겪어보지 않은 세대라는 점이 유효한 해석일 듯하다. 2009년 1월 용산학살이 일어났을 때 시민들이 뛰쳐나오지 않은 것은 2008년 여름에 겪었던 탄압과 좌절의 상처 때문인 것과 마찬가지로, 기성세대는 5월 2일 집회에 나가기를 주저해야 할 세대적 역사적 경험이 있다.

32_ 온라인상의 동참자 중 오프라인의 직접행동 참여자가 4%에 달했다는 것은 굉장히 높은 참여율이다.

그러므로 촛불집회 참여자들을 무슨 문화적 감수성이 높았기 때문이라느니, 소통과 개방에 친화적인 특성을 가진 네티즌들이었다느니, 디지털 유목민적인 감수성이라느니, 생명과 인권 등 탈물질적인 감수성 때문이었다고 주장하는 것은 부분적이고 부차적인 현상으로 전체를 호도하는 얘기일 뿐이다. 촛불집회의 참여자들은 신자유주의 지구화의 공세 속에서 수탈당하고 위협당하는 민중이고 소외된 대중이다. 청소년 역시 그 일부이고, 여성도 그 일부이고, 네티즌도 그 일부이다. 그들은 새로운 주체가 아니라 소외된 대중의 다른 모습일 뿐이다. 이 사회가 학력과 경제적으로 불평등한 세상이라고 느끼면서 비정규직에 관심을 갖는 촛불 청소년들은 결코 중간계급의 아들딸들이 아니라 신자유주의에 위협당하는 민중의 딸과 아들들이고, 그 자신이 신자유주의적인 미친 교육에 심각하게 학대당하는 소외된 대중이다.

소결

이명박의 반서민적 행보에 분노하는 촛불은 전형적으로 신자유주의의 공격에 수탈당하고 고통당하는 민중이다. 촛불이 제기한 의제와 불만은 신자유주의하에 신음하는 전 세계 민중들의 고통과 전혀 다르지 않다. 17대 대선은 신자유주의 좌파에 실망한 대중들의 의사였다면, 18대 총선은 신자유주의 우파와 좌파에 대한 대중의 절망이 표현된 것이다.

그들은 실증연구자료에서도 확인할 수 있는 바와 같이, 결코 중간계급의 양면성 때문에 왔다갔다한 대중이 아니라 쾌락의 동참을 바랄 수 없는 서민들이었다. 또한 중산층이었기 때문에 비정규직에 무관심한 계층도 아니었다. 촛불집회에 앞장서서 기성세대들에게 용기를 주었던 청소년들은 결코 쾌락의 동참을 바라는 중간계급의 아들딸들이 아니라, 지옥 같은 경쟁으로 동물적 학대를 강요당하면서 자신들의 부모들과 똑같이 이 사회의 불공정과 불평등을 피부로 느끼고 어두운 미래를 걱정하는 이 땅의 민중들의 자식들이었다.

고소영에 분노하고 의료보험과 전기세와 수도세를 걱정해야만 하는 수많은 네티즌들은 삶을 위협당하는 소외된 대중의 다른 모습이었다. 그러므로 디지털 유목민을 운운하며 탈모던한 네티즌들이 탈물질주의적인 문화적 속성을 보였다는 것은 전혀 동의할 수 없는 주장이다. 뿐만 아니라 '재협상'을 요구하고 이명박 정권의 퇴진을 요구하는 촛불시민은 중앙정치에 관심이 없는 원심력적인 다중이 아니라 국민국가와 투쟁하고 중앙정치의 변혁을 요구하는 전형적인 민중이었다.

비록 타락한 운동에 의해 그 정체성이 억압당했을지라도 촛불은 분명 그 존재론적인 측면에서 볼 때 신자유주의의 파렴치한 공세하에 위협당하고 유린당하는 민중이고, 정치와 경제와 문화 그리고 삶의 모든 영역에서 소외당하는 대중이었다.

제5장 맺는말

촛불은 끊임없이 변화하였다. 깃발도 들지 말고 구호도 외치지 말자던 사람들이 어느 틈엔가 깃발을 당연하게 여기게 되었고, 한때는 '무조건 비폭력'을 외쳤지만 용산투쟁에서는 돌멩이를 던지는 것도 자연스럽게 되었다. 항쟁 초기의 소심함은 투쟁이 발전되고 탄압이 격화됨에 따라 어느 틈엔가 사라졌다. 그리고 재기발랄함과 해학도 점차 비장한 적대감으로 바뀌었다. 강고한 공권력이 강요하는 억압은 법질서의 존중과 순수와 비폭력의 탈을 쓰고 현대인에게 내면화되어 있다. 그러나 우리의 삶에 강요되는 체제의 본질이 적대적인 한 권력과 민중 간의 모순은 저항과 투쟁을 부르고, 그때에 공권력은 적대적 질서의 유지자로서 그 폭력적 본질을 드러낸다. 시민의 지팡이는 민중에 대한 몽둥이로 그 모습을 드러낸다. 그리고 항쟁이 시작되는 것이다.

그러나 조직되지 않은 자생적인 투쟁이었고, 기층조직운동이 침체하고 침묵하였기에 혼자 힘만으로는 이기기 어려운 투쟁이었다. 항쟁 초기의 다양한 의제들이 대책회의에 의해 억압당하면서 촛불시민들은 투쟁하고 저항하는 민중이기보다 평화적인 시민과 수동적인 국민이 되기를 강요당하였다. 현실 속에서 그들의 삶을 유린하는 신자유주의 체제의 본질과의 투쟁으로 나아가기보다는 이명박에 대한 감상적 악마화를 통해 비정상적인 통치자 혹은 통치방식에 대한 증오가 앞서게 되었다.

최선을 다해 싸웠고, 훌륭하게 싸웠지만, 이기기 위해서는 스스로를 깨뜨리고 넘어서는 것이 필요했다. 촛불항쟁은 똑같은 신자유주의 경찰독재에 유린당하는 다른 나라 민중들의 투쟁들처럼 독재자를 몰아내거나 새로운 이념이나 운동론을 만들어내지 못했다는 점에서 결코 위대하거나 영원한 투쟁은 아니었다.

촛불은 누구였을까? 의료민영화를 걱정하고 전기세와 수도세를 걱정하는 그들은 분명 신자유주의하에서 수탈당하고 위협당하는 민중이었고, 정치와 경제와 문화 혹은 삶의 모든 영역에서 소외당하는 대중이었다. 항쟁을 촉발시키고 앞장섰던 여성과 청소년은 현실 속에서 가장 억압받으면서도 감수성이 풍부한 소외된 대중이었다. 네티즌 혹은 아고리언은 이러한 현실의 대중이 발달한 인터넷 문화와 공간을 배경으로 이 사회가 강요하는 소외에 대응하는 또 다른 모습이었다. 그들의 대부분은 중간계급이나 중산층처럼 쾌락에 동참할 능력이 있는 사람들이 아니었고, 부동산 값이 오르기를 바라기보다는 걱정하는 사람들이 대다수였다. 이명박의 반서민적 정책에 분노하는 그들은 축적위기에 몰린 현대자본주의가 강요하는 신자유주의 정책에 유린당하는 전형적인 민중이고 소외된 대중이었다. 서민이나 네티즌이란 소외된 대중의 다른 이름일 뿐이다.

그러므로 2008년 촛불항쟁은 신자유주의하에 유린당하고 위협당하는 민중들의 또 다른 모습인 소외된 대중들이 일으킨 즉자적 반란이었다. 그것은 비단 일터만이 아니라 우리의 삶의 모든 것을 상품화하고 경쟁을 강요하는 현대자본주의하에서 억압당하고 소외된 대중들이 일으킨 개미 떼들의 반란이었다. 촛불항쟁은 운동이 침체하고 힘을 잃은 공간 속에서 변혁성과 전투성을 기대할 수 없는 시민압력운동을 하는 제도 내 존법주의자들과 기생관료들에게 억압당하면서 공권력의 폭압에 맞서 외롭게 싸우다가 끝내 패퇴한 운동이었다.

비록 이기지는 못했지만 항쟁은 많은 사람들의 삶과 의식을 변화시켰다. 새문안교회 안에서 파편화된 줄만 알았던 수많은 사람들이 하나가 되는 희열을 맛보았다. 인간은 원래 함께하고 하나가 되는 데서 행복을 느끼는 존재다. 촛불이 맛보았던 그 희열은 광장을 해방했던 역사상의 모든 민중들이 느꼈던 것과 같은 것이었다. 모든 것을 바꾸는 '진리적 사건'은 못되었지만, 잠시라도 해방시켰던 그 광장은 진리적 사건의 체험에 가까운 희열과 경험들을 공유시켰다.

그리고 그 희열과 행복을 위협하고 짓밟는 존재에 대해 하나씩 깨우쳐 나갔다. 왜 이 땅의 10대들이 그토록 학대당해야 되는지, 왜 의료보험을 민영화해서 서민의 삶을 위협하려는지, 왜 말도 안 되는 수작으로 생명의 강을 파헤치려는지도 알게 되었다. 과거라면 상상도 할 수 없었던 천안함 진실공방과 같은 남과 북 정권의 다툼에 대하여 조사결과가 미처 나오기도 전에 한 줌도 안 되는 정권의 이익을 위해 이를 이용하는 세력과 그 정권과 결탁하여 전쟁의 위협을 강요하는 미국의 본성에 대해서도 알게 되었다. 자국의 축산자본과 사료자본의 이익을 위해 전 세계 민중에게 미친 소와 유전자변형식품이라는 독극물을 먹이려는 미제국주의와 독점자본의 사악한 본성에 대해서도 점차 깨우치게 될 것이다. 촛불들이 제기한 여러 의제 즉 의료민영화, 물, 전기, 수도 등 공공재의 사유화, 교육의 시장화와 서열화 등 이 모든 것들은 비단 한국만이 아니라 신자유주의 지구화에 고통받고 있는 전 세계의 모든 민중들이 함께 겪고 있는 문제다.

삶을 위협할 수밖에 없는 이 체제의 본질을 알게 되면 될수록 우리들의 실천과 투쟁도 체제의 심장을 향하게 될 것이다. 승리하는 그날까지 아직 스스로를 위대하고 영원하다고 미화하고 예찬하지 말자. 이기기 위해서는 촛불은 위대했다는 예찬이 필요한 것이 아니라 무엇 때문에 못 이겼는지를 반성하는 것이 필요하다. 승리를 위해 지금 필요한 것은 겸허한 반성이다.

수많은 촛불이 집으로 돌아갔던 것은 비가 많이 와서도 아니고 날이 추워져서도 아니었다. 그들은 신자유주의 경찰독재가 가하는 탄압에 짓밟히면서 제도 내 존법주의자들과 기생관료들의 배신으로 제대로 싸워보지도 못한 채 희망을 잃고 돌아간 것이다. 촛불을 끄지 않는다고 하여 조만간 다시 타오를 것으로 생각해서는 안 된다. 다시 타오를 것이었다면 용산투쟁에서 타올랐을 것이다. 분노가 없었던 것도 아니고 공감이 없었던 것도 아니었다. 제대로 싸워보지도 못하고 무너져버린 그 상처가 치유되기까지는 상당한 세월이 필요한 것이다. 그러나 다시 타오르는 그날의 모습은 2008년의 모습과는 다를 것이고 달라져야 한다.

민중을 배반할 수밖에 없는 그리고 배반해야만 하는 운명을 가진 정상배들과 허구적 민주주의의 이 체제를 필연으로 하는 '깨어있는 시민'[1]은, '단결과 연대 속에서 투쟁하는 대중'으로 변해갈 것이다. 이미 2008년 촛불은 '깨어있는 시민'을 넘어 자기 힘으로 정의를 관철하고자 했던 '대중의 직접행동'이었다. 왜 온 국민이 반대하는 미친 소와 4대강과 같은 중요한 문제의 결정권이 한 줌도 안 되는 정상배들에게 맡겨져 있는가? 왜 국민의 머슴이어야 할 그들이 국민의 주인이고 지배자가 되어 있는가? 이제 주인을 배반할 수밖에 없는 허구적이고 형식적인 민주주의를 뛰어넘어 그들만의 국가가 아니라 우리들 모두의 국가 혹은 민중의 국가로 변모시키지 않으면 안 된다.

스스로의 힘으로 설 수 없다면, 독자적인 투쟁과 이념과 운동론을 만들지 못한다면, 그 운동은 기존의 질서에 양극분해된다. 하지만 불행하게도

1_ '깨어있는 시민'이란 정치를 하는 사람을 따로 상정한다는 의미에서 소외된 개념이고, 자신을 배반할 가능성이 있는 대의제 민주주의를 상정하는 대리주의의 한계를 극복하지 못한 개념이다.

촛불은 지금 그 길을 밟고 있는 것처럼 보인다. 대중들은 지금 촛불항쟁 때 '명박퇴진'도 외치지 못한 자들이 잠시 들먹였던 '명박심판론'의 각본에 따라 움직이고 있는 듯하다. 그리고 주권자이어야 할 국민은 수동적인 유권자가 되어간다. 20년도 전에 극복되었어야 할 '반독재 민주대연합'의 망령이 활개를 친다. 하지만 이명박은 87년에 성립된 허구적 민주주의의 산물일 뿐이다. 그는 87년 체제를 배반한 독재자가 아니다. 이명박이나 한나라당이나 민주당이나 모두 87년 체제의 적자로서 신자유주의 지구화를 강요하는 그들의 역할은 똑같다. 달라진 점이 있다면 신자유주의적인 모순이 격화되고 민중의 삶에 대한 공격이 격화될수록 저항이 심화될 수밖에 없고, 저항이 격해질수록 공권력의 탈을 쓴 조폭들의 출동시간이 빨라졌다는 점뿐이다. 아무리 심판하여도 그들만의 리그다. 거기에 이 땅의 민중들의 목소리는 없다.

왜 이 땅의 민중들이 미친 소라는 독극물을 먹어야만 하는가? 왜 생명의 강이 파헤쳐져야만 하는가? 왜 의료보험이 민영화되고 전기와 수도가 사유화되어야만 하는가? 왜 청소년들이 1등만 기억하는 더러운 세상에서 학대당해야 하는가? 도대체 누구를 위해서, 무엇을 위해서 이런 미친 짓을 강요당해야만 하는가? 왜 매년 대학 졸업생의 절반이 마땅한 일자리를 찾지 못하고, 왜 전체 근로자의 절반이 넘는 사람들이 비정규직으로 월 123만원도 못 되는 임금을 받으면서 동물적 삶을 강요당해야만 하는가? 왜 똑같은 시민이면서 철거민은 경찰에 의해 학살당해야 하고, 왜 똑같은 국민이면서 쌍차 노동자들은 해고의 위협을 받아야 되고 쇠파이프를 들 수밖에 없는가? 왜 수많은 젊은 여성들이 삼성의 반도체 공장에서 백혈병으로 죽어나가야만 하고, 노조를 결성하려 했다고 식칼 테러를 당해야 하는가? 왜 똑같은 자동차를 만들면서 동희오토의 노동자들은 파견직이라는 이름으로 차별을 받아야만 하는가? 도대체 누구를 위해서, 무엇을 위해서 이 땅의 민중들이 이처럼 삶을 유린당해야만 하는가? 이보다 더 야만적인 사회가 있을 수 있는가?

이 모든 것은 축적위기에 몰린 자본의 천국을 만들기 위해 민중의 삶을 유린할 수밖에 없는 지구화된 신자유주의 때문이다. 미친 소의 도화선이 되었던 한미 FTA나 지구화란 각국 자본들이 야합하여 국익의 탈을 쓰고 자행하는 전 세계 민중에 대한 공격이다. 이 땅의 민중들은 자신의 삶을 끊임없이 유린하고 위협하는 이 체제를 끝장내지 않는다면 결코 행복해질 수 없다. 이제는 이 체제에 대하여 정면으로 대결을 해야 할 때인 것이다. 이 야만적인 체제에 대하여 반자본과 반신자유주의 투쟁을 건설하고 성장시켜 나아가야 하는 것은 이 시대가 부여한 민중들의 과제이다. 한 줌도 안 되는 정상배들에게 억압당하고 지배당할 것이 아니라, 대중이 스스로를 통치하고 지배하는 참다운 민주주의가 관철되는 민중의 세상을 만들어야 한다.

그러기 위해서 우리는 체제의 본질을 향해 저항과 투쟁을 조직해야만 한다. 우리를 소외시켰던 온갖 대리주의와 허구적인 민주주의를 극복하고, 대중의 직접행동에 기초하여, 단결과 연대를 제1의 덕목으로 하는, 자주적이고 민주적인 저항체를 건설하고 투쟁해야만 한다. 체제의 본질과 모순은 관념 속에서 인식되는 것이 아니라 행동으로 부딪칠 때 그 적대적 본질을 드러낸다. 마치 촛불시민이 도로에 나섰을 때 공권력의 폭압적 본질이 그 모습을 드러내는 것처럼 ….

오늘은 비록 이 투쟁을 이기지는 못했지만 그들은 폭압을 멈출 수 없고 배반을 멈출 수 없다. 그러므로 이 땅의 민중들의 저항과 투쟁도 멈출 수 없다. 최후의 승리를 거머쥘 그날까지 이 땅의 민중들의 투쟁은 결코 멈추지 않을 것이다.

제2부

촛불 속에서

제2부 촛불 속에서

들어가며

필자는 노무현 시절 내내 주말이면 거리에 있었다. 파병반대, 평택미군기지 반대, 한미 FTA 반대, 평택, 울산, 부산 등등 하루도 쉴 날이 없었다. 주말마다 계속된 파병반대는 1년 이상 계속되었는데 한 번 정도만 빠지고 계속 나갔다. 2008년 촛불항쟁에서도 항쟁이 시작되었던 5월 2일 청계광장에서부터 8월 15일 밤 동대문에 이르기까지 하루도 빠짐없이 참가하였고 새벽이 되어 대오가 해산할 때까지 현장에 있었다.

필자가 이처럼 집회에 참석하는 이유는 '왜 이렇게 사람들이 안 나왔나?'라는 소리가 듣기 싫어서이기도 하고, 기본적으로 대중이 있는 곳에 그리고 현장에 함께하는 것을 활동가의 품성으로 생각하기 때문이기도 하다. 큰 역할과 주도적인 역할은 못할지라도 쪽수라도 채우는 게 가장 큰 덕목이고 기본적인 품성이 아니겠는가?

실천을 했으므로 평가를 해야 한다. 집단적 실천이었으므로 집단적으로 평가가 이루어져야 한다. 그러나 함께 진행할 사람이 없기 때문에 부득이 촛불 속의 한 사람으로서 주관적인 서술을 할 수밖에 없다.

필자는 유기적 지식인이어야 하지만 3류 소활동가로서의 필자의 처지와 무능력 그리고 무딤 때문에 많은 한계가 있었다. 그럼에도 촛불 속에서 필자가 무엇을 고민했는지를 함께했던 촛불들과 공유하고 싶고, 유기적 지식인이기를 지향하는 필자의 동지들과 공유하기 위해 필자가 주로 활동했던 촛불연행자모임을 중심으로 서술해 보기로 한다. 여기에서는 필자가 겪은 모든 일들이 아니라 필자와 모임의 동지들이 부딪쳤던 몇몇 사안에 대하여 어떻게 풀어나갔는가를 살펴볼 것이다.

촛불연행자모임의 출발

포로가 되었다는 것은 결코 자랑스러운 일이 아니다. 7월 5일 기만적인 국민승리선언이 있은 뒤 7월 10일 보신각에는 500여 명의 시민이 모였다. 집회가 끝나자 플래카드를 앞세우고 인도를 통해 청계를 거쳐 명동을 향했다. 을지로 입구에서 대오가 잠시 무단횡단을 하자 경찰이 대오를 절단하고 행진을 가로막았다. 대오는 흩어지고 50~60명 정도 남은 상황에서 잠시 소강상태였는데 전경지휘관이 시민들에게 욕설을 하고 이에 항의하는 시민과 다투다가 체포하라고 하였다. 항의하던 두 명의 젊은 청년이 필자 쪽으로 도망쳐오다가 전경에게 붙들렸다. 한 사람을 떼어내고 두 번째 청년까지 떼어냈을 때 화풀이로 연행되었다. 악착같이 발악하고, 닭장차 속에서도 항의하고, 미란다 원칙의 고지도 연행 후 5시간 만에 이루어졌다는 것을 기록으로 남겼다. 다음날 아침에는 국가인권위원회에 진정서를 냈다. 용산경찰서에는 여섯 사람이 연행되었는데 필자만 따로 조사를 받았다.

44시간 만에 풀려나면서 연락처를 교환하고 연행자모임 카페를 만들기로 하였지만 며칠이 지나도 카페가 만들어지지 않아 일주일 만에 다시 모였다. 모두가 카페를 만드는 데는 공감하였지만 맡을 사람이 여의치 않아서 다음날인 7월 18일 청년 백수인 앨리와 필자가 '공안견찰과 정치떡찰에 반대하는 촛불연행자모임'이란 이름으로 카페를 개설했다.[1]

당시 연행자가 매일 발생하였고 검찰은 벌금으로 시민을 협박하고 있었다.

> 얼마 전 떡찰이 연행자들에게 100~300만원의 벌금을 물리겠다는 개수작을 한 바 있었습니다. … 무려 석 달 동안 촛불 외에는 아무것도 들지 않은 평화적인 시위에 대해 공권력을 빙자하여 군홧발과 방패, 물대포 등 온갖 범죄적인 불법행위를 멈추지 않는 견찰은 공권력을 빙자한 조폭에 불과할 것입니다.
>
> 연행자 동지 여러분! 광주항쟁에서도 보았듯이 이기면 민주항쟁의 유공자이고 지면 폭도가 됩니다. 우리가 승리하면 다 끝나는데, 이기면 국가보상금까지 나올텐데, 왜 싸움이 끝나지도 않은 이 시점에서 우리가 벌금을 걱정합니까? 지금은 오직 촛불의 승리를 위해 더욱더 투쟁의 의지를 끌어올릴 때일 뿐입니다. 최후의 승리를 위해 끝까지 투쟁합시다!!!(발표글 5).

7월 하순부터 아고라에 이런 글을 매일 올리면서 연행자들의 단결과 투쟁을 선동하였다. 8월 초에 대략 3~400명의 회원의 가입이 이루어졌고, 8월 12일경에 40명이 넘는 연행자들의 첫 정모가 이루어졌다.[2]

집회장과 가까운 종로 근처에서 적당한 음식점을 찾는 것도 쉬운 일이 아니었지만 삼겹살을 굽고 자기소개를 하면서 "난 그때 어디 있었는데", "그때 앞쪽에서 어떤 사람이 어땠는데 당신이었냐"는 등 서로가 참여했던 투쟁을 회고하면서 함께 싸웠던 동지들에 대한 애정을 확인할 수 있었다. 8.15를 앞두고 갈수록 거세지는 진압과 투쟁 속에서 동지에 대한 신뢰와

1_ 전에 필자가 대표를 맡고 있었던 이주노동자운동체에서 카페를 운영한 경험도 있고 민노당의 중앙당과 지구당 게시판에서 활동한 경험도 있기 때문에 카페의 운영과 활동이 크게 낯설지는 않았다. 다만 카페의 관리와 선동, 회원들과의 대화는 매일 6시간 이상의 노력을 요구했다.

2_ 연행자모임은 2009년 초 총연행자의 60%에 해당하는 750여 명의 연행자와 후원회원을 합하여 1,200명의 회원을 가진 카페로 성장하였다.

애정 그리고 저항의 의지를 확인하는 소중한 자리였다. 이후에도 몇 번의 정모와 총회 등의 자리가 있었지만, 이날 참석했던 동지들의 모임에 대한 애정은 그 후로도 계속되었다.

이날 정모에는 8.15를 앞두고 '대통령님 대화해요'라는 엽서보내기 운동을 하던 소금사탕이 와서 끝장연좌를 선동했다. 체포조가 오더라도 도망가지 않고 풀려나도 다시 연좌한다는 계획이었다. 당시에 그 슬로건이 적절한가에 대해서는 의문이 있을 수 있겠지만, 연행에 굴복하지 않고 꺾이지 않는 저항의지를 보여주자는 점에서 많은 회원들이 공감했고 즉석에서 6명의 회원이 자원했다. 이런 연유로 연행자모임에서는 815평화행동단을 형제카페로 지정하고 항상 두 조직의 연대를 중시했다.

이날 식비는 60만 원이 넘게 나왔지만 걷혀진 돈은 절반이 안 되었다. 회비를 1인당 10,000원으로 하되 직업이 없거나 부담이 가는 사람은 내지 않아도 좋다고 했기 때문이다.[3] 평범한 직장인에게야 큰 부담이 안가는 회비이지만 실직자들에게는 부담이 될 수 있다는 배려에서였다. 기계적인 균분(n분의 1)은 공평한 것 같지만 결코 공평하지 않다. 같은 촛불이고 같은 회원이라면 미안하거나 부담감을 느끼지 않고 같이 어울리고 뒤풀이도 같이 할 수 있어야 하지 않겠는가? 있는 사람이 좀 더 내되, 없는 사람에게 부담감을 안 주는 것이 공평하다. 촛불이 월수입 100만 원 이상의 소득이 있는 사람을 자격으로 삼지 않은 이상 기계적인 균분 방법을 따라야 할 이유가 없다.[4] 이 세계가 돈이나 소득이나 재산 때문에 차별받는 세상이라면 최소한 동지들 내부에서는 그러한 차별이 없어야 하는 게 올바른 생각

3_ 총 45명 중 25명만 10,000원의 회비를 부담감 없이 낸 것이다.

4_ 핀란드를 비롯한 북유럽 복지국가에서는 똑같은 교통위반을 하여도 범칙금은 소득수준에 따라 다르다. 국가가 임대하는 같은 평수의 아파트 역시 소득수준이나 부양자녀의 수에 따라 월 사용료가 다른 나라도 있다.

이고 이러한 방침은 이후에도 연행자모임의 모든 공식적인 모임에서 관철되었다. 그럼에도 가을이 끝나갈 무렵에는 열성적이었던 사람들이 보이지 않게 되는 경우가 많아지고 그 중에는 뒤풀이 비용이나 교통비가 부담된다는 사람들도 적지 않았다.

민주주의에 대하여

> 촛불은 본질에 있어서 집단지성이 이끄는 광장민주주의이고 직접민주주의라고 생각합니다. 오늘날 국가는 대의제 민주주의를 택하고 있고, 국민은 말로만 주권자일 뿐 선거 때만 주권을 행사하고 평소에는 국가권력으로부터 소외되어 있습니다. 주인인 국민을 주권자가 아니라 유권자로 보는 것이 이 체제의 비극의 시작인 것입니다. … 저는 우리 조직이 촛불정신에 투철하기 위해서는 구태의연한 우리 주위의 조직처럼 회장을 뽑고 총무를 뽑고 그들에게 맡길 것이 아니라, 모두가 주인으로서 동등하게 참여하는 새로운 직접민주주의의 틀을 구현해보자는 생각을 가지고 있습니다(발표글 7).[5]

흔히 말하듯 우리들의 삶이 돈과 물질의 노예라는 것은 돈과 물질이 인간이 만든 것임에도 인간으로부터 독립하여 오히려 인간을 지배하는 것을 말한다. 돈과 물질만이 아니라 국민이 뽑은 대통령과 국회의원도 국민으로부터 독립하여 국민을 배신하고 소외시키는 것이 이 체제의 경제적인 소외이고 정치적 소외이다.

> 그렇다면 촛불의 미래 혹은 촛불의 이상 즉 정치적 소외의 극복은 어떠한 모습일 것인가? 그에 대한 해답은 촛불이 조직적이고 집단적인 대중이 아니

5_ 이 글은 연행자모임 창립총회를 앞두고 발표한 토론문이다.

라, 자발적이고 자주적인 직접행동에 기반한 광장의 민주주의 혹은 집단지성이라고 한 데서 알 수 있듯이, 어떠한 기성의 권위도 인정하지 않고 광장에 평등하게 나서서 모두가 자기 운명의 주인으로서 참여한다는 점에서 직접민주주의의 이상을 품고 있는 것이고, 실은 이러한 직접민주주의는 역사적으로도 1871년의 파리코뮌이나, 러시아혁명 때의 평의회(소비에트), 광주항쟁 때 도청광장에 모여 항쟁지도부를 선출하고 시민군을 결성하여 싸운 사례에서 보듯 피치자에 대한 억압의 도구로서의 본성을 갖는 국가라는 권력장치를 부정하는 즉 억압과 소외의 기제를 부정하는 혁명적 민주주의에 다름 아닌 것이다. 억압과 소외를 부정하고 참다운 민주주의와 평등세상을 꿈꾸는 모든 실천은 이처럼 궁극적으로 직접(혁명적)민주주의의 틀을 채택하지 않을 수 없고, 이러한 직접민주주의는 궁극적으로 대중의 자기 통치, 혹은 자기지배의 실현에 다름 아니다(발표글 13).

만약 미친 소 수입의 결정권이나 취소권이 국민에게 있었다면 촛불은 이명박과 싸울 필요도 없었다. 주인을 배반할 가능성이 있는 대리주의가 아니라, 국민이 직접 결정하고 직접 실천하는 즉 의결과 집행의 통일은 직접민주주의의 이상의 출발점이다. 그러나 모든 일을 모든 국민이 한자리에 모여 결정할 수 없기 때문에, 즉 직법민주주의란 이상에 불과하기 때문에 불가피하게 매개 혹은 대리의 문제가 대두된다. 사장이 부장에게 대리시킬 때 부장은 사장을 배반하지(소외시키지) 않는다. 즉 대리의 성격이 문제다. 파리코뮌에서 프랑스의 노동자들은 이 문제를 파견제와 소환제[6]로 해결했지만 '구속감 없는 개인'들이 모인 촛불카페에서는 한 걸음 더 나아가야

6_ '파견제'란 파견된 사람이 파견한 사람들에게 복종하고 봉사해야 한다는 의미다. 그리고 만약에 대통령과 국회의원들에 대한 국민소환제가 있었다면 이명박이나 한나라당은 그처럼 안면몰수하고 국민을 배반하지 못했을 것이다.

했다. 이러한 문제의식에서 고안해낸 것이 '탈권위와 탈특권에 기반한 헌신의 원칙'이었다. 즉 모든 선출직 혹은 앞장서는 사람은 '특권 없는 머슴' 혹은 '탈권위적 헌신체'여야 한다. 이 원칙은 카페를 개설한 첫날 <모임취지와 운영방안>에서 "민주적으로 합시다. 운영진은 머슴입니다. 앞장서는 사람은 아무런 특권이 없습니다. 회원의 뜻에 따라 헌신할 특권만 있습니다"고 제시되었다(발표글 4).

> 그러므로 단지 운영의 편의상 대표와 머슴단을 두되, 모든 일은 언제든지 함께 모여 결정하고 실천하자는 취지에서 모임의 기본운영방침과 틀을 제시한 것입니다. 모든 것을 대표와 운영진에게 맡길 때 회원들은 수동적으로 되고 소외될 것입니다.[7] 바로 이런 까닭으로 머슴단이라는 표현을 쓰고 있는 것이고, 모든 종류의 회의에 가령 운영진 회의에도 모든 정회원이 마음대로 참석하여 동등하게 토론하고 결정할 수 있는 개방적인 운영을 하려고 해왔던 것입니다. 모든 종류의 결정에서 최대한 모두에게 개방하여 함께하는 것이 촛불정신에 합치할 것입니다(발표글 7).

연행자모임의 규약은 이런 이상과 원칙하에 설계되었다.

> 본회의 모든 활동은 촛불정신(광장민주주의 또는 직접민주주의)의 원칙에 따

7_ "일반적인 시민단체나 사회단체 역시 후원금이나 회비로 운영되면서도, 의사의 결정과 집행은 소수의 활동가나 상근자에게 맡겨져 있는 구조입니다. 지도부나 집행부나 상근자가 판단하고 결정하고 집행하는 구조가 한국사회의 낡은 운동체들의 현주소입니다. … 우리 스스로 머슴단은 지도부나 집행부로서 조직을 끌고가는 권력이 위임된 단위가 아니라는 확실한 인식과 자각만이 우리 모임의 건강한 발전을 기약할 수 있다는 점입니다. 이 점에서 최근 언소주(언론소비자주권 국민캠페인) 등 촛불모임이 비대해지고 고형화되면서 기왕의 권위주의적이거나 독선적인 운영으로 인해 많은 잡음을 일으키고 있는 점을 타산지석으로 삼을 필요가 있습니다"(발표글 9).

라 운영하되, 일상업무를 원활하게 하기 위하여, 헌신할 의무 외에 아무런 특권이 없는 머슴단과 머슴단 대표를 언제든지 선출하고, 소환할 수 있다(⇒ 머슴단회의의 의장은 머슴단이 1개월씩 교대로 맡되, 머슴단 회의에서 호선한다).[8]

정회원은 머슴단 회의를 포함한 모든 종류의 회의에 참여하여 발언권과 의결권을 행사할 수 있으며, 회의의 소집자는 평회원들이 적극 참여할 수 있도록 적극 노력해야 한다. 머슴단은 개방적인 회의체로 운영하며, 우리 모임의 모든 주요업무에 대하여 심의하고 결정한다(참고자료 7).

이 규약의 가장 큰 특징은 "개방적 회의체로 설계되어 정회원이면 사실상 운영위원과 동일한 권리"(발표글 15)를 갖기 때문에, 선출된 사람들의 권한이 일반 회원과 똑같다는 점이다. 즉 특권은 없고 헌신할 의무만 남는 것이다. 몇 줄 안 되는 규약이기는 하지만, 의결과 집행의 통일, 파견제와 소환제, 특권 없는 헌신체, 개방적 회의체, 이 정도면 지구상에서 가장 진보적인 규약이라고 할 수 있었다.[9]

탈권위와 개방

8_ 2009.3.8. 총회에서 대표제가 '순환제 의장제'로 개정되었다.

9_ '민주집중제'란 의결의 민주주의와 실천의 통일을 위한 원칙이다. 그런데 일반적으로 '총회민주주의'가 항상적으로 관철될 수 없는 경우 불가피하게 시대의원, 도대의원, 중앙위원 등 매개나 대리가 발생한다. 매개나 대리의 단계가 많아질수록 '중층적 대리주의의 위험'이 있다. 이것을 극복하는 방안으로 고안한 것이 '탈권위에 입각한 헌신과 개방의 원칙'이다. 이 사회의 모든 조직적 인간관계가 권위주의적 위계와 대리주의에 입각해 있기 때문에 모든 실천과 저항의 공동체에서 민주주의를 훈련하는 것이 필요하고, 이것은 대체권력의 맹아로서도 중요하다(발표글 13).

촛불 연행자들이 가장 중시해야 할 점은 자주적이고 민주적인 저항체의 건설이겠지만, 그보다 더 중요한 것은 민주적인 훈련이었다. 민주주의란 제도만으로 달성되지 않는다. 참여하는 사람들이 민주적으로 단련이 되어야만 한다. 그래서 끊임없이 민주주의의 이상과 탈권위적 헌신이 강조되었다.

> 우리 모두가 직접민주주의 한번 제대로 해보자고 했으면서도, 사실 우리들이 그동안 겪었던 모든 조직형태가 권위주의적이고 위계적이었기 때문에, 민주주의에 대한 깊은 고민이 없으면 우리의 이상과는 다른 행동을 하면서도 별 문제의식을 못 가지고 비민주적 행동을 당연하게 생각하고 행동하게 될 위험이 매우 크다고 할 수 있습니다.
>
> 예를 들어 우리가 머슴단은 회의체로 운영한다고 규정했다면, 머슴단은 집행부나 지도부가 아닌 의사수렴에 봉사하는 기구여야겠지만, 만약에 머슴단이 자기들끼리만 정보를 독점하고 판단하고 집행한다면, 혹은 대표가 혼자서 판단하고 지시한다면, 설령 그들이 아무리 훌륭한 판단력과 도덕을 가졌다고 할지라도, 혹은 그게 훨씬 능률적일지는 몰라도 모든 사람의 자주성과 창조성을 중시하는 직접민주주의나 광장민주주의와는 다른 형태라고밖에 할 수 없을 것입니다. … 정보의 최대한 공유, 사전제공, 개방된 충분한 토론, 경과의 보고, 평가와 비판의 기회의 제공, 이런 모든 것들은 자각있는 단체들에선 이미 시행하고 있는 민주적 요소들인데, 어쨌든 촛불조직의 앞에서 일하시는 분들은 이런 점에 세심한 감각과 배려가 없으면 비민주주의와 싸우는 우리들이 스스로 비민주적인 행동을 닮아가는 결과가 된다는 것입니다(발표글 9).

이를 위해서 모든 회의는 누구나 참석할 수 있다는 취지와 함께 사전에 공지되어야 한다는 것과, 모임의 사정과 사업에 대해서 수시로 보고하고,

안건에 대한 이해도의 공유를 위해 회의안 역시 충분히 사전 공지되어 토론될 필요가 있다. 이러한 것들을 소홀히 할 때 연행자모임 역시 민주주의가 형해화 될 위험이 있다. 최대한 함께 알고 함께 판단하고 함께 실천하고, 보다 더 많은 성원이 참여할 수 있도록 최대한 노력을 하는 것에 민주적 조직의 성패가 달려있다고 할 것이다(발표글 13).

민주주의란 결국 모두가 평등한 인격의 주체이고 판단과 실천의 주체가 되는 것을 말한다. 그런데 우리에게 불리한 것은 우리말에 낮춤말이 있다는 것이다. 처음에는 그렇지 않다가도 가까워지면 형님 동생 하는 경우가 많다. 심지어는 친해지자면서 서로 반말을 사용하기도 한다. 그러나 이것만큼 비민주적인 것은 없다. 왜 서로 가까움을 확인하기 위해서 말을 트거나 낮춰야 할까? 그것은 권위적인 따라서 비민주적인 문화의 유산일 뿐이다. 민주주의란 끝까지 서로 높여주는 것이다.[10]

민주적이고 개방적 회의체에 대한 실험과 실천은 계속되었다(발표글 15). 단지 모임 내에서만 아니라 연대해야 할 다른 카페의 사람들까지도 함께 논의하고 결정했다. 2009년 들어 모금운동과 후원회를 추진하면서부터 머슴단만이 아니라 머슴단이 아닌 회원들이 더 많거나, 연대하는 타 카페의 사람들이 더 많은 회의구조가 정착되었다. 우연하게 동석한 사람이라도 촛불의 사업이기 때문에 촛불이라면 누구나 동등하게 논의에 참가할 수 있었다. 연대라는 것이 단지 이름만 빌려주는 연대가 아니라 함께 논의하고 결정하고 실천하는 과정 속에서 민주주의와 연대를 익히는 과정이었다.

10_ 필자는 운동을 시작한 이래 어떠한 경우에도 말을 낮춰서는 안 된다는 소신을 가지고 있다. 모임 내에서도 불편하다면서 말을 낮춰달라고 하는 경우도 많았지만 점차로 서로 익숙해지고 편하게 되었다. 탈권위주의는 언어 형식의 민주화부터 시작해야 한다.

그런데 모임 속에는 노무현을 지지하는 사람부터 좌파인 사노련과 노정협 활동가까지 너무도 다양한 사람들이 있었기 때문에 앞장서는 사람들이 한편으로만 치우치면 단결을 해치고 민주주의를 해칠 가능성이 있었다. 이런 점을 자각하고 단결과 연대를 위해서 반대파와 불만파들을 머슴단과 회의에 끌어들이는 작업이 지속적이고 의식적으로 추진되었다.

머슴단에도 평소에 불만이 많은 사람들, 좌파적 성향만이 아니라 노무현 성향이거나 애국주의적이고 민족주의적 입장이 강한 사람들, 투쟁파가 아닌 지구파들을 의식적으로 합류시켰다. 촛불연행자후원회를 추진할 때에도 기획단회의에 반대파인 촛불시민연석회의와 안티엠비에게 파견을 요청하였다. '함께 하자'와 '민주적으로 하자'는 우리 모임의 핵심 원칙은 끝까지 관철되었다.

그리고 놈들의 탄압과 감시 때문에 혹은 프락치에 대한 우려 때문에 방어벽을 쌓는 경우가 있었다. 카페에서 '읽기'와 '쓰기' 권한을 제한하여 소수 회원들만 사실상의 논의에 참여할 수 있게 하는 것이다. 이 점에 대한 모임의 판단은 프락치는 어떤 경우에도 막을 수 없다는 것과 프락치를 막기 위해 방어벽을 쌓는다면 프락치는 볼 수 있지만 일반회원은 못 보게 된다는 것이었다. 무슨 국가변란을 목적으로 혁명적 봉기를 준비하는 조직이 아닌 바에야 차라리 모든 것을 공유함으로써 오히려 위축에서 벗어나 당당한 실천을 할 수 있다고 믿었다. 오프 모임에 한 번이라도 결합한 사람들만 공유할 수 있는 방어벽은 초기에 한두 달간 운영되었다. 방어벽 안에서는 매일 공유해야 할 사안과 함께 판단해야 할 사안이 제출되었고 실질적인 토론이 이루어졌다. 같은 회원들 내에서 자꾸 등급을 만들어 폐쇄적인 방을 만들고, 소수만 공유하는 것은 그만큼 특권이고 차별이고 권위적이며 비민주적이다. 우리 모임의 경우 비연행자의 경우 처음에는 '후원회원'으로 분류하다가 나중에는 '정회원B'로 바꾸고, 모임의 대표가 될 자격

이외에는 정회원과의 모든 차별을 없앴다. 모든 정보는 모든 회원(준회원과 가입신청자도 포함하여)에게 최대한 개방하고 공유하기 위해 끊임없이 노력하였다.

그런데 어떤 결정과 행동이 비민주적이라고 비판하고 부정하는 것은 쉽지만, 민주주의를 실천하는 것은 말처럼 쉬운 것은 아니다. 왜냐하면 비민주적이라고 비판하는 우리들 자신이 한 번도 제대로 된 민주적인 조직생활을 경험해 본 적이 없기 때문이다. 군대는 물론이고 가정, 직장, 학교, 이 모든 것들이 실은 위계적이고 권위적인 원리로 운영되고 있기 때문에, 비민주적이고 권위적인 것을 당연하게 여기도록 우리 자신이 세뇌되어 있다고 해도 과언이 아니다(발표글 13).

아무리 규약이나 제도가 훌륭해도 운영은 사람이 한다. 머슴단은 3개월에 한 번씩 주기적으로 교체되었지만, 민주적 운영에 대한 경험들이 부족하기 때문에 대표로 선출된 사람들이 그것을 명예나 권위로 생각하기도 하고, 때로는 독단적으로 때로는 폐쇄적으로 때로는 권위적인 모습을 보이기도 하였다. 결국 대표직을 없애고 머슴단 내의 호선으로 의장직을 돌아가면서 맡는 제도로 바뀌었다. 열성적인 사람은 누구나 모임의 의장이 될 수 있게 되자 권위주의는 많이 극복되었다. 더 이상 의장이나 대표직을 명예나 권위로 생각하지 않게 되었다.[11]

11_ 필자는 창립총회 전까지 한 달 반, 그리고 머슴단이 한 명밖에 안 남았던(갑자기 세 사람이 취업을 하게 되었는데 두 사람은 지방에 취직이 되었다) 5기 말에 20일 정도 의장을 맡은 것을 제외하고는 때로는 평회원으로, 때로는 머슴단에 소속된 사업팀장으로, 때로는 머슴으로 즉 열성회원으로 활동했다. 머슴단 회의는 다양한 정치적 입장과 소신 그리고 장단점이 어우러진 가운데 다양한 세대로 이루어져 있었다. 대표나 의장을 맡았던 카르페디엠, 사람이 하늘이다, 노말, 점빼는 모두 20대 후반이었고, 말고만 40대였다. 머슴단은 20대인 붉은 악마와 50대인 올챙이를 제외하면 대부분 30–

저는 촛불이라면 우리의 뇌리에 박혀 있는 모든 종류의 비민주적이고 반인간적이고 차별적인 권위를 인정해서는 안된다고 믿습니다. 누군가가 이 사회 속에서 어떤 위치를 차지하고 무슨 지위에 있든 간에, 촛불 속에서는 단지 순수함과 열정과 도덕만으로 판단된다는 것입니다. 촛불 속에는 기왕에 유명하고 명망있는 사람도 있고, 국회의원도 있겠지만, 직접민주주의와 직접행동은 모든 종류의 권위를 부정하고 있는 것입니다. 저는 87년 세대나 386이 과거에 한때 순수했을지라도 기존의 권위에 굴복하고 물드는 순간 그들은 순수함을 잃고 단지 과거의 명망을 자산으로 삼아 기존의 권위에 편입되었지만, 촛불은 집단지성의 힘으로 순수함을 지킬 수 있으리라고 확신합니다.

그리고 그러기 위해선 우리가 순수한 정열로 남기 위해선 끝까지 억압적인 사회 속에서 형성된 복종의 이데올로기를 벗어나는 노력이 필요할 것입니다. 그 때문에 무슨 명망과 권위를 내세울 때 그는 이미 촛불정신과는 먼 사람과 실천이 되는 것입니다. 그러기 위해서 우리는 끝까지 이름없는 하나의 촛불로서 저항하고 실천해야 할 것입니다(발표글 7).

우리 모임에는 인터뷰 요청이 참 많았다. 68혁명 이후 독일 녹색당에서는 개인의 이름을 밝히거나 얼굴을 드러내는 인터뷰를 금지한 적이 있었다. 새로운 권위를 낳을 가능성을 배제하자는 것이었다.[12] 그러나 우리 모임은

40대(알콩달콩, 갈데까지, 희망새, 쥐의 반격, 새역사)였다. 그리고 평회원인 필자가 함께했는데, 회의는 항상 애정이 넘치고 마음이 편했다. 특히 필자보다 10살 아래인 백철현(쥐의 반격) 동지가 필자에 대해 항상 가차없는 비판으로 동지애를 관철해 준 것이 모임 내의 권위주의를 극복하는 데에 큰 힘이 되었다. 누구든지 권위를 앞세우거나 자기 주장만 고집하지 않고 편하게 의견을 낼 수 있는 분위기가 민주적인 회의 풍토에 기여했다.

12_ 이 점과 관련하여 현재 베네수엘라에서 진행되고 있는 실험들이 훌륭한 지도자인 차베스 개인의 실천이 아니라 베네수엘라 전체 민중의 실천이 되도록 해야 한다는 주

촛불연행자들이 자기 정당성을 당당하게 밝히는 것이 중요하다고 판단했기 때문에 가급적 고르게 기자회견의 기회를 갖도록 했다.[13] 아고라의 베스트 작업도 특별한 사정이 없으면 홍보책임자가 하도록 했다.[14] 이처럼 탈권위주의를 위한 노력은 모든 측면에서 꾸준히 진행되었다.

사실 '직접민주주의의 이상을 추구하는 혁명적 민주주의'란 거창한 것 같지만, 실은 모든 것을 함께 상의하고 함께 결정하고 함께 실천하는 민주주의이다. '함께 상의하는 민주주의'는 우리 모임에서 '탈권위적 헌신' 혹은 '특권없는 머슴론'과 함께 '개방적 회의체'의 실질화로 관철된되었다.

저항의 원칙

"촛불연행자는 촛불임과 동시에 연행자라는 이중규정에 의하여, 촛불의 하나로서 촛불의 승리를 위해 투쟁하고, 공안탄압의 희생자라는 측면에서 공안탄압을 저지하고, 연행자에게 가해지는 부당한 공안탄압에 저항한다. 우리 모임의 투쟁은 헌법정신과 촛불정신에 따라 실천한다"(참고자료 7). 이것은 연행자 모임의 규약의 일부이다.

필자는 연행자모임이 당연히 저항에 앞장서야 된다고 믿었지만, 다른

장을 상기할 필요가 있다. 모든 사회적 진보는 한 사람의 영웅이 아니라 단결된 대중의 실천이어야 한다. 이런 점에서 진보세력들은 한 개인인 노무현에 대한 추앙의 감정이 불편하다. 그것은 대중의 자기해방을 위해서 언젠가는 극복되어야 할 대리주의이고 소외의 한 형태이다.

13_ 필자에 대한 인터뷰 요청은 거절하는 것을 원칙으로 하였지만, 어쩔 수 없는 경우에만 한두 번 '50대의 박모씨' 정도로 응한 적이 있다. 집단적 실천이 개인적 실천으로 간주될 위험이나 '운동의 사유화' 경향들은 항상 경계할 필요가 있다.

14_ 면회후기 등의 홍보물은 모임의 홍보 담당이 아고라에서 베스트 작업을 하였다. 사람이 하늘이다, 붉은악마, 알콩달콩, 점빼, 말고 등이 밤늦게까지 고생했다.

지역촛불조직이나 중앙의 의제촛불조직과는 다르게, 유일하게 처지의 동일성에 기반한 대중조직이었다. 가령 자주적 저항조직인 민처협과 같은 조직에서는 민족반역자 처단이라는 명제에 대해 시비가 있을 수 없다. 즉 의지와 사상의 공동체인 것이다. 하지만 연행자모임은 마치 노동조합처럼 연행자라는 처지의 동일성에 기반한 대중조직이었다. 단순히 정보나 도움을 얻기 위해 가입한 사람도 있고, 법률적인 지원과 자구 노력만 하자는 사람도 있고, 친목만 하는 것이 좋겠다는 사람도 있었다. 창립총회를 앞두고 모임의 정식명칭인 '공안견찰과 정치떡찰을 반대하는 촛불연행자모임'에서 '공안견찰과 정치떡찰을 반대하는'이라는 관형구를 빼자는 의견이 나왔고, 총회에서는 '촛불연행자모임'을 정식명칭으로 하되 관형구를 일상적으로 사용할 수 있다는 타협안이 통과되었다(발표글 7). 그리고 연행자들은 대부분 앞장서는 사람들이 많았기 때문에 다른 모임에서 중책을 맡고 있는 경우가 많았다. 이 점은 모임의 발전에 원심력으로 작용하였다.

8.15 이후 대규모 저항이 불가능하게 되었을 때 모임의 기조에 대해서 논란이 생겼다. 한편에선 연행자들이 앞장서서 싸우자는 투쟁파가 있었고, 다른 한편에선 싸우려면 다른 투쟁조직에 가서 싸우고 자구적인 사업만 하자는 자구파가 있었다. 이때 우리 모임의 결론은 공존하자는 것이었다. 투쟁파와 자구파로 갈리지 말고 서로 비난하지 말고, 싸울 사람이든 싸우지 않을 사람이든 서로 불편하게 대하지 말자는 것이었다. 겉으로는 잠잠해졌지만 이 갈등의 골은 깊었다. 침묵하는 다수, 눈팅만 하는 다수의 의지는 무엇이었을까?

인권팀장 사건

8월 하순 당시 우리 모임에는 우리 모임의 고문으로 위촉을 받은 민변의 변호사들이 운영하는 법률상담게시판이 있었다.[15] 그런데 어느 날 대책회의 인권팀장이라는 자가 제멋대로 상담에 답하는 글을 올리고 있었다. 마치 남의 병원에 가서 의사가 자리를 비운 사이에, 의사 자격도 없는 사람이 의사의 허락도 받지 않고 의사인 양 진찰을 하는 것과 같았다. 당연히 사리를 따져서 예의를 지킬 것을 요구했지만,[16] 자기도 상담할 권리와 자격이 있다는 둥, 무슨 인권탄압이라면서 필자의 독재 하에 신음하고 있는 연행자모임을 반드시 구출하겠다는 의지를 밝혔다. 이런 깽판에 호응하여 연행자도 아니면서 시민단체 출신인 모 회원이 필자가 1,800개나 되는 대책회의에 대든다는 등 소란을 멈추지 않았다. 인권팀장의 소란은 너무나 예의가 없고 몰상식했기 때문에 많은 회원들의 비판을 받았다.[17] 이 사안은 자주적 조직에 대한 침해이고 참으로 권위적인 작태였다.

15_ 초대 고문은 용산경찰서에서 인연을 맺은 김종훈 변호사였다. 김변호사는 머슴단의 일원이자 법률사업팀장으로서 모임에 열성적으로 참여하였고, 법률게시판의 게시판 지기이기도 하였다. 변호사들이 운영하는 법률상담게시판 외에 가벼운 법률상의 고민을 나누기 위해 법률지식이 있는 회원들이 운영하는 별개의 게시판이 따로 있었다. 김변호사의 후임은 이준형 변호사였는데, 연행자후원회에도 운영위원으로 참여하고, 가투파와 함께 도심에서의 운동회(가투를 말한다)에도 앞장서는 등 열정이 남달랐다.

16_ 당시 필자가 요구한 것은 글의 자삭과 자퇴였다(발표글 6).

17_ 우리 모임에서는 항상 모든 회원들에게 의견의 자유 심지어 비방과 모략중상을 할 수 있는 자유까지 끝까지 보장되었다. 모임을 비방하는 회원이 있을 경우에는 머슴단 회의의 결정으로 특별히 '청문회방' 등을 개설하여 비방의 자유까지 끝까지 보장하였다. 인권팀장과 모 회원은 깽판칠 자유까지 마음껏 누리다가 자퇴하였다. 이 점과 관련하여 언소주에서 집행부에 반대하는 의견을 개진한 회원 600여 명을 강퇴시킨 것은, 설령 그들이 삼성의 프락치라고 하여도 민주적 조직에서는 있을 수 없는 일로 생각하였다. 그들이 제기한 비판 중에는 부당하고 비열한 행동도 있었겠지만, 그렇더라도 이를 회원들과 공유하면서 집단지성이 발휘되도록 하지 못한 점은 안타까운 일이었다. 물론 집단지성이 반드시 관철되리라는 보장은 없다.

그리고 이때부터 필자가 빨갱이라는 소문이 나돌고, 모임의 안과 밖에서 필자와 우리 모임이 빨갱이이고 너무 투쟁적이라는 비난이 끊이지 않았다.[18] 모임의 사업과 투쟁에 앞장서지 않는 회원 7-8명이 안티 빨갱이 회합을 가진 것도 이 무렵의 일이었다. 모임이 애국촛불전국연대와 민민연의 지지파로 갈린 것도 이때부터였고, 투쟁파와 자구파의 갈등이 표면화된 것도 이때부터의 일이었다.

> 침묵하는 다수와 투쟁적인 소수가 함께하는 길은 무엇이겠습니까? 비록 앞장은 서지 못하더라도 앞에서 투쟁하는 사람에게 박수치고 지지하는 사람 심지어 침묵하는 사람들은 하나의 모임에 함께할 수 있습니다. 그러나 투쟁을 하는 사람이 소수일지라도 투쟁을 안 하는 조직으로 하자든지, 혹은 투쟁을 비난하고 방해한다면 그분들은 이 조직을 떠날 수밖에 없습니다. 바로 이것이 조직을 깨지 않는 우리의 정체성입니다. 투쟁하는 사람도 당당히 함께할 수 있을 때 이 조직은 깨지지 않고 또 존재가치도 있을 것입니다. 이러한 정체성에는 형식적 다수결은 의미가 없습니다. 소수가 함께할 수 있느냐 없느냐의 문제기 때문입니다. 마찬가지로 대책회의를 혐오하는 사람이 함께할 수 있는 길은 대책회의에 대한 분란이 없어지는 것 외에는 길이 없습니다. 이 점에도 형식적 다수결은 의미가 없습니다. 왜냐면 대책회의와 함께하겠다고 하는 순간 그 결정을 받아들일 수 없는 소수는 이 모임을 떠나야 하기 때문입니다(발표글 6).[19]

18_ 노무현 서거 시에도 영정을 게시하지 않았다고 '연행자모임, 이 빨갱이 새끼들'이라는 공공연한 비난글이 올라왔고, 연행자후원회가 운동권과 빨갱이 조직이라는 비판은 계속되었다. 초대 대표였던 필자 이후 2009년 말까지 1년 6개월 동안 소위 좌파나 진보 성향의 대표란 5기 때 순환제 의장을 한 달 정도 맡은 대학 졸업반이었던 N 동지나 청년백수였던 J 정도였다.

19_ 필자는 인권팀장이 깽판을 치기 시작한 지 불과 3-4일 만에 이런 글을 올릴 수밖에

촛불카페들은 2008년 가을이 전성기였다. 아직 열정이 살아 있을 때 양적이고 질적인 성장을 했어야 했고 그 점은 우리 모임도 마찬가지였다. 하지만 생긴 지 한 달 반밖에 안 되는 모임을 인권팀장이 흔들어버린 뒤 후유증은 참으로 컸다. 모임을 앞장서서 맡을 사람이 없었다. 간신히 한 사람이 나섰지만 한 달도 못되어 그만두고 2008년 말까지 대표가 공석이었다. 머슴들은 투쟁적이고 열의가 있었지만 모임은 표류하였고 카페는 활기를 잃어갔다.

정식재판 청구운동

모임에서는 카페가 개설되자마자 7월 하순부터 단호한 정식재판 청구운동을 선동하였다.

> 얼마 전 떡찰이 연행자들에게 100~300만 원의 벌금을 물리겠다는 개수작을 한 바 있었습니다. 정식재판만 청구해도 몇십만 원으로 줄어들 뿐만 아니라, 검찰조서 작성과 1심, 2심을 거치면 최소한 6개월 후에나 부과될 것이 분명한데도, 이 시점에서 떡찰이 이런 발표를 한 이유는, 연행자들을 도발하려는 것이 아니라 촛불에 참여하려는 시민들에 대한 위협이 목적임은 분명할 것입니다.
>
> 우리가 촛불을 든 것은 이 나라의 민주주의를 회복하기 위해서였듯이, 연행자들 또한 떡찰의 이러한 범죄적 도발에 대하여 결코 굴복하지 않고 끝까지 싸워 이길 것입니다. 우리가 모인 것은 벌금을 적게 내고 벌금을 깎기 위해서

없었다. 대책회의에 대한 혐오는 촛불들의 기본정서인데, 갑자기 대책회의를 편드는 글이나 앞장서는 사람들의 투쟁성을 비판하는 글들이 올라오는 것은 희한한 일이었다. 필자는 이 분란에 대한 책임을 지고 창립총회 때에 대표직을 사퇴하겠다고 밝혔다.

> 가 아니라, 부당한 공권력에 맞서서 무죄를 주장하고 쟁취하기 위해서입니다. 법정에 섰을 때 우리는 결코 온정을 구걸하지 않고 무죄를 쟁취하고 헌법정신을 관철할 것입니다(발표글 5).

연행자가 발생하면 주말과 밤낮을 가리지 않고 연행자들의 접견을 해왔던 민변에서, 9월 말 촛불연행자들의 정식재판 무료변론을 결정하였다. 참으로 고마운 결정이었고, 우리 모임도 적극 홍보와 안내에 나섰다. 총 1,300여 명의 연행자 중 700명 가까운 사람들이 정식재판을 청구하였다. 이 과정에서 많은 변호사들이 참으로 헌신적으로 촛불과 결합해주었다.

애국촛불과 민민국

그 무렵 애국촛불전국연대와 민생민주국민회의(민민국)의 결성이 추진되었다. 두 조직 모두 민족주의나 애국주의의 경향이 강했지만 양자는 질적인 차이가 있었다. 애국촛불은 촛불조직들의 자주적인 연대체였지만 민민국은 사실상 대책회의가 촛불에 대한 영향력을 갖기 위해 명망가들을 앞세워 간판만 바꿔 단 것이었다. 투쟁의 발목이나 잡았던 대책회의가 "촛불이 투쟁 일변도로 가두에 나섰기 때문에 패배했다"는 인식을 깔고서, 무슨 촛불을 계승한다면서 민생운동 즉 민생을 주장하는 시민운동을 하겠다는 것은 기왕의 촛불항쟁에 대한 아무런 반성도 없이 촛불들의 자주적 운동을 낡은 틀로 가둬버리는 것과 다름없었다.

> 이명박에 반대하는 모든 세력을 결집해야 된다면서(조직노선), 신자유주의에 반대한다는 슬로건은 도저히 함께할 수 없다는 온갖 시민단체와 신자유주의 세력인 민주당까지 끌어모아 자칭 국민적 지도체를 자임하면서(정치노선), 모든 국민이 편하고 즐겁게 참여하는 무슨 페스티발이나 소비자 운동이나 하겠

다는(투쟁노선) 민민국은, 촛불의 투쟁과 성장에 도움을 주기는커녕 또다시 촛불투쟁을 방해하고 억제하는 힘으로 작용할 것임이 분명하기 때문에, 결코 촛불의 연대 대상이 될 수 없습니다. … 애국촛불시민연대에 대하여는 일단 자주적인 촛불들의 연대를 추구하고 있다는 점에서 긍정적으로 생각합니다. 다만 그 주된 의제가 (정치노선) 우리 사회의 대다수 구성원들이 고통을 받고 있는 신자유주의나 비정규직 문제를 전면에 내세우지 않고 뉴라이트 반대나 친일파 청산을 중심에 놓고 있는 점이 촛불의 다양성이나 당면과제에 대한 실천을 협소하게 만들 우려가 있습니다(발표글 10).

민민국은 '시즌2'를 운운하며 청계광장에서 '민주주의 페스티발'[20]이라는 행사를 한 것과 기왕의 시민압력운동단체들처럼 기자회견운동을 한 것 외에는 운동의 성장에 아무런 도움이 되지 못했다. 그럼에도 애국촛불과 경쟁하면서 촛불조직을 줄세우려는 작태는 개탄스러웠다. 연고를 앞세우며 촛불조직들에 개입하고 영향력있는 사람들을 포섭해가는 것은 자주적 조직들을 분란에 빠뜨리는 경우가 많았다.[21]

20_ "진보연대와 참여연대가 주축이 된 상층명망가 중심의 단일연대체를 제안하면서 10/25 민주주의 페스티발을 제출하고 있는바, 촛불조직에 연대를 제안한 취지문에는, '촛불은 대규모집회와 거리투쟁'만을 고집함으로써 일반 국민들로부터 고립되고 위축되었기 때문에 '국민 모두가 편안하게 참여하고 즐길 수 있는 축제가 필요하다'고 밝히고 있는 것에서 알 수 있듯이, 기왕의 안기부와 함께하는 통일축제라든지, 국민과 함께하는 노동운동류의 이벤트 운동으로 자기 존재의 명맥과 위상을 되찾으려는 시도를 하고 있음"(발표글 8).

21_ 초기에 우리 모임이 만든 정식재판청구운동의 웹자보의 연락전화번호가 회원도 아닌 U의 것으로 되어 있었다. U는 민민국이 주최한 페스티발의 실무자 역할도 하였는데, 우리 모임을 대리하여 애국촛불의 회의에 참석한다든지, 촛차나 유모차에 접근하여 대외업무를 대신하기도 하고, K대학 학생회의 내부에도 관여하는 등 정체를 종잡을 수가 없었다.

저항들

검찰은 2008년 10월 1일과 2일 양일간, 촛불집회 불구속 입건자 700여 명을 송치 받아 그 중 90여 명을 50만 원에서 300만 원까지의 벌금형으로 약식기소를 했다.

우리 모임은 10월 7일 프레스센터에서 '단 한 푼도 낼 수 없다. 우리는 저항한다!'는 기자회견을 열었다. 약식명령에 대한 불복과 정식재판의 청구, 폭력경찰에 대한 고소 및 고발, 헌법소원 등의 방법을 통해 끝까지 불복투쟁을 펴나갈 것이며, 최악의 경우 3심이 끝나서 벌금이 최종 확정될 경우에도 '단 1원도 낼 수 없다! 우리는 저항한다!'는 슬로건을 내세워 벌금납부 거부운동을 전개해 나갈 것을 밝혔다. '대박이 났다'고 할 만큼 언론의 관심도 뜨거웠고 동지들도 고무되었다.

10월 18일에도 탑골공원 앞에서 기자회견 후에 '촛불형사처벌 규탄 및 집회/시위 자유 쟁취 결의대회'(제1차 촛불연행자대회)를 가졌다.[22] 각자가

22_ 이날 결의된 요구사항은 "1. 촛불집회 연행자들은 양심에 비추어도, 도덕에 비추어도, 법에 비추어도 죄가 없다. 검찰은 촛불집회 연행자에 대한 약식기소 및 조건부 기소유예를 즉각 중단하고, 모두 불기소 처분하라! 2. 이미 집시법의 일부 조항에 대해 위헌제청이 받아들여진 상태이며, 집회 시의 가두행진은 형법 제 185조의 적용 대상이 아니다. 법원은 약식 기소된 촛불 시민 90여 명에 대한 약식명령을 즉각 기각하라! 3. 헌법파괴 인권유린도 모자라, 집회·시위의 자유와 양심의 자유마저 원천 봉쇄하고 전방위적 촛불 표적수사와 공안탄압, 벌금공세, 사상교육까지 자행하는 경찰청장 어청수와 검찰총장 임채진은 즉각 사퇴하라! 4. 죄를 지은 사람은 촛불을 든 민주 시민들이 아니라, 지금까지도 국민들을 기만하고 IMF보다 더 어렵다는 서민들은 내팽개친 채, 금산분리 완화와 종부세 완화를 포함한 1% 부자들만을 위한 감세정책을 펴고, 이에 반대하는 시민들을 탄압한 이명박 대통령이다. 이명박 대통령은 당장 국민들 앞에 무릎 꿇고 백배 사죄하라! 그리고 대선 전의 공약처럼 경제를 살리고 빈부격차를 해소시킬 생각이 없다면, 지금이라도 당장 청와대를 떠나라!"

받은 약식명령장을 찢어버리고 집회를 마친 후 '이명박은 물러나라'를 외치며 청계광장까지 당당하게 가두행진을 했다. 많은 시민들이 환호했고 서로 고무되었다. 2기 머슴단은 굉장히 열성적이고 추진력이 강했다. 어청수를 꿇어 앉히고 달걀세례를 퍼붓는 퍼포먼스를 비롯해 약식명령장을 찢어버리는 행사 등 모든 프로그램과 출연자 그리고 기자회견문과 발표자를 치밀하게 준비했다.

우리 모임의 강력한 반발 때문이었는지는 모르지만 검찰은 11월에 들어 전원 기소방침에서 후퇴하여 경미한 연행자들에게는 '법 체험 프로그램'을 이수하는 조건으로 불기소하겠다는 양보안을 내 놓았다. 4시간의 법질서 교육과 4시간의 교통정리에 참여하는 내용이었는데 200~300명 정도가 혜택을 보았다.

모임에서는 '법 체험 프로그램'에 대해 타협적이라고 거부해야 한다는 의견도 많았지만, "기소유예와 법률체험프로그램의 수용을 선택받는 경우에는 개인의 결단에 맡겨야 된다"(발표글 11)고 정리되었다.

투쟁과 학습

모임에서는 8월 하순에 여성회원들을 위한 별개의 게시판을 만들어 '촛불마녀군단'으로 규합하였다. 대찬 여성전사들이 참 많았다. 그해 가을 연행자모임의 많은 동지들은 밤거리를 흔들었던 투쟁에 함께했다. 기륭전자는 물론이고, 홍대, 대학로, 강남역 등에서 전개되는 운동회(가두투쟁)에 빠짐없이 참석하여 즐겼다. 촛불마녀군단을 포함하여 20여 명 남짓한 동지들이 고정 멤버였다. 기륭에 갔을 때는 전체 촛불 중[23] 10%는 우리 모임의 회원

23_ 촛불시민이 가장 많았을 때 200~300명으로 추산되었다.

들이었다.

용산투쟁 때는 경찰들에게 깃발을 뺏기기도 하면서 13~14명의 동지들이 전철비를 아끼지 않고 끝까지 시내 구경(게릴라 투쟁)을 했고, 명동에서 열린 야간 체육대회(투석전)에는 단체로 참가했다. 2009년 8월 말 용산범대위가 서울광장을 탈환한 후 경찰에게 포위된 50여 명 중에는 평화행동단 20여 명과 우리 모임의 동지들 10여 명도 함께했다.

2008년 겨울에 접어들자 동력이 떨어지기 시작했다. 그 겨울에 지난 여름을 평가하고 앞으로의 방향을 잡는 사업이 필요했다. 학습이 필요했다. 우리 모임에서도 여러 번 학습조를 만들려고 시도하였지만 성과가 없었다.[24]

24_ 당시에 내부학습이 가장 잘되고 있는 곳은 대운하나 의료보험 등을 의제로 하여 학습조를 운영한다든지 강연회를 개최하는 강남촛불이었다. 워낙 인재도 많고 단결도 잘되었다. 젊은 사람들과 나이 먹은 사람들 그리고 여성과 남성이 이루는 적절한 조화가 큰 힘인 것 같았다. 학습조가 안 꾸려지는 상황에서 필자는 『소유냐 존재냐』, 『세계는 왜 굶주리는가?』, 『G8을 말한다』 등 양서라고 생각되는 책들을 5권이나 10권씩 주문하여(총 50여 권), 필자를 찾아오는 사람들이나 집회장에서 나눠주기도 하고, 때로는 정치조직에서 나오는 신문이나 팸플릿 등을 돌리기도 했지만 토론으로 발전하는 경우는 없었다. 한편으론 작은 실천이라도 긍정적인 측면이 있는 경우 애정을 보이고 격려를 했는데, 특히 공안탄압반대를 기조로 하여 평화행동단에서 발행되는 '독재신문'을 높이 평가하고 지원했다. 언론과 관련된 운동에는 광고주압박운동이나 진알시와 같은 꾸준하고 큰 운동이 있었지만, 운동의 형태면에서 볼 때, 독재신문은 대중의 자기 언론 즉 독립언론(inde-media)이란 측면에서 격려될 필요가 있었다. Inde-media 운동은 미국과 유럽에서 활발한데, 반세계화 투쟁이나 반전운동과 인권운동 등에 많이 기여하고 있다. 그리고 필자는 사적으로는 진알시 활동가들에게 가장 큰 애정을 느꼈다. 작은 실천이지만 매주 일요일 자기 시간을 희생하면서 꾸준히 실천하는 그 헌신성 앞에선 절로 머리가 숙여졌다. 우리 모임에는 진알시의 핵심적 활동가인 희망새, 올챙이 등이 결합하고 있었다. 이들은 진알시 활동만이 아니라 전투적인 실천에서도 타의 귀감이었다.

2009년 여름 출소자들을 중심으로 '청계마을 사람들'[25]이란 토론소모임이 만들어졌지만, 일부가 구속자모임을 별도로 추진함에 따라 성과를 거두지 못했다.

촛불전담변호사 모시기 운동, 연행자/구속자 챙기기 사업, 연행자 콜 전화의 운영

연행자모임은 연행자들의 단결과 저항을 위한 단체이지만, 연행자라는 특수성 때문에 연행자모임이 해내야 할 특별한 몫이 있었다. 정식재판청구운동이나 연행자와 구속자의 면회 그리고 연행자 콜번호의 운영 등이 그것이다. 취약한 조직역량 때문에 우리 모임이 자기 역할을 충분하게 해내지는 못했지만 연행자들에게는 큰 의지처가 되었다.

2008년 5월 29일부터 6월 3일까지 민변은 '미국산 쇠고기 수입고시에 대한 헌법소원'을 위한 '국민소송 청구인단'을 모집했고, 10만 명이 넘는 폭발적인 참여가 이루어졌다. 민변은 9월 말 이때 남은 소송비용을 연행자들의 무료변론에 쓰기로 결정했다. 사건 당 기본 30만 원의 예산은 인건비는커녕 복사비와 교통비에도 못 미칠 정도였다. 여기에 가투 시의 '인권법률감시단'의 운영과 주말마다 심야에 발생하는 연행자들의 접견까지 실시했다. 이 모든 것은 회원 변호사들의 헌신과 희생으로만 진행될 수 있었다.[26] 2009년이 되자 무료변론 사업은 1심의 절반도 진행되지 않았는데

25_ 청계마을이란 서울구치소가 있는 청계산에서 따온 이름이다. 당시 머슴단의 절반은 구속자였다.

26_ 촛불시민들에게 가장 사랑과 신뢰를 받은 단체는 민변이다. 촛불항쟁에서 법률 전문가들의 진보적인 사회운동단체인 민변은 돋보이는 헌신성으로 대중운동과 결합하는 모범을 보여주었다.

2심까지 맡는다는 것은 예산상의 문제도 심각했고 회원변호사들도 너무 지쳤다. 민변은 이러한 상황에서 용산투쟁 연행자들은 배제하고 2008년 촛불항쟁 때 발생한 연행자들의 1심 무료변론만 책임있게 마무리하는 것으로 결정하였다.

그동안 정식재판청구운동을 선동해 온 우리 모임으로서는 심각한 상황이었다. 그리고 용산투쟁이 시작되자 연행자와 구속자가 속출했다. 용산투쟁의 연행자들도 포함하여 2심까지 무료변론을 추진하고 특히 새로 발생하는 구속자에 대한 법률지원과 부상자들에 대한 뒷바라지가 필요했다. 우리 모임은 민변에 호소했다. 결국 민변의 결단으로 2008년 촛불연행자의 2심 무료변론이 결정되었다. 너무도 고맙고 미안한 일이었다. 희생과 헌신은 민변의 변호사들이 하는데 민변의 파트너로서의 우리 모임은 안정적이지 못하여 홍보사업에조차 큰 도움을 주지 못한 것도 사실이었다.

용산투쟁이 격화되자 우리 모임은 연행자와 구속자의 면회사업에 앞장섰다. 우리 모임이 나서기 이전에 이미 구속자를 많이 낸 애국촛불에서는 면회투쟁을 결의하고 거의 매일 면회를 다니고 있었고[27], 출소한 후에 매주 면회를 다니며 영치금을 넣어주는 홍길동삼촌과, 하루에 한 사람만 면회가 되기 때문에 출소 후 10여 일 동안 매일 서울구치소로 면회를 다녔던 이진숙 동지[28]도 있었다. 그 외에도 영치금을 조용히 후원해 주는 온달과 같은 사람들도 많았다. 우리 모임은 이런 동지들과 함께 매달 면회사업을 조직하여 구속자와 연행자들을 면회하고 영치금을 넣었다. 영치금은 보통 1인당 5만 원씩 넣었는데, 매달 70만 원 정도가 소요되었다.

27_ 특히 홍순창, 테리, 환, 넥타이부대 등이 열심이었다. 이들은 후원회 사업에도 굉장한 열의를 보여주었고, 우리 모임의 다른 연대사업에도 지속적으로 참여하였다.

28_ 이진숙 동지는 전경들에게 둘둘 만 신문지를 휘둘렀다가 폭행죄로 구속되었다.

이런 사업은 용기와 격려를 주는 사업이기도 하고 그 자체가 촛불의 저항과 단결을 고취하는 사업이기도 했다. 따라서 면회사업도 단순히 위로와 격려만 전하는 과정이 아니라 저항의 관점에서 볼 필요가 있었다. 하루에 한 명만 면회할 수 있는 규정은 무력화할 필요가 있었다. 도로교통법을 다 지키면 가투가 안 되듯이, 교도소 규정대로 따르면 큰 시간을 낸 많은 동지들이 보고 싶은 얼굴을 다 볼 수가 없었다. 우리 모임은 갈 때마다 교도소 측에 시비를 걸고 소란을 피우면서 '악법은 존중하지 않는다'는 것을 확실하게 보여줬다(발표글 12).

우리 모임은 용산투쟁이 격화되자 연행자 콜전화를 운영했다. 연행자가 주로 발생하는 주말과 심야에는 민변에 전화 받을 사람이 없었기 때문에, 연행자 발생을 콜전화로 접수하여 민변 사무처의 변호사들에게 전달했다. 이 과정에서 심야나 다음날에 접견할 변호사가 제때에 수배가 안 되면 사무처의 송상교, 설창일, 서선영 변호사 등이 휴일을 포기하고 접견하는 경우도 많았다. 한편 모임에서는 인적사항이 파악이 안 되면 면회도 안 되고 영치물도 넣어줄 수가 없어서, 막상 경찰서에 갔다가도 허탕을 치거나 변호사가 오기를 기다리는 경우도 많았다.

콜번호가 생기자 약식명령을 받은 연행자들이나 소환자들의 상담이 많이 들어왔다. 사소한 애로사항이나 궁금증을 '같은 촛불'에게 물어보고 수사에 대응하는 비법을 공유하는 것도 당사자들에게는 큰 힘이 되었다.

촛불연행자후원회

겨울이 되고 촛불이 잦아들자 탄압이 극심해졌다. 채증자료를 바탕으로 소환자와 구속자가 늘어갔다. 용산참사가 일어나자 연행자와 구속자가 속출하였다. 특히 구속자들의 법률지원문제가 심각했다. 모금운동의 필요성이 제기되었고(발표글 11), 모금사업에 대한 기본입장과 후원회 결성을 추진한다는 방침은 오랜 논의 끝에 2009년 3월 8일 제3차 총회에서 통과되었다(참고자료 8).[29]

그러나 1월 말부터 타 카페에서 연행자와 부상자를 위한 모금운동을 시작하면서 문제가 꼬였다. 모금운동이란 목적과 주체, 관리방법이 적절하고 신뢰와 권위가 있어야 한다(발표글 11). 작은 금액으로 해결될 일도 아니고 돈이라는 게 자칫하면 잡음이 나기 마련이라 신중하고 체계적인 접근이 필요했다. 이 문제는 자주적 조직 간에 대의를 확인하고 합리적인 대화나 토론으로 해결책을 찾을 필요가 있었다. 대화를 위해서 상대방 카페의 운영진에게 공식적인 답변을 요구하는 비공개 의견서를 보냈지만 묵살되었다. 상대 조직에 대한 최소한의 예의도 없이 진행되는 상황은 모임 내의 여러 사람들을 강경하게 만들고 상대방 카페에 가서 설전을 벌이는 경우도 생겼다. 아고라에 공개적인 입장을 밝히는 것으로 결정이 되었지만 다시 한 번 최선을 다해서 대화로 풀어보기로 하여 물밑 대화가 추진되었다. 이런 과정을 거쳐 2009년 2월 하순 연행자모임과 안티엠비, 촛불시민연석회의, 평화행동단, 예비군, 인권단체연석회의 등이 참석한 초동회의[30]가 꾸려졌다. 회의가 시작되자 한 여성동지가 안티엠비를 대표해 안티엠비의 자주적 사업을 존중해야 한다는 입장을 강하게 주장했다.[31] 하지만 연행자

29_ 필자는 이 총회에서 평회원으로서 머슴단에 책임을 지는 모금사업팀장을 자원했지만, 모임의 사업에 결합하는 회원은 몇 사람밖에 안 남은 상황이었다.

30_ 이날 촛치는 바빠서 못 나왔고 유모치는 주부들이라 회의에 참석할 수가 없어서 위임을 했는데, 회의보고와 진행사항은 그 뒤로도 빠짐없이 전달되었다.

31_ 한편 모 카페에서는 후원회의 매체사업에 불만을 품은 사람들이 "필자가 촛불의 적이고 이명박의 프락치"이고 "깨부수고 끌어내리자"고 선동할 때, 이들과 환상의 콤비가 되어 이날의 회의에서 이 여성동지를 '당신'이라고 호칭하는 것을 "두 눈으로 똑똑히

를 위한 모금사업을 개별 카페가 진행할 것이 아니라 전체 촛불들이 함께 해보자는 것과 공신력있는 기구를 만들어 추진하자는 연행자모임의 입장은 다른 참석자들 전체의 공감을 얻었고, 여러 번의 회의를 거쳐 촛불시민연석회의와 안티엠비도 함께하는 기획단으로 발전되었다. 4월 초에 연석회의와 안티엠비의 공식적인 동의를 얻어 촛차, 유모차, 예비군, 그리고 연행자모임 등 6개 모임의 공동명의로 공청회를 열었다. 그러나 안티엠비와 연석회의 내부에서는 독자모금론을 고수하거나, 혹은 연석회의의 하부사업팀으로 진행해야 한다는 사람들이 많았고, 누구 마음대로 공청회에 이름을 올렸느냐고 항의하는 사람들도 있었다.[32] 이런 곡절 끝에 6월 중순에야 촛불연행자후원회 준비위원회가 출발할 수 있었다. 후원회에는 우리모임과 예비군, 촛차, 유모차가 함께 집행위원회를 맡게 되었다. 집행위원회는 심의의결기구인 운영위원회[33]의 감독을 받는 구조였다.

당시에 촛불에 앞장섰던 사람들은 경찰의 표적이 되어 있었고 연석회의와 애국촛불에서 많은 구속자들이 나왔다. 많은 모임의 카페지기들이 불안

보았다"며 "전체촛불을 위해 필자를 반드시 끌어내리겠다"고 공공연히 맹세하고 혼신의 힘을 다해 적개심을 호소한 사람도 있었다. 기껏해야 사적감정 때문에 동지를 중상모략을 하면서도 정의를 부르짖는 이들의 행동에서는 최소한의 사회적 윤리도 찾아볼 수 없었다. 모 카페에서는 투쟁에 헌신하는 동지들의 뒤에서 온갖 음해와 중상과 모략을 서슴지 않는 이런 유의 사람들이 몇명 있었다. 그들은 촛불의 불행이고 수치였다.

32_ 이들은 연행자후원회가 운동권(혹은 빨갱이)에 치우친 조직이라고 비난하면서, 촛불 자체가 도덕적인데 왜 자기 스스로를 못 믿느냐는 논리를 앞세워 직접 모금하여 직접 집행하는 독자적인 촛불인권운동체를 추진하면서, 2009년 여름부터 똑같은 목적을 가진 연행자후원회와 대립하였다.

33_ 운영위원회는 홍세화, 이학영, 민변의 이준형 변호사 그리고 인권단체연석회의에서 파견 나온 김랑희 동지 등으로 꾸려졌다. 예수살기의 최헌국 목사는 용산투쟁이 너무 바빠 결합하지 못했다.

해하였고 후원회의 '촛불전담변호사 모시기 운동'에 공감을 표시했다.[34] 후원회는 서울구치소로 면회를 자주 갔다. 그 과정에서 후원회에 반대했던 연석회의와 안티엠비의 많은 사람들이 후원회에 호의적으로 바뀌었다.[35] 하지만 시기를 많이 놓쳤고 사업이 탄력을 받지 않았다. 후원회에서 추진한 '촛불전담변호사 모시기 운동'은 소수의 몇몇 사안에만 변호사비를 지원했을 뿐 큰 성과를 내지 못했다.

촛불시민연석회의

조직되지 않은 시민들이 중심다운 중심이 없어서 패배할 수밖에 없었던 항쟁이 끝난 후, 촛불들의 단결과 투쟁을 추진한 두 번의 큰 시도가 있었다. 애국촛불전국연대와 촛불시민연석회의가 그것이다. 연석회의는 2009년 1월부터 '하나되어 함께 가자'는 슬로건으로 촛불들의 단결과 투쟁을 추진하였고, 3월에 40여 개의 촛불단체와 개인들이 결합하여 출범하였다. 연석회의는 용산참사가 일어나자 사고 당일부터 '용산참사특위'를 구성하여 적극 결합하였고, 용산참사 현장인 '남일당' 건물 앞에서 경찰과의 긴장된 대치상태에서 출범식을 결행하였다. 특히 2009년 3월 당시 정권의 탄압으로 살벌한 분위기였음에도 매주 서울역 독자집회를 고수한 것은 용산참사의 불법성을 알려내고 촛불의 저항의지를 살리는 데 적지 않은 의미가 있었다. 하지만 추진하는 사람들도 다양하였고 촛불들도 다양하였기 때문에

34_ 이때 '촛불나누기'의 그날이 많은 도움을 주었다. '촛불나누기'는 촛불카페들의 허브(hub)로, 독자적인 집행역량을 갖지 않고 정보와 사업제안을 공유하는 지금까지 가장 안정적이고 성공한 틀이다.

35_ 이 과정에서 아티젠, 싸울아비, 한글사랑나라사랑 등이 후원회를 지원하기 위해 많이 노력했다.

전체 촛불을 하나로 묶으려는 시도는 무리가 있을 수밖에 없었다. 모두를 한꺼번에 묶으려는 시도보다는 지향이 비슷한 세력들이 먼저 힘을 합하여 투쟁을 전개하면서 신뢰를 쌓아가는 과정이 필요했을 것이다.[36] 연석회의는 분향소 사건[37] 등을 거치면서 불신의 벽을 넘지 못하고 좌초하였다.

36_ 필자는 당시에 조직의 상과 위상과 조직건설의 경로가 무리하다고 생각하였다. "현실의 실천에 대한 답답함으로 새로운 돌파구를 찾아보고자 무조건 뭉쳐서 힘을 합해보자는 정도의 의식이라면, … 잘 되기를 바라지마는 실천과 투쟁 속에서 쌓아 올린 지도력이 아니라 허구의 대표성에 집착하려는 노력은 결국 회의만 남길 가능성이 큽니다"(발표글 14). 처음 제출된 연석회의의 조직구성안에는, 조직과 개인이 함께 참여하는 총회에서 "촛불정신을 대내외적으로 대변할 수 있는 공동대표단을 두며 상임대표를 선출하고, … 의제, 지역, 계층별로 그루핑 과정을 거쳐서 대표성과 지도성을 인정받은 분들을 중심으로 운영위원회를 구성하며, 연석회의와 운영위원회에서 결정된 방향과 사업내용 등에 대한 구체적인 실무를 담당하는" 별도의 집행부서가 있었다(참고자료 6). 특히 "조직을 대표하는" 대표단이 아니라 "촛불정신을 대내외적으로 대변할" 대표단은 압력운동으로 빠질 우려가 있는 대리주의적 표현으로 직접행동이나 직접민주주의와는 결이 다르다고 생각했다. 필자는 이런 비판글 때문에 연석회의와 좀 불편한 관계였지만 나중에 면회를 다니면서 대부분 열정적이고 순박한 사람들임을 알고 많이 친해졌다. 결국 극소수의 사람들 때문에 주장과 실천이 왜곡된 것으로 생각되었다.

37_ 노무현 서거 시 촛불들은 대한문 앞에 시민분향소를 설치하고 고수하였다. 당시 경찰의 침탈을 피해 상황실에서 관리하던 조의금이 일시적으로 특정인에게 맡겨지자, 특정인과 몇몇 사람들은 다른 용도(투쟁자금 등)로 쓰여질 우려가 있다며 독단적으로 민주당에 맡겼고, 이 돈은 나중에 노무현재단에 전달되었다. 당시 서거 정국을 경건과 추모로만 갈 것이냐, 아니면 애도를 모아 저항이나 투쟁으로 갈 것이냐(혹은 영결식 때 한 판 붙을 것이냐)의 입장의 대립이 있었다. 당시에 추모로만 끝나지 않고 저항을 만들어보자고 결정하고 방송차량과 시위물품 등을 준비한 조직은 연석회의뿐이었다. 설령 연석회의가 일부 성원의 미숙함이나 거칠음 때문에 불신을 받고 있다고 하더라도, 조의금을 어떻게 처리할지는 경건추모파와 투쟁파 혹은 연석회의를 포함한 모든 촛불들이 공감할 수 있는 틀(상황실을 포함하여) 속에서 공론을 통해 결정

연석회의에 대하여는 다양한 평가가 있을 수 있겠지만, 연석회의가 운영위원들의 다수가 구속되거나 연행되는 탄압을 받으면서도 서울역 독자집회를 고수한 것과 용산투쟁과 쌍차투쟁에 헌신적으로 결합한 것은 높이 평가해야 할 것이다.

노무현 서거를 둘러싼 갈등

2009년 5월 3일 노무현이 서거하자 추모의 분위기가 대단했다. 촛불카페들은 앞다투어 영정을 내걸었고, '평생 품에 안고 살아가겠다'는 사람들도 많았다. 이런 상황에서 우리 모임에만 영정이 안 걸렸다. 처음 보는 회원이 '연행자모임, 이 빨갱이 새끼들!'이라는 글을 자유게시판에 올렸다. 모 동지가 '추모를 넘어 추앙으로 가서는 안 된다'는 글을 올렸고, '노무현 시절 얼마나 많은 노동자와 농민들이 탄압을 받았는지 아느냐'는 글도 올라왔다. 여기에 열성적인 전 대표[38]를 비롯한 회원 두 사람이 불만을 품고 탈퇴했다. 모임의 분열을 가져올 수 있는 심각한 상황이었다. 이것은 서로가 살아온 경험이 다르기 때문에 발생한 문제였다. 결국 노무현이 아무리 나빠도 초상을 치르는 상황에서 비판하는 글을 올리는 것은 지나쳤다고 정리되었다. 우리 모임이 대중조직이고 다수의 정서가 추모의 감정이라면 존중되는 것이 맞다. 비판글들을 자삭하기로 하고 서둘러서 추모의 입장을 밝히면서 영정을 안 건다고 불만스러워 하는 회원들이 직접 영정을 올리기로 하였다.[39]

되어야 할 문제였다. 결국 지나친 불신과 독선은 추모를 저항으로 발전시킬 수 있는 소중한 기회를 유실시키는 결과를 초래했다. 분향소 사건은 촛불의 한계를 보여준 사건이었다. 연석회의가 불신을 넘지 못한 한계는 또한 촛불들의 한계이기도 했다.

38_ 전 대표는 6차 총회에서 다시 결합하여 머슴단에 합류했다.

DVD 매체사업

후원회가 결성될 무렵 후원회의 사업으로 매체사업이 제기되었다. 촛불투쟁을 DVD로 만들어 모금사업에 활용하자는 기획이었다. 다행히 영상은 훌륭하게 완성되었고, 여러 번의 시사회를 거쳐 2009년 10월에는 성대하게 '촛불영상제'를 치렀다. 사업경험이 없는 촛불들이 서로 힘을 합하여 그것도 여러 단위의 촛불들이 힘을 합해서 큰 행사를 치러낸 것은 중요한 성과였다. 다만 DVD는 원래의 계획대로 후원사업의 매체로 활용되어야 했지만, 제작자들이 DVD를 개인의 성과물로 집착하여[40] 별개의 카페를 만들고 DVD의 무상배포와 영상의 인터넷 공개를 강변하면서 너무 지나친 행동들을 멈추지 않았다. 결국 몇 개월 동안 후원회에 결합한 많은 동지들의 노력과 수백만 원의 예산은 사적 영상의 홍보에 이용당한 결과가 되어 버렸다.[41]

39_ 필자는 이 문제와 관련하여 대중의 정서와 의식성의 괴리가 참으로 심각하다는 것과 이 경우 어떤 방도를 취해야 하는가를 크게 고민하였다. 대중이라는 게 꼭 합리적이라기보다는 감성적인데 그 정서에 굴복할 수도 없지만 그렇다고 정면으로 돌파할 수도 없는 일이었다. 세월이 지나면 의료민영화나 미친 교육(교육의 서열화와 시장화) 그리고 KTX 여승무원과 기륭의 비정규직의 눈물을 흘리게 한 장본인이 노무현이라는 것을 알게 될지 모르지만, 대중은 듣기 싫어하고 받아들이기 싫어하는데 죽은 사람인 노무현을 정면에서 공격하는 것은 효과도 없이 대중의 정서와 괴리만 가져올 것이었다. 이 문제는 현실 속에서 '원칙성'과 '유연성'이 어떻게 조화를 이룰 것인가의 문제였다.

40_ 영상제에서는 당연히 행사의 취지를 얘기해야 했지만, 제작자를 배려하여 작품을 부각시키고자 후원회와 후원사업의 소개조차 하지 않았다.

41_ 이 일은 이미 DVD가 완성되었던 2008년 7월 말부터 충분히 예견된 결과였지만, 내부의 우려와 불만을 무릅쓰고 끝까지 제작자들을 달래고 포용하려 한 필자가 책임질 수밖에 없었고, 이 일로 후원회 집행위원장직을 사임했다.

D인터넷신문

2009년 8월 D인터넷신문이 연행자를 돕겠다면서 티셔츠를 판매했다. 한 달에 3,000만 원어치를 팔아 1,500만 원의 수익을 내고 있는데, 월 200만원을 벌금대납에 쓰겠다는 것이었다. 장사 속이 뻔했지만 촛불전담변호사의 필요성을 얘기하여 두 달 분의 수익금을 이전받기로 하고 인터뷰할 사람들을 주선해줬다. 그러나 약속과는 다르게 월 200만 원씩만의 생색내기는 변함이 없었다. D신문과 갈등이 생겼지만, 모임의 토론결과는 사적 기업이 영리행위를 하는 것을 막을 권한이 없다는 이유로 별도의 입장을 밝히지 않기로 하였고,[42] D신문은 두어 달 뒤 사업을 접었다.

제2차 촛불연행자대회—쌍방향 집회

2009년 3월 제3차 총회에서 모금사업과 함께 가을에 '전국촛불연행자대회'를 추진하기로 결의되었다. 여름이 지나면서부터 연행자모임의 머슴단은 386을 비롯하여, 후원회와 영상제 사업에 합류한 단위들(대부분 연행자들이고 구속자들이었다)과 논의를 계속하였다. 집회의 목적은 연행자들의 단결과 저항의지의 과시였다. 용산투쟁이 시작된 이래 합법적인 집회 특히 촛불들의 집회는 불허될 것이 뻔한 상황에서 공공연한 합법집회를 쟁취하는 것은 큰 의미가 있었다. 불허될 경우 가처분신청을 통해서라도 악착같

42_ 당시에 필자가 제안한 입장글을 밝히자는 안은 물론, D신문 관계자가 모임의 회의방을 볼 수 있는 권한을 제약하자는 안도, 권한의 제약을 위해서는 회원자격의 강등이 필요한데 징계사유가 안 된다는 이유로 모두 1대 7로 부결되었다. 모임이 생긴 이래 논란이 많은 사안인 경우 필자의 제안이 관철되는 경우는 거의 드물었다. 우리 모임은 그만큼 민주적인 토론을 통해서 집단지성을 구현하고 있었다.

이 집회를 열기로 하고 일정에 여유있도록 한 달 전에 집회신청을 하였다. 집회신청은 예상대로 불허되었고 모임은 서울행정법원에 금지통고처분에 대한 가처분신청을 하여 합법집회를 쟁취할 수 있었다.[43]

대회를 위하여 모임은 많은 토론과 준비를 하였다. 이 대회를 연행자모임만이 아니라 이미 후원회의 논의에 참여하는 단위를 포함해서 여러 촛불단위들이 함께 참여하는 연대집회로 추진한다는 것과, 기존의 집회처럼 수동적 관객과 보여주는 무대의 구조가 아니라 대중이 집단적으로 꾸려가는 쌍방향 집회를 중심에 두었다.

집회는 2009년 12월 12일 서울역 광장에서 오후 2시부터 민중의례와 '대한민국은 민주공화국이다' 및 '전과 14범' 노래로 시작되었다. 무대 전면에는 10m×5m의 대형 현수막에 '삽질 쥐박이'의 그림을 배경으로 '이명박 가카 만수무강 기원 촛불대동놀이'로 꾸미고, 무대 아래에는 가로×세로 각 2m의 고사상을 세로로 세웠다. 제기에는 의료민영화나 4대강과 같은 각종 MB정책이 올라갔다. 집회참가자들은 미리 준비한 용지에 '가카'에 대한 악담과 급살을 바라는 간절한 마음을 용지에 써서 고사상에 붙인 후 '퍽 유 (fuck you)'를 먹였다. 가카의 '급살기원 고사문'이 낭독되는 동안 참가자들은 가카의 죽음을 애도하기 위해 두 번 절하고 한번은 고개를 돌려 참지 못하는 기쁨의 웃음을 터뜨려주는 풍자가 있었다. 그 사이 고사상에는 대형 쥐그림이 올려졌다. '명바기 졸개'라고 쓰여진 방패를 든 전경들을 고사상 앞에 세워 놓고 참가자 전원이 악담을 하면서 똥처럼 만든 찰흙을 전경들에게 던졌다. 똥을 다 던진 다음 (실제) 엿을 강제로 입에 먹였다.[44]

43_ 박주민 변호사가 공익소송이라며 작은 비용으로 변론을 맡아 주었다. 집회와 시위는 정당한 권리이므로 가처분 신청이 불허되더라도 실력으로 밀어붙일 작정이었다. 이것이 올바른 투쟁의 관점이다. 투쟁은 허락받고 하는 것이 결코 아니다.

44_ 이 프로그램은 집회 참가자들 전원이 두 패로 나뉘어 실전을 방불케 하는 가투를 한

고사상의 대형 쥐에게도 욕을 하면서 똥을 던졌다. 다음에는 출소자들에게 '공권력 우롱대상' 수상식과 상패전달식을 했고, 마지막으로 1m 크기로 확대한 약식명령장을 여러 개 만들어 찢어버리고, 모두가 어깨걸고 '함께 가자 우리 이 길을' 부르면서 끝을 맺었다. 집회는 감동적이었다.

집회의 중간중간에 외쳐진 구호는 '이명박은 물러가라!' '한 푼도 낼 수 없다. 연행자를 사면하라!' '촛불은 무죄다. 연행자를 사면하라!' '살인진압 웬 말이냐, 용산참사 해결하라!' '3,000쪽을 공개하라!' '삽질은 재앙이다. 4대강 사업 중단하라!' '747 믿었다가 서민살림 거덜났다!'였다. 준비회의를 수차례 거듭하면서 많은 아이디어들이 쏟아져 나왔고, 여러 동지들이 힘을 합하여 큰 집회를 성공리에 끝냈다.[45]

촛불 실천의 날

촛불조직 내에서 민주주의를 관철하는 것은 대체권력의 맹아 형성이라는 측면에서도 매우 중요하다. 직접민주주의 혹은 최대한의 민주주의를 위해서 함께 알고, 함께 토론하고, 함께 결정하고, 실천하는 과정을 중시하는 새로운

뒤 전경을 때려잡아 엿을 먹이자는 안이 대체된 것이다.

45_ 아무리 쌍방향집회라고 하여도 한 방향의 집회보다는 낫겠지만 집회는 집회일 뿐이다. 평화론과 축제론이 허구인 것은 말할 것도 없지만, 쌍방향이든 한 방향이든 멋진 집회가 중요한 것은 아니다. 집회란 분노를 공유하고 의지를 공유하고 실천을 공유하기 위한 것이다. 즉 형식이나 프로그램의 문제가 아니라 분노와 의지와 실천을 모아내려는 열의에 달려 있다. 이 점에서 '이벤트주의자'들 역시 경계의 대상이다. 이 대회의 기조는 '약올림'이다. 힘으로 이길 수는 없지만 굴복하지도 않겠다는 의지는 조롱과 해학과 풍자로 나타난다. 결국 낮은 단계의 저항으로 그 자체의 미학이 중요한 것이 아니라 오직 본격적 대결을 예비하는 것으로만 가치가 있다.

> 형태의 개방적이고 수평적이고 민주적인 촛불조직을 건설해야 한다는 것과, 자율적이고 자주적인 다중에 기반한 촛불조직들이 승리의 전망을 갖기 위해서는, 각각의 특성에 맞는 헌신체로 전화하고, 이러한 헌신체들이 보다 합리적인 실천을 위해 네트워크와 다양한 형태의 연대를 통한 실천 속에서 신뢰를 쌓아가고, 신뢰에 기반한 역할분담의 강화와 확장 속에서, 승리를 위한 총괄기획의 능력을 갖추게 될 것이다(발표글 13).

2009년 가을 용산투쟁에 동력이 안 붙는 사이 '촛불바자회'나 '김장나누기'와 같은 일회성 행사도 있었지만 전체 촛불들이 모일만한 투쟁의 장이 마땅치 않았다. 그래서 월1회 '촛불 실천의 날'이 제안되었다. 촛불들이 한 달에 한 번씩(가령 매월 셋째 주 토요일) 고정적으로 합법집회를 한다면 전체 촛불이 모일 수 있는 자리가 될 것이었다. 이 계획의 추진단위를 개방적으로 운영하면 많은 촛불카페들도 함께할 수 있고 당연히 상설적인 연대기구가 될 수 있었다. 연대기구 안에서 서로 토론하고 상의하여 실천한다면 촛불의 역량을 강화하는 데도 큰 도움이 될 것이고, 촛불들이 고정적인 집회를 한다면 4대강 투쟁이나 비정규 투쟁, 공영방송지키기 투쟁을 하는 단위 등과 실질적인 연대와 결합을 할 수 있는 틀이 될 수 있었다. 이러한 상설연대체가 성장하여 대중의 신뢰를 받으면 비로소 투쟁의 중심체나 지도체가 될 수 있는 것이다.

당시 연대단위와 함께하는 모임의 개방회의에서 제2차 연행자대회도 여러 단위가 공동으로 추진하자고 제안되었지만, 연행자대회는 연행자모임이 주관하고 '촛불 실천의 날'은 2010년 2월이나 3월부터 전체 촛불이 연대하여 추진하기로 의견이 모아졌다. 이미 합법집회인 연행자대회를 성공시킨 경험이 있기 때문에 조금만 노력하면 월1회 '촛불 실천의 날' 계획은 충분히 성공할 수 있었다.

장엄한 끝장투쟁—노역장 자원과 구출 투쟁

> 촛불투쟁이 소강상태에 있고 MB정권이 기고만장한 이 시점이라고 해서, 연행자들이 숨을 죽이고 단지 돈만 걷으려고 해서는 안 된다는 점은 두말할 필요가 없는 당위이다. 최선의 저항 혹은 슬기로운 저항을 통해서 촛불의 정당성과 촛불탄압의 부당성을 알려내고 투쟁으로 키워내는 작업은 한시도 쉬거나 미룰 수 없는 우리들의 의무이기 때문이다(발표글 16).

'한 푼도 못 내겠다'는 입장에서 정식재판청구운동을 벌인 우리 모임의 기조에서 볼 때 벌금이 확정된다고 해서 모금이나 해서 순순히 벌금을 낸다는 것은 있을 수 없는 일이다. 이 문제는 투쟁으로 돌파하는 수밖에 없다. 바로 이 점이 2009년 3월 제3차 총회에서 모금운동과 연행자대회가 동시에 결의된 이유였다.

벌금 확정자들을 앞세우고 검찰청사나 민주당사(혹은 한나라당사)에 가서 '한 푼도 못 내겠다'는 투쟁을 장엄하게 전개하여 잊혀진 촛불연행자들에 대한 탄압의 부당성을 선명하게 이슈화하는 끝장투쟁이 필요하였다. 이미 2008년 가을에 벌금이 확정되면 몸으로 때우겠다는 사람이 17-18명 정도 되었지만, 설령 의지가 바뀌었더라도 노력하기에 따라서 투쟁의 선봉에 설 노역장 자원조는 꾸릴 수 있었다. 이 제안은 2009년 연초부터 모임 내부에서 꾸준히 토론되었다. 처음에는 도저히 수용할 수 없다며 머슴단을 사퇴하는 동지도 있었고 반대의견이나 회의도 많았지만 반드시 필요한 투쟁이고 결코 무모한 계획이 아니다는 공감이 형성되었다. 그리고 모금이 되더라도 노역장 유치자에 한하여 구출자금을 집행하는 것으로 의견이 모아졌다.

항쟁의 열기가 식고 대부분의 촛불이 집으로 돌아간 시점에서 촛불연행자들에게 최악의 시나리오는 1,000여 명에 달하는 연행자들이 확정된 벌금을 개인의 힘으로 납부해야만 하는 상황을 강요당하는 것이다. 평균 100만 원의 벌금은 20일간의 '노역장 유치'나 '사회봉사'에 해당된다. 대부분의 경우 100만 원 때문에 20일간의 노역장이나 사회봉사를 선택할 수 없기 때문에 어떻게든 돈을 마련하겠지만, 정식재판 청구자의 10%인 대략 70명 정도는 경제적인 어려움 때문에 사회봉사신청을 할 수밖에 없고 이미 신청을 한 사람들이 나오고 있었다. 이 문제를 해결하는 방법은 뭉쳐야 하고 싸우는 수밖에 없었다. 오직 연행자들이 싸우고 있을 때에만 모금이라는 사회적 연대도 실현될 수 있고, 오직 그때에만 벌금을 마련할 수 없는 동지들을 구출할 수 있다. 그러므로 모금운동은 단지 돈이나 걷자고 해서 되는 것이 아니라 오직 투쟁과 결합했을 때에만, 투쟁의 관점을 세웠을 때에만 성공할 수 있다. 이것이 바로 '투쟁의 관점에 선 모금운동'이다. 그 투쟁은 놈들의 양보를 강요해야 하기 때문에 애교 섞인 투쟁이 아니라 비장미에 넘치는 '장엄한 투쟁'이 될 수밖에 없고, 승리를 기약할 수 없지만 포기할 수도 없는 싸움이기에 '끝장투쟁'이 될 수밖에 없다.

이 투쟁은 원래 제2차 연행자대회 때 동시에 진행할 계획이었는데, 야간집회의 위헌심판이 받아지면서 촛불재판이 2010년 6월 말까지 연기되었기 때문에 분리되었다. 하지만 벌금확정자가 나올 때를 기다려 우리 모임이 앞장서는 '장엄한 끝장투쟁'은 꾸준하게 진척되고 있었다. 촛불들이 결합하는 여러 투쟁이 있겠지만, 연행자들이 연행자 문제를 전면에 내걸고 벌이는 투쟁은 그 자체가 촛불의 정당성을 쟁취하는 투쟁이기 때문에 전체 촛불과 연대하여 힘있게 전개할 필요가 있었다.[46]

46_ '촛불 실천의 날'과 특히 '장엄한 끝장투쟁'은 섬세한 감각과 치밀한 기획력과 추진력도 필요하겠지만, 무엇보다도 전체 촛불의 힘을 하나로 모아내는 것이 가장 중요하였다. 그동안 모든 점에서 부족한 필자가 이들 사업을 책임지고 1년 이상 공을 들여왔

나가며

많은 촛불들이 지쳐서 혹은 전망을 잃고 집으로 돌아갈 때, 촛불연행자모임은 '모든 회원들이 서로 상의하고 함께 결정하고 함께 실천하는 민주주의 원칙', 그리고 단결과 연대, 대중노선과 투쟁의 관점을 꿋꿋하게 견지하면서, 자주적이고 민주적인 저항과 투쟁의 공동체(탈대리주의에 입각한 탈권위적 헌신의 공동체)를 건설해 왔다. 비록 성과는 미약하였지만 모든 동지들이 마음과 힘을 합한 그 노력은 결코 가볍게 평가될 수 없을 것이다.

지만, 2009년 12월 이처럼 '연대'가 핵심인 사업에 필자가 적임자가 아니라는 판단에 따라 이들 사업에서 물러났다. 필자가 보기에 혼자 힘으로는 도저히 벌금을 마련할 수 없거나 부담스러운 사람들은 상상 외로 많았다. 얼마 전에도 벌금 200만 원이 확정된 백철현 동지가 주변에서 모아준 80만 원을 제외한 120만 원에 해당하는 24일간의 사회봉사를 했다. 필자의 무능력 때문에 결국 이들에게 아무런 도움도 되지 못하고 떠나는 것은 참으로 마음이 아픈 일이었다.

제3부
부록

보론 1: 다중 물신론 비판

보론 2: 투쟁의 미학-2008년 촛불과 2016년 촛불의 차이

발표글 모음

참고자료

촛불일지

참고문헌

보론 1: 다중 물신론 비판

이택광과 조정환 논쟁

2009년 4월 조정환은, 2009년 1월에 발간된 『그대는 왜 촛불을 끄셨나요?』(당대비평 기획위원회, 2009)란 책의 일부 필자에 대하여 "논술의 기초조차 파탄 난 이 사고전개 위에 기초한 '무조건적 단어들'의 나열" 운운하면서, "지금 촛불은 … 사회(민주)주의자, 노동자주의자, 급진주의자 등을 포함하는 사회의 모든 영역으로부터 전방위의 공격을 받고 있다. 물대포, 경찰기동대, 전경, 방패, 방망이를 동원한 지난해의 기나긴 촛불사냥에 이어 이제 한국의 온갖 정치세력이 신성동맹을 구축하여 이론의 물대포를 앞세우고 촛불 잔불을 끄고자 총출동하고 있는 시간이 지금이다"는 참으로 황당한 내용의 글을 『미네르바의 촛불』이라는 책으로 발간했다(조정환, 2009: 6, 38).

이에 대해 2009년 5월 『그대는 왜 촛불을 끄셨나요?』의 필자 중의 한 사람인 이택광이 자신의 블로그에 올린 <조정환의 촛불론 책읽기>(09.05.05.)라는 글을 통해, "조정환 선생의 <미네르바의 촛불>을 읽었다. … 좀 실망스러웠다. 정교한 분석이라기보다, 그냥 정치팸플릿을 읽는 느낌이랄까. 누구는 거대한 농담을 듣는 것 같다고 했는데, 그런 면도 다분했다. … <그대는>에 대한 비판은 함량 미달이라는 느낌밖에 들지 않았다. … 결국 책을 관통하는 문제의식이 '자율주의 최고'라는 말로 결론이 나는 것 같아서 아스트랄(황당)했다"면서 소위 이택광과 조정환 간의 촛불논쟁이 시작되었다(이택광, 2009a)

한 달여를 끈 논쟁 끝에 조정환은 학술적 논쟁에서는 보기 드물게 '현실 감각을 분석해보고 싶다'는 까마득한 후배로부터 '뇌내 망상'증 환자로 씹히면서도 끝내 '왜 촛불이 다중인가?'라는 질문에 답을 못한 채로 논쟁은 끝이 났다.

한편 <참세상>에 『미네르바의 촛불』에 대한 서평이 실리자, "어이가 없네", "처음부터 끝까지 헛소리만 나열해 놓은 책", "노빠를 다중이라고 생각하는 남한의 자율주의자들의 해괴한 행태가 노무현의 죽음으로 적나라하게 고발되는 모습을 보게 되네요" 등의 댓글이 달렸다.

그러나 이러한 논쟁과 댓글은 촛불이 다중이 아니라는 데만 초점이 맞춰져 있지, 촛불이 다중이고 다중이어야 한다는 주장이 얼마나 황당하고 반동적인 것인지를 인식하지 못하고 있는 것 같다. 조정환의 촛불 다중론 혹은 다중 물신론을 분석하기 위해서는 그가 기반하고 있는 네그리와 하트의 핵심주장에 대한 검토가 필요하다. 그들은 존재하는 세계가 국민국가가 각축하는 제국주의 시대가 아니라 제국의 시대이기 때문에 국민이나 민중이 아닌 다중이라고 부른다. "촛불봉기의 주체들은 누구인가? … 이들은 국가로부터 쫓겨난 망명자들이며 … 국가 없는 국민은 더 이상 국민이 아니며 새로운 유형의 권력을 창출함으로써만 해방될 수 있는 다수의 사람들인 다중이다"(조정환, 132). 이처럼 다중론은 국민국가쇠퇴론 즉 제국론과 밀접한 연관을 가지고 있다. 이하에서는 네그리와 하트의 『제국』(2001), 『다중』(2008) 그리고 조정환의 『미네르바의 촛불』(2009)을 중심으로 그들의 핵심 개념과 주장들을 살펴볼 것이다.[1]

제국론의 허구

미친 소, 미친 교육 등에 분노한 촛불은 '고시철회'와 '명박퇴진'을 외치며 청와대로 가고자 했다. 그런데 이러한 촛불들의 투쟁을 해롭고 반동적이라고 주장하는 사람들이 있다. 우선 네그리와 하트의 말을 들어 보자.

> 국민국가들—심지어는 가장 지배적인 국민국가들의 주권적 권위는 쇠퇴하고 있으며 그 대신 하나의 초국적 주권형태 즉 전지구적 제국이 출현하고 있다(『다중』, 27).
>
> 오늘날 다음과 같은 '국지적인' 좌파전략의 다양한 형태의 핵심에서 작동하는 추론은 완전히 반동적인 것 같다: 즉 자본주의적 지배가 훨씬 더 지구적으로 되고 있다면, 자본주의에 대한 우리의 저항은 국지적인 것을 방어해야 하고 자본의 가속화하는 흐름에 장애물을 건설해야 한다는 것이다. … 오늘날 이러한 국지적인 입장이 잘못되고 해롭다고 주장한다(『제국』, 81).
>
> 제한된 국지적 자율성을 겨냥하는 기획으로 제국에 저항할 수는 없다. … 들뢰즈와 가타리는 우리가 자본의 전지구화에 저항하기보다는 오히려 그 과정을 가속화해야만 한다고 주장했다(『제국』, 276-277).
>
> 우리는 국민에 의거하는 모든 전략을 그러한 근거에서 거부해야 한다(『제국』, 434).
>
> 더 이상 민중이 기초로서 가정되지 않으며, 더 이상 주권적인 국가구조의 권력을 잡는 것이 목표가 아니다(『다중』, 118).

이러한 네그리와 하트의 주장은 지구화로 인하여 국민국가가 쇠퇴하고 제

1_ 네그리와 하트의 『제국』과 『다중』에 대한 자세한 논의는, 김광석(2008)을 참조하라. 필자가 필명으로 쓴 이 글이 나온 후에 서관모 선생이 동지적인 애정에 입각하여 참으로 소중한 비판을 해준 바 있다.

국의 시대가 도래하고 있으며, 국지적인 기획으로는 제국에 저항할 수 없으니 자본의 전지구화에 저항하지 말고 가속화해야 하고, 국민에 의거하는 전략 혹은 민중에 기초하여 국가권력을 잡는 국지적인 기획은 목표가 아니고, 잘못되고 해롭고 반동적이라는 것이다.

어머나 세상에! 국민국가가 쇠퇴하고 제국의 시대가 도래했다니… 그렇다면 G20에 모인 중국, 러시아, 브라질, 일본 등은 국민국가가 아니고 제국인 미국의 식민지나 제후국이고, 각국의 정상들은 오바마가 임명한 똘만이들이란 말인가?

한 가지만 예로 들어보자. 2008년 촛불의 도화선이 된 광우병 소고기의 수입은 한미 FTA의 4대 선결조건 중의 하나였다. 미국의 사료자본과 축산자본의 이익을 위해 한국국민에게 미친 소를 먹이기 위한 것이 광우병 협상이다. 즉 자본의 이익을 위한 지구화다. 여기에 저항하여 한국국민은 이명박에게 재협상과 퇴진을 요구했다. 즉 국민국가에 기반한 국지적 기획이다. 그리고 촛불시민들이 이명박의 퇴진을 외치며 거리로 나섰을 때 국민국가의 공권력의 탄압을 받았다.

그럼에도 네그리와 조정환은 "한국국민 여러분! 국민국가는 쇠퇴하고 있습니다. 미친 소 수입과 같은 자본의 전지구화에 저항해서는 안됩니다. 촛불시민들이 국민에 의거하거나 민중에 기초하는 전략인 '재협상'을 요구하거나 명박퇴진의 투쟁을 하는 것은 참으로 잘못되고 해롭고 반동적인 것입니다"라고 말하고 있다.

촛불시민들이 국민국가의 공권력인 이명박의 경찰들에게 짓밟히고 있을 때, 혹은 노무현 시절 농산물수입개방을 반대하다가 농민들이 두 명이나 경찰들의 방패에 찍혀 죽을 때, 고매하신 네그리와 조정환은 촛불시민과 농민들이 반동적인 투쟁을 하다가 짓밟히고 맞아 죽었다고 말하는 것이다.

국민국가가 시퍼렇게 살아 있음에도 국민국가가 쇠퇴하고 존재하지도 않은 제국의 시대[2]가 도래했다면서 국민국가와 싸우는 것은 반동이라는 이 허무맹랑한 주관적 관념론이 바로 네그리주의의 실체다. 이러한 네그리의 주장을 조정환은 어떻게 표현하고 있을까?

> 광우병 사태는 국민국가가 전 지구적 자본의 단순한 관리기구로 축소되는 한편에서 미국같은 국가의 경우에는 영토를 넘어서 주권을 행사하는 제국 질서의 모순적 양상을 보도록 만든다(조정환, 2009: 53).
>
> 신자유주의 지구화 속에서 국민국가가 초국적 금융자본, 지구제국의 마디로 형해화되고, … 그러면 다시 와해된 공화국의 재건, 국가재건을 주장해야 되는 것일까? … 오늘날 지구화하는 생산, 삶정치적 생산의 국면에서 와해되는 국가형태의 재건을 통해서 안전보장을 추구하는 것은 가능하지 않다. … 다중은 민중, 인민, 국민이라는 주체성들이 구성했던 안전보장 장치인 국가와는 다른 형태의 공동체를 발명하지 않으면 안 된다(조정환, 2009: 61-62).

이처럼 조정환은 "국민국가가 지구제국의 마디로 형해화되고, 지구화하는 생산의 국면에서 와해되는 국가형태의 재건을 통해 안전보장을 추구하지 말고, 다중은 민중, 인민, 국민이라는 주체성들이 구성했던 (국민)국가와는 다른 형태의 공동체를 발명하자"는 네그리와 하트의 핵심적인 주장을 앵무새처럼 반복하고 있다.

2_ 네그리와 하트가 주장하는 제국은 실체로서의 제국이 아니라 관념으로서의 제국이다. "제국주의적 권력들 사이의 갈등 또는 경쟁이었던 것"은 하나의 현실이었음에도, 이 현실이 '단일한 권력이라는 관념'으로 대체되어 왔다고 주장하면서, 제국으로의 이행이 주권의 '내재성의 평면'으로의 이행(『제국』, 430), 즉 근대주권의 '홈 패인 공간'으로부터 제국주권의 매끈한 공간'으로의 이행(『제국』, 257)이라고 주장하여, … 제국 장치를 '내재적 장치'로 규정함으로써 초국민적 권력장치들에 대한 유효한 공격을 위한 이론적 수단을 제거했다"(서관모, 2009: 140-141).

그런데 그들이 즐겨 인용하는 사파티스타 선주민 공동체마저도 "반군이 장악한 지역조차 … 커피, 수공업제품, 노동력, 목재, 천연자원 시장에서 고립될 수는 없었다. 그들이 살고 있는 지역에서 재배되는 옥수수로는 3개월밖에 연명할 수 없었기 때문이다. 음식, 의약품, 옷 같은 다른 물건들은 시장에서 돈을 내고 구입할 수밖에 없었다. 멕시코 군대는 숲으로 이어지는 도로를 순찰하면서 사실상 선주민 공동체를 감금하고 있다"(하먼, 2009: 16). 사파티스타는 제국으로부터의 탈출은커녕 멕시코 정부와의 협상과 선거개입으로 국민국가 내에서 생존을 꾀하고 있는 중이다. 사파티스타마저도 잘못되고 해롭고 반동적이라는 '국지적 기획'에 몸부림치고 있는 것이다.

2001년 12월 아르헨티나 민중들이 한국의 촛불항쟁처럼 자발적으로 들고 일어나 독재자를 몰아내었을 때 자율주의자들은 조직되지 않고 뭉치지 않은 자생성(자발성)이 위대하다고 칭송했고, "급진좌파의 상당 부분은 사회운동의 자율성이란 미명하에 대통령 선거를 무시하였다. 그 때문에 페론주의를 앞세운" 신자유주의자들에게 정권을 갖다 바친 적이 있었다(캘리니코스, 2009: 242). 존재하는 국민국가와 국가의 변혁을 무시하는 자율주의자들의 이론이 전 세계인의 비웃음거리가 되는 순간이었다.

네트워크 투쟁

온갖 비정규직과 파견직을 양산하고 구조조정을 강요하는 신자유주의적 공세에 대하여 노동계급은 단결하여 싸워야 한다. 그런데 노동자들이 민주노총의 총연맹과 같은 조직으로 뭉쳐서 통일된 투쟁을 해서는 안 된다고 주장하는 사람들이 있다. 네그리와 하트(2008)의 얘기를 들어 보자.

> 더 이상 민중이 기초로서 가정되지 않으며, 더 이상 주권적인 국가구조의 권력을 잡는 것이 목표가 아니다. 게릴라 구조의 민주적 요소들은 한층 더 네트워크 형식으로 확장되며, 조직은 점점 더 수단이 아니라 목적 그 자체가 된다(『다중』, 118).
>
> 중앙집중적 동일성 아래 통일된 투쟁인가 아니면 우리의 차이들을 긍정하는 독립된 투쟁인가 사이에서 하나를 확연히 선택하도록 한다. 다중의 새로운 네트워크 모델은 이러한 선택들 둘 다를 대체한다. … 새로운 전지구적 투쟁 순환은 개방적이고 분산된 네트워크 형식을 취하는 공통된 것의 기둥이다(『다중』, 267-268).

조정환의 얘기도 들어보자.

> 민중에서 다중으로, 당에서 네트워크로, 국가에서 코뮌으로(조정환, 7).
>
> 복수적인 다중들이 그 환원할 수 없는 복수성 속에서 하나의 다중으로 행위할 수 있게 만드는 방법은 이제 이념적 당이 아니라 횡단적 네트워크의 형태에서 찾아지기 시작했다(조정환, 43).
>
> 네트워크주의는 그 특이한 힘들의 어떤 것도 희생하지 않으면서 그 힘들이 공통의 목표를 위해 협력할 수 있는 방법을 찾는 것이다(조정환, 269).

이처럼 네그리와 하트 그리고 조정환은 "중앙집중적 동일성 아래 통일된 투쟁"을 하는 민주노총 같은 조직을 해체하고, 탈모던하게 "개방적이고 분산된 네트워크 형식"을 취하는 메신저질이나 하자고 선동하고 있다.

자율주의자들이 즐겨 인용하는 '아우또노미아' 운동이란 노조를 통하지 않는 '살쾡이 파업'과 같은 것으로 '대장없는 오합지졸'들이 자본가들을 곤혹스럽게 하여 임금인상에 기여했다는 것이다. 하지만 자율주의자들은 그처럼 훌륭한 투쟁이 이탈리아 자본주의에 대하여 손톱만큼의 상처도 주지 못하였다는 역사적 사실에는 함구한다.

노조가 관료적이고 비민주적으로 타락했다면 그 노조를 바꾸면 된다. 자신들이 만든 노조조차 민주화할 수 없으면서 어떻게 세상을 바꿀 수 있겠는가? 뭉치면 위계와 억압이 발생한다는 '과두제의 철칙'을 운운하며 '중심없는' 네트워크질이나 하자는 것은 자본가들과 제국주의자들의 이익을 위해 네그리와 하트가 고안해낸 참으로 악의적인 요설일 뿐이다.

미네르바의 촛불

조정환이 『미네르바의 촛불』을 쓴 목적은 첫째는 촛불과 진보적 지식인들 간의 이간질이다. 둘째는 촛불에 빌붙기 위한 것이고, 궁극적인 목적은 자율주의와 네그리주의를 끼워 파는 것이다. 이 점들을 하나씩 살펴보자.

만약에 누군가가 "지금 남조선에서는 헐벗고 굶주린 촛불이라고 부르는 다중들이 미제의 괴뢰인 이명박 도당에 반대하여 떨쳐 일어났습니다. 촛불다중은 제국과 자본의 세계를 끝장내고 공산주의의 과업을 완수할 창조적 역능을 가진 존재로 무정부주의와 공산주의에 호감을 가지고 있다고 합니다"라고 한다면, 정신병자라고 할 것이다. 그러나 이런 주장은 김정일 위원장이 한 말이 아니다. 조정환의 말을 들어보자.

> 맨 위에 신자유주의 제국의 군주국 미국이 있다 … 이때의 미국은 단순한 국민국가가 아니다. 그 아래에 신자유주의 우파, 그 아래에 신자유주의 좌파가 있다.
>
> 그 아래에 사회민주주의 우파 … 그 아래에 사회민주주의 좌파가 있다. 사노련, 노동자의힘, 노동해방실천연대 등이 이에 속한다. … 이상의 대의주의 정파들에 의해 대의되지 못하거나 혹은 그러한 대의를 거부하는 사회적

존재들이 있다. 이들은 사회학적 차원에서 노동의 공통되기에 기초한다. 이들의 이념은 주권, 자본, 국가, 민족, 사회학적 의미의 계급 등에 묶이지 않는다. 오히려 생명, 삶, 자유, 사랑 등이 이들의 이념을 더 잘 표현한다. 앞서의 대의정치세력에 의해 대의되지 못하는 여성, 아이, 청소년, 노인, 다수의 네티즌 등은 물론이고 촛불봉기에 참가했던 이름 없는 무수한 사람들(이른바 '나홀로파') 중의 상당수가 자각적이든 무자각적이든 이러한 감성에 따라 움직였다. 직접행동주의적 아나키즘과 코뮤니즘은 이러한 경향을 정치화하려는 노력으로 나타났다(조정환, 192-195).

미국과 한국이 단순한 국민국가가 아닌 제국의 군주국이나 제후국이라는 표현이 얼마나 황당한 수작인지는 앞서 얘기했다.

그런데 세상에! "촛불봉기에 참가했던 이름 없는 무수한 사람들(이른바 '나홀로파') 중의 상당수가 대의되지 못하거나 대의를 거부"했다니 … 사회민주주의 좌파에게도 대의되지 못했다면 사회주의나 공산주의에 호감을 보였다는 말인가? 아니면 정상배들을 싹 쓸어버리고 혁명정부라도 세우려고 했다는 말인가? 촛불은 '명박퇴진'을 열망한 것은 사실이지만 자본주의 체제를 부정한 적도 없고 부르주아 대의제 민주주의를 부정한 적도 없다.

촛불의 정치성향은 노사모라고 불리는 노무현 지지자들이나 의료민영화를 굳게 밀어붙인 유시민과 열린우리당으로 대표되는 신자유주의 좌파부터 민주노동당이나 진보신당 등 사회민주주의까지 다양하였지만, 그것은 어디까지나 자본주의나 부르주아 정치체제를 부정하고 이루어질 수 있는 혁명적 대중의 자기지배는 아니었다. 이 점은 촛불 속에 나타난 무수한 민족주의와 애국주의적 담론이나 노무현 서거 시에 드러난 관대한 통치자에 대한 흠모만 보아도 잘 알 수 있는 일이다.

그런데도 조정환은 "여성, 아이, 청소년, 노인, 다수의 네티즌 등은 물론이고 촛불봉기에 참가했던 이름 없는 무수한 사람들(이른바 '나홀로파') 중의 상당수"가 대의주의 정파에 의해 대의되지 않거나 대의를 거부하고 아나키즘과 코뮤니즘의 지향을 드러냈다는 것이다.

용산투쟁과 쌍차투쟁에서 사노준(사회주의노동자당건설준비위원회)을 비롯한 좌파들이 중심적 역할을 한 것은 잘 알려진 사실이다. 비제도 투쟁 정당론과 대체권력론에 입각한 '노동자의힘'의 후신인 사노준은 최근에 사노련(사회주의노동자연합)의 일부와 합하여 사노위(사회주의노동자당건설 공동실천위원회)를 발족한 바 있다. 이런 변혁추구세력을 체제 내에서 활동하는 사회민주주의 세력이라고 하는 것은 참으로 모욕적이고 악랄한 모략중상이다. 모략과 중상은 단결할 줄 모르는 소부르주아 개인주의자들의 고유한 특성이다.

그리고 무슨 직접행동주의적 아나키즘 운운하는데, 2006년 가을 한미 FTA 반대투쟁 때 시위대가 동대 후문에서 차벽에 막혀 있었다. 그때 검정 옷 입은 몇 사람이 대오 근처에서 얼씬거린 적이 있었는데, 한국에서 아나키스트가 대중들 앞에 얼굴을 비춘 것은 그때가 처음이고 마지막이었다. 물론 쇠파이프는커녕 결코 전투적이지 않은 모습으로 ….

"촛불은 가난한 사람들의 삶정치적 자기표현이다"(조정환, 324). "다중은 모두 가난하다"(『다중』, 173). 이처럼 촛불이 다중이고 다중의 정체성이 빈자(가난한 자)라는 것은 네그리와 하트 그리고 조정환의 핵심주장이다. 결국 이 말은 촛불이 분노와 정의감 때문이 아니라 가난해서 거리에 나섰다는 얘기다. 기륭의 비정규직은 자본의 부당한 처사 때문에 싸운다. 단지 가난 때문이라면 노점상이나 식당 종업원으로 취업을 하면 되지 월 80만원도 안 되는 일자리의 회복을 위해서 1,000일이 넘게 노숙투쟁을 할 필요가 없다. 촛불도 가난 때문에 춥고 배고파서 거리에 나선 것이 아니다. 이명박 정권의 부당한 처사에 분노하고 항의하기 위해 싸운 것이다. 모든 투쟁은 이기주의적인 목적이 아니라 부당함에 대한 정의로 싸우는 것이다.

제국의 지배하에 있는 다중인 촛불이 가난 때문에 거리에 나왔고, 무수한 '나홀로파'의 상당수가 혁명적 봉기를 일으켜 부르주아 대의제 정당체제와 정상배들을 쓸어버리고 혁명적인 대중의 자기지배 즉 직접민주주의인 아나키즘과 코뮤니즘를 갈구하는 감성을 가지고 움직였다는 이 황당함!

이 문장을 양심적으로 쓰려면, "촛불은 가난 때문이 아니라 이명박 정권에 대한 분노와 정의감 때문에 거리로 나섰지만, 형식적 민주주의인 87년 체제의 회복을 바랐을 뿐 부르주아 대의제 민주주의를 벗어나려는 꿈을 꿔본 적이 없었다. 촛불은 신자유주의 좌파와 사회민주주의 사이에 있었다. 친미반공도 제대로 극복하지 못한 채, 입으로만 반자본과 코뮤니즘을 외치면서도 지구화와 제국주의 침략전쟁을 찬양하는 자율주의자들은 이명박이나 노무현과 같은 신자유주의 우파나 신자유주의 좌파와 가까웠지만, 착취제도를 부정하고 투쟁하기보다는 보장소득이나 운운한다는 점에서는 사회민주주의 우파에 가까웠다. 실천적 변혁세력인 노동자의힘과 사노련 등은 자신의 깃발을 들고 촛불과 함께 싸웠다. 그러나 조정환 등의 자율주의자들은 국가권력과 싸우는 촛불들의 투쟁이 해롭고 반동적이라고 생각했기 때문에 뒤에서 구경이나 하면서 변혁세력들을 모략중상이나 하기에 바빴다"라고 써야 한다.

그러고 보면 이간질과 모략중상질은 자율주의자들의 특성인 모양이다. 사실상 『그대는 왜 촛불을 끄셨나요?』의 필자들은 촛불 속에서 열심히 싸운 사람들이다. 그들은 촛불을 '운동의 정치'라는 측면에서 "촛불의 주체를 정치적 주체로서 반성하는 작업"(서동진, 2009: 9) 즉 촛불이 넘지 못한 지점을 분석해 보려고 했다. 분석과 비판은 완벽하지 못할 수도 있고 실패할 수도 있다.

그러나 조정환이 "지금 촛불은 … 사회(민주)주의자, 노동자주의자, 급진주의자 등을 포함하는 사회의 모든 영역으로부터 전방위의 공격을 받고 있다. … 한국의 온갖 정치세력이 신성동맹을 구축하여 이론의 물대포를 앞세우고 촛불 잔불을 끄고자 총출동하고 있는 시간이 지금이다"(조정환, 6)고 한다든지, "억압, 냉소, 기만, 환멸을 넘어 촛불이 승리한다"면서 자신만이 촛불의 편이고, 좌파 지식인들이 마치 촛불에 대해 "억압, 냉소, 기만, 환멸"을 보인 것처럼 매도하는 것은 참으로 염치없는 수작이고 명백한 이간질이다. 이런 점들은 <논쟁>(이택광, 2009a)에서 이미 거론된 바이다. 투쟁 속에서 이간질만큼 나쁜 짓은 없다. 그러나 이 정도는 약과다.

동일성과 특이성 그리고 공통성

기륭전자와 성모병원의 비정규직은 KTX 여승무원과 이마트의 비정규직과 결코 단결하면 안 되고 차이로 남아 있어야 한다고 주장하는 사람들이 있다.

자율주의자인 네그리와 하트(2008, 『다중』)의 얘기를 들어보자. "탈근대의 사회에서 비물질노동이 질적인 면에서 헤게모니적"이 되었으며(『다중』, 146), "산업노동자들, 비물질적 노동자들, 농업노동자들, 실업자들, 이주자들 등등은 다중이며"(『다중』, 199), 그리고 "다중은 특이성들의 집합이고, 특이성은 그 차이가 동일성으로 환원될 수 없는 사회적 주체, 차이로 남아 있는 차이를 뜻한다"(『다중』, 135)고 주장한다.

이 나라는 전체 봉급생활자의 절반이 넘는 840만 명이 월 평균 123만원의 저임금을 받는 비정규직인 참으로 야만적인 자본주의 사회이다. 일터의 광우병이라고 부르는 비정규직의 철폐를 위해 비정규직 노동자들이 단결해서 싸우는 것은 당연한 일이다. 비정규직이 단결해야 한다는 것은 그가 어느 회사 어느 공장에 다니든 혹은 산업노동에 종사하든 비물질노동에 종사하든 비정규직이라는 처지의 동일성에 기초하여 단결한다는 것을 의미한다. 그런데 네그리와 하트의 주장에 따르면 이마트의 비정규직 판매원들과 성모병원의 비정규직 간병인들은 비물질노동자들이고, 기륭전자의 비정규직과 동희오토의 파견노동자들은 산업노동자들이다. 즉 "동일성으로 환원될 수 없는 특이성들의 집합인 다중"이기 때문에 차이로 남아있어야 한다는 것이다.

노동자들은 단결해야 한다. 정규직이든 비정규직이든 노동자라는 처지의 동일성과 통일성을 기초로 하여 단결해야 한다. 그럼에도 네그리와 하트는 산업노동자와 비물질노동자를 가르고 차이와 특이성으로 남아있어야 한다고 주장한다. 바로 이 주장이야말로 노동계급의 단결을 해치는 참으로 범죄적인 이간질이다. 단결해도 시원찮을 판에 분열과 이간질을 한다. 이것이 바로 노동계급을 이간질하기 위해 분열주의자인 네그리와 하트, 비르노 등 자율주의자들이 비물질노동과 다중론을 제기한 반동적 목적이다. 탈근대의 특수성으로 비물질노동을 강조하는 것은 자본주의 체제가 변함이 없음에도 혁명의 주체와 성격이 바뀌었다는 주장을 뒷받침하기 위해서이다.

물론 조정환도 네그리와 하트를 본받아 "20세기 중 후반 … 제국주의에서 제국으로의 주권의 변화를, … 대중노동자에서 사회적 노동자로의, 민중에서 다중으로의 주체성의 변화를 가져왔다. 촛불은 지구상황 속에 편입된 한국에서 산업노동과 대중노동이 주도했던 투쟁의 한 순환이 종결되고 비물질노동의 헤게모니 하에서 기존의 산업적 공간적 지역적 세대적 경계를 넘어 구성되는 다중이 새로운 정치적 주체성의 형상으로 등장하고 있음을 보여주는 사건"이며(조정환, 58), "다중은 그 환원할 수 없는 특이성 속에서는 다중들이며, 그것의 공통되기 속에서는 다중이다"고 말하고 있다(조정환, 42).

비물질노동자와 산업노동자가 차이와 특이성을 고이 간직한 채 결코 노동자라는 동일성으로 단결해서는 안 된다면 무엇으로 단결할 것인가? 네그리와 하트의 주장을 들어 보자.

> 다중은 서로 모순적인 '동일성-차이'의 쌍을 서로 보완적인 '공통성-특이성' 쌍으로 대체한다. … 새로운 전 지구적 투쟁순환은 개방적이고 분산된 네트워크 형식을 취하는 공통된 것의 기둥이다(『다중』, 267-268).
>
> 특이성들이 공통적으로 공유하고 있는 것을 기초로 해서 행동하는 다중은 능동적인 사회적 주체를 나타낸다. 다중의 구성과 행동은 정체성이나 통일성에 기초하지 않고 자신이 공통적으로 가지고 있는 것에 기초한다(『다중』, 136).

결국 처지의 동일성으로 단결하지 말고, 착취와 피착취라는 적대의 관계 속에서 투쟁하는 노동자로 단결하지 말고, "노동자와 빈자들 사이의 분할의 선을 넘어, 다중이 공통적으로 가지고 있는 가난"(『다중』, 173)이라는 정체성으로 단결하자는 것이다.[3] 그리고 이 가난이라는 문제의 해결을 위해 "만일 모두를 위한 보장소득의 요구가 국가의 영역을 넘어 전 지구적 요구로 확대된다면, … 부의 분배를 위한 이러한 공통적인 기획은 빈자들의 공통적인 생산성에 상응할 것이다"(『다중』, 175)고 주장한다.

네그리와 하트의 이런 주장을 받아들여 조정환은 "무조건적 소득보장 요구는 비정규직의 생명불안의 문제를 해결하는 수단일 뿐만 아니라 정규

3_ 가난 혹은 빈자란 그것을 낳는 사회경제적 처지가 아니라 그 결과만을 나타내는 몰역사적 개념이다. 노동자가 가난한 것은 자본가 때문임을 알 수 있지만, 누군가가 빈자인 것은 부자 때문이라고 할 수가 없다는 뜻이다. 결국 다중이 빈자이고 촛불이 가난하다는 소리는 국가권력과 자본과의 투쟁을 불가능하게 만든다. 이 점은 "다중에는 적대하는 타자가 없어서 투쟁이 불가능하다"는 서관모(2009)의 글을 참조하라.

직의 해고불안을 해소하는 수단일 것이며, 정규직/비정규직의 분할을 통해 지배하는 자본의 통치를 파괴하는 방식일 것이다"(조정환, 166-167). "노동 기본권에 기초한 고용안정이라는 방어적이고 복고적인 주장을 넘어설 수 있도록 준비해 나가야 한다. 그 디딤돌은 무조건적 보장소득 요구이다. … 이것은 촛불의 취지와 완전히 일치한다"(조정환, 204)면서, 기륭과 쌍차 노동자들이 방어적이고 복고적인 잘못된 투쟁을 하지 말고, 정규직이든 비정규직이든 특이성들로서의 다중이니까 빈자라는 노동의 공통되기를 통해서, 탈모던한 첨단투쟁인 보장소득 운동을 해야 한다고 준엄하게 꾸짖고 있다.[4]

비정규직, 파견제, 구조조정 등 불안정 노동은 노동자들이 단결해서 비

4_ 무조건적 보장소득론=기본소득론은 교육, 의료, 보육과 같은 공적 분야나 주택, 전기, 수도 등 공공재를 탈시장화/탈상품화하는 방향이 아니라, 화폐의 분배를 통해 복지를 상품으로 소비하게 한다는 점, 안정적인 재원확보를 위해 결국에는 소비자인 민중의 부담으로 돌아갈 화폐주조 이익세나 탄소배출 거래세나 네이버iN 등에 참여하는 네티즌들의 나눔을 무슨 '그림자없는 노동에 대한 대가' 운운하며, 자본을 부정하고 투쟁하는 것이 아니라, 조세에 의존하여 자본과의 동반성장론을 편다는 점, 한국의 2009년 총생산=총소비는 약 1,000조인데, 총투자 29.9%, 정부지출 15.6%는 피할 수 없다면, 민간지출은 55.5%인데, 1인당 50만원의 기본소득은 263.9조원(26.4%)으로 추산되는 바, 개개인의 소비적 지출 혹은 화폐적 지출의 절반에 가까운 금액이 민간지출에서 이루어져야 하기 때문에, 그 부담의 대부분은 결국 자본이 아니라 급여생활자가 지게 된다는 점, 무상이어야 할 교육과 의료, 주택 등 공적 복지를 심각하게 제약한다는 점 등 수많은 문제점을 안고 있다. 또한 북유럽 복지국가의 GDP의 50%가 넘는 조세는 기본소득과 같은 무차별적인 복지가 아니라 임신, 보육, 질병, 노후보장, 실업수당과 같은 선별적 복지에 지출되고 있다. 결국 기본소득론은 보육, 교육, 의료, 요양과 같은 전 사회적으로 해결해야 할 보편적 복지는 물론 사회적으로 존중되어야 할 가치인 장애인, 노약자, 극빈층을 부조하는 선별적 복지를 해체하는 데에 이른다(박석삼, 2010a 참조).

정규직이나 파견제를 허용하고 양산하는 법과 제도를 바꾸면 된다. 그럼에도 이들 자율주의자들은 쌍차 노동자들이 '해고는 살인이다'며 쇠파이프를 들고 피 터지게 싸우고 있을 때 자본의 노예되는 투쟁이라고 빈정대면서, 노동자라는 이름을 버리고 가난한 빈자라는 다중의 공통되기를 통해서 자본가들에게 부를 분배해 달라고 하자는 것이다.

이 세상이 지옥 같다면, 인구의 3%도 안 되는 자본가들의 착취 때문에 노동자들의 절반 이상이 동물적 삶을 강요당하는 이 야만적 자본주의에 분노한다면, 국가권력이나 정권을 장악해서 변혁하면 된다. 하지만 국가 혹은 국가권력으로부터의 자율을 외치는 자율주의자들은 국가권력을 장악해서는 결코 안 된다고 주장한다.

비물질노동을 들먹이면서 차이로 남자며 노동자들을 이간질하더니, 이제는 동일성이 아닌 공통성을 주장하면서 노동자가 노동자로서 투쟁해서는 안 된다는 것이다. 세상을 바꾸려는 노동자들의 투쟁에 대한 끊임없는 이간질과 훼방 그것이 바로 자율주의의 본질이다. 자율주의자인 조정환이 촛불과 (노동)운동과의 결합과 연대를 얘기하는 『그대는 왜 촛불을 끄셨나요?』의 좌파 필자들을 매도하고 이간질해야만 하는 그 뿌리도 여기에 있다.

공적인 것과 공통적인 것

국가란 공적 영역의 가장 완성된 형태이다. 그런데 국가와 권력으로부터 회피하고 싶은 네그리는 공적 영역을 부정할 수밖에 없다. 그 대신 등장한 것이 '공통이익'이다.

> 공통된 것의 생산은 … 사적인 것과 공적인 것 사이의 전통적인 분할을 제거하는 경향이 있다.

> 공동체(community)라는 용어는 종종 인구들 및 인구들의 상호작용 위에 주권적 권력으로서 군림하는 도덕적 통일체를 지칭하는 데 사용된다. 공통된 것은 공동체나 공적인 것이라는 전통적인 개념들과 관계가 없다. … 공동체의 통일성 속에서 개별적인 것(개인적인 것)이 조화되는 반면, 공통된 것 속에서 특이성들은 사라지지 않고 스스로를 자유롭게 표현한다.
>
> 일반이익 또는 공공이익 개념을, 이러한 재화와 서비스들의 관리에 공통적인 참여를 허용하는 틀로 대체하는 것이다. … 오히려 공공이익에서 특이성들의 공통적인 틀을 향해 전진한다는 것을 믿는다. … 즉 그것은 관료의 수중에 있지 않고 다중에 의해 민주적으로 관리되는 일반이익이다. 이것이 공적인 것에 기반을 둔 국가에서 공통된 것에 기반을 둔 코뮌(commun)으로의 이행을 이루어낼 것이다(네그리와 하트, 2008: 250-254).

조정환 역시 "다중이 자신의 생명과 삶의 안전보장을 추구할 수 있는 방법은 무엇인가? … 다중은 민중, 인민, 국민이라는 주체성들이 구성했던 안전보장 장치인 국가와는 다른 형태의 공동체를 발명하지 않으면 안 된다"(조정환, 62)고 주장한다.

자, 우리의 생명과 삶의 안전보장을 위협하는 30개월 이상 쇠고기 수입 문제를 예로 들어보자. 이것은 공적 업무를 관장하는 국가가 재협상이나 검역주권의 문제를 통해서 해결하는 것이 상식이다. 그럼에도 우리의 존경하는 이명박 각하께서는 "다중은 민중, 인민, 국민이라는 주체성들이 구성했던 안전보장 장치인 국가와는 다른 형태의 공동체를 발명하지 않으면 안 되고, 공적인 것에 기반을 둔 국가가 아니라, 공공이익에서 특이성들의 공통적인 틀로"라는 조언에 따라, 국가가 나서서 해결하지 않고(관료의 수중에 맡기지 않고) 민간수입업자의 자율규제에 맡기셨다. 쇠고기 수입업자나 판매상이나 소비자들은 자신들의 특이성을 간직한 채 다중의 자율공동체를 건설하여 소통과 협력을 통해서 참으로 훌륭하게 이 난관을 극복할 수 있을 것이다. "공적인 것에 기반을 둔 국가의 시대는 끝났다. 결코 국민이나 민중이란 정체성을 가지고 지구화에 반대하지 말고 국가를 변혁시키려고 하지 마라! 그것은 해롭고 반동적인 것이다." 이상이 위대한 네그리와 하트 사마와 조정환 사마의 말씀이시다.

쇠고기 수입문제가 공적인 문제인 것은 상식이다. 공적인 영역을 아무리 부인하고 싶어도 로빈슨 크루소처럼 무인도가 아닌 사회 속에 있는 인간들에게는 공적인 영역이 있을 수밖에 없다. 그리고 그것은 이해관계나 이익으로 따질 수 있는 문제가 아니다. 공적인 것은 정의의 영역이다. 촛불이 거리에 나선 것은 정의감이었다. 공적인 영역인 국가와 정권의 배신에 대한 분노이고 정의감이었지, 예비군과 유모차가 서로 다른 이해관계를 가지면서 공통의 이익이 될 미친 소 수입반대에 일시적으로 함께한 것이 아니었다. 일제 식민지 시절 조선의 노동자와 농민들이 식민지 민중으로 단결한 것은 노동자와 농민이라는 정체성 이전에 식민지 민중이라는 더 큰 처지의 동일성을 기반으로 한 정의의 투쟁을 위한 것이었지 이익의 충돌에도 불구하고 공통의 이익으로 단결한 것이 아니었다.

물론 차이로 남아 있으면서 공통의 이익을 추구하는 집단이 있다. G20이 바로 그 좋은 예이다. 한국, 중국, 러시아, 미국, 일본 등등의 국가는 서로 국익이 충돌한다. 하지만 자본이 야기한 경제위기의 부담을 자국의 민중들에게 돌리는 데는 공통의 이해관계가 있다. 이것은 정의에 기초한 모임이 아니다. 정부에 대한 재벌들의 이해관계를 대변하는 전경련도 공통 이익에 기반한 조직이다. 현대와 삼성은 각자의 이해관계가 다르기 때문에 "일자로 환원될 수 없는 다양성이며 복수성이고 특이성이다"(『다중』, 141). 또한 "공통적으로 행동하는 특이성들"이다.

하지만 전쟁을 수행하는 보병과 포병은 차이에 기초한 서로 다른 이익이 없다. 그들은 한 나라의 군대일 뿐이다. 공통의 이익이 없어지면 차이로 돌아가야 하지만, 유모차와 예비군 역시 차이에 기초한 서로 다른 이익이 있는 것이 아니라 자본의 지구화와 신자유주의에 유린당하는 민중이라는 통일성으로 투쟁했다.

정의감에 기초한 도덕적 통일체는 공동체이고 그것을 추구하는 운동을 코뮌주의[5]라고 부른다. 그러나 특이성으로 남아있으면서 즉 각자의 이익을 추구하면서 공통의 이익을 조절하고 따지는 것은 도적적 공동체가 아닌 야만이 지배하는 이익단체협의회다. 도덕적 공동체를 추구하는 코뮤니스트와, "다중의 공통체, 다중의 코뮌만이 다중의 삶을 무조건적으로 보장해 줄 수가 있다"(조정환, 355)면서 이익단체협의회라는 '공통체'를 추구하는 네그리주의자들과의 차이점이 여기에 있다. 그들은 공동체주의자(communist)가 아니라 '공통이익체주의자'(commonist)들이다.

"관료의 수중에 있지 않고 다중에 의해 민주적으로 관리되는 일반이익"은 얼핏 보아 맞는 말처럼 들리지만, 국가가 사멸한 후에도 혹은 대중의 자기지배가 실현되는 코뮤니즘 사회에서도 공적 업무는 있을 수밖에 없다. 5,000만이 검역업무에 매달릴 수는 없지 않은가? 소수나 일부가 맡을 수밖에 없는 공적 업무를 일부의 시민에게 위임하고 민중의 통제하에 두던지 혹은 시민들이 번갈아 가면서 맡을지는 업무의 성격에 따라 다를 것이다. 그러나 차이로 남아있기를 바라는 다중들의 이익을 관리하는 공통업무는 아니다.

5_ communism을 공산주의로 번역하기보다는 코뮌주의나 공동체주의가 더 적절할 것이다.

민중, 대중, 다중 그리고 엑소더스

네그리와 하트 그리고 비르노가 스피노자에게서 빌려온 '다중'이란 개념은 '민중'과 대립되는 주체성이고, 맑스의 '프롤레타리아'를 대체하기 위한 개념이다. 국가를 구성하는 국민과는 다른 민중이란 먼저 권력으로부터의 피억압의 정체성이다. 일제 때 '식민지 민중'이란 용법이 그것을 보여 준다. 대중이란 동일한 처지나 동일한 요구와 감정을 가진 집단이다. 노동자 대중 혹은 농민 대중이라고 할 때 보여지는 용법이다. 이에 비하여 다중은 일자로 환원되기를 거부하는 특이성의 집합인 다양성이다. "국가라는 일자(one), 국가라는 중심으로 구심력 운동을 하는 것이 민중 개념이라면 다중은 국가로부터 멀어지는 원심력 운동을 하는 개념이다"(이득재, 2008: 102). 그리고 계급은 정치적 사회적 경제적 처지의 동일성을 기반으로 한다.

예를 들어보자. 식민지 조선의 노동자 대중과 농민 대중은 강도 일제와 투쟁하기 위하여 신간회를 구성하였다. 노동자와 농민의 차이와 특이성을 앞세우지 않고 일본 제국주의에 맞서는 식민지 민중이라는 통일성으로 뭉쳤다. 만약 일제가 식민지 민중이라는 처지의 동일성에 기반한 공동의 적이 아니라 노동자와 농민이라는 상이한 이익을 갖는 공통의 적이었다면 일제를 몰아내고 난 다음에는 흩어져야 한다. 그러나 그들은 단결하여 정의가 실현되는 새로운 나라를 만들려고 했다. 식민지 조선의 노동자와 농민의 처지의 동일성은 식민지 민중이라는 더 큰 처지의 통일성으로 뭉쳤다.

이승만 독재나 전두환 독재와 한마음이 되어 싸운 학생과 시민과 노동자는 대중이면서 독재정권에 억압당하는 민중이었다. 촛불예비군과 촛불유모차와 안티엠비는 차이를 고집하면서 미친 소 반대라는 공통이익을 추구한 것이 아니라, 신자유주의 경찰독재하에 고통받고 억압받는 처지의 동일성에 기반한 민중으로서, 즉 하나의 통일성인 촛불시민으로서 싸웠다. 이명박과 싸우는 촛불의 정체성은 하나였지, 특이성으로 남아있는 복수성인 다중이 공통의 문제로 싸운 것이 아니었다. 촛불은 "무수히 많은 계급들이 하나의 공통의 의제 앞에서 정치적으로 결집된 무리라는 점에서 다중"(조정환, 133)이 아니다. '촛불은 하나다!!!'

이처럼 동일성과 통일성은 단결의 정체성이다. 그러한 단결 속에 하나된 민중들이 자기 내부의 어느 집단을 억압하거나 노동계급의 농민에 대한 억압은 있을 수 없다. 이익이 충돌하지도 않는다. 예비군의 이익과 유모차의 이익이 따로 있기 때문에 복수의 특이성과 환원할 수 없는 다양성으로 남아 있어야 했던가? 이명박 앞에서 촛불은 하나였다. 제발 차이와 다양성 운운하며 분열을 조장하지 마라!

보통의 사람들은 현실이 힘들더라도 적응하고 산다. 권력의 횡포가 아무리 심하더라도 떠날 수 없는 사람들은 불만스럽고 고통스럽더라도 적응하면서 당하고 살기도 하고, 때로는 권력에 저항하고 투쟁하면서 처지를 개선하거나 세상을 변혁하려고 하기도 한다. 즉 떠날 수 없는 사람들은 정치적 경제적 현실의 개선과 변혁에 관심을 갖는다. 정책을 반대하거나 정권교체를 바라거나 체제를 변혁하려고 하는 사람들은 그 중앙정치 즉 권력에 관심을 갖는 구심력적인 존재이다.

이에 비하여 양반의 수탈을 피해 지리산 속에 들어간 화전민이나 산적들은 때로는 관군과 싸울지라도 세상의 변혁을 바라지 않는다. 체제에 대한 애정이나 관심이 없는 집시나 유목민 역시 권력의 횡포에 저항은 하지만 세상을 바꾸는 데는 관심이 없다. 그들은 중앙(권력)에 관심이 없고 떠나는 사람들이고 원심력적이다. 마적들, 마약 재배자들, 깡패들, 룸펜들, 군벌, 해적 등등은 그들을 핍박하는 정치권력의 희생자이면서도 세상을 바꾸는 데는 관심이 없다. 떠날 수 있는 사람들 그리고 관심이 없는 사람들이 바로 다중이다. 그들은 권력에 맞서 세상과 정치를 바꿀 의사가 없는 뜨내기인 유목민과 같은 존재이다.[6] 그들은 체제와 정권과 싸우기 위해서 단결해야 할 이유가 없다. 차이로 남아 있어야 한다. 자율주의자들이 숭배하는 권력과 체제로부터의 도주와 탈주란 바로 이런 정체성이다. 떠나고 싶지만 못 떠나는 사람들이 아니라, 떠날 수 있고 떠나야 할 사람들이기 때문에 차이를 넘어선 단결을 외칠 필요가 없다.

다중에게는 타자(他者)가 없고 투쟁의 대상이 없다. 노동자에게는 자본가계급이라는 대상(타자)이 있지만, 빈자에게는 부자가 투쟁 대상이 아니다(서관모, 2009: 156-157). 즉 투쟁의 대상이 없으므로 그들은 해방되기 위해서 떠나야만 한다. 투쟁이 아닌 도주와 탈주 바로 이것이 자율주의자들의 실천론이다. 그리하여 그들은 이주노동을 극찬한다.

> 여기에서 우리는 다시 한번 첫 번째 층위의 공화주의적 원칙을, 즉 도주, 탈출, 유목주의를 본다. 훈육시대에는 사보타주가 저항의 기본관념이었던 반면, 제국의 통제시대에는 도주가 저항의 기본관념일 것이다. 근대에서의 대항은 종종 직접적인 그리고/또는 변증법적인 힘의 대립을 의미했던 반면, 탈근대에서의 대항은 애매하거나 삐딱한 자세에서 가장 효과적인 것은 당연하다. 제국에 대항하는 전투는 삭제와 태만을 통해서 승리할 수 있을 것이다. 이러한 도주는 어떤 장소를 갖지 않는다. 그것은 권력의 장소를 철거하는(비우는) 것이다(『제국』, 282-284).

하지만 신자유주의 지구화 속에서 신음하는 전 세계 민중 가운데 더 나은 삶을 위해서 떠날 수 있는 사람들이 몇이나 될까? 못사는 사람들이 탈주를

6_ 자율주의자인 들뢰즈는 현대인이 유목민적 심성을 가졌다며 노마디즘이란 단어를 퍼뜨린 바 있다.

한다고 해서 그 나라가 바뀔 수 있을까? 이주노동이라는 게 결국은 선진국의 3D업종에 취직해서 돈을 버는 것이다. 한 개인에게는 보다 나은 소득을 얻는 일이겠지만 결국은 선진국 자본주의에 포섭된다.

비르노는 "미국의 동부 노동자들이 토지를 얻을 수 있는 서부로 대탈주해서 자본가들에게 타격을 주었다"고 말한다(비르노, 2004: 122). 그래서 동부의 자본주의가 망했던가? 미국의 자본주의가 망했던가? 단지 남겨진 노동자들의 일시적인 임금상승에 조금 기여했을 뿐이다.

그럼에도 조정환은 "이주에 대한 네그리와 하트의 긍정은 이 유목적 운동이 갖는 역사적 세계사적 의미에 대한 진단에 기초한 것으로서 비참에도 불구하고 이주가 갖는 변형의 힘을 강조하고자 하는 것이다"(조정환, 229). "이주하는 다중의 유목적 운동은 그것이 비참에 의해 조건지워진 것이라 할지라도 인류인들의 국경을 넘는 혼종과 새로운 주체성의 탄생에서 빼놓을 수 없는 계기이며 코뮤니즘을 새로운 수준에서 구축할 잠재력의 축적이라고 보아야 한다"(조정환, 230)고 주장한다.

그들은 현대의 대중이 떠나는 자의 정체성이라면서 대탈출을 감행하여 자본의 세계를 무너뜨리자고 주장한다. 하지만 삶이 힘들어도 떠날 수 있는 사람은 많지 않다. 새롭게 찾아갈 곳도 무한정한 것이 아니다. 그리고 그 새로운 곳도 자본이 지배하는 세계다.

분명히 말하지만 촛불은 재협상을 바라고, 이명박이 물러나기를 바라는 정권퇴진운동이었다. 이것은 정치를 바꾸고자 하는 전형적인 민중의 모습이다. 결코 자율규제나 믿는 원심력적인 다중이 아니었다. 유모차부대와 예비군과 소울드레서는 차이를 앞세운 다중이 아니라 이명박과의 싸움에서 촛불로 하나가 된 민중이고 대중이었다. 촛불이 다양한 부류의 사람이었고 조직되지 않은 자발적 창의력을 발휘했다는 것은 다중과는 아무 상관이 없다. 광우병, 의료민영화 등등의 문제는 차이를 넘지 못하는 공통의 문제가 아니라 신자유주의 경찰억압정권의 횡포에 시달리고 있다는 처지의 동일성에 기초한 통일된 민중들이 제기한 의제였다.

오직 단결을 죽기보다 싫어하고 뭉칠 줄 모르는 자율주의자들만이 외견상의 차이에 매달린다. 또한 대부분의 혁명적 사건이 그러하듯 계획적이고 조직적인 봉기란 오히려 드물다. 그리고 대중의 자발성은 고양기에는 언제나 일어나는 현상이다. 광주항쟁 때 양동시장의 아주머니들이 김밥을 만들고, 전남대 병원의 간호원들이 시민군을 숨겨주고, 야학 노동자들이 전단을 뿌리고, 택시 운전사들이 무기고를 턴 것은 차이 즉 특이성으로 남아 있었기 때문에 가능한 것이 아니라, 전두환의 공수부대의 학살 앞에서 하나로 뭉쳐야 한다는 통일성에 기반한 민중이고 대중이었기 때문이다. 다양한 부류의 사람들이 자발적이고 창조적이었다는 것은 다중의 특성과는 전혀 상관없는 운동의 고양기에 나타나는 대중과 민중의 특성이다.

> 홉스에 따르면 다중은 정치적인 통일(단일성)을 기피하고, 복종을 거부하며, 지속가능한 협정을 체결하지 않는다. 또 다중은 자신의 고유한 권리를 주권자에게 결코 양도하지 않기 때문에 법적 인격의 지위를 획득하지 못한다. 말하자면 다중은 (다원적 특성이라는) 자신의 존재양식과 행동양식에 의해 이러한 양도를 금지한다. 위대한 저술가였던 홉스는 다중이 얼마나 반-국가적인가를, 그러나 바로 그 때문에 얼마나 반-민중인가를 존경스러울 정도로 세련되게 강조했다. … 말하자면 민중이 있다면 다중은 없다. 또한 다중이 있다면 민중은 없다(비르노, 2004: 41).

이처럼 비르노가 흐뭇한 심정으로 인용한 홉스의 주장이야말로 다중에 대한 참다운 정의이다. 물론 탈모던의 현대사회에도 이러한 정의에 딱 맞는 존재들이 있다. 소말리아 해적이나 중남미의 마약 재배자나, 이라크의 군벌들이나, 양은파와 같은 깡패들이 바로 홉스가 올바르게 파악한 전형적인 다중이다. 국제인신매매단이나 국제마약밀매단 역시 "정치적인 통일(단일성)을 기피하고, 복종을 거부하며, 지속가능한 협정을 체결하지 않으며, 자신의 고유한 권리를 주권자에게 결코 양도하지 않기 때문에 법적 인격의 지위를 획득하지" 못한 채로, 제국의 기관인 인터폴과 싸우는 전형적인 다중이다.

A가 인간이 아니라 원숭이라고 주장하려면, A에게 포유류와 영장류의 특성이 있다는 것은 전혀 증명이 되지 못한다. 촛불이 민중이 아니라 다중이라고 주장하려면 촛불이 대중이나 민중은 가질 수 없는 다중만의 고유한 특성이 있다는 것을 증명하지 않으면 안 된다. 그런데 그 다중의 고유한 특성이란 정치를 바꾸고 세상을 바꾸는 데에 관심이 있는 구심력적인 것이 아니라, 특이성을 고집하면서 일자로 환원되지 않고 떠나는 유목민과 같은 원심력적인 특성이다. 그러나 촛불은 그런 특성이 없었다. '명박퇴진'과 '재협상'을 요구하는 촛불이 어떻게 원심력적일 수 있는가? 그것은 국가와 중앙정치에 관심을 갖고 변혁시키려는 전형적인 구심력적인 운동이었다. 촛불을 다중이라고 하는 것은 모욕이다! 신자유주의 지구화에 신음하는 전 세계 민중을 다중이라고 하는 것은 모욕이다! 촛불이 국가권력과 싸우고 국가권력을 변혁시킬 민중이 아니라 싸우지 말고 떠나는 원심력적인 다중이 되어야 한다는 것은 반동적 주장이다. 신자유주의 지구화에 신음하는 전 세계 민중에게 다중이 되라는 것은 반동이다!

공통으로 생산한 비물질적 형태의 부

노동계급을 이간질하기 위해 '비물질노동'을 강조하는 자율주의자들은 비물질노동의 결과물인 지식재와 정보재 그리고 금융산업이 올리는 부를 중시한다.

비물질노동의 중심성은 그것이 생산하는 비물질적 형태의 재산이 갖는 중요성이 증가하는 데 반영되어 있다. … 최근에 사유재산으로서 보호받을 수 있는 자격을 얻게 된 특허권, 저작권, 그리고 다양한 비물질적 재화 …(『다중』, 152).

우리는 금융자본이 또한 또 다른 얼굴, 즉 미래를 가리키는 공통적인 얼굴을 가지고 있음에 주목해야 한다. 실제로 금융은 일부 사람들이 주장하듯 다른 형태들보다 덜 생산적이지 않다. 자본의 모든 형태들처럼 그것도 화폐로 재현될 수 있는 축적된 노동일뿐이다. … 금융자본은 다른 말로 하면 우리의 미래의 공통된 생산능력들의 일반적 재현으로서 기능하는 경향이 있다(『다중』, 337).

엄청난 추상의 힘을 갖고 있는 금융의 세계가 다른 공통적인 사회적 부뿐만 아니라 미래의 잠재력까지 훌륭하게 표현해준다(『다중』, 371).

이어서 조정환이 네그리와 하트 사마의 말씀을 암송한다.

오늘날 부의 지배적 형태는 비가시적이며 비물질적인 형태로, 또 금융자본의 형태로 존재한다. 금융자본은 개별적 노동시간의 응축을 넘어 생산자들 사이의 사회적 보편적 협력이 가치형태로 표상되고 있는 것이다. 즉 생산자들의 공통되기가 가치로 재현되고 있는 것이다. 소통과 신용이 금융사회에서 가치실현의 핵심적 전제가 되고 있는 것은 이 때문이다. 금융자본의 유통이 필요로 하는 확대하는 부채관계(대부와 원리금 상환)는 비물질적 사회적 노동협력이 필요로 하는 확장하는 소통과 신뢰관계의 가치적 재현이다. 탈근대의 부는 절대적으로 사회적 생산자들의 협력에 의존하고 있을 뿐만 아니라 그것에 근거한다. 금융자본의 파생성(파생상품의 가능성)은 사회적 협력의 창조성과 풍부성에 의지한다(조정환, 326).

결국 금융이 부의 지배적인 형태이고 그것은 비물질적으로 그리고 공통적으로 생산되고 있다는 것이다. 공통으로 생산된 공통의 부의 분배를 위해 소수의 통제에서 다중의 통제로! 바로 이것이 공통체주의자들의 핵심적인 기획이다.

세상에! 특허권, 저작권 특히 금융이 얻는 부가 다중이 공통적으로 생산한 창조적인 부라니! 2008년 가을 전 세계 민중들의 삶을 도탄에 빠뜨렸던 경제위기의 주범인 파생상품이 사회적 협력의 창조성과 풍부성에 의존하는 탈근대적 부라니! 에이즈 치료제의 독점적 특허와 지적 재산권은 아프리카의 가난한 사람들이 이 약을 값싸게 이용할 수 있는 길을 막았다. 마이크로소프트의 독점적 특허권은 전 세계의 사용자들에게 불법복제의 잠재적 범죄자라는 위협을 가하면서 천문학적인 이윤을 챙겼다. 그들의 이윤은 개발비보다 10배, 100배를 넘는 판매가를 강요하여 민중의 부를 약탈한 강도짓으로 얻어진 것이었다. 그것은 결코 연구자들이 공통적으로 생산한 부가 아니라 범죄적인 약탈이다. 그들이 올리는 이윤은 분배의 대상이 아니라 부정되어야 할 범죄적 부당이익이다. 금융산업이 올리는 막대한 이윤 역시 금융산업 종사자들이 협력과 소통을 통해 공통적으로 창출한 부가 아니다. 그들이 올리는 이윤은 서브 프라이머들과 같은 민중들을 재물로 삼아 얻어진 것이다.

네그리주의자들의 이런 수작은 가령 깡패 조직원 30명이 시장의 상인들로부터 자릿세를 부당하게 뜯어 막대하게 부를 축적했을 때, 그들이 얻은 화폐적 부가 깡패들이 소통하고 협력하면서 공통적으로 생산한 부라고 찬양하면서, 공통으로 생산한 것이니 깡패두목님만 가지지 마시고 졸개들에게도 나눠주라는 말과 무엇이 다른가? 모든 공동체주의자들이 범죄적 부를 부정과 금지의 대상으로 보고 있을 때 오직 자본주의에 찌들은 공통이익체주의자들만이 이런 범죄적 부를 찬미하면서 공통으로 생산했으니 보장소득으로 나눠 갖자고 하는 것이다. 바로 이것이 네그리와 하트가 말하는 '공통적인 정치적 기획'(2008: 277)의 핵심이다. "이른바 분배를 가지고 야단법석을 떨고 거기에 중점을 두는 것은 도대체 잘못된 것이다"(맑스, 1995. 『고타강령 초안 비판』).

절대적 민주주의

네그리와 하트는 다중의 민주주의 혹은 절대적 민주주의를 주장한다. 하지만 명료한 정의는 없다.

> 다중의 민주주의는 … 민주주의를 위해 주권을 파괴하는 것이다. 주권은 그것이 어떤 형태를 띠건 불가피하게 권력을 일자의 지배로 제시하고, 완전하고 절대적인 민주주의의 가능성을 침식한다(『다중』, 419).
>
> 다중의 민주주의가 전통적으로 이해되어 온 직접민주주의와 거의 아무런 유사성도 가지고 있지 않고, … 경제적 생산과 정치적 생산은 일치하며, 생산의 협동적 네크워크들은 사회의 새로운 제도적 구조를 위한 틀을 제시해줄 것이다. 우리 모두가 삶 정치적 생산을 통해 협동적으로 창출하고 유지하는 이러한 민주주의를 우리는 절대적이라고 부른다(『다중』, 416).

이러한 네그리와 하트의 주장은 네트워크란 말이 거슬리기는 하지만 맑스주의도 국가사멸론을 얘기하고 대중의 자주관리 등을 얘기하니까 시비 걸지 말자. 그런데 네그리와 하트는 그 다중의 절대적 민주주의에 대해 "공통된 것에 기초한 다중의 이 새로운 과학은 다중의 어떠한 통일화도 또는 차이들의 어떠한 종속화도 포함해서는 안 된다"고 말한다(『다중』, 421).

맑스와 엥겔스(1989)가 『공산당 선언』에서 "개개인의 자유로운 발전이 만인의 자유로운 발전의 전제조건이 되는 연합"이라고 할 때는 개인과 공동체의 조화와 통일이 있다. 하지만 "다중의 어떠한 통일화도 또는 차이들의 어떠한 종속화도 포함해서는 안 된다"고 할 때는 개개인의 권리와 이익은 결코 양도되거나 제약되지 않는다. 결국 개인은 공동체와 필요한 한에서만 소통하는 극단적 개인우선주의자이고 이기주의자일 뿐이다. 뭉치기를 죽기보다 싫어하는 자율주의자들은 통일성을 인정할 수 없다. 소부르주아의 절대적이고 극단적 이기주의에 기반한, 그리하여 차이(개인)에 대한 어떠한 억압도 없는 민주주의가 바로 네그리가 선동하는 이상사회다. 그러나 그 세계는 개인우선주의자들과 이기주의자들로 넘쳐나는 야만적인 사회일 수밖에 없다.[7] 결국 네그리가 말하는 절대적 민주주의란 전경련민주주의 혹은 아파트 값을 올리기 위해 무슨 짓이든 하는 부녀회민주주의인 것이다. 그것은 사랑에 기반한 공동체가 아니라 개인우선주의와 이기주의

7_ "여기서, 네그리가 이야기하는 절대적 민주주의의 작동이 곧 권력관계의 한 변용태라는 점이 아주 확실하게 드러난다. 절대적 민주주의는 직접민주주의처럼 주권의 영역을 통하여 일어나는 것이 아니다. 절대적 민주주의는 특이성들이 극한까지 발현되어 공통적인 것을 구성하는 상태를 가리키므로 주권의 영역을 통해 매개된 개인의 계약에 의해 작동되는 직/간접 민주주의 모델과는 큰 차이를 보일 수밖엔 없다. 그동안 난 네그리가 근대 주권의 형식이라고 매개를 엄청 강조했기에 매개, 매개 이러기만 했지 그것을 제대로 이해하지는 못했는데, 이런 식으로 정의를 하게 되니 매개라는 기제가 무엇인지 아주 정확히 눈에 들어온다. 주권적 권력의 작동이 곧 매개라는 기제이다. 이것이 제거되어야지만 민주주의는 그 논리적 극한으로 나아갈 수 있다. 직접적으로 세계 경제, 비물질적 경제라는 공통성을 형성하고 있는 특이성들의 극한에 이르는 발현을 민주주의라고 부를 수 있지, 매개에 의해 통합되고 억제되는(되어야 하는) 개인이 극한에 이르는 발현을 통해서는 모순에 이를 뿐이다. 즉 자유로운 개인이 그 극한에 이르게 되면 홉스의 전쟁상태가 나타날 따름이며, 이는 민주주의의 기본 전제인 자유가 그 모순에 빠지게 되는 상황을 나타낼 뿐이다." 저련, <주권, 권력관계, 절대적 민주주의>, http://cafe.naver.com/abcde1.cafe?iframe_url=/ArticleRead.nhn%3Farticleid=368.

에 기반한 공통이익체다.

관념과 몽상의 세계

이상으로 살펴본 바와 같이 "네그리를 지금까지 15년째, 그리고 맑스를 30년째 읽고 있다"는 조정환은 소부르주아 반동철학자인 네그리와 하트의 주장을 마치 암송경연장에 출전한 것처럼 앵무새처럼 반복하면서 촛불이 다중이고 다중이어야 한다고 우기고 있다. 그러면서도 "'네그리주의자'나 '다중주의'란 말은 사양하고 싶습니다. 나로서는 금시초문이고 앞으로도 쓸 생각이 없다"(조정환, <논쟁>(이택광, 2009a), 09.05.11.)며 사정을 아는 사람들은 누구나 비웃을 수밖에 없는 참으로 썰렁한 개그를 하고 있다.

촛불은 국민을 배반한 정권이 물러나길 바랐다. 위정자가 잘못되면 그 위정자를 몰아내고 체제가 민중을 배반하면 체제를 바꿔야 한다. 이것은 상식이다. 그러나 국가권력을 혐오하고 국가권력의 장악과 변혁론을 부정하는 자율주의자들, 특히 친미반공주의조차 제대로 극복하지 못한 채 금융자본이 약탈하는 재화마저도 창조적 부라고 찬양하는 네그리는 존재하는 국민국가를 부정하면서 노동자라는 처지의 동일성이나 민중이란 통일성으로 단결하지 말고, 위계적인 민주노총과 같은 낡은 조직도 만들지 말고, 자본의 노예되자는 비정규투쟁도 하지 말고, 촛불도 노동자도 노점상도 비정규직도 모두 가난한 사람들이니까 공통의 이익을 위해 자본가들에게 빌붙어서 보장소득을 나눠주기를 간청하자고 한다. 다중에겐 적대하는 타자가 없다. 그러므로 지금 여기서 세상을 바꾸기 위해 투쟁을 해야 할 대상이 없다. "타이밍이 결정적이다. … 삶정치적 다중의 무한한 노력의 오랜 시기가 지난 후에, 엄청나게 축적된 불만들과 개혁제안들이 어느 시점에선가 강력한 사건에 의해, 급진적인 반란의 요구에 의해 변형될 것임에 틀림

없는"(『다중』, 424) 그날을 기다리며, 절대로 뭉치지 말고 '중심 없는 투쟁'이나 찬미하면서, 민주노총도 해체하고 네트워크로 뭉쳐서 메신저질이나 하자고 선동하고 있다.

그들에겐 투쟁이 없고 실천이 없다. 그러므로 그들이 자기 존재를 나타내는 유일한 방법은 피터지게 싸우고 있는 변혁적인 실천좌파들을 씹고 이간질하는 것뿐이다. 네그리와 하트가 뉴라이트 게시판 수준에도 못 미치는 반공의 열망에 불타올라 『제국』과 『다중』에서 맑스주의를 씹는 것이나, 조정환이 좌파 지식인과 촛불을 이간질하는 이유도 여기에 있다.

하지만 그들에게도 장점이 있다. 현대사회가 개인주의화하고 이기주의적으로 되면 될수록 특이성을 양보하지 않고 끝까지 차이로 남자는 극단적인 개인우선주의는 호소력을 지닐 수밖에 없다. 적대적 투쟁은 낡은 것이라며 비대칭 투쟁을 찬양하고, '중심 없는 투쟁'과 운동의 '자생성'과 '떼지성'을 찬양할 때, 유구(唯口)좌파(오직 입만 있는 주둥아리 좌파)는 입만 놀리며 폼만 잡으면 된다. 지휘자가 없어도 오케스트라는 떼지성을 발휘해서 훌륭하게 연주할 것이다.

2009년 3월, 네그리는 런던대학교에서 열린 컨퍼런스의 발제문에서 "공산주의자가 된다는 것은 국가에 대항한다는 것을 의미한다"[8]며 제국으로의 이행 테제 등을 포기했다(서관모, 2009: 142). 2000년 『제국』을 발간하여 지구화를 찬양하고 미제국주의의 침략전쟁까지 제국의 경찰작용으로

8_ 여기서 오해하지 말 것은, 네그리와 하트가 마치 communist(공동체주의자)인 것처럼 얘기하고 있지만, 그는 실은 communism과는 전혀 상관이 없는 commonist(공통이익체주의자)다. 또한 국가권력을 장악하여 변혁시키자고 주장하는 것이 아니라, '국가에 대항하자(be against)'고 말하고 있다는 점이다. 이명박 등의 신자유주의 정권을 몰아내고 민중적인 정부를 수립하자는 것이 아니라 그냥 대항만 하자는 얘기이다.—적대적 투쟁대상이 없는 대항(자본가 계급과 투쟁하는 것이 아니라 착취에 대항하자는 것과 같은 얘기)에 대해서는 서관모(2010)를 참조하라.

칭송하면서 전쟁광 부시와 월스트리트의 기쁨조 역할을 하던 네그리의 대사기극이 9년 만에 막을 내리던 순간이었다. 허무맹랑한 제국론에 기초하여 신자유주의 지구화에 유린당하는 전 세계 민중들이 국가와 관련한 정체성인 국민과 민중이 아니라, 제국과 자본에서 벗어나기 위해 대탈주를 감행할 다중이라는 반동적인 헛소리도 금이 가는 순간이었다.

지금까지 자율주의자란 '코뮤니즘의 모자를 쓴 자유주의자'로 알려져 왔다. 그러나 네그리주의를 학술적으로 엄밀하게 정의하면 코뮤니즘과는 아무런 상관이 없는 '공통이익체주의'라는 외투를 입은, 극단적인 개인우선주의와 이기주의에 찌들은 소부르주아지들의 반동적 요설이라고 해야 할 것이다. 오늘도 네그리와 하트는 비물질노동에 종사하면서 연봉 수십만 달러가 넘는 마이크로소프트의 프로그래머와 월가의 투자상담사와 같은 혁명전위들이 소통과 협동을 통해 창조적으로 '공통되기'를 하면서 새로운 미래를 건설할 그날을 기다리고 계신다.

노동사회과학연구소의 채만수 소장이라면, 이런 네그리주의자들의 수작에 대해 무조건적 보장소득을 주장하는 기본소득론자들에 대해 말했던 것처럼, "진보적임을 자처하는 지식인들이여, 제발 사기 좀 작작 처라! 그리고 부끄러워할 줄 알라!"(채만수, 2010)고 말하겠지만, 필자는 이들 '공통이익체주의' 판매업자들이 더 이상 노동계급이나 변혁세력들에 대해 이간질이나 모략중상질만 하지 않기를 바랄 뿐이다.

보론 2: 투쟁의 미학—2008년 촛불과 2016년 촛불의 차이

1. 민중, 시민, 국민

국가와 시민사회는 역사적 산물이자 서로 영향을 주면서 끊임없이 변화되어왔다. 국가는 군대와 경찰과 사법기관 등 폭력의 유일한 합법적 담지자이고, 시민은 법에 의한 통치와 법 앞의 평등을 요구하고, 보다 나은 법과 그 집행을 요구하는 존재이자, 법의 정당성을 담보하는 존재다.

근대 사회란 자의적인 왕이나 영주로부터 생명권과 재산권을 방어하는 사회적 집단인 시민사회가 성장하고 인정되면서, 국가와 그 구성원인 시민 사이에 의제된 사회계약이라는 사상을 발전시켰다. 권력으로부터의 부당한 침해의 시정을 요구하는 그들은 시민이고, 법 앞에 평등한 시민은 권력과 구분되는 존재이고 일치할 수 없는 긴장이 있다.

한편 억압받고 착취받는 존재는 '민중'(학술적 표현인 '인민'people과 동일한 의미이다)이다. 그들은 세상이 바뀌어야 한다고 믿고 다른 세상을 원하며 국가와 권력과 대립한다. 국가가 착취와 억압을 강요하는 계급사회의 산물이듯 사회가 계급으로 나뉘어 있는 한 민중은 존재할 수밖에 없고, 세상이 바뀌어야 한다고 믿는 그들은 국가와 중앙권력의 변화를 바라는 즉 중심을 향하는 구심적인 존재다.

이에 비해 국가와 권력의 변화가 아니라 그들에게 무관심하거나 회피하거나 탈출을 원하는 원심적인 존재가 다중이다. 한편에는 역시 근대국가의 산물인 국민과 민족이 있다. 국가나 공동체가 우선시될 때 비국가, 타국가, 타민족에 대립하는 정체성이고, 국가나 민족 내의 계급, 시민, 개인 등의 내적 균열이나 차이를 인정하지 않거나 경시하는 집단적 정체성이다. 한편 코로나 방역에 협조하는 사람들은 시민이자 국민이다. 시민은 권력에게 보다 유능한 방역을 요구하고, 그 지침에 따르는 것은 국민의 의무다.

제국주의 시절 식민지 해방투쟁의 주체는 민족일 수도 있고 민중일 수도 있지만, 그 궁극적 힘은 착취받고 억압받는 식민지 민중에게서 나온다. 세상을 바꾸려는 역사상의 모든 혁명 역시 그 힘의 주체는 민중이다.

자본에게 착취당하고 권력으로부터 억압받는 노동계급은 본질상 민중이다. 그러나 노동계급 특히 산업 프롤레타리아는 한 사회나 국가 내에서 다수가 된 적이 없었다. 1917년 러시아혁명 역시 도시의 대공장에 집결된 노동계급이 선도했지만 그들은 인구의 10%도 안 되는 소수였고 민중의 주된 구성원인 농민이나 빈농과 연대해야 했다.

그런데 발달한 자본주의 사회 혹은 탈산업사회와 복지국가가 성립된 후 노동계급의 구성과 위상이 변했고, 자본가계급과 중간계급을 제외한 모든 노동자를 민중이라고 부르기 어렵게 되었다. 산업노동자보다 비중이 큰 서비스 부문 특히 공공부문 종사자들은 물론 중산층의 삶을 보장받거나 기대할 수 있는 피고용인들employees 혹은 노동계급의 중층이나 상층은 때때로 불만을 표출할지라도 스스로를 민중이나 노동자로 생각하지 않는다.

혁명, 엄밀하게 말하면 사회혁명은 시민이 아니라 민중이 하는 것이다. 물론 민주주의가 정착되지 않은 나라에서 시민에 의한 정치혁명은 민중에 의한 사회혁명으로 나아갈 가능성이 있다. 혹은 시민의 정체성이 민중으로 변한다.

그런데 제도 민주주의가 정착되고 다수가 민중의 정체성을 갖지 않는 사회에서 사회혁명은 어떻게 이루어져야 할까? 탈산업사회와 복지국가가 성립된 후 노동계급의 구성과 위상이 변했고, 지구화된 신자유주의 공격은 노동계급과 중간계급 내에 신자유주의 박탈층, 불만층, 불안층을 만들어 내었다. 그리고 민중의 정체성을 가질 수 있는 잠재적 민중은 신자유주의 박탈층과 불만층이다. 그들의 비중은 나라에 따라 다르겠지만 한 국가 내에서 다수가 아니다. 신자유주의의 공격으로 삶에 허덕이고 생존이 위협받는 사람들이 있지만, 체제는 그들이 다수가 되지 않도록, 거대한 다수의 분노로 폭발하지 않도록, 그리고 분노가 폭발하면 상당한 양보를 할 능력이 있다.

2. 세계 속의 민중과 시민의 투쟁들

혁명은 그 사회의 절대다수가 동의하고 지지하고 참여해야만 이루어진다. 민중이 다수나 절대다수라고 말하기 어려운 사회 즉 레닌주의 혁명모델의 난처함을 벗어날 수 없는 사회에서는 사회혁명과 변혁은 어떻게 추구되어야 하는가? 그것은 이 사회의 변화를 요구하고 행동에 나서는 세력으로부터 시작될 수밖에 없다. 이것이 다른 나라의 투쟁의 양상과 그 주체세력을 살펴보는 이유이다.

2018년 11월 마크롱 정부의 유류세 인상에 반대하여 수도에 집결하여 전투적인 반정부 시위를 벌인 노란조끼 투쟁은 신자유주의에 반대하는 민중들의 계급투쟁이다. 그러나 참여자들은 노동계급 즉 블루칼라나 화이트칼라가 아니었고, 트럭을 생계수단으로 하는 영세 자영업자들이고 신자유주의 박탈층이나 불만층이었다.

영국 노동당 당수인 제러미 코빈은 무상의료 등 복지의 방어와 확충을 얘기했고, 미국 민주당 내의 민주사회주의자 그룹의 버니 샌더스나 알렉산드리아 오카시오 코르테스는 전 국민 의료보험과 대학 등록금 무료 그리고 그린 뉴딜을 주장했다. 이들은 사민주의 좌파와 녹색 강령을 수용한 녹색 좌파이고 이들에게 호응하는 계층은 신자유주의 박탈층이나 불만층 그리고 신중간계급이다.

홍콩의 2014년 노란우산 시위와 2019년 송환반대 시위에 앞장선 이들은 대학생을 포함한 청년들이고 노동자라고 부르기 어렵다. 시민의 자유권을 요구하는 그들은 피억압의 정체성은 있지만 피착취의 정체성은 없고 따라서 민중이라기보다는 전투적 시민이다.

2011년 스페인의 '분노한 자들' 투쟁(15-M 운동, 5월 15일 운동)은 긴축에 분노하는 청년들이 주력이었다. 그들은 신자유주의 박탈층과 불만층이지만 조직노동과는 거리가 멀다. 그들은 민중과 시민의 정체성을 동시에 지니고 있었다.

광장을 점거하는 것은 권력에 대한 반대와 저항의 표시이지만 공권력에 대해 정면으로 맞선 도전은 아니다. 광장의 점거는 집단행동이지만 교통의 흐름을 막는 것도 아니고 권력을 직접 공격하고 타격하는 것도 아니고 권력이 상당 기간 허용할 수 있는 직접적인 집단행동이다.

권력과 대립하는 노동계급이 민중의 정체성으로 앞장설 때 시민은 광장에 나오지 않는다. 노동계급이 약하거나 체제에 안주할 때 학생, 청년, 소시민이 광장에 나온다. 이들은 때로는 시민이고 때로는 전투적 시민이고 때로는 민중으로 발전한다. 2011년에 있었던 이집트의 타흐리르(아랍어로 해방이라는 뜻) 광장 점거나 그리스의 신타그마 광장 점거투쟁이나, 뉴욕 월가의 점거투쟁이 모두 그렇다.

자율주의자나 무정부주의자들은 그들을 민중이 아니라 다중이라고 부르며 비정당, 비노동자의 정체성을 강조한다. 그러나 권력과 맞대결을 하지 않는다고 하더라도 그들은 권력의 변화를 바란다. 그 의미에서 잠재적 민중이고 다른 말로는 민중이자 시민의 정체성을 가진 존재들이다.

2011년 아랍 민중항쟁은 나라마다 다른 양상을 보였다. 튀니지, 이집트, 리비아 그리고 시리아까지 민중들의 항쟁이 있었던 나라들은 모두 세속주의 국가였고, 정보경찰에 의존하는 독재국가였고, 사회주의 국가복지를 흉내를 낸 후견적 국가복지를 시행한 나라들이었다. 시민의 자유가 없고 후견적 국가복지라는 사정은 모든 아랍 국가에 공통되지만, 세속주의가 아닌 근본주의 국가에서는 항쟁이 없거나 약했다. 사우디아라비아나 이란과 같은 근본주의 국가에는 시민과 시민사회가 없다.

2010년 12월 말 일자리와 희망이 없는 청년 실업자인 부아지지의 분신에 의해 촉발된 튀니지 항쟁은 다수의 청년과 노동자들이 결합하였고, 특히 지역노조 네트워크가 큰 역할을 하였다. 투쟁은 페이스북에 시시각각으로 공유되었지만 항쟁의 불길이 수도에 도달하기까지는 한 달에 가까운 시간이 걸렸다. 수많은 튀니지인들은 권력의 두려움 속에서 단지 눈치만 보고 있었다. 수도에서의 결전은 도시 하층민 밀집지역의 가난한 청년들이 격렬한 투쟁으로 경찰의 물리력을 넘어섰을 때 승리로 끝났다. 즉 튀니지 항쟁은 도시 하층민 특히 희망이 없는 청년들이 노동과 결합한 전형적인 민중항쟁이었다. 그들은 사회혁명으로 이행할 가능성이 있었다.

한편 이집트의 타흐리르 광장에는 중산층을 포함한 다양한 시민들이 저항에 참여하였고, 원래부터 미약했던 노동계급의 목소리는 거의 들리지 않았다. 동원된 군대가 시민의 구름 속에 묻히고 진압을 거부했을 때 독재자 무바라크는 떠날 수밖에 없었다. 독재자가 떠난 광장에 시민은 더 이상 나오지 않았고 노동계급의 진출도 이루어지지 않았다. 군부를 비롯한 지배계급이나 기득권층은 청산되지 않았고 "무바라크 없는 무바라크" 시대에 대중적 위신력을 가진 온건 이슬람이 잠시 군부와 권력을 나누어 가졌다. 이처럼 이집트의 반독재 투쟁은 시민항쟁이다. 경찰이 총을 쏘기는 했지만 노골적인 학살은 아니었고, 튀니지와 같은 하층민의 전투적 투쟁도 보이지 않았다. 전형적인 비폭력적 시민항쟁이었다.

카다피 시절 차별받았던 리비아의 제2 도시인 벵가지에는 정권을 증오하는 세력이 많았다. 카다피는 근대적 행정기구나 관료를 양성하지 않았다. 시민사회가 없었고 노동계급도 형성되지 않았다. 절대다수가 피억압자인 나라에서 그들은 단지 국민이었고, 누군가의 선동으로 옛 체제의 깃발이 올라갔을 때 더 이상 권력이나 국가와 공존할 수 있는 시민이 아니라 반군이 되었다. 오직 무력의 대결이 있을 뿐이었다. 국민들의 항쟁은 반란으로 발전하였고 카다피가 죽자 국가가 해체되고 군벌들의 시대가 되었다. 시리아의 투쟁은 시민과 국민의 정체성이 섞여 있고 폭력으로 진압되었다.

3. 한국의 투쟁들

3.15 부정선거에 항의하는 1960년 4월 혁명은 애초에 고등학생이 전면에 나섰고 한참 후에 대학생들이 그리고 맨 나중에 교수 등 중산층이 결합하였다. 친미 반공독재 하의 남한에는 시민사회와 노동계급이 성장하지 않았었다. 이승만의 사퇴로 정권은 자유주의를 표방한 야당에게 갔다. 학생들은 분명 하층민과 중산층의 자녀들이었고 따라서 민중과 시민의 자식들이었겠지만, 식민지 통치와 전쟁과 반공독재를 겪은 중산층과 하층민들은 피억압의 트라우마와 자기검열 때문에 학생들의 투쟁에 합류하지 않았다. 이 점에서 4월 혁명은 미발달한 시민혁명이었다. 시민과 민중은 정권교체

후 성장하다가 1961년 5월 박정희 군사 쿠데타에 의해 짓밟혔다. 박정희 시절 한일회담 반대투쟁이나 3선개헌 반대, 유신반대 투쟁은 대학생들 그리고 같은 배경을 갖는 지식인들이 주력이었다. 시민, 민중, 대중은 성장해 있지 않았다.

광주의 5월 항쟁의 주력은 도시 하층민 속의 청년들이었다. 택시 운전사, 넝마주이, 구두닦이, 유흥업소 종사자, 깡패, 남녀 고등학생, 시장의 장사하는 아주머니들 …. 그들 대부분은 하층민이고 하층민의 자식들이었다. 그들은 스스로를 시민 그리고 시민군으로 불렀고, 절박한 학살 앞에서 무기를 든 시민이었고, 중간계급도 지지하였다. 튀니지에서처럼 도시 하층민은 시민으로서의 정당성을 내세우면서 반군이 되는 것을 피했다. 그들은 민주주의의 학살자인 전두환과 대적했고 민주주의의 회복을 원했을 뿐 체제에 반대하는 민중이나 국가를 부정하는 반군이 아니었다. 즉 5월 항쟁은 민중이 대다수인 전투적 시민항쟁이었다.

1979년 부마항쟁 역시 대학생들이 선도하였지만 전투력은 도시 하층민인 청년들이 보여주었다. 시민사회와 노동계급이 성장하지 않았던 그때 하층민의 자식들이 전투적 시민항쟁으로 이끌었다. 즉 민중이 시민의 정체성으로 싸웠다.

1987년 6월 항쟁은 전국의 대학생이 선도하였고, 자유주의 정치세력이 개입하였고, 항쟁의 정지와 후퇴는 보복으로 이루어진다는 것을 잘 알기에 서울을 제외한 지방도시에서는 대학생들이 선도하여 돌을 던지고 파출소를 불태우면서 공권력을 뛰어넘었다. 권력이 직선제를 수용했을 때 자유주의 세력은 항쟁이 더 발전되는 것을 원하지 않았고, 민중항쟁으로 성장해서는 안 되었고, 이에 따라 군부독재는 질서 있는 퇴각을 할 수 있었다.

그리고 7, 8, 9월 '노동자 대투쟁'이 전개되었다. 대공장에 밀집된 남성 노동자들의 전투력이 돋보였고, 중소 사업장의 노동자들 역시 인간이자 노동자로서 '인정투쟁'을 벌여 승리하였다. 많은 사업장에서 관리자들의 폭력을 반대하였고, 급여를 인상시켰고, 민주노조를 쟁취하였다. 대학생을 포함한 시민들은 구경만 하였고 반공의 족쇄와 선거를 통한 정권교체의 희망은 이 투쟁이 민중항쟁으로 발전하거나 좌파적 대안을 제시하는 것을 억제했다. 6월 항쟁은 물러나면 죽음뿐이라는 학습에 의해 전투적 시민항쟁으로 발전할 수 있었지만 시민을 넘어서지 않았고, 노동계급의 투쟁 역시 인정투쟁을 넘으려고 하지 않았다. 항쟁이 끝난 후 자유주의 세력과 이상을 공유하는 시민운동 단체들이 성장했고, 사회운동 역시 민중적 성격을 강화하였다. 전노협, 전대협, 전농 등 계급과 계층에 기반한 전투적 대중조직이 성장했다.

정리해고 사유 완화 등 노동법 개악 저지투쟁이었던 1996-97년 총파업은 한국의 노동자들이 하나의 계급으로서 권력과 대결한 투쟁이었다. 이후 민주노총은 노동계급의 대표체로서의 위상을 가졌다. 그러나 민주노조와 전투적 조합주의를 넘는 운동론을 만들어내지 못했다.

2003년 이후 탄핵반대, 효순미선 투쟁, 파병반대, FTA 반대 등 많은 투쟁은 민주노총과 전농 그리고 민주노동당이 주도하였다. 물론 그 배경에는 87년 이후 성장한 변혁 좌파나 현장 좌파의 조직들이 있었다. 민주노동당은 정파연합적 통합당이지만 동시에 대중정당으로서 제도주의적이고 시민주의의 한계를 벗어나지 못했다는 비난이 있음에도 자유주의 세력과 구분되는 민중들의 대표체로서의 위상을 가졌다.

4. 2008년 촛불 시민항쟁과 2016년 촛불 국민행동

2008년 촛불항쟁 때, '대한민국의 주권은 국민으로부터 나온다'라는 노래가 히트했는데, 그 본질은 부도덕하고 비민주적인 권력에 대한 비난이었고, 권력의 부당한 처사에 분노하는 그들은 국민이라기보다는 본질상 시민이었다. 따라서 항쟁의 주역들은 스스로를 시민으로 불렀다. 권력에 저항하는 그들의 구성은 다양했고, 촛불 여중생으로 상징되는 청소년들이 경쟁교육에 반대하여 광장에 먼저 나왔고 뒤이어 중간계급이 참여했지만, 대학생들의 참여는 저조했다. 최하위 극빈층을 제외한 다양한 소득계층의 사람들 그리고 마지막에는 신앙심이 돈독한 할머니들까지 성당과 사찰에서 제공한 버스를 타고 광장에 나왔다.

투쟁파와 평화파가 대립했고, 평화파의 수는 적었지만 전투파의 발목을 잡기에 충분했다. 항쟁지도부인 광우병 대책회의는 촛불시민이 민중이 되는 것을 가로막았다. 이명박에게 고용되지 않았지만, 이명박의 아르바이트생이라는 말이 나올 만큼 그 어떤 고용된 첩자보다도 훌륭하게 반동(역사의 전진을 가로막았다는 의미)적 임무를 완성했다. 성실한 시민이었던 개미 떼들은 시민운동에게 배반당했다. 이것이 필자가 2008년 촛불항쟁을 '배반당한 개미 떼들의 꿈'으로 표현하는 이유이다.

사보험에 맡겨진 미국의 의료제도를 비판하는 '식코'라는 영화가 광장에서 상영되어 큰 반향을 일으켰듯이, 애초에 광장의 촛불 속에는 다양한 반신자유주의적 기류가 있었다. 경쟁만 강요하는 교육, 연애, 결혼, 출산을 포기한 삼포세대, 20 대 80으로 나누어진 사회에 대한 문제의식이 있었다. 이들은 본질상 노동과 복지를 공격할 수밖에 없는 신자유주의 체제의 박탈층과 불만층 즉 민중 혹은 잠재적 민중의 정체성을 가지고 있었다. 그 불만 중의 하나가 광우병 소고기로 상징되는 국민의 건강을 제물로 삼은 부도덕하고 비민주적인 권력에 대한 분노로 표현되었다.

대책회의는 광우병 소고기의 수입으로 의제를 한정하면서 신자유주의에 반대하는 다른 의제의 제기를 억눌렀고, 시민이 광장을 벗어나 거리로 나아가지 못하게 막았고, 단지 수입 반대의 의사 표현을 강력하게 하고

4년이나 남은 선거에서 심판하자고 주장했다. 그들의 임무는 대중의 요구와 투쟁의 의지를 억눌러 폴리스 라인을 지키게 하는 것이었다. 즉 시민이 민중이 되지 못하도록 하는 것이 그들의 사명이었다. 시민단체 그들은 역사의 전진을 가로막는 반동이었다.

경찰버스를 밧줄로 끌어당기는 등의 거센 투쟁은 전투적 시민들에 의해 이루어졌고, 전투적 시민들은 정의감이 강한 사람들 그리고 독신자들이 많았다. 대책위의 방해로 의제는 확장될 수 없었고, 민중항쟁으로 발전할 기회를 놓쳤다. 노동조직과 좌파 정치조직은 전투적 시민을 따라다녔지만 선도하지 못했다. 좌파의 무기력함이 드러났고, 민중에 대한 시민의 우위 그리고 좌파에 대한 시민운동의 우위가 고착되었다.

2016년 다시 광장의 촛불집회가 있었다. 11월에 시작되어 다음 해 3월 초까지 이어진 촛불집회는 유명 가수들의 노래를 소비하고, 가끔 세월호 희생자의 가족들과 억울한 노동자들의 얘기도 들으면서 시간을 보냈다.

애초의 구호는 "이게 나라냐"였다. 이 구호 속에는 평범한 국민의 눈높이에도 미치지 못하는 통치자인 박근혜에 대한 불만만이 아니라 경쟁만을 강요하는 신자유주의의 공격으로 고통받는 수많은 민중들의 불만이 있었다. 그러나 억압받고 착취받는 민중의 정체성은 100만이 넘는 시민들이 광장을 메웠을 때 묻혀버렸다. 그보다 1년 전인 2015년 11월 14일(전태일 열사 기념일) 민주노총이 핵심인 '민중총궐기 투쟁본부'가 주도한 1차 민중총궐기가 있었고 이날 1,400여 대의 버스로 상경한 조합원과 농민을 비롯하여 15만 명이 참가했다. 그리고 이 집회에서 백남기 농민이 살수차에 가격당하여 뇌사상태에 빠졌고 2016년 9월 끝내 사망했다. 2016년 10월 29일부터 시작된 촛불집회부터 11월 12일 6차 민중총궐기를 주도한 세력은 "민주노총을 위시한 민중총궐기투쟁본부가 거의 절대적이었다. 그리고 전농을 비롯한 백남기투쟁본부가 두 번째 세력이고, 세월호 희생자 연대모임인 416연대, 그리고 민주화와 국정 역사교과서 반대 원로들의 모임인 민주행동 등 4개 연대가 반박근혜 투쟁대열을 형성했다." 이들 4개 세력은 1년여의 투쟁을 성장시켜오면서 2016년 11월 12일을 총궐기의 날로 잡았고 이날 참가한 조합원만 15만 명에 달했다. 그런데 10월 말부터 민심이 변하자 참여연대 등 시민사회단체연대가 11월 5일 백남기 농민 장례식과 제6차 민중총궐기의 공동주최를 요청하면서 5개 연대단체가 공동행동에 합의했고, 이후 '박근혜정권퇴진 비상국민행동'(퇴진행동)으로 발전했다. 그러나 그때까지도 시민사회단체연대는 하야를 내거는 것에 반대하는 세력이 있었고 야당은 눈치만 보고 있었다. 퇴진행동 내의 민중단체와 시민단체는 "적지 않은 의견충돌을 겪었다. 시민단체는 민중단체를 과격하다고 비판했고, 특히 민중단체가 촛불을 정치투쟁의 장으로 활용하는 것에 문제를 제기했다. … 2015년의 폭력 이미지를 연상시킨다면서 민중총궐기라는 단어를 빼라고 요구했다. … 송경동 시인은 '전체를 위해 노동자는 목소리를 죽이라고, 소수자들 목소리는 불편하다고 말하지 말아주세요'"라고 불편한 심기를 표현했다(원희복, 2018: 298-303).

이제 시민단체들은 주류가 되었고 광장의 국민행동이 시민항쟁으로 성장하는 것을 막았다. 그들은 민중과 양립할 수 없는 진보를 표방한 탈계급적인 자유주의 세력이었다. 광장의 촛불집회는 투쟁이 아니었다. 시민이 국민이 되어 그 정당성을 판사가 승인해주기를 기다리는 국민 캠페인이었다.

그 결말은 그다지 진보적이지도 않은 자유주의 세력이 성과를 독점했고, 친미적인 신자유주의 체제에 한치의 타격도 입히지 못했다. 좌파는 물론 민중적 세력은 전투성을 거세당하면서 파편화되고 주변화되었다. 시민운동은 시민들의 운동이 아니라 시민들의 후원으로 운영되고 시민을 대리하는 운동이다. 시민운동단체에게 시민은 자주적인 존재로 성장하면 안 되는 존재다. 시민을 억제하고 시민을 이끄는 그들은 목자이고, 시민은 그들에게 기생하는 시민운동을 위해 순한 양이 되었다. 2016년 촛불은 목자에게 이끌리는 순한 양들의 훈육장이었다. 민중도 없고 시민도 없고 법과 질서를 신성시하는 국민만 남았다. 즉 2016년 촛불은 시민을 국민으로 주조하였다. 시민의 열망이 아니라 체제에 봉사해왔던 판사님들이 최고의 권력이고 진정한 주권자였다.

제도 민주주의 즉 국민이 4년마다 한 번씩 유권자로 소환되는 그 체제에서는 민중이 주권자가 아니다. 대중 혹은 민중의 자기지배도 직접민주주의가 아닌 대리인을 통한 통치체제를 갖지만, 그 대리인은 사장에게 고용된 직원처럼 오직 민중을 위해서만 존재해야 하고 그렇지 않을 경우 소환되거나 그 지위가 박탈된다.

시민단체가 촛불시민을 부르주아 사법체제의 관람객으로 혹은 시민을 국민으로 만든 후 권력은 자유주의자들에게 넘어갔다. 그것은 위대한 시민정신의 승리가 아니었다. 그곳에 시민은 있지도 않았다. 하물며 민중의 참여 혹은 민중적 의제는 신중하고 교묘하게 처음부터 억제되었다. 추운 광장에 앉아서 유명 가수들의 노래 감상이나 강요당한 그들은 시민단체라는 목자에게 이끌리는 길잃은 순한 양이었다.

민중은커녕 시민의 정체성조차 억제당한 결과는 극우의 등장이었다. 태극기 부대라는 극우는 시민이나 민중이 아니라 국민의 이름으로 다른 국민을 배제하려는 세력이다. 2016년 촛불이 국민이었기 때문에 동일한 국민의 자격으로 극우가 등장했다. 지구상에서 가장 반동적인 국기인 미국의 성조기와 이스라엘 국기까지 들고나온 배경에 100만 200만, 1,000만 명의 관객을 호객하여 국민으로 만든 퇴진행동에 참여한 시민단체가 있었다.

진리는 오직 머릿수로만 증명되었고, 조국사태에서 보듯 거대한 극우가 머릿수에서 앞서게 되었다. 이제 탈진실(post truth)의 시대가 되었다. 그 배경에 시민의 전투성을 참으로 훌륭하게 거세시키면서 100만 대회, 1,000만 대회를 선동하던 시민운동의 장사치들이 있다.

물론 시민운동은 이 사회의 고통을 완화하는 역할을 하고 대체로 진보적인 보다 정확하게는 '인간의 얼굴을 한 자본주의'를 판매하여 생계를 꾸리는 또 다른 소부르주아지들이다. 설령 그들이 아무리 헌신적이고 박봉에 시달릴지라도 개개인의 의사와 상관없이 그들의 기능은 그렇다. 마치 자본가가 아무리 착하더라도 자본가인 것처럼 평상시에 시민이 나서지 않을 때 그들은 진보적이다. 그러나 시민이 주체로 나서는 순간 그들은 본능적으로 존재/생존/생계의 위협을 느낀다. 그리하여 역사의 진정한 전진을 가로막는 반동의 역할을 충실하게 수행한다. 마치 독일 부르주아지가 진정한 부르주아 민주혁명을 가로막았던 것처럼. 필자는 모든 시민단체나 시민단체의 수많은 헌신적인 활동가들을 비난하려는 게 아니다. 그들 중 극히 일부 그러나 영향력은 큰 극히 일부의 단체와 지도자들을 비난하는 것이다. 민중의 목소리를 n분의 1로 만드는 그 운동질서는 고착되었다.

2016년 촛불집회 때 신자유주의가 강요한 고통 특히 비정규직 등 노동계급 하층 혹은 신자유주의 박탈층의 고통은 보편성을 획득하지 못한 채 소수자의 호소로만 존재하고 소비되었다. 광장의 연단에는 짧은 소개 시간이 있었는데, 그것은 국민에서 배제되었던 소수를 국민으로 편입하는 것이었다.

그곳엔 2008년과 같은 뜨거운 심장이 없었다. 광장의 시민이 하나 되어 싸우는 투쟁이 없었기 때문이다. 민주노총이나 민중총궐기 투쟁본부는 1,000개가 넘는 다른 사회단체 속에서 그 비중에 걸맞는 발언권도 없었고 역할을 할 수 없었다. 물론 형식적으론 평등하게 합의제로 운영되었다. 그러나 발언권을 갖는 부문별 대표가 많아질수록 민주노총이나 좌파의 지분은 5분의 1이나 10분의 1로 그만큼 줄어들지 않을 수 없었다. 그런데 노동 의제나 반신자유주의 의제는 5분의 1이나 10분의 1이 아니라 이 시대의 가장 중요한 의제이고 따라서 1/2 이상이 되어야 하지만 다양성으로 포장된 여러 부문이 모인 협의에서 그리고 그들 대부분이 노동 의제나 반신자유주의 의제를 반기지 않은 분위기에서 두 의제는 5분의 1이나 10분의 1이라는 n분의 1의 장식품이 된다. 이것이 계급 의제의 전진을 막는 구조적 질곡이다.

자유주의자들은 신자유주의를 억제할 의지와 능력이 없다. 치솟는 부동산 가격을 억제할 의지와 능력이 없다. 비정규직 문제, 청년 실업의 문제를 해결한 의지와 능력이 없다. 전선은 반신자유주의 전선이어야 함에도 자유주의자와 극우의 사이에 있다. 신자유주의라는 이 시대의 가장 큰 고통 그리고 그 고통을 앞세운 투쟁은 자유주의자와 태극기 부대가 만들어 낸 반극우 전선에 밀려났다. 한 사회를 전진시키고 변혁시키기 위해서는 수많은 투쟁이 필요하고 수많은 의제가 있지만, 반신자유주의 의제는 두 주류(자유주의자 대 극우를 포용한 보수)가 만들어 낸 전선이 강력할 때 설 땅이 없다. 역사의 진정한 전진은 오직 민중의 투쟁에 의해 이루어진다. 그리고 2016년 촛불집회에서 시민이 국민으로 주조될 때 민중의 헤게모니는 종말을 고했다.

5. 맺는말

이처럼 2008년 촛불 시민항쟁이나 2016년 촛불 국민행동 때 역사의 흐름이 전진하지 못하고 고착되고 퇴행하게 된 직접적인 배경에는 민중운동 세력이 시민단체와 맺게 된 연대질서가 있다. 그런데 보다 근원적으로 보면 한 사람의 인간은 때로는 민중, 때로는 노동자, 때로는 시민, 때로는 국민이 될 수 있는 다면적인 존재이고 다양한 가능성을 가진 존재이다. 특정한 상황에서 특정한 정체성이 앞서게 되는 것은 대중 속에서의 헤게모니와 관련이 있다. 자유주의 정치세력, 시민단체, 민중운동과 좌파는 헤게모니를 다투는 경쟁관계에 있고, 민중이 시민으로, 시민이 국민으로 변하게 된 것은 민중운동과 좌파가 경쟁관계에서 패하거나 경쟁력을 잃었기 때문이고 헤게모니 투쟁에서 패했기 때문이다. 민중 혹은 대중의 자기지배라는 이상을 추구하는 좌파는 자기 역할을 다하지 못했다.

발표글 모음

발표글 1: [기고]광우병 대책위에 드리는 고언(08.06.07.)[1]

비상한 시국에 고생이 많으십니다.

그동안 촛불시위에 쭉 참여해왔던 한 시민으로서 최근 집회에 대해 느낀 바를 말씀드리려고 합니다.

특히 (광우병) 대책위가 행진과 시위에 관여하지 않았던 지난 5.31.밤과 대책위와 사회자가 좌지우지하려던 어젯밤(6.6)의 행사는 많은 점에서 대비가 되더군요.

한 달여나 계속된 이 투쟁의 특징과 생명은 학생을 비롯한 시민들의 각성과 자발성 그리고 비정형성입니다. 그동안의 대중투쟁들이 투쟁을 준비하고 주도하는 주최 측에 의해 질서정연하게 통제되고 통솔된 집회문화였다면, 촛불소녀로 상징되는 이번 투쟁은 중학생들까지도 미친 소등의 문제를 자신들의 심각한 문제로 받아들이고, 이명박과 조중동으로 상징되는 극우세력에게 분노와 저항을 표현하고 있다는 것입니다.

지난 5.31. 청와대입구에서 물대포를 맞으면서도 해산되지 않고 완강하게 저항한 시민들은 만약 누군가가 혹은 어떤 집단이 지시하고 리드했더라면 결코 표출될 수 없는 자주적이고 창조적인 구호와 투쟁방법을 창안할 수가 있었습니다. 누가 시키지 않아도 경찰이 방송을 하려고 하면 '노래해! 노래해!' 하면서 대응한다든지,

---

1_ 참세상과 아고라에 발표된 글

물대포 맞으면서도 세탁비 내놓으라든지, 전경들 퇴근시켜라고 구호를 외치기도 하고, 어떤 노조나 운동조직원도 아닌 자발적인 모임들이 혹은 인터넷 동호회들이 김밥과 식수를 준비해 오기도 하고 밧줄과 장갑을 오토바이로 실어오기도 하고, 남자들만 따로 모이라고 해서 옆 담을 넘어가기도 했습니다. 그렇게 대치하면서 날을 지새우는 동안 시민들은 정말 즐겁고 행복하게 새로운 시위와 저항문화를 창조해낼 수 있었습니다.

그런데 어제 6.6. 행진은 사회자가 리드하면 구호를 따라하고 노래를 부르지만 거기엔 자주적이고 창조적인 의지를 억압당하는 수동적인 참여자가 있었을 뿐입니다. 확성기를 든 사회자가 없었던 이전의 행진과 시위에서 느꼈던 해방감과 기쁨은 느끼기 힘들었습니다.

어제도 많은 의욕적인 시민들이 늦은 밤에 청와대로 가는 것은 참여자도 줄어들고 채증도 곤란하고 더 위험하니까, 행사는 짧게 하고 낮 시간에 바로 행진을 시작하고 청와대로 가자고 했음에도 대책위는 수많은 시민들의 요구를 억압하면서, 자유발언으로 시간을 질질 끌어 김을 뺀 다음에도 행진마저도 빙빙 돌면서 9시도 넘은 시간에야 청와대쪽에 갈 사람은 가라고 하더군요.

시민 모두가 주인으로서 주권자로서 자주적으로 그리고 창조적으로 투쟁을 전진시키고 있는데, 왜 대책위는 대중을 억제하고 통제하고 관리하려 하십니까?

이제 시민들은 당신들의 관리와 통제와 리드를 받고 싶어하지 않습니다. 그냥 처음 촛불집회 할 때처럼 당신들의 역할은 아주 작고 짧게 끝내도록 하십시요. 파병반대든 FTA반대든 간에 이름의 앞부분만 바꾼 대책위가, 항상 투쟁의 수위를 조절한답시고 혹은 투쟁을 관리통제한다는 온갖 의혹을 받으면서, 심지어는 대중들이 나아갈려고만 하면 경찰과 합의해서 정리집회나 일삼으면서 투쟁을 배반해 온 게 한두 번이 아니잖습니까? 투쟁을 관리하고 통솔하겠다고 어줍잖은 욕심내지 마시고 그냥 약간의 뒷받침만 하시길 바랍니다.

민주시민들은 당신들이 나서지 않을 때 훨씬 책임감있게 훨씬 즐겁고 창조적으로 이 투쟁을 발전시켜 나갈 수 있습니다. 제발 이 민주시민들을 당신들의 각본과 사회자나 따라다니는 수동적인 군중으로 만들지 마시길 간곡히 부탁드립니다.

발표글 2: [기고]개사기 FTA가 국익이 될 거 같아서 미친 소를 받아들였다고라?(08.06.19.)[2]

오늘 무뇌아의 회견을 보면, FTA만 되면 성장잠재력이 높아지고 34만개의 일자리가 새로 생기고 GDP가 10년간 6%가 높아지기 땜에 이런 절호의 기회를 놓치고 싶지 않아서 미친 소를 받아들였다고 하는데, 증말 미치겠군요. 우리 국민에게(무뇌아하고 재벌대기업은 빼고) 광우병보다 백배 천배나 위험한 것이 FTA이죠.

미국과 FTA(나프타-북미자유무역협정)를 맺은 멕시코를 보면, 1990~2003까지 교역이 4배나 증가했어도, 200만 명의 농민이 일자리를 잃었고, 매년 140만개의 일자리가 필요한데도 나프타 이후 단지 300만개밖에 만들어지지 않아, 나머지는 비정규직 극빈층으로 전락하고, 1994년부터 2002년까지 제조업 부문에서는 단지 50만개, 연평균 6만2,000개의 일자리가 만들어지는 동안 내수산업은 오히려 80만개의 일자리가 줄어들었지요.

미국의회보고서는 한미 FTA로 지들이 매년 160억불의 흑자를 본다는데, 한국정부와 조중동만 매년 30억불씩 흑자를 볼 거라고 우기고 있지요.

환율변동폭이 명바기 땜에 20%나 올랐는데, 자동차 관세는 겨우 2.5%, 반도체는 1.5%밖에 안 되고 그나마도 자동차는 현지생산할 거고, 개성공단이나 동남아에서 가공한 한국섬유류는 원산지조항 땜에 관세혜택도 못 보는데 FTA로 관세가 철폐되면 수출과 일자리가 늘어난다고라? 완죤 개사기죠.

나프타에 대한 유엔인권보고서는 '멕시코는 미국의 농업식품산업의 쓰레기통이 되었다면서, '개방된 국경과 세관의 부패와 함께, 건강에 대한 조사가 없다.

2_ 참세상과 아고라에 발표된 글.

멕시코에 들어오는 음식은 미국시장에서의 소비가 거절당했거나 인구의 최하층을 겨냥한 가격대의 것이다. 이러한 예 중의 하나가 암을 유발하는 곰팡이를 만드는 aspertosina와 함께 팔리는 옥수수이다. aspertosina가 함유된 옥수수는 미국에서는 동물 소비용으로 팔리는 것이고, 어느 수준 이상이 되면 오직 공업용으로만 사용될 수 있다. 이와 똑같은 제품이 값싸게 팔리는 멕시코로 수출되고 대중들은 너무나 가난하기 때문에 필연적으로 이런 종류의 값싼 음식을 소비한다. quelbuleterol이 함유된 고기, 항생제가 과도하게 들어있는 닭고기, 우유 대체물 혹은 식물성 유장으로 만들어진 성장호르몬이 들어있는 우유도 똑같다. 거기에서 우리는 쓰레기, 찌꺼기, 유해한 화학성분들을 먹는 사람들을 볼 수 있다'[3]고 고발하고 있지요.

물론 FTA가 좋은 점도 있지요. 단 당신이 상위 1%에 드는 사람이라면 ….

웹티(FTA)가 되면 외제차가 싸게 들어오고, 명품도 싸게 사게 되고, 의료시장 개방되면 수준높은 치료도 받을 수 있지요. 근데 그보다 중요한 건 세계 최고수준으로 개방된 한국이 모든 산업 특히 서비스 산업을 개방하고 전기 가스 수도 철도 민영화하면 식코에서 보는 것처럼 생활고 땜에 자살하는 서민들이 부지기수가 될거라는 점이지요. 대기업들은(삼성과 국민은행의 외국인 지분이 60%가 넘는다는 것을 잊지 마세요) 민영화된 공기업을 하나씩 꿰차고 떼돈을 벌겠지만 ….

근데 진짜 우리가 주권국가의 국민으로서 열받는 것은 투자자제소조항이지요.

미국기업이 한국에 투자했다가 손해보면 제3의 법정에 한국정부를 제소해서 손해배상을 해줘야 되는 조항인데요, 벡텔이 볼리비아에 투자했다가 공해 땜에 사업을 못하게 되자 볼리비아 정부를 제소해서 5억불(5,000억원) 뜯어가고, 캐나다 정부는 에틸사에게 패소해서 환경법안 철회하고 1,300만불 물어주고, 메틸클라

3_ 국제인권연대, <북미자유무역협정(나프타): 인권에 대한 영향>, 참세상. (필자가 번역한 이 글은 '멕시코실태보고서'라는 부제를 달고 06.8.17.-10.15.까지 5회에 걸쳐 연재되었다.)

드사는 독성폐기물을 못 묻게 한다고 소송해서 1,670만 달러 뜯어가고, 등등등 주권국가가 자국민을 위한 정책을 폈다가 개박살난 사례는 수없이 많지요.

작년에 놈현이 펴준 FTA 4대 선결조건 생각나나요? FTA하기 전에 소고기/의약품/스크린쿼터/자동차 배기가스규제를 왕창 개방하라는 거였죠.

시방 아무리 소고기나 민영화 반대해도 FTA 한방이면 끝나버리죠. 행여나 한국국민들의 반대로 개방한 걸 물릴까봐, 한번 개방한 것은 물릴 수 없다는 역진방지조항(렛칫조항)까지 들어 있지요. 만약에 FTA 발효 후에 미국넘들이 한국에 병원짓고 땅투기하고, 공기업 사들였다가 국민들의 반대로 규제하고 못하게 만들면 미국넘들 손해본 거 다 물어주고도 규제를 못하게 된다는 것이죠. 이렇게 국가주권과 다수국민의 이익을 화끈하게 퍼주고도 FTA만이 살길이라고 개사기를 치고 있는 넘들이 바로 놈현과 무뇌아와 조중동이지요.

(이외에도 FTA 독소조항은 수없이 많은데 아고라에서 함 검색해 보세요.)

자 정리합시다.

1. 무뇌아는 즉각 방빼고(사퇴하고)
2. SRM이 완전 제거된 20개월 이하의 쇠고기만 수입한다는 재협상은 기본이고,
3. 국민의 정당한 항의를 군홧발로 짓밟은 어청수 등 폭력진압자들은 파면 구속하고,
4. 수도 전기 가스 철도 의료보험 등의 민영화는 절대로 안 되고,
5. 개사기 FTA도 즉각 폐기하고(국회는 비준동의안을 글자 하나 수정할 수 없고 단지 가부만 표결하게 되어있음),
6. 이제부터 국민의 뜻에 따르지 않는 넘들(대통령과 국회의원)은 언제든지 자를 수 있는 국민소환제(지자체장과 의원들에게는 이미 시행되고 있음)의 실시 등

이상 6개 조항을 민주시민의 최소요구로 내걸고 요번에 반드시 관철해야만 한다고 생각합니다.

조중동문(문화일보)과 SBS는 합법적인 방법으로 지긋지긋하게 말려죽이면 됨.

헌법이 보장한 정당한 저항권에 입각하여, 공공의 적들이 폭력을 행사하기 전까지는 비폭력으로 하되, 단 무저항이 아니라 적극적인 저항으로 국민을 배반한 쥐바기와 딴날당 수구꼴통을 끝장낼 때까지 투쟁!!!

87년 민주항쟁을 완성시킬 민주시민의 요구 6개항

1. 쥐바기는 물러나라.
2. 미친 소는 즉각 재협상하라.
3. 폭력진압자 파면구속하라.
4. 사회공공재 민영화 절대 반대한다.
5. 개사기 FTA비준안을 즉각 폐기하라.
6. 국민소환제 실시하라.

발표글 3: 촛불과 우리의 과제(08.06.24.)[4]

1. 촛불투쟁의 경과

여중생들로부터 시작된 촛불정국은 MB정부에 대한 대중의 거대한 저항을 만들어내고 있습니다. 광우병 우려로 시작된 촛불은 수도와 의료 등 공공재와 공기업 민영화 반대와 언론장악(KBS, MBC, YTN 등) 시도 및 조중동 반대로 나아가고 있으며, 촛불을 든 첫날부터 100일도 안된 MB정부에 대한 불신으로 명박퇴진의 구호가 나왔고, 며칠 전 특별회견에서는 대운하와 공기업민영화에 대한 (기만적인) 양보를 끌어내기도 했고, 지난 6.21. 추가협상 발표에도 불구하고 3-4만명의 시민이 광화문의 철야행동에서 강력한 항의와 저항을 보여줬습니다.

4_ 참세상과 아고라에 발표된 글.

2. 촛불투쟁의 현 상황

지금까지의 성과만으로도 MB정부에 대하여 돌이킬 수 없는 상처를 입힌 것은 사실이고, 특히 대운하와 공공재의 민영화는 상당한 브레이크를 걸었다고도 봅니다.

그리고 여러 사회적 의제(공기업 민영화와 FTA 반대 등)는 점차 확대되고 있고 강해지고 있는 추세입니다.

지금까지의 투쟁을 보면 중고등 학생을 비롯한 시민들이 MBC와 경향, 한겨레 등의 언론과 아고라를 통해서 학습하고 투쟁하면서 아고리언을 비롯한 네티즌들의 자발적이고 창조적인 투쟁이 발전되어 왔고, 비폭력 절대론자들의 회의를 극복하고, 비폭력이면서도 완강한 저항으로 발전하는 가운데, 대책회의는 투쟁을 선도하고 리드하기보다는 의제를 축소하고, 시민들의 창조적인 투쟁을 억제하고 소부르주아적인 합법 혹은 준법투쟁을 강요하면서 관료적이고 무책임한 태도로 상당한 불신을 받으면서 항상 시민들보다 한 걸음 내지 두 걸음 뒤에서 투쟁을 억제하는 역할을 해오고 있습니다.

3. 전망과 과제

추가협상까지 구걸한 정부가 재협상을 받아들이기란 참으로 난감한 일이고, 시민들 역시 광우병 우려의 완전한 해소없이 저항이 사그러들 것 같지가 않습니다. 결국 촛불의 규모는 약간 축소되더라도 완강하고 지루한 장기전이 되리라고 생각합니다.

그동안 대중투쟁의 폭발 앞에서 아무런 역할을 할 수 없었다는 자괴감을 표출하는 분들도 있었습니다.

그러나 만족스럽지는 않더라도 분명 이 투쟁을 키워가고 승리로 이끄는 데에 우리의 역할을 찾을 수가 있을 것입니다.

향후 정국에서의 의제는 민영화와 FTA비준이라고 생각되고, 특히 FTA비준안은 국민의 절반이 찬성하고 있고 야당마저도 2/3가 찬성하는 상황이라, 광우병 정국이 끝나면 곧바로 통과될 가능성이 크기 때문에, 남은 투쟁과정에서 FTA반대 여론과 투쟁을 만들어 내는 것은 참으로 중차대한 문제라고 생각됩니다.

그리고 국회의 절대다수가 보수에게 장악된 상황에서 명박퇴진이란 구호의 공허함을 극복하기 위한 대안은 국민소환제밖에 없다는 생각이 듭니다.

또한 화물연대 투쟁에 대한 네티즌들의 지지에서 보듯, 이 투쟁은 보수언론에 의해 조성된 노동운동에 대한 불신(노동자와 시민의 이분법적인 사고)을 극복할 수 있는 절호의 기회이기도 합니다. 노동자들이 시민들의 투쟁에 선봉에 서서 투쟁을 엄호하고 앞장서는 것을 보여줌으로써 집단이기주의적인 투쟁이나 귀족노동자들의 투쟁이라는 불신을 극복하고 시민과 노동자의 통일로 나아가는 중요한 순간이라고 생각됩니다.

그러므로 개별 사업장과 산별의 이해를 넘어서 신자유주의 매국정권에 대한 투쟁의 전선을 구축하는 것은 참으로 중대한 과제일 것입니다. 민노총이 선봉의 결의를 하고 매 투쟁마다 1,000명에서 3,000명의 대오를 촛불의 선봉대로 조직하는 것도 하나의 방법일 것입니다. 물론 각목을 들 필요도 없이 맨손으로 아니면 촛불만 들고 시위에 앞장서고 시민과 함께 토론하면서 전투성을 보여주면 되는 일입니다.

그리고 대책위의 타협성을 극복하고 투쟁을 승리로 이끌기 위해서 별도의 비타협적인 운동체가 필요하다는 생각이 듭니다. 그동안 비타협성을 보여준 아고라와 안티 이명박을 포함하여 사유화 저지 공동행동 등이 함께하는 느슨한 연대체나 네트워크를 만들고 현장에서 긴밀히 서로 존중하고 토론하면서 투쟁을 발전시킬 수 있도록 최선을 다할 필요가 있다고 생각합니다.

특히 당면 투쟁에서 중요한 것은 기존의 투쟁처럼 일사불란한 투쟁이 아니라 모두가 주권자임을 자각한 즉 각성되고 결의에 찬 시민 한 사람 한 사람이 주체로서 자주적이고 창조적으로 투쟁을 키워온 것에서 알 수 있듯이, 인정되지도 않는 권위를 가지고 이끌려는 투쟁이 아니라 대중의 자주성과 창조성이 최대한 발휘될 수 있도록 밑받침하고 조력하려는 자세가 참으로 중요한 관건이라고 생각됩니다.

4. 결어: 과제

그러므로 현시기에 있어서 우리들의 과제는 대책위의 한계를 뛰어넘어 비타협적인 투쟁으로 이 투쟁을 승리로 이끌 신망있는 대중적인 운동체를 만들어 내고, 이 투쟁을 반신자유주의 전선으로서 발전시키기 위하여, 특히 공기업 민영화를 포함한 반FTA 의제를 선전을 통하여 의제를 확대하고 심화시키는 것, 그리고 노동자들의 투쟁을 시민들의 촛불투쟁과 결합시키는 것이 되어야 할 것입니다.

따라서 당면구호는 이명박 퇴진/미친 소 재협상/폭력진압자의 처벌/사회공공재 민(사)영화 반대/FTA 반대/공영언론장악시도 철회와 조중동 반대/국민소환제 실시로 정리될 수 있을 것 같습니다.

(사족) 20일 시청 앞에서 사회주의OO신문에는 취지가 명백하지는 않으나 공권력 해체와 민주공화국을 뛰어 넘자면서 공권력 해체와 직접민주주의(소환제)를 어려운 말로 설명하는 대자보도 있었고, 사회화(국유화)가 대안이라는 모 조직의 유인물도 있었습니다.

이런 주제들이 항상적인 선전의 대상임은 부인할 수 없겠지만, 당면 현실에서 대중의 정서에 맞는 혹은 투쟁을 고취시키고 발전시키는 선전인가에 대해서는 저는 대단히 부정적으로 생각합니다.

오늘도 아고라에는 대책위에 끌려다니다가 청와대 근처에도 못 간다면서 몇 사람만 낮에 모여서 돌파하자는 글이 올라와 있었습니다. 맨 먼저 촛불을 든 여중생이건, 코엑스의 개념녀건, 20일 날 친구들과 함께 청와대와 한나라당과 조중동을 방문하여 항의의 피켓을 든 촛불소녀들이건, 조중동 광고주들에게 매일 항의전화하고 대검과 경찰청 홈피에 나도 구속하라는 네티즌이건, 한나라당 의원에게

18원씩 입금하고 영수증 우송하라는 운동을 펴는 네티즌, 나아가 시위현장에 밧줄을 준비해오는 사람들이건, 혹은 커피와 김밥을 준비해오는 동호회원이건 간에 이 운동의 동력의 핵심은 자주적이고 창조적이라는 것입니다.

따라서 우리는 기존의 관성을 과감하게 극복하고 그들과 정서를 공유하면서, 가르치고 이끌려는 입장이 아니라 모든 권위와 타성을 버리고 그들과 대등한 동지로서, 함께 토론하고 공유하면서 나아가는 것이 참으로 중요하다고 할 것입니다.

발표글 4: 모임취지와 운영방안 (08.07.18.)[5]

촛불 연행자들이 먼저 단결하자!

1. 뭉칩시다.

함께 연행되어 44시간동안 우정을 다졌던 동지들이 뜻을 모아서 이 카페를 만들었습니다. 우리는 모두 촛불의 순수한 정신을 가지고 뭉쳐야 한다고 생각합니다. 모여서 촛불의 승리와 이땅의 민주주의의 완성을 위해 우리가 할 수 있는 실천을 찾아봅시다. 우선 연행자들은 많이 가입해주시고, 다른 카페와 모임과 지속적으로 접촉하여, 하나의 모임으로 만들어 봅시다.

2. 적극 실천합시다.

움츠리지 말고 내가 아닌 누군가가 해줄 것이라는 방관자의 자세에서 벗어나, 내가 아니면 아무도 실천하지 않을 것이라고 생각하고 나서야 된다고 생각합니다.

3. 민주적으로 합시다.

운영진은 머슴입니다. 앞장서는 사람은 아무런 특권이 없습니다. 회원의 뜻에 따라 헌신할 특권만 있습니다.

4. 사람을 찾습니다.

5_ 아고라에 올린 선동문

카페의 운영과 모임의 실무를 위해 헌신하실 분은 적극 나서 주십시오.

발표글 5: 권태로운 창님 그리고 연행자 동지들께 …(08.08.05.)[6]

안녕하십니까?

저는 촛불연행자들의 모임 http://cafe.daum.net/candlearrested 에서 임시로 머슴을 맡고있는 서른즈음에입니다. (저희는 회원은 주인이고 운영진은 머슴이라고 부릅니다. 그리고 이 글은 개인자격으로 쓰는 글입니다.)

먼저 촛불의 승리를 위해 앞장서시는 창님께 열렬한 연대의 인사를 드리면서 아울러 저희 연행자들에게 보여주신 연대의 말씀에도 감사드립니다.

며칠전 창님께서는 시위와 관련하여 연행된 900여명이 넘는 분들은 반드시 우리가 책임져야 한다면서 … 대한민국 상식사전 아고라 책에 의한 수익금과 이외의 모금활동 등등을 통하여 이 분들이 짊어지게 될 벌금을 최대한 해결하도록 힘쓰겠다는 글을 올리셨더군요.

저는 이 글을 읽으면서 한편으로 고맙기도 하면서 또 한편으론 부담스런 마음을 지울 수가 없었습니다. 촛불은 모두 하나인데 저희가 왜 부담을 드려야 하는지 …

얼마 전 떡찰이 연행자들에게 100~300만원의 벌금을 물리겠다는 개수작을 한 바 있었습니다. 정식재판만 청구해도 몇 십만 원으로 줄어들 뿐만 아니라, 검찰조서 작성과 1심, 2심을 거치면 최소한 6개월 후에나 부과될 것이 분명한데도, 이 시점에서 떡찰이 이런 발표를 한 이유는, 연행자들을 도발하려는 것이 아니라 촛불에 참여하려는 시민들에 대한 위협이 목적임은 분명할 것입니다.

무려 석 달 동안 촛불 외에는 아무것도 들지 않은 평화적인 시위에 대해 공권력

6_ 아고라에 올린 선동문.

을 빙자하여 군홧발과 방패, 물대포 등 온갖 범죄적인 불법행위를 멈추지 않는 견찰은 공권력을 빙자한 조폭에 불과할 것입니다.

저희는 이러한 부당한 공권력의 행사와 남용에 대해 결코 좌시하지도 않을 것이고 용서하지도 않을 것입니다.

우리가 촛불을 든 것은 이 나라의 민주주의를 회복하기 위해서였듯이, 연행자들 또한 떡찰의 이러한 범죄적 도발에 대하여 결코 굴복하지 않고 끝까지 싸워 이길 것입니다. 우리가 모인 것은 벌금을 적게 내고 벌금을 깍기 위해서가 아니라, 부당한 공권력에 맞서서 무죄를 주장하고 쟁취하기 위해서입니다. 법정에 섰을 때 우리는 결코 온정을 구걸하지 않고 무죄를 쟁취하고 헌법정신을 관철할 것입니다.

끝으로 촛불이 줄어들고 견찰과 떡찰이 설치니까 위축된 마음에 저들의 횡포에 패배감을 느끼시는 동지들도 계시겠지만, 어떠한 폭압에도 넘들이 촛불을 끌 수 없고, 이 분노를 억압할 수 없다면, 쥐박이가 물러나기 전에는 이 싸움은 끝나지 않을 것입니다. 그렇습니다. 싸움은 끝나지 않았고, 우리가 결코 물러서지 않는다면 결국 승리는 우리의 것입니다.

연행자 동지 여러분! 광주항쟁에서도 보았듯이 이기면 민주항쟁의 유공자이고 지면 폭도가 됩니다. 우리가 승리하면 다 끝나는데, 이기면 국가보상금까지 나올 텐데, 왜 싸움이 끝나지도 않은 이 시점에서 우리가 벌금을 걱정합니까? 지금은 오직 촛불의 승리를 위해 더욱더 투쟁의 의지를 끌어올릴 때일 뿐입니다.

최후의 승리를 위해 끝까지 투쟁합시다!!! 투쟁!!!

발표글 6: 회원 여러분께 …(08.08.28.)[7]

7_ 촛불연행자모임 회원게시판에 올린 글

또 대표의 독선으로 논란이 분분하군요. 송구합니다.

저는 이 글에서 저의 판단과 입장을 밝히고자 합니다. 굳이 저의 견해를 강요하거나 동조를 얻고자 하는 것이 아니라, 논란의 발생지점을 이해하는 데 도움을 주기 위하여 정리해 보고자 합니다.

대책회의에 대하여

저는 지난 4월말 촛불이 시작되던 날부터 촛불과 함께하면서, 촛불을 지켜보았습니다. 그리고 그 첫날부터 명박퇴진이라는 구호가 나온 이래, 촛불이 거리로 나왔을 때에 단 한 번도 이 구호에 주저하는 것을 본 적이 없습니다.

그리고 저는 또 보았습니다. 5월과 6월이 지나도록, 대책회의는 단 한 번도 공식행사에서 명박퇴진이나 명박심판이란 구호를 외쳐본 적이 없습니다. 말만 1,800개 단체 운운하지 실제로 운영위회의에는 많아야 50여개의 단체가 참석해서, 명박퇴진을 구호로 내걸면 탈퇴하겠다고 무려 다섯 시간이나 협박하던 단체가 대부분이었습니다.

7월에 들어서 처음으로 명박심판이란 구호가 행사의 끝에 나왔었고, 행사가 끝나고 행진을 시작한 직후에 처음으로 대책위 마이크에서 이명박은 물러가라는 구호가 잠깐 나왔었습니다. 그러나 광화문으로 행진을 하려는 대중을 의도적으로 다른 곳으로 이끌거나, 차벽 앞의 촛불이 싸울 때에 도망가는 것은 거의 매일 보던 풍경이었고(단 하루만 약간 늦게 했던 것으로 기억합니다.), 주말집회를 낮에 해야만 제대로 투쟁할 수 있다는 수많은 항의를 묵살하면서, 끝까지 밤7시 집회를 고집하여 수많은 비난을 받은 것은 여러분도 잘 아는 사실입니다.

심지어 6월말 10만이 넘는 촛불이 모였을 때, 투쟁을 가로막고, 싸우고 있는 사람을 방해하고 고립시키기 위하여 밤새 음악회를 계속하면서 온갖 수단을 다했었습니다. 그때 대책회의의 농간을 꾸짖는 저의 영상이 YTN에도 크게 보도된 적도 있었습니다.

저는 기본적으로 대책회의가 단 한 번도 촛불과 같은 구호를 외쳐본 적도 없고 투쟁을 같이 한 적이 없다고 생각합니다. 아니 행여라도 투쟁을 할까 봐, 행여라도 투쟁이 커질까 봐 항상 방해하고 억제한 것만 보았을 뿐입니다.

결국 촛불을 뒷바라지 한 적은 있지만 촛불과 함께 투쟁을 함께한 조직도 아니고, 항상 촛불의 투쟁을 방해하던 조직이었고, 따라서 진정으로 촛불의 승리를 위해 투쟁한 조직이 아니라는 점에 대한 저의 판단은 어떠한 경우에도 포기할 수가 없는 확신입니다.

촛불이 저항이고 투쟁이라고 할 때, 진정으로 승리를 바라고 싸우는 집단도 아니면서, 촛불의 뒤에서 혹은 촛불의 옆에서 촛불의 위신과 명망만 챙기는 데 관심이 있는 조직이었다는 판단을 합니다.

저는 대책회의가 촛불을 뒷바라지 한 것에 대하여는 수고했다는 말을 할 수도 있겠으나, 촛불의 저항과 투쟁을 억제하고 방해하고 촛불을 결정적인 패배로 이끈 행동에 대해서는 용납할 수가 없습니다. 즉 대책회의는 촛불이 아니라 촛불을 배반한 조직이라는 소신에 대하여 물러설 생각이 없습니다.

그럼에도 불구하고 촛불이 시들자, 대책회의는 과거의 위신이 그리워서인지 여기저기 이러저러한 촛불과 연대를 하겠다면서 개입을 시작했고, 분란을 일으키고 있는 중입니다. 이 중에 저의 모임도 있습니다. 아마 저희와 연대하고 저희 이름으로 모금이라도 한다면 대중의 눈에는 그럴싸하게 보이고 모금함도 두툼해 지겠지요.

그러나 어느 촛불조직이든 간에, 그 속에는 차벽 앞에서 싸웠거나 가투를 했던 동지들이 있고, 그들 대부분은 대책회의에 대한 분노와 배신감을 가지고 있는 현실도 부인될 수 없을 것입니다.

이미 대중으로부터 신망을 잃어버린 조직이 자신의 신망을 되찾기 위하여 또 다시 촛불을 이용하고 편승하려는 현실에 대하여 저는 분개하지 않을 수 없고, 우리 모임에도 설령 저와 견해를 같이하는 동지가 많지 않을지라도 그분들은 대책위에 대해 분개하고 있다는 것입니다.

저는 저의 이러한 판단이 당연하고 대다수의 회원들이 공감할 것을 의심하지 않았기 때문에 거칠지만 단호한 조치와 입장을 표현한 바 있습니다.

견해의 차이와 극복에 대하여

지금 회원들 중에는 이러한 저의 의견에 공감하는 사람도 있을 것이고 그렇지 않은 분도 계실 것입니다.

지난번에 대책회의가 도움을 주겠다면서 자신들에게 합류해 줄 것을 제안한 적이 있었고, 제 개인 입장은 부정적이라고 했더니 전체의 의견을 물어달라는 요청이 있어서 한동안 공지한 적이 있었습니다. 나중에 그들의 연락을 받고 제안의 내용을 알아본 바, 너무 허무맹랑해서 그 제안을 삭제키로 합의한 바도 있었습니다.

이처럼 이미 거절의 뜻을 명백히 밝혔는데도, 대책회의의 인권팀장은 저희에게 아무런 상의도 없이 자신에게 허용되지도 않은 게시판에 대책회의의 이름으로 사업을 시작한 바 있습니다. 저는 이러한 무례하고 뻔뻔한 사업방식과 작풍에 대하여 분노를 금할 수 없기 때문에 그리고 방치할 수 없었기 때문에 자삭과 자퇴를 요청하고 듣지 않으면 강퇴하겠다는 입장을 밝힌 바 있습니다.

여기서 중요한 것은 만약 우리가 대책회의와 손잡을 것이냐 말 것이냐를 가지고 논쟁한다면 우리는 분열될 수밖에 없다는 것입니다. 무엇보다도 만약에 손을 잡겠다는 것이 다수의사로서 관철된다면, 저를 포함하여 대책회의를 지극히 싫어하는 사람은 이 조직을 떠날 수밖에 없습니다. 현재 대책회의가 기웃거리고 관여하려고 하는 모든 촛불들은 대책회의의 개입으로 말미암아 불필요한 논쟁과 분란으로 이어지고 있는 현실입니다. 이것은 이미 대중의 평가 속에서 신망을 잃어버린 조직이 스스로 해소하기는커녕 순수함도 없이 옛 위신을 되찾고자 권위적으로 개입하기 때문에 촛불 속에 빚어지는 분란일 뿐입니다. 저는 바로 이 점 때문에 즉 다른 모임에 와서 변호사도 아닌 사람이 자신에게 허용되지 않은 사업을 하고 있다는 점에 대한 분노뿐만 아니라, 자기조직의 이기심 때문에 저희 모임을 포함한 여러 촛불 조직에 분란을 일으키고 있는 행위에 대한 분노를 금치 못하는 것입니다.

저는 우리 모임의 현실에 대하여 그리고 침묵하는 다수에 대하여 잘 알고 있습니다.

공안견찰 등에 반대한다든지 혹은 뭉칩시다 싸웁시다 이깁시다는 우리 모임의 취지에 공감하여 가입하신 분들도 계시지만, 소극적으로 다가올 벌금 등에 대한 공동대응이나 법률적인 도움을 바라고 가입한 분들도 계시고 여러 사정으로 투쟁이나 카페 활동에 나서지 않고 침묵하시거나 아예 가입만 한 채 소속감도 없으신 분들도 상당히 많은 수를 차지할 것이라고 생각합니다. 그리고 카페에 결합하여 댓글이라도 다는 분은 10%도 안 된다는 것도 잘 알고 있습니다. 그리고 이분들 중 상당수는 대단히 투쟁적이라는 것도 잘 아실 것입니다.

여기에서 침묵하는 다수와 투쟁적인 소수가 함께하는 길은 무엇이겠습니까?

비록 앞장은 서지 못하더라도 앞에서 투쟁하는 사람에게 박수치고 지지하는 사람 심지어 침묵하는 사람들은 하나의 모임에 함께할 수 있습니다. 그러나 투쟁을 하는 사람이 소수일지라도 투쟁을 안 하는 조직으로 하자든지, 혹은 투쟁을 비난하고 방해한다면 그분들은 이 조직을 떠날 수밖에 없습니다. 바로 이것이 조직을 깨지 않는 우리의 정체성입니다. 투쟁하는 사람도 당당히 함께할 수 있을 때 이 조직은 깨지지 않고 또 존재가치도 있을 것입니다. 이러한 정체성에는 형식적 다수결은 의미가 없습니다. 소수가 함께할 수 있느냐 없느냐의 문제이기 때문입니다. 마찬가지로 대책회의를 혐오하는 사람이 함께할 수 있는 길은 대책회의에 대한 분란이 없어지는 것 외에는 길이 없습니다. 이 점에도 형식적 다수결은 의미가 없습니다. 왜냐면 대책회의와 함께하겠다고 하는 순간 그 결정을 받아들일 수 없는 소수는 이 모임을 떠나야 하기 때문입니다.

바로 이런 점에 대한 고려 때문에 저는 우리 모임의 정체성과 계속성을 위하여 다수결이 무의미하기 때문에 그리고 참을 수 없는 개인적 분노를 참을 수 없었기에 거칠은 독단을 감행했습니다. 그러나 조직을 깨지 않기 위한 의도에도 불구하고 오히려 분란이 계속되고 있기 때문에 부득이 의사수렴의 번개를 제안드린 것입니다. 오늘 중으로 결론을 내리고자 합니다. 어차피 의견을 수렴해도 전 회원의 10%는커녕 5% 남짓이기도 하지만 방치할 수 없기 때문입니다.

거듭 말하거니와 모임의 정체성을 지키고 조직을 깨지 않기 위해서는 논의에 부쳐서도 안 되는 사안이 이미 분란이 되고 있기 때문에, 부득이 의사수렴을 통한 결정을 내릴 수밖에 없다는 점을 다시 한 번 밝히면서 거듭 저의 무능력과 독선에 대하여 사과를 드리는 바입니다.

서른즈음에 올림.

(여러분들의 의견을 댓글로 취합하겠으니 많이 참여해 주시기 바랍니다.)

발표글 7: 촛불 그리고 촛불정신(08.09.05.)[8]

1. 촛불은 무엇인가?

번개 때, 처음 만난 사람들이지만 얘기는 한없이 즐겁고 함께하고 싶은 까닭은 무엇인가?

4달이 넘도록 KBS 앞에서 촛불을 들고 날을 새우는 사람들은 누구일까?

100여 일 동안 함께 외쳤던 촛불은 누구이고, 위험과 두려움을 무릅쓰고 가투에 앞장섰던 사람들은 누구인가?

왜 우리는 촛불을 들었고, 끝까지 포기하지 않으면서 저항하고 있는가? 이 투

8_ 촛불연행자모임 창립총회(2008.9.7.) 직전에 발표한 토론문.

쟁을 이끄는 힘은 무엇인가?

아마 맨 처음엔 제 나라 국민들에게 미친 소를 못 먹여서 환장한 놈들이 국민을 속이는 것도 모자라 방패로 찍고 군홧발로 밟아서라도 먹이려는 정권에 대한 분노였겠지요.

그 분노와 불신은 미친 교육, 민영화, 뉴라이트, 조중동, 딴나라당에 대한 분노로 커져갔고 의제는 어디까지 확장될지 우리도 모르지만 ….

그렇다면 단지 이들 한 무리의 세력들의 말도 안 되는 처사에 대한 분노만이 우리를 이렇게 끈질기게 이끌어 온 힘일까요?

저는 우리가 비록 확실히 느끼지는 못할지라도 단지 분노만이 혹은 우리가 정당하다는 확신만이 우리를 여기까지 그리고 앞으로도 촛불을 들게 한 것으로 생각되지 않습니다.

그것은 여학생과 시민과 임신부를 칼과 총으로 학살하는 것에 분노하여 일어선 시민군이 진압당한 후에 즉 분노와 슬픔은 남아 있지만 더 이상 저항을 계속하지 못했던 것을 보면 알 수 있습니다. 즉 촛불에는 불의에 대한 분노 외의 그 무언가가 촛불 속에 흐르고 있다는 것을 의미합니다. 왜 어떤 사람은 날마다 KBS에 가서 밤을 새우고, 어떤 사람은 자기 돈으로 전단지를 만들어 뿌리는 걸까요?

저는 이 모든 저항이 자기실현의 과정이기 때문이라고 생각합니다. 경쟁사회에 찌들은 소시민으로서 더 많이 가져야 되고, 더 높이 올라가야 되고, 단지 나와 내 가족만을 생각하면서 살아야 했던 무기력이 세뇌된 인간들이, 처음으로 국가권력과 한줌의 세력들이 자신의 삶을 유린하고 부정하는 것을 깨우치고, 평화로운 촛불에 동참하면서 자신의 작은 실천이 유의미하고 역사를 바꾸는 힘이 된다는 것을 자각했기 때문이라는 것입니다. 그 실천 속에서 처음으로 내가 아닌 내 이웃과 공동체에 대한 실천 속에서 자아의 해방을 맛본 것입니다. 그 순간 존재의 합일화 즉 나와 남이 아니라 우리라는 합일화의 과정을 통해서 소외된 자아가 해방된 기쁨과 희열을 맛본 것입니다.

새문안 교회에서 버스를 끌어내기 위해 수백 명의 사람들이 밧줄을 당길 때, 물을 가져오는 사람, 부채를 부쳐주는 사람, 떡을 가져 오는 사람들과 함께하면서 인생에 처음으로 정말 순수하고 정당한 열정 속에서 이름모를 사람들과 함께하는 희열! 권위적이고 경쟁적이고 이기적인 사회 속의 왜소하고 고립된 소아에서는 결코 맛볼 수 없었던 타자와의 합일화를 통한 희열과 행복감을 맛본 것이고, 그 속에서 의미있는 자아를 실현하면서 기왕에 쫓기듯 짜들어 살아왔던 소아가 무의미해지고, 매일의 작은 실천이 주는 자아실현의 행복에 빠져든 것이 아닐는지 ….

나와 내 주변이 모두 순수한 열정과 분노 속에서 함께하고 있다는 것, 나도 그 속에서 존재의 해방감을 느끼면서 행복하다는 것, 바로 이 행복감과 해방감의 경험이 너무나 좋고(왜냐하면 그것이 인간의 본성에 합치하니까), 그 행복을 유린하는 권력이 너무나 밉고 용서할 수 없는 존재가 된 것입니다.

인류가 억압과 피억압의 역사를 시작한 이래 이처럼 뜨겁고 순수한 열정으로 희열과 행복을 느낀 경험이 거의 없었다면 믿으시겠습니까? 4.19 때 이승만을 쫓아 낸 기쁨이 우리에게 비할 수 있을까요?

도로에 나선 당당하고 수많은 촛불 속에서 느끼는 해방감과 수많은 사람과 함께하고 있다는 다시 말하여 나와 내 옆 사람이 우리가 되어 서로 사랑으로 묶여가는 희열, 무의식 속에 잠재되었던 두려움과 억압으로부터 벗어나 해방된 자아를 향해 나아가는 환희. 이 모든 해방감과 희열과 환희가 바로 촛불이 느끼는 행복감과 일체감의 근원인 것입니다. 바로 그 때문에 우리가 처음으로 만나면서도 함께한다는 마음과 순수한 열정으로 하나되고 있다는 것을 확인하면서 서로에게 엔도르핀을 주는 즉 인간의 본성에 합치하는 기쁨을 주는 존재가 된 것입니다.

2. 광장민주주의에 대하여

저는 촛불은 본질에 있어서 집단지성이 이끄는 광장민주주의이고 직접민주주의라고 생각합니다.

오늘날 국가는 대의제 민주주의를 택하고 있고, 국민은 말로만 주권자일 뿐 선거 때만 주권을 행사하고 평소에는 국가권력으로부터 소외되어 있습니다.

주인인 국민을 주권자가 아니라 유권자로 보는 것이 이 체제의 비극의 시작인 것입니다.

고대의 아고라 후의 직접민주주의는 1871년 파리코뮌 때였습니다. 당연하게 봉기군들은 스스로의 대표를 뽑고 언제든지 소환할 수 있었고, 함께 모여서 결정하고 함께 실천하고 투쟁했습니다. 앞장서는 사람에게 어떠한 특권도 주지 않았습니다. 저는 이것이 직접민주주의이고 광장의 민주주의라고 생각합니다.

100일간의 촛불 내내 우리가 위대했던 것은, 사이비인 대책위를 제외하고, 그 누구도 우리에게 명령하고 지도하는 권위를 가진 존재를 인정하지 않고, 모두가 주인이 되어 토론하고 결정하고 실천하고 함께 투쟁했다는 것입니다. 바로 이것이 야말로 촛불정신이 광장민주주의이고 직접민주주의의 구현이라는 것입니다.

그러나 요즈음에는 어느 조직이든 대표자와 운영진을 뽑고 그들에게 결정과 집행을 맡깁니다. 심지어 작은 계모임도 그렇고 작은 동창회도 그렇습니다. 조직이 크면 클수록 그 성원은 조직의 주인자리에서 소외되고 있는 것입니다.

바로 그런 까닭으로, 저는 우리 조직이 촛불정신에 투철하기 위해서는 구태의연한 우리 주위의 조직처럼 회장을 뽑고 총무를 뽑고 그들에게 맡길 것이 아니라, 모두가 주인으로서 동등하게 참여하는 새로운 직접민주주의의 틀을 구현해보자는 생각을 가지고 있습니다.

그러므로 단지 운영의 편의상 대표와 머슴단을 두되, 모든 일은 언제든지 함께 모여 결정하고 실천하자는 취지에서 모임의 기본운영방침과 틀을 제시한 것입니다. 모든 것을 대표와 운영진에게 맡길 때 회원들은 수동적으로 되고 소외될 것입니다. 바로 이런 까닭으로 머슴단이라는 표현을 쓰고 있는 것이고, 모든 종류의 회의에 가령 운영진 회의에도 모든 정회원이 마음대로 참석하여 동등하게 토론하고 결정할 수 있는 개방적인 운영을 하려고 해왔던 것입니다. 모든 종류의 결정에서 최대한 모두에게 개방하여 함께하는 것이 촛불정신에 합치할 것입니다.

3. 우리들의 언어에 대하여[9]

먼저 저는 촛불은 미친 소 미친 교육이라는 말도 안 되는 억지와 부당함에 대한 항의에서 시작되었을 뿐만 아니라, 불법연행, 공포분위기 조성 등의 탄압에도 불구하고, 공권력을 빙자한 조폭들의 폭압과 위협에도 굴하지 않는 저항이었다고 생각합니다.

모든 모임에는 앞서는 사람도 있고 뒤쳐지는 사람도 있고, 시위도 마찬가지고 저희 모임도 마찬가지입니다. 그러나 100일간의 촛불이 위대했던 것은 불의를 두려워하지 않고 굴하지 않는다는 것이었다고 생각합니다.

폭압이 아무리 심할지라도 저항을 하기 위해서는 두려움을 이겨내고 자기가 옳다는 정당성에 대한 확신이 있어야 할 것입니다.

명칭은 존재를 규정지우는 것이고, 안티2mb나 민처협이나, 평화행동단처럼 그 조직의 지향을 나타내는 것이라면, 우리 모임의 수식구는 그러한 저항의 지향을 나타내고 있는 것입니다.

한마디로 친목을 위주로 하는 '연행자모임', 그리고 벌금 등의 공동대응을 위주로 하는 가령 '민변과 함께하는 연행자 모임', 마지막으로 부당한 공권력과 공안탄압에 저항하는 '공안견찰과 정치떡찰에 반대하는 연행자 모임'이 있을 수 있는 것이고, 시간이 지남에 따라 우리 구성원의 성향이 변하여 친목 위주의 모임이 될 수도 있을 것입니다.

즉 친목 위주냐 자구 위주냐 아니면 저항 위주냐의 문제에 있어서 주로 저항

9_ 이 부분은 모임의 명칭인 '공안견찰과 정치떡찰에 반대하는 촛불연행자모임'에서 '공안견찰과 정치떡찰에 반대하는'의 관형부가 부담스러우므로 빼자는 주장에 대한 반대입장을 표명하기 위한 것이다. 결국 모임이 저항의 성격을 고수할 것인지 말 것인지의 입장대립이었다.

위주의 동지들이 앞장서고 있고 자구 위주를 바라는 분들도 계실 것입니다. 물론 저항 위주라고 할지라도 조직의 계속성과 투쟁의 지속성이 보장되어야 할 것이므로 합법의 틀 내에서 평화적인 방법으로 그리고 대다수의 성원이 동의해야 하기 때문에 낮은 강도의 저항부터 시작할 것으로 생각합니다. 그러나 자구만 할 것이냐 아니면 저항도 할 것이냐의 차이는 촛불을 계속할 것인지 아닌지의 차이라고 해야 할 것입니다.

저는 이 점에서 우리가 촛불이었다가 아니라 촛불이라고 스스로를 규정한다면, 우리 존재의 가치는 부당한 공권력에 대한 저항과 촛불 승리를 위한 투쟁에서 찾을 수밖에 없다고 생각합니다. 아무리 작고 낮은 실천일지라도 저항을 멈추지 않는 것이 우리 존재의 출발점이라고 생각하는 것입니다.

그리고 저항의 출발은 적에 대한 두려움을 극복하는 것부터 시작하는 것은 당연할 것입니다. 놈들의 협박에 위축되어 스스로 정당하고 당당한 언어를 자기검열하는 것이야말로 촛불인 우리의 존재를 부정하게 될 것입니다.

그러므로 저는 우리 스스로의 정당함을 확신하고 나아가기 위하여 당당하고 정당한 우리의 언어를 결코 포기하지 말아야 한다고 생각합니다. 그러기에 사파티스타의 부사령관인 마르코스가 '우리의 언어가 우리의 무기(Our word is our weapon)'라고 표현한 것입니다.

나는 동지들이 우리들의 정당한 언어이자 무기인, 공안견찰, 정치떡찰, 공안탄압에 대한 저항의 표현을 결코 스스로 먼저 포기해서는 안 된다는 것을 강력히 주장하는 바입니다.

결국 저항과 투쟁이란 두려움을 극복하고 우리의 언어를 당당하게 되찾는 과정인 것입니다.

4. 촛불은 이름없는 촛불이고 실천하는 촛불이어야 한다.

저는 촛불이라면 우리의 뇌리에 박혀 있는 모든 종류의 비민주적이고 반인간적이고 차별적인 권위를 인정해서는 안 된다고 믿습니다. 누군가가 이 사회 속에서 어떤 위치를 차지하고 무슨 지위에 있든 간에, 촛불 속에서는 단지 순수함과 열정과 도덕만으로 판단된다는 것입니다.

촛불 속에는 기왕에 유명하고 명망있는 사람도 있고, 국회의원도 있겠지만, 직접민주주의와 직접행동은 모든 종류의 권위를 부정하고 있는 것입니다. 마치 짜르 치하에서 반란을 일으킨 병사 소비에트(평의회)처럼 해방된 공간에서는 계급도 필요없고 단지 전제정치에 투쟁하는 동지애만 인정되었던 것과 같은 것입니다. 광주항쟁 때 도청에 모였던 시민군도 마찬가지였습니다. 택시운전을 하던 사람이 사령관이 되고, 고등학생도 당당히 총을 들고 회의에 참가하여 발언하고 자신과 관련한 모든 것을 결정할 수 있었습니다.

저는 87년 세대나 386이 과거에 한때 순수했을지라도 기존의 권위에 굴복하고 물드는 순간 그들은 순수함을 잃고 단지 과거의 명망을 자산으로 삼아 기존의 권위에 편입되었지만, 촛불은 집단지성의 힘으로 순수함을 지킬 수 있으리라고 확신합니다.

그리고 그러기 위해선 우리가 순수한 정열로 남기 위해선 끝까지 억압적인 사회 속에서 형성된 복종의 이데올로기를 벗어나는 노력이 필요할 것입니다.

그 때문에 무슨 명망과 권위를 내세울 때 그는 이미 촛불정신과는 먼 사람과 실천이 되는 것입니다.

저는 이러한 촛불 정신만이 21세기의 인류가 실천하고 이루어 갈 기둥이라는 생각을 합니다. 그러기 위해서 우리는 끝까지 이름없는 하나의 촛불로서 저항하고 실천해야 할 것입니다.

발표글 8: 촛불과 변혁운동(08.09.25.)[10]

10_ 진보전략회의 <생활의 정치, 촛불 그리고 인터넷> 토론 발제문

(발제요청에 부응하기 어려워서 주로 제 경험과 생각을 두서없이 편하게 전하도록 하겠습니다.)

1. 촛불은 무엇인가

촛불은 무엇보다도 저항이라고 생각함. 부당함에 대한 분노와 정의에 기초한 순수한 열정의 자발적이고 집단적인 저항으로 규정할 수 있음. 무도한 공권력에 대한 도덕적으로나 문화적으로 우월성을 확신한 개미 떼들의 반란이라고 할 수 있음. 또한 자기 정의를 확신하고, 옳다고 믿는 자신부터 먼저 실천하는 순수한 헌신이고 열정이라고도 할 수 있음. 이러한 촛불은 집단지성이고 그 자체에 기존의 허구적 권위를 용인하지 않는 광장 민주주의=평의회 민주주의를 내재화하고 있다고 보여짐.

2. 아날로그 운동권이 느끼는 당혹감의 실체

변혁을 꿈꾸어 왔던 기왕의 운동권들이 거대한 촛불과 맞부딪쳤을 때 느껴지는 당혹감의 정체는 무엇인가?

도대체 이들은 어떻게 동원된 것이고, 이처럼 훌륭한 실천은 어디에서 나온 것인가?

정치적 훈련이나 정치의식은 낮은 것 같은데, 어떻게 해서 그들은 정확하게 자기의 방향을 잃지 않고 세련되게 싸우는 것인가?

<몇 가지 사례>

_투쟁의 전반기 5-7월까지

5월의 어느 날 시청광장에는 미친 소 복장을 입은 여성이 있었음. 독도문제가 나온 이후 몇 달 동안이나 계속 일본대사관 앞에서 1인시위를 하는 여성이 있었음. 조중동의 왜곡보도가 노골화되자 광고주에 전화를 걸자라는 선동이 아고라에 떴고, 이를 실천하는 개미 떼들이 있었음. 이 운동은 지난 8/30 언소주로 발전되었음. 청와대에 가려는 노력이 번번이 차벽에 막히자 어디선가 밧줄을 준비해온 사람들이 있었음. 광화문에서 밤을 새면 어디선가 음료수와 먹을 것을 준비해 온 사람들이 있었음. 촛불다방이 생겨났음. 유모차 부대가 나왔음. 예비군과 의료진이 나왔음.

_투쟁의 후반기 7~9월까지

주말마다 가투를 공지하는 권태로운 창, 8.15 평화행동단(연행자원 연좌조직), 가투나 집회를 책임지고 선동하고 이끄는 전대협, 촛불승리 시민연대, 강남아고라, 관악 아고라, 경기 수원 아고라의 실천. 날마다 명동에서 뉴라이트 비판 홍보물을 돌리는 사람들(안티 2MB와 민처협). 부산이나 의정부에서 경향과 한겨레신문을 돌리는 사람들. KBS, YTN, 조계사, 서울대 병원에서 몇 달째 노숙을 하면서 촛불을 드는 폐인들이 나왔음.

이들을 관통하는 것은 자기가 옳다는 것을 실천에 옮기는 자발적이고 창조적인 지성이라는 점임. 이것은 기존 운동권의 조직적 사업과 같은 관성이 아니라, 인터넷상의 이용과 소통의 행위가 그 자체에서 주어지는 평등함과 자발적인 개인의 의지라는 특성이 반영된 결과라고 할 수 있음, 즉 네티즌은 기존 운동처럼 조직적인 틀을 통해 판단하는 것이 아니라 집단지성에 합류하는 데에는 개별적 확신만으로 족하다는 점임.

그리고 이것은 눈팅족도 있고, 키보드 워리어도 있지만, 다중 가운데는 실천에 옮기는 사람들이 있다는 것. 설득력있는 행동방안을 냈을 때, 이를 공감하고 따라서 실천하는 사람들이 있다는 것. 동일한 실천의지를 갖는 사람들이 카페를 결성했을 땐, 토론을 통해서 더 나은 방법론을 찾아 실천한다는 것을 보여주는 사례라고 할 수 있음.

나아가 기존의 운동권처럼 전략전술 혹은 기획목표와 실천방안을 먼저 고민하는 방식으로는 나올 수 없는, 혹은 그러한 사고에서 보면 도저히 이해가 안가는 무모하다고 할만한 실천이 있음. 몇 달 동안 하루도 쉬지 않고 저녁이면 KBS에 출근하여 날을 새야만 직성이 풀리는 사람들, 횟칼테러가 났다고 했을 때 함께해야 된다면서 서울대 병원의 주차장에서 몇날 며칠을 밤을 새는 사람들이 있음.

성과 혹은 승리에 대한 전망이 아니라 그냥 분노와 공감 혹은 동참으로 족하고 그 이상 바라지 않는 사고방식이 있음.

이것은 운동권에서는 하나의 전투에서 동력과 전술을 고민하는 데 익숙하지만, 네티즌은 처음부터 집단에 소속된 개인이 아니라 그냥 다중 속의 일인으로서 자기 의지만으로 자기행위를 결정해온 관성 때문에, 자기가 참여한 거대한 물결을 지도하는 그룹이 있다거나 누군가의 지휘하에 일사분란하게 움직이는 병사가 아니라, 자기와 같은 생각과 참여를 하는 사람이 누구인지 얼마나 될지 어떤 결과를 낳을지에 대한 고민보다는 단지 옳고 정당하다는 자각만 있으면 실천에 옮기는 데 익숙하기 때문에 나올 수 있는 사고의 표현이 아니겠는가 하는 생각이 듦.

아무튼 당신이 만약 조계사에 갔을 때, 그저 아무 말없이 촛불을 켜고 앉아 있는 사람을 봤을 때, 조직운동을 한 사람은 한두 시간 같이 할 수 있겠지만 날을 새야겠다 오늘만이 아니라 낼이고 모레고 날을 새야겠다는 사고는 결코 나올 수가 없고, 이것이 촛불 혹은 촛불폐인과 운동권과의 사고방식의 결정적인 차이라는 생각이 듦.

그러나 이러한 무모하다고 보여지는 실천이 거대한 물결을 이룰 때 개미 떼는 태산을 움직이는 결과를 가져오고 있다는 것이고, 수많은 개미 중엔 참으로 발랄하고 창조적이고 실천적인 지성이 있게 마련이고 그 실천이 보편성을 가질 때엔 즉 모범이 되었을 땐 즉각 따라하고 함께 한다는 것임.

결국 변혁을 꿈꾸는 운동가들은 완벽한 계획에 집착하지만, 역사의 전진은 결국 대중의 자주적이고 창조적인 참여로만 가능하다고 할 때(즉 태산을 옮기는 것은 소수의 정예화된 계획이 아니라 무수한 이름모를 개미 떼들의 자주성과 창조성이 솟아오를 때만 가능하다고 하면), 즉 중앙집권적이 아니라 혹은 민주집중제가 아니라 평의회가 광범위하게 확산 성장할 수 있게 만드는 것이 중요하다는 점을 보여주고 있다고 하겠고, 이것은 권위와 우월성을 가지고 개입하고 지도하고 리드하는 것이 아니라 함께하면서 공감을 이끌어 내는 방식이어야 하고, 바로 이것이 21세기형 변혁모델이라는 생각을 하고 있음.

3. 아고라의 변화

쌍방향 토론매체인 아고라의 특성은, 정치의식과 사회적 의식이 없었다고 할지라도 모두가 가지고 있는 상식과 도덕, 정의감에 기초하여, 설득력있는 비판과 대안을 올렸을 때, 자기 지식과 확신으로 받아들인다는 것. 정보교환의 장에서 점차 분노의 표출의 장이자 학습의 장에서 실천을 고민하고 실천을 선동하고 조직하는 장으로 바뀌고, 반응하는 다중을 행동으로 이끄는 매개고리 역할을 하고 있음을 볼 수 있음.

기왕의 카페. 82쿡이나 소울드레서가 소시민의 카페에서, 실천에 참여하는 카페가 된 것은, 광우병이라는 사안이 너무나 터무니없는 억지라는 분노 즉 완벽한 자기확신에서 시작된 것이지만, 즉 시작은 분노였지만, 점차 그것은 자기 해방의 희열을 주었다는 것과 시간이 지남에 따라 공권력의 억압 앞에 분노와 상처로 바뀌면서 권력의 본질에 대한 자각과 저항의식으로 발전했다는 것을 보여줌.

아고라를 통해서 혹은 시위현장을 통해서, 동일한 경험과 지향을 공유한 사람들이 카페를 만들어 내고, 좀더 동질적인 목적의식—이명박타도—을 가지고 새로운 카페로 결합했다는 것. 안티2MB, 민족반역자처단협의회(둘 다 촛불이전부터 있었지만 촛불 이후에 본격화했음) 언소주(언론소비자주권운동) 등등, 10대연합카페, 촛불자동차연합, 8.15평화행동단, 촛불승리시민행동, 그리고 강남, 관악, 은평, 강서 경기 등등의 지역 촛불모임카페.

이 메커니즘을 보면 신문에 삽입되는 전단지의 반응도가 10만장에 2~300명 즉 0.2~0.3%라고 할 때, 가령 조중동 광고주에 전화하자는 글에 대하여 아고라 방문객 80만중 800명이 반응하고 실천했다면, 대강 0.1%의 반응을 보인 것이고, 아고라의 무수한 방문객 중 행동과 실천을 선동 또는 공지하는 좋은 글에 대하여 반응하는 사람들을 점차 실천과 동원을 통한 순도를 높여 조직해가는 과정이기도 하다는 것. 카페는 이 0.1%만을 모을 수 있다는 것이 중요함. 나아가 대부분의 카페의 참여율이 10% 정도라면 그리고 이들 0.01%가 모여서 10,000명의 투사를 만들어 냈다면 참으로 능률적인 구조라고 아니할 수 없음.

4. 촛불 승리와 과제

이제 촛불의 입장에서는 새로운 고양기를 준비해야 하는 버전2를 고민할 시점이지만, 변혁운동의 입장에서는 의제를 심화시키고 확장시키면서 기왕의 촛불을 단련시키고 고양시켜 새로운 결전을 준비해야 할 고민의 시점이기도 함.

예를 들어, 수원촛불은 매일 수원역 앞에서 100여명이 촛불을 들고 있는 바, 서울처럼 단지 뉴라이트 반대나 횟칼테러 반대의 홍보전만 하는 게 아니라, 매주 주제를 바꿔가면서 홍보전을 하고 있고, 여기에 비정규 노조나 공무원노조 경기지부 등이 함께 참여하여 노동과 촛불이 교류하면서 하나되는 과정을 밟고 있다는 것은 매우 시사하는 바가 큼.

기륭 역시 네티즌 연대를 통하여 많은 공감을 일으켜 낸 바 있고, 비정규 없는 세상 10,000인 선언에도 대략 80%는 노동 쪽이 아닌 촛불이었다고 생각해 보면, 사회정의와 약자에 대하여 공감하고 반응한다는 점도 있고, 한편으론 촛불이 외롭다는 것을 보여주는 게 아닌가 하는 생각이 듦.

중요한 것은 촛불은 과거의 아날로그적으로 단절된 무기력한 개인들이 여론과 정보를 독점했던 구래의 통치자들에 대하여, 21세기의 쌍방향 인터넷 소통 웹2.0이란 공간을 통해서 이러한 지식과 정보의 독점을 무너뜨리고, 집단적이고 자발적으로 학습을 시작하고 지식과 정보를 공유하면서 집단지성과 자유로운 의지의 발로를 보여주고 있다는 것임.

즉 넷상에서의 자유로운 참여는 억제되지 않은 실천욕구가 그 배경이기도 하다는 점이고, 나아가 선전과 교육과 조직이 아날로그적 현장만이 아니라 그보다 훨씬 능률적으로 가능하게 되었다는 점이 있음.

이 모든 과정에의 참여가 순수히 개인의 자발적 의사에 기초하고 아무런 기성의 권위를 인정하지 않는다는 측면에서 6/25. 국민토성의 토론에서 보는 것처럼 광장의 민주주의 나아가 혁명적 직접민주주의의 즉 평의회의 정신을 내재하고 있음을 알 수 있음.

즉 넷상의 광장민주주의는 계급억압적 부르주아 독재와는 친하기 어렵다는 것과 본질적으로 다가올 평등세상의 평의회 민주주의에 연결되는 것이라고 할 수 있음.

이런 점에서 이러한 광장민주주의 직접민주주의의 정신과 실험을 촛불의 자주적 조직에서 확장시키고 관철시켜 나갈 필요가 있음. 참고로 연행자모임에서는 아예 촛불 정신을 광장 직접민주주의라고 규정하고 헌신할 의무 외에 아무런 특권이 없는 머슴단을 언제든지 선출하고 소환할 수 있다고 규정함으로써 기존의 조직과는 다른 새로운 실험을 하고 있는 중임.

현단계 촛불들은 단지 온라인 카페만이 아니라 오프상의 직접 실천을 통해서 스스로 단련시키고 있는 바, 즉 아고라와 카페를 소통과 전달 선전의 공간으로 활용하고 있지만, 넷상의 연결이 실천으로 혹은 직접 행동으로 전화하면서 인터넷을 활용하고 있다고 봐야 할 것이므로, 촛불과 필드에서 결합하는 것이 중요하다고 할 것임.

노동자 촛불 실천단이든, 혹은 단위노조의 결의에 의해서이든 간에, 노동자가 한 개인으로 촛불과 결합하는 것이 아니라 노동자가 노동자로서 조직적이고 집단적으로 촛불과 결합하는 것은 현단계 운동의 중요한 과제라고 할 수 있을 것임.

촛불 혹은 시민은 사회와 정치와 문화 그리고 소비의 영역에서 추상되는 것이라면, 노동은 생산과정에서 추상되는 것인 바, 시민과 노동자가 이 사회에 대한 총체적인 의식을 심화시킬 때 하나로 나갈 수 있는 것을 의미하는 것이라고 봤을 때, 우리의 노력 여하에 따라 노동자가 기왕의 촛불과 경험과 정서를 공유하면서 촛불을 확대 심화시킬 수 있다고 할 것임.

굳이 현단계의 촛불을 사회과학적인 틀로 규정하자면 10대부터 50대까지 참으로 다양한 세대와 생업을 가진 사람들이 참여하여 장기간의 일관된 저항을 굽히지 않고 있다는 점에서 볼 때, 평범한 소시민이 사회진보를 꿈꾸는 급진적 소시민으로 단련되어간 과정이라고 본다면, 프랑스혁명기의 자코뱅과 같은 급진적 민주주의 세력이라고 할 수 있고, 비록 현단계에서 민족주의 등 경계해야 할 요소가 없는 것은 아니지만, 의료민영화나 수도민영화에 날선 반응을 보인 것처럼, 20대 80의 신자유주의적인 공세에 가장 강력한 저항세력으로 등장했다는 것을 부인할 수 없다면, 향후의 한국의 변혁운동은 이들 촛불을 어떻게 고양시키고 단련시켜 나가느냐에 성패가 달려있다고 볼 수 있음. 바로 이 점에서 촛불과 결합하여 하나가 되어 진정한 변혁을 위해 앞으로 나아가자는 슬로건을 채택할 필요가 있는 것임. 즉 촛불과 하나 되어 촛불을 키워낼 때에만 변혁운동은 승리의 전망을 가질 수 있다는 점에서 혁명적 군중을 혁명적 대중으로 만들어내는 것은 운동의 책무임.

5. 몇 가지 우려

다음 카페는 대단히 중앙집중적이고 권위적으로 설계되어 있기 때문에 (즉 카페지기의 1인독재체제로 설계되어 있음) 현단계는 자발적 참여로 유지되고 있다 하더라도 언제든지 민주적 자각이 부족할 때는 운영에서 부정적 요소가 나올 수 있다는 점과, 참여자의 50% 이상이 통일지상주의가 왕성하던 시기를 겪은 사람들이기 때문에 민족주의 운동세력에 대한 경계가 부족하다는 점과, 민족주의 세력이 헤게모니의 관철을 위해 당장에라도 단일연대체 등을 제안하면서 촛불들의 자주적인 조직과 운동을 개입하고 포섭하려는 시도를 노골적으로 보이고 있는 바, 이 점이 촛불의 승화에 가장 큰 장애가 되고 있는 현실을 명백히 할 필요가 있음.

예로 진보연대와 참여연대가 주축이 된 상층명망가 중심의 단일연대체를 제안하면서 10/25 민주주의 페스티발을 제출하고 있는 바, 촛불조직에 연대를 제안한 취지문에는, '촛불은 대규모집회와 거리투쟁'만을 고집함으로써 일반 국민들로부터 고립되고 위축되었기 때문에 '국민 모두가 편안하게 참여하고 즐길 수 있는 축제가 필요하다'고 밝히고 있는 것에서 알 수 있듯이, 기왕의 '안기부와 함께하는 통일축제'라든지, '국민과 함께하는 노동운동'류의 이벤트 운동으로 자기 존재의 명맥과 위상을 되찾으려는 시도를 하고 있음.

이 문제를 돌파하는 데는 관점있는 변혁세력이 촛불과 적극 결합하는 길 외에 없다고 할 것임. 일부에선 단일연대체에 대응하여 촛불자주조직과 상층연대사업을 하면 어떻겠는가라는 고민이 제기되고 있기도 함. 권위는 주어지는 것이 아니라 검증 속에서 쌓여지는 것이라면 기륭을 통해 성장한 네티즌 연대와 같은 모델을 만들거나 혹은 확장하여 촛불의 언어로 낮은 단계의 실천을 해보는 게 어떤가라는 의견도 있음. 어쨌거나 지역별 촛불이건 의제별 촛불이던 간에 변혁세력은 알몸으로 이들과 결합할 필요가 있다는 것이 특히 중요하다고 생각함.

첨부: 촛불(폐인?)의 분석과 의제(타 발제문과 동일내용임)

촛불에 참여하는 시민들은 중고등학생부터 직장인 자영업자까지 매우 다양하고, 30대 후반 이후의 사람들은 과거에 시위나 운동에 참가한 경력이 있는 사람이 많지만, 노동자들의 참여는 거의 없다고 할 수 있음. 초반에 운수노조가 조직적으로 참여하여 지지를 받은 것과 기륭전자가 최근에 관심을 끌고 있기는 하지만, 노동과 자본의 투쟁의 성격은 거의 없을 뿐 아니라 시위현장에서도 노동자들의 참여는 매우 적은 것으로 보임. 특이한 점은 시위가 장기화될수록 70% 이상이 싱글인 것 같음.

의료 수도 전기 등의 민영화 반대, 언론장악반대, 왜곡보도를 일삼고 특권층만 비호하는 조중동 반대, 친일파 뉴라이트 반대, 어청수퇴진으로 표현되는 공안탄압과 반민주에 대한 반대가 주를 이루어 왔다고 할 수 있고, FTA 반대는 아직 굳건하다고 할 수 없고 노무현의 신자유주의에 대한 인식의 부족으로 노빠들도 상당수 대략 10% (초기의 30% 정도에서 세력이 많이 약화됨)가 활약하고 있음. 노빠들은 최근 민주주의 2.0으로 결합하고 있음. 80~90학번(30대 후반부터)들이 주로 통일지상 민족주의 분위기 속에서 성장한 까닭과 그들이 각 카페의 중추를 이룬 곳에서는 진보적 변혁적 투쟁에 일정하게 장애가 되고 있기 때문에, 신자유주의 반대와 이명박퇴진도 제대로 못 외치는 반독재 국민전선의 허구를 지속적으로 깰 필요가 있음.

이명박 정권으로 표상되는 특권층의 신자유주의적 공세의 본질을 폭로하는 데에 있어서, 대책회의의 두 구성원인 통일민족지상주의의 진보연대와 불철저한 자유주의 세력인 참여연대 그리고 노빠가 가장 큰 걸림돌이라고 할 수 있음.

신자유주의 지구화의 가장 큰 희생자는 비정규직과 도시빈민이라고 할 때, 관념적으론 이들이 주력이 되어 앞장서야 되지만 이들의 처지는 정보에 취약하고 계급적 의식보다는 가족주의와 개인주의, 수동적 방관적인 처지로 인해 이들이 나서는 데에는 많은 제약이 있고, 결국 현 단계에서는 정치투쟁을 경험한 자각과 헌신으로 무장한 소시민들이 선도하고 있다고 볼 때, 앞으로도 상당기간 이런 현실은 계속될 것으로 보임.

이와 같은 상황에서 촛불을 기존운동의 틀이나 관념으로 이해하기는 거의 불가능하다고 할 수 있고, 촛불은 그냥 촛불로서 이해되고 실천될 필요가 있음.

즉 존재가 의식을 결정한다는 맑스의 명제는 훨씬 더 규모가 큰 역사적 변혁 속에서 현상적으로가 아니라 궁극적으로 관철되는 것이 아닌가 생각됨.

발표글 9: 총회 참관기(08.09.29.)[11]

지난 주 금욜 8.15 평화행동단 총회에 다녀왔습니다.

8.15 행동단은 군화발로 짓이기고 방패로 찍어내고 색소포를 쏘아댈 때, 민주주의와 촛불 승리를 위해서 끝까지 물러서지 않고, 연행이 되어도 풀려나면 다시 연좌하여 명박독재의 끝을 보겠다고 결의하신 분들이 모인 조직입니다.

그러니 제가 이분들을 뵈면 어찌 존경심을 금할 수 있겠습니까? 평화행동단의 많은 분들이 연행자이시고, 저희 회원이기도 하셔서 제가 넉만 말하고 우리 모임 얘기는 꺼내지도 않았는데도 모두가 사랑으로 넘치시는 분들이라 저를 형제처럼 맞아주셔서 부끄럽기 그지없었습니다.

한마디로 총회를 참관한 소감은 제게는 큰 행운이라고 생각되었습니다. 얼마 전에 우리도 총회를 한 적이 있어서 맘속으로 비교를 하면서 부럽기도 하고 부끄럽기도 해서 많은 것을 생각하느라, 집에 돌아온 후에도 새벽까지 잠을 못 이루었습니다.

제게 특히 인상적이었고 제가 잠 못이루고 고민했던 것 몇가지만 적어 보겠습니다.

우선 저희만큼이나 많이 모이신 단원(평화행동단은 단원이라함)들이 빙 둘러앉아 회의를 하는 것이 몹시 좋았습니다. 저희처럼 의장이나 사회자가 다른 회원들을 마주 보고 앉는 구조는 사실 광장의 직접민주주의라기보다는 집행부나 지도부를 인정하는 대의민주주의 방식이라 볼 때, 광장민주주의는 착석 방식부터 원형으로 하는 것이 원칙이겠지요.

즉 집행부나 지도부를 인정하고 그들에게 절차적 권위를 주기 위한 것이 아니라, 모두가 동일한 권리를 갖는 주체로서 참여할 수 있기 위해선, 나아가 헌신할

11_ 촛불연행자모임 게시판에 올린 글.

의무 외에 아무런 특권도 인정되지 않는 머슴봉사단을 둔다는 우리 취지에 비추어 보면, 혹은 가투시에 전대협 분들이 보안을 위하여 깃발들만 소집하여 상황을 공유하고 다음 행동을 어떻게 할 것인지를 결정하는 방식이나, 국민토성을 쌓을 때에 누구의 권위도 인정하지 않고 지루한 토론 끝에 합의를 도출해 내는 것이 광장의 민주주의라고 하면, 우리도 말로만이 아니라 좀더 깊은 고민이 필요했었다는 생각이 들었습니다.

우리 모두가 직접민주주의 한번 제대로 해보자고 했으면서도, 사실 우리들이 그동안 겪었던 모든 조직형태가 권위주의적이고 위계적이었기 때문에, 민주주의에 대한 깊은 고민이 없으면 우리의 이상과는 다른 행동을 하면서도 별 문제의식을 못 가지고 비민주적 행동을 당연하게 생각하고 행동하게 될 위험이 매우 크다고 할 수 있습니다.

예를 들어 우리가 머슴단은 회의체로 운영한다고 규정했다면, 머슴단은 집행부나 지도부가 아닌 의사수렴에 봉사하는 기구여야겠지만, 만약에 머슴단이 자기들끼리만 정보를 독점하고 판단하고 집행한다면, 혹은 대표가 혼자서 판단하고 지시한다면, 설령 그들이 아무리 훌륭한 판단력과 도덕을 가졌다고 할지라도, 혹은 그게 훨씬 능률적일지는 몰라도 모든 사람의 자주성과 창조성을 중시하는 직접민주주의나 광장민주주의와는 다른 형태라고밖에 할 수 없을 것입니다.

보통의 회사야 이사회나 경영진의 독재가 관철되는 구조이지만, 일반적인 시민단체나 사회단체 역시 후원금이나 회비로 운영되면서도, 의사의 결정과 집행은 소수의 활동가나 상근자에게 맡겨져 있는 구조입니다. 지도부나 집행부나 상근자가 판단하고 결정하고 집행하는 구조가 한국사회의 낡은 운동체들의 현주소이지요.

우리가 이명박 정권에게 분노했던 것은 지들이 설령 아무리 똑똑하고 훌륭하게 판단했다고 할지라도, 국민 대다수가 반대한다는 뜻이 받아들여지지 않는 형식적 민주주의의 한계를 절감했기 때문이 아니던가요? 한나라당이 다수라면 모든 반민중적 민중수탈적 법안이 합법적 절차를 통해 통과될 것인데, 우리는 이러한 형식적 민주주의의 탈을 쓴 독선과 비민주성에 대해 반대하는 것부터 시작한 것이고, 바로 이런 것들 때문에 촛불은 광장 직접민주주의를 추구한다고 정의했던 것입니다. 바로 이것이 국민을 말로만 주권자라고 하면서 실제로는 4년에 한번만 유권자로 대접하는 이 사회의 형식적 대의제 민주주의의 허구에 싸우는 철학이고, 이러한 소외(alienation)의 극복은 진정한 직접민주주의밖에 없다는 자각이 중요하다는 생각을 합니다.

엄밀하게 정의하면 촛불이 추구하는 광장민주주의는 위대한 지도자나 특별한 지도그룹을 인정하지 않는 점에서 혁명적 봉기 뒤에 나타난 파리코뮌이나 병사평의회나 광주항쟁의 시민군이나 모두 혁명적 민주주의에 가장 적합한 틀로서 광장 직접민주주의를 할 수밖에 없었고, 우리 모임 역시 그런 철학에 입각하고 있는 조직이라는 것입니다.

우리 스스로 머슴단은 지도부나 집행부로서 조직을 끌고가는 권력이 위임된 단위가 아니라는 확실한 인식과 자각만이 우리 모임의 건강한 발전을 기약할 수 있다는 점입니다. 이 점에서 최근 언소주 등 촛불모임이 비대해지고 고형화되면서 기왕의 권위주의적이거나 독선적인 운영으로 인해 많은 잡음을 일으키고 있는 점을 타산지석으로 삼을 필요가 있습니다.

정보의 최대한 공유, 사전제공, 개방된 충분한 토론, 경과의 보고, 평가와 비판의 기회 제공, 이런 모든 것들은 자각있는 단체들에서는 이미 시행하고 있는 민주적 요소들인데, 어쨌든 촛불조직의 앞에서 일하시는 분들은 이런 점에 세심한 감각과 배려가 없으면 비민주주의와 싸우는 우리들이 스스로 비민주적인 행동을 닮아가는 결과가 된다는 것입니다.

대책회의에 참여한 낡은 운동체들이 촛불과 소통하지 못하고 함께하지 못한 것은 이러한 민주주의 철학에 대한 고민이 전혀 없이 억압적이고 권위적인 대의적 형식적 민주주의의 틀로 운영된 바에 기인하는 바도 클 것입니다. 새로운 역사는 낡은 방식의 민주주의로는 이루어지지 않는다는 것을 깊이 인식할 때 우리 모임도 발전이 있을 것입니다.

말이 길어졌는데 그 다음으로 사업계획을 토론하는 것을 지켜보았습니다.

8.15 평화행동단의 정체성은 공권력의 탄압에 저항하는 것이라는 점이 분명하기 때문에, 사업기조 역시 공권력의 탄압에 대한 저항에 둬야 한다는 것이었습니다. 촛불과 관련하여 예를 들어 뉴라이트 반대, 테러반대, 공영방송 장악기도 반대 혹은 의료민영화 반대, 신자유주의 반대, 경제파탄 반대 등등 여러가지 중요한 사업과 투쟁이 있지만, 즉 의제가 다양하고 투쟁도 다양할 때는 각 조직은 각 조직의 정체성에 충실한 투쟁을 담당함으로써 총체로서 승리를 가져올 수 있다는 판단에 따라, 8.15평화행동단은 공권력 혹은 공인탄압반대의 사업기조를 분명히 하고, 그 점에서 공영방송 사수나 뉴라이트 반대와 같은 사업이 아니라, 당장은 어청수 퇴진에 주력한다는 사업계획을 정했고, 사업의 구체적인 방법으로는 경찰청 앞에서 공인탄압규탄집회를 조직하고 엇청수를 확실하게 끌어내는 방법을 토의하고 있는 걸 보면서 몹시 부러웠습니다.

우리 모임의 정체성은 총회에서 규정된 바 있듯이 단순한 친목과 자구, 자조만이 아니라 촛불승리와 공인탄압을 저지하고 저항한다고 되어 있습니다. 촛불집회에 나갔을 때 우리 모임이 박수를 받고 대접을 받는 것은, 우리 연행자들이 위축되지 않고 촛불의 승리를 위해 저항하고 있다는 점 때문일 것입니다. 우리의 위신은 바로 이 저항이라고 할 수 있습니다.

이런 점에서 우리 모임의 정체성과 사업방침 사업기조는 스스로 명백하게 도출된다고 생각합니다. 즉 자조와 자구를 위해서 민변과 인권단체와 연대하는 사업뿐만 아니라, 공권력의 부당한 탄압이 가해지는 곳과 공인탄압에 저항하는 곳에 함께 있어야 된다는 것입니다.

우리의 역량에 따라 독자적으로 투쟁과 저항을 조직할 수도 있고, 연대할 수도 있을 것이지만, 수많은 사업구상과 연대제의들 중에서 촛불투쟁이 우리 모임에게 부여한 역할은 부당한 공권력에 대한 저항이기 때문에, 가령 기륭투쟁이나 YTN 투쟁이 동시에 있더라도 우리는 공안탄압 규탄투쟁이 있으면 거기에 합류하는 것이 우리의 정체성이나 기조에 맞는 것이 될 것입니다. 즉 우리는 촛불 승리를 위한 모든 저항과 투쟁을 적극 지지하고 연대하고 참여하고 투쟁해야 할 의무와 함께, 우리의 정체성에 맞는 독자적인 실천과 투쟁을 준비해야 한다고 생각하는 것입니다.

결론적으로 우리 모임도 이러한 광장의 민주주의에 대한 보다 섬세한 주의와 노력과 훈련이 필요하다는 점과, 모든 사업에 있어서 우리의 정체성에 충실한 사업기조와 방향을 잡고 실천해가는 노력이 필요하다고 할 것입니다.

이런 생각들을 하면서 많은 촛불조직들이 초심을 잃지 않고, 단지 독재와 독선에 반대하는 것만이 아니라, 모든 인류가 온갖 종류의 정치적 사회적 경제적 문화적인 소외를 극복하고, 모두가 자기 운명의 주인으로서 자기가 속한 공동체의 소외되지 않은 주체로서 서로를 아끼고 사랑하는 21세기에 구현될 인류의 이상을 구현하는 위대한 실험과 투쟁을 하고 있다는 철학과 긍지를 자각해야 할 것입니다. 실제로 전 세계의 민중들이 우리의 위대한 저항과 투쟁을 지켜보고 있는 것입니다.

그런 점에서 촛불은 단지 정의로울 뿐만 아니라 위대하고 숭고한 것입니다.

촛불 투쟁 만세!!! 촛불 승리 만세!!!

2008.9.29.

(지난번에 제출하기로 했던 민주주의에 대한 발제문은 이 글로 대신합니다.)

발표글 10: 토론회에 붙여(촛불연대체-애국촛불과 민민련)[12] (08.11.07.)

12_ 815평화행동단에서 주관한 토론회에 제출된 토론문.

1. 공안정국에 우리는 어떻게 맞설 것인가?

이 주제의 문제의식은 주로 투쟁의 형태에 맞춰져 있는 듯합니다.

이 문제에 대한 답은 촛불이 감당할 수 있고(계속성), 촛불의 확산에 기여하는 형태(확산성), 그리고 저항과 투쟁성의 담보(투쟁성)라는 세 측면을 충족하면 족할 것입니다.

그런 의미에서 지난 일욜 남한산성에서 수원촛불이 주도한 판넬 선전전과 서명전도 좋은 것이고, 따로 또 같이 산보대회도 좋고, 공안탄압 규탄대회와 같은 합법집회도 좋고, 기륭과 성모병원의 비정규직 노동자 그리고 YTN과 함께하는 촛불문화제도 좋습니다. 어떤 투쟁과 실천이든 촛불의 확산과 성장에 기여하는 것이라면 각 주체의 역량에 맞게 추진하면 될 것입니다.

그러나 촛불이 대규모집회와 가두집회만을 고집함으로써 국민들로부터 소외 위축되었다는 문제의식에서 모든 국민이 편하고 즐겁게 참여할 수 있는 틀로서 무슨 페스티발이나 문화공연이나 축제 따위의 형태는 참여자들을 객체화 관객화 수동화함으로써 자주적인 저항과 투쟁의지를 고양시킬 수 없다는 점에서 부정적이라고 생각됩니다(투쟁성의 결여).

나아가 미신고 기습가투에 대해서는 한마디로 규정하기는 조심스럽지만, 다수가 참여하기 벅차고 계속성과 확대재생산이 어려운 측면이 있기 때문에, 너무 집착할 것은 아니라는 생각을 갖고 있습니다(계속성과 확대재생산성의 결여).

촛불들이 창조적이고 다양한 형태로 악착같이 그리고 슬기롭게 싸워나가는 것이 답이 될 것 같습니다.

첨언한다면 이번 노동자대회가 비정규사업장이라든가 사회공공성을 상징하는 부스 하나 제대로 배려하지 않은 채로, 오직 편하고 즐겁게라는 기조에서 본대회의 내용을 거의 공연으로 도배하고, 나아가 전야제 사전행사도 가요제로 대치하고 있는 것은 심히 유감이라고 할 것입니다.

2. 어떻게 촛불연대를 구축할 것인가는

기왕의 촛불투쟁에 대한 평가와 반성에서 그 답을 찾아야 할 것입니다.

시청과 광화문을 가득 메웠던 거대한 분노와 함성과 항쟁은 왜 승리를 이끌어내지 못하고 위축되었는가? 즉 촛불 1라운드의 패배의 원인은 무엇인가에 대하여 저는 끊임없이 대중의 자주성을 억제하고, 촛불이 자신들의 통제를 벗어나지 못하도록, 나아가 촛불이 폭발하지 않도록, 촛불을 억제하고 발목을 잡아온 대책회의가 최대의 걸림돌이었다고 생각합니다. 즉 대책회의는 그 구성원에서 알 수 있듯이 무슨 혁명조직이나 투쟁조직이 아니라 제도 내의 개량을 추구하는 시민운동단체였기 때문에, 애당초 항쟁의 지도를 바랄 수가 없는 단체들의 모임이었던 것이고, 바로 그 때문에 대책위 회의에서 무려 다섯시간 동안이나 명박심판이 아닌 명박퇴진 슬로건은 죽어도 걸 수 없다면서 탈퇴 위협을 했던 것입니다. 즉 명박퇴진을 외치고 촛불이 반정부적인 항쟁으로 나가는 것을 감당할 의지와 능력이 없었기 때문에 촛불항쟁을 억제하고 발목을 잡을 수밖에 없었던 것이다. 6/10이나 6/25에 시민들이 물대포를 맞으며 차벽과 싸우고 있을 때 청계광장에서 끝까지 음악회를 계속했던 것입니다. 돌이켜 볼 때 차라리 대책회의가 없었다면 촛불은 훨신 더 빨리 스스로를 단련하고 조직할 수가 있었을 것이라는 생각을 합니다.

이명박에 반대하는 모든 세력을 결집해야 된다면서(조직노선), 신자유주의에 반대한다는 슬로건은 도저히 함께할 수 없다는 온갖 시민단체와 신자유주의세력인 민주당까지 끌어모아 자칭 국민적 지도체를 자임하면서(정치노선), 모든 국민이 편하고 즐겁게 참여하는 무슨 페스티발이나 소비자 운동이나 하겠다는(투쟁노선) 민민국은, 촛불의 투쟁과 성장에 도움을 주기는커녕 또다시 촛불투쟁을 방해하고 억제하는 힘으로 작용할 것임이 분명하기 때문에, 결코 촛불의 연대 대상이 될 수 없다고 생각합니다.

촛불은 그 첫날부터 명박퇴진이고 이명박 한나라당 조중동 뉴라이트를 척결대상으로 공유한 바 있습니다. 결집되어야 할 대상과 주체는 최소한 이들 반동들의 척결을 위해 끝까지 투쟁하겠다는 의지가 확인된 단체로 한정되어야 할 것입니다.

이러한 점에서 볼 때, 애국촛불시민연대에 대하여는, 일단 자주적인 촛불들의 연대를 추구하고 있다는 점에서 긍정적으로 생각합니다. 다만 그 주된 의제가 (정치노선) 우리 사회의 대다수 구성원들이 고통을 받고 있는 신자유주의나 비정규직 문제를 전면에 내세우지 않고 뉴라이트 반대나 친일파 청산을 중심에 놓고 있는 점이 촛불의 다양성이나 당면과제에 대한 실천을 협소하게 만들 우려가 있다고 생각합니다.

연대란 어차피 투쟁 속에서 검증된 신뢰를 바탕으로 꾸려지는 것이기 때문에, 현 단계에서는 신자유주의 반대나 비정규 반대, 사회공공성 강화와 민영화 반대, 공정언론 사수, 공안탄압반대 등 여러 의제를 여러 주체들이 실천 속에서 연대를 확장해 가는 가운데서, 보다 강건하고 폭넓은 연대체를 건설할 수 있을 것입니다.

3. 우리의 향후 전망은 무엇인가

이 주제는 투쟁의 목표와 방향 전망을 주문하는 것 같습니다.

촛불투쟁은 그 첫날부터 명박심판이나 거국내각 구성이 아니라, 명박퇴진투쟁이었고 이명박 한나라당 조중동 뉴라이트를 척결대상으로 공유한 바 있습니다.

소위 재벌주도하의 한국자본주의가 IMF 후 그 축적위기를 타개하기 위해 선택한 것이 신자유주의 지구화 정책이었습니다. 신자유주의는 무엇보다도 시장만능의 미명하에 노동의 유연화-비정규직의 양산, 복지의 축소, 의료 교육 전기 수도 가스 철도 등 공공재의 민영화-사유화, 투기적 금융자본을 위한 개방 등을 그 특징으로 하고 있고, 이 모든 정책은 하나같이 힘없는 자들에게 빼앗아 힘있는 자들을 살찌우는 소위 20대 80의 입장을 관철하는 것입니다. 이 땅 민중들의 고통의 뿌리는 바로 이 신자유주의로 표현되는 20의 80에 대한 철면피한 약탈에 기인하는 것이고, 바로 이를 관철하기 위해 이에 저항하는 민중을 억압할 수밖에 없는 것이고, 여기에서 형식적 민주주의를 형해화하고 공권력을 동원하여 억압하고, 조중동과 뉴라이트 수구꼴통들이 동원되고 있는 것입니다.

저는 대다수 촛불들이 무슨 계급투쟁처럼 자기의 존재와 처지 때문에 투쟁에 나섰다기보다는, 이명박 정권의 말도 안 되는 억지와 강요 때문에 너무나 열받기 때문에 나섰다고 생각합니다. 왜 촛불이 기륭에 가서 비정규직과 함께 촛불을 들어야 되는가라는 분들이 계십니다. 촛불이 대운하와 의료민영화를 반대했던 것은 그 정책이 말도 안 되기 때문인데, 그 정책의 본질은 소수의 투기세력 투기적 자본을 위한 다수의 희생을 강요하기 때문이었습니다.

오늘날 88만원 세대라고 일컬어지는 청년실업 문제라든지, 비정규직 문제는 바로 소수의 특권을 위해 힘없는 다수의 약자를 희생시키려는 본질이 관철되고 있는 것이고, 그것을 총체적으로 신자유주의 정책이라든지 1%의 강부자를 위한 정책으로 표현하고 있는 것이고, 이런 말도 안 되는 억지를 강요하기 위해 억압적 폭력이 필요한 것이고 민주주의가 유린되고 형해화 된다고 할 수 있습니다. 따라서 피상적 형식적으로는 민주주의의 유린으로 나타나는 이 억압이 사실은 소수의 특권을 위해 다수의 희생을 강요하기 위한 것이라고 한다면, 바로 이를 깨뜨리기 위해 이 희생자들과 함께하는 투쟁을 할 수밖에 없는 것입니다. 이것은 결코 이명박 일 개인의 독선 때문에 강요되고 있는 문제가 아니고 일관되게 다수의 희생 위에 특권을 유지하려는 소수가 있기 때문에 관철되는 경향성이라고 할 것이고, 신자유주의라고 말해도 틀림이 없을 것입니다.

이명박이 광우병을 받아들인 것은 FTA를 위해서라고 말한 바 있습니다. 소위 FTA 4대 선결조건에는 소고기 개방, 농산물개방, 투자제한의 철폐와 민영화가 들어있습니다. 주로 미국의 투기적 금융자본과 한국의 거대 투기세력을 위해 대다수 민중의 삶을 희생시키는 본질을 가지고 있습니다. 의료 교육 전기 수도 가스 철도 등 공공재의 민영화는 결국 한국의 재벌과 미국의 투기적 금융자본을 위한 것입니다. 바로 이들을 위해 FTA를 강요하고 미친 소를 강요하고 민영화 작업을 진행하고, 이에 반발하는 대다수 서민을 짓밟는 것이 바로 민주주의의 형해화와 공안탄압이라고 본다면, 촛불이 그 승리를 위해서 신자유주의의 피해자들을 촛불로 만들어 신자유주의와 정면으로 싸우기 전에는 촛불은 소수에 머물고 승리를 확신할 수가 없을 것입니다.

즉 미친 소 협상이든, 의료민영화든, 언론장악이든, FTA든지 간에 총체적으로 20을 위해 80을 약탈하는 신자유주의를 관철하기 위해 민주주의를 유린한 것이라면, 유린당한 민주주의의 회복의 내용은 신자유주의로 고통받는 이 땅 민중들이 신자유주의 세력을 박살내는 것이고, 그 구체적인 모습이 20을 위해 80을 희생시키는 굴욕적인 개방(광우병협상이나 한미 FTA)을 파탄시키고, 온갖 사유화 민영화를 저지하고 사회공공성을 강화하는 것과, 노동유연화의 결과인 비정규직의 철폐 투쟁 속에 그 길이 있다고 할 것입니다.

특히 지금과 같이 미국발 금융위기로 인한 한국경제의 몰락은 힘없는 서민을 제물로 삼아 위기를 타개하려 할 것이기 때문에, 소수를 위한 특혜정치가 아닌 다수를 위한 사회보장과 공공성의 강화를 전면에 내세울 필요가 있을 것입니다.

대강 이런 관점에서 신자유주의의 주된 피해자인 비정규직과 연대한다든지, 서민의 삶을 도탄에 빠뜨릴 민영화나 FTA에 반대한다든지, 놈들의 주된 무기인 공안권력과 조중동을 무력화 시키는 것은 모두 유의미한 투쟁이고, 이러한 여러 의제들이 신자유주의의 철폐를 향하여 거대한 흐름을 이루어 낼 때, 즉 투쟁의 본질을 명확히 할 때 우리의 투쟁은 승리를 향해 나갈 수 있을 것입니다.

발표글 11: 우리 모임의 저항과 관련된 몇 가지 쟁점에 대하여(09.01.07.)[13]

2008년 5월에 시작되었던 촛불항쟁은 아직까지도 계속되고 있는 가운데 무려 1,600여명의 촛불시민이 연행되었고, 그 중 대부분이 약식명령에 불복하여 재판이

13_ 촛불연행자모임 게시판에 제출된 토론문.

진행 중에 있습니다.

우리 촛불연행자모임은 촛불탄압을 받고있는 직접적인 당사자로서, 어떻게 단결과 저항을 조직하고 촛불 승리에 기여할 것인가는 우리의 최대의 화두이기도 합니다.

그런데 정당한 촛불에 대한 공권력의 부당한 탄압에 대하여 어떻게 저항할 것인가에 대하여 혼란이 있는 듯합니다. 이런 점들에 대하여 제 생각을 개진해보도록 하겠습니다.

법체험 프로그램 수용 논란에 대하여

연행자 중 아주 경미한 사안에 대하여 떡찰이 법체험 프로그램의 수용을 조건으로 기소유예처분을 내리는 경우에 대하여 논란이 된 바 있습니다.

이 경우에 조건부 수용을 거부하고 벌금이 나오더라도 끝까지 싸우겠다는 분들도 계시고, 일부는 수용한 분들도 계십니다.

그런데 기소유예처분은 형사처벌은 아니지만, 벌금형은 돈만 내면 끝나는 것이 아니라 형사처벌이고 전과기록이 남는다는 점에서, 공무원 등이 되려는 분들에겐 심각한 타격이 될 수밖에 없습니다. 궁극적으로야 우리가 투쟁에서 승리하여 사면 복권을 쟁취하면 해결될 문제이지만, 그리고 사법부가 촛불투쟁에 대하여 벌금 금액은 깍아줄지 모르지만, 무죄선고를 할 전망은 없다는 점에서, 구체적인 한 개인이 법체험 프로그램을 수용할 것인지 말 것인지에 대해서는 개인의 결단과 선택에 맡길 수밖에 없고, 어떤 선택을 하더라도 도덕적인 선과 악의 잣대로 비난하거나 폄하할 것은 아니라는 생각을 가지고 있습니다.

아무튼 '처자'의 공동체인 우리 모임은 저항과 투쟁의 공동체를 지향해야 되는 것은 맞지만, 즉 저항하고 투쟁하는 모임이 될 수 있도록 주장하고 노력하는 것은 바람직하지만, 그렇다고 그렇지 못하는 회원들에게 왜 안 싸우느냐고 비난하거나 마음에 부담을 주어서도 안 될 일이라고 생각합니다.

한 푼도 낼 수 없다는 의지의 표명에 대하여

촛불과 촛불투쟁이 정당하다는 것은 양보할 수 없는 우리의 입장임이 분명합니다. 그 때문에 공권력을 빙자한 탄압에 대하여 결코 굴하지 않고 투쟁하는 것은 올바른 방향이고, 따라서 약식명령에 대하여 정식재판을 청구하여 대법원까지 가야 된다는 기본방침은 참으로 올바르다고 아니할 수 없습니다. 또한 약식명령에 대한 정식재판의 청구나 1, 2심 결과에 대한 항소와 상고는 법률에 명시된 불복절차이므로 당연한 불복의 의사표시이기도 합니다.

그런데 대법원 판결로 벌금형이 확정이 되었을 경우에 어떻게 할 것인가에 대하여는 몇 가지 고민지점이 있습니다. 과연 한푼도 낼 수 없으니 몸으로 때우자는 주장이 올바르고 바람직한 것이냐에 대하여는 속단하기 어려운 문제입니다. 이때의 핵심은 벌금을 내느냐 안 내느냐의 문제가 아니라 정당성을 인정하느냐 안하느냐의 문제라면, 벌금을 내든 혹은 벌금을 못 내서 노역장을 가든 간에 국가형벌권의 집행은 똑같은 것이기 때문에, 벌금형의 정당성을 인정할 수 없다는 주장이 관철되기 위해선 벌금을 안내는 것이어야 되는 것이지 벌금 대신 노역장을 가는 것은 아닐 것입니다. 노역장 역시 놈들의 강제집행임이 분명하기 때문입니다. 결국 벌금형의 정당성을 인정할 수 없다면 벌금을 안내고 수배가 되더라도 끝까지 도망다니는 것입니다. 따라서 벌금이나 노역장이나 형벌임이 분명하다면 이를 거부하는 것은 벌금이 확정되더라도 자발적인 납부는 하지 않겠다는 것이 정답일 것입니다. 나아가 촛불은 정당하니 사면하고 복권하라는 투쟁을 전개하는 것이 올바를 것입니다. 물론 투쟁을 더욱 가열차게 전개해서 촛불이 승리하는 것이 제일 올바른 방향이겠지요.

따라서 저는 촛불의 정당성을 단지 돈을 안 내는 것으로 사고해서는 안 된다는 생각을 가지고 있습니다. 한 푼도 못 내겠다는 주장은 촛불은 정당하고 촛불은 무죄이다라는 주장인 것이지 결코 돈 대신 몸으로 때우겠다는 주장으로 바뀌어서는 안 될 것입니다. 노역장 유치 역시 벌금형의 강제적인 집행임이 분명하기 때문입니다.

벌금이 확정되었을 경우에

그렇다면 벌금이 확정되었을 경우에, 자발적 납부 거부운동을 전개한다고 하더라도, 수배되어 검거가 되든 어떻든 간에 어느 시점에서, 벌금을 낼래? 노역장을 갈래? 라는 선택의 시점에서 처지나 결의 정도가 다양한 대부분의 연행자분들이 결국 벌금을 납부하게 되는 상황에서, 벌금을 개인의 결단과 부담에 맡기는 것은 무책임하다고 해야 할 것이고, 결국 이 문제는 모금을 통해서 지원하는 사업을 해야 한다고 봅니다.

그런데 모금이란 게 아무나 좋은 뜻이 있으니 모금해 달라고 할 수 있는 게 아니고, 모금의 주체가 그에 걸맞은 도덕성과 위신을 갖추지 않으면 안 됩니다. 이 문제는 우리 연행자 모임이 다른 어떤 촛불단체보다도 촛불 승리를 위한 저항과 투쟁에 앞장섰을 때 확보되는 문제이기도 합니다.

그런데 가령 1,000명이 100만원의 벌금이라면 대략 10억원이 되는데, 상당한 호응을 받더라도 이 정도의 금액을 모금하기가 어렵고 결국 선별적 지원이나 혹은 일부 금액의 지원 문제에 봉착하고, 자칫하면 도덕성 시비나 분란에 휘말릴 수도 있는 사안일 뿐만 아니라, 냉정하게 말해서 우리 모임과 같은 임의단체는 어떠한 경우에도 이런 모금을 진행하고 관리하고 집행할 능력이 없습니다. 결국 우리 모임은 모금 사업의 주체로서 앞장서되, 모금의 관리와 집행은 공신력있는 민변 등에게 위탁하고, 지급원칙을 정할 때에 최대한 공정하고 바람직한 원칙이 세워질 수 있도록 민변과 인권단체 등과 함께 결정하는 방식이 되어야 할 것입니다.

대략 올해 가을부터 대법원 확정이 된다고 볼 때, 6-7월부터는 모금 사업이 전개될 필요가 있고, 그전에 우리 모임의 위신을 쌓는 데에 최선을 다할 필요가 있습니다.

결언

이상에서 살펴본 바와 같이, 기소유예와 법률체험프로그램의 수용을 선택받는 경우에는 개인의 결단에 맡겨야 된다는 것과, 촛불이 정당하고 무죄라는 우리의 주장을 관철시키기 위해서, 약식명령에 불복하여 정식재판을 청구하고 3심까지 모든 불복절차를 밟아야 한다는 것과, 대법원 확정판결 이전에 촛불이 승리할 수 있도록 우리 모임이 앞장서서 최선의 저항과 투쟁을 조직해야 된다는 것과, 명박퇴진이나 일괄사면을 이끌어 내지 못하고 대법원 확정이 되는 경우에, 한 푼도 낼 수 없으니 몸으로 때우겠다는 주장은 무리할 뿐 아니라 그 자체도 부당한 공권력을 집행당하는 것이기 때문에, 자발적인 벌금납부 거부운동을 전개하되, 노역장 대신 벌금을 내야 하는 처지에 있는 연행자들을 위해서 가을이 오기 전에 우리 모임이 위신을 회복하여 모금사업을 전개해야 한다는 것입니다.

발표글 12: 면회후기-연행자모임 서울구치소를 휘젓고 다니다.(09.01.16.)

연말 번개 때, 그동안 우리 모임이 구속자 동지들에게 아무 것도 해주지 못한 미안함에, 연말에는 카드도 보내고, 구정 전에 면회도 꼭 가고 영치금도 넣어드리자고 결의를 했었습니다. 주간에 가는 거라 시간이 있는 회원분들이 많지 않을 것 같아 걱정도 되고, 신청인 1인당 한분의 구속자만 면회가 된다는 것 땜에 고심하고 걱정도 했었는데 ….

머슴단 회의 때는 모처럼 가니까 구속자 16명, 1인당 5만원씩 80만원의 예산을 세웠는데, 평소에 틈만 나면 서울구치소와 안양교도소에 면회 가서 영치금을 넣어주시는 홍길동삼촌님의 조언으로, 가족들이 많이 오는 금욜날 오전은 피하고 목욜날 오후에 가되, 3만원씩만 넣어도 되겠다는 조언에 따라, 참여자가 적으면 1/15와

1/22 양일간 면회를 가기로 했었지요.

그런데 어제(1/15) 서민인 저와 모리님이 전철로 인덕원역에 도착했더니 … 주중에도 두어 번씩 면회다니는데 들어가는 무쏘 기름값만 해도 만만치 않으실 칼이쓰마 홍길동삼촌님과, 갑자기 빵빵한 그랜저에 우리 모임의 대표이신 카르페디엠님과 사진예술 전공이신 강패트롤님을 모시고 나타나신 능력남이신 방랑자님, 그리고 외롭게 재판받지 않게 해달라는 여왕님(자유한국님)의 분부에 따라, 평소에 투쟁이 있다거나 동지가 어려운 지경에 있다는 소리만 들으면 달려나오시는 새역사님과 알콩달콩님이 여왕님의 백기사를 자원하고 새벽부터 남부지원에 쫓아가 떡찰과 재판장에게 압박감을 조성해 주신 후에, 혁명전사 쥐의 반격님까지 모시고 인덕원 사거리에 나타나자, 서울구치소가 좀 시끄러워질 것 같다는 예감이 들었습니다.

이렇게 모인 10명의 연행자모임 회원들이, 2시를 조금 넘어 서울구치소에 도착하여 접견신청서를 작성하고 있는데, 쥐의 반격님이 1인당 한명씩 접견신청하는 게 행형법의 어디에 있느냐고 언성을 높이며 면회실장을 닦아 세우자 접수실이 아수라장이 되었지요. 석방하는 거 빼놓고 다 할 수 있는데 무슨 소리 하는 거냐고 반격님이 윽박지르고 … 면회 온 사람들이 구속자 동지들을 다 보고 가야 되겠다고 함께 간 동지들도 언성을 높이고 … 좀 따졌더니 뭔 예규집을 내밀어서 그건 니들 편의대로 만든 거고 행형법과 시행령, 시행령 규칙엔 그런 게 어디 있느냐고 평소에 인품이 고매한 저도 좀 거들고 … 암튼 저희들이 계속 시비를 키우니까 면회실 책임자가 고급소파가 있는 귀빈실(?)로 오라고 하더니 결국 신청인 1인당 공범이 아닌 3명의 구속자를 신청하는 걸로 합의를 봤습니다.

그런데 초심님이 전날 출소한 관계로 대책위 같은 단체소속을 제외한 접견대상자는 9명이었는데, 재판출정 가신 분과 가족이 이미 면회를 하신 분들 3분을 빼니 여섯 분이 되고, 그래서 해고자 투쟁을 하시다가 구속되신 두 분을 추가해서 모두 여덟 분을 신청했지요. 9분에겐 모두 3만원씩의 영치금을 넣어드리고, 안양의 이길준 의경에게는 시간이 너무 늦어 새역사님이 따로 회원분들과 다음에 가기로 하고 … 홍길동삼촌님은 잡범들과 같이 살면 공동구매로 들어가는 돈이 많다고 하시면서 사비를 9만원이나 들여 세분에게 추가로 넣어 드리더군요.

접견대기실에 들어가는데도 미리 들어오면 안 된다고 교도견들이 시비를 걸어서 울 회원님들이 약간의 파워를 보여주다가, 맨 먼저 시설관리공단에서 싸우시다가 해고되고 업무방해로 구속된 동지를 접견하게 되었습니다.

평소에 아무리 차도로 사용되고 있다고 하더라도 사람이 다니면 인도라는 확신을 가지고 계신 울 회원님들이 강남역에서 가두 진출하던 그 실력으로 신청인 수와 관계없이 얼렁뚱땅 7~8명이 밀고 들어갔습니다. 해고자 동지는 60이 다 되셔서 귀밑머리가 희끗희끗 하신데, 저희들이 촛불연행자모임에서 왔다고 하니까 엄청 좋아하시면서, 투쟁의 구호로 접견을 시작하자고 하셨습니다. '서민경제 다 죽이는 이명박을 박살내자'고 선창을 하셔서 박살내자! 박살내자!고 구호를 외치다 보니 갑자기 접견실이 농성투쟁장이 된 듯한 느낌이 들더군요.

이 동지는 1심에서도 재판장에게 '역사의 죄인이 되지 마라'고 최후진술을 하셨다가 괘씸죄로 실형 1년을 받았는데, 자기 투쟁의 정당성을 조금도 굽히지 않고 싸우시는 모습에 절로 존경의 마음이 우러나왔습니다. 사모님이 면회 와봐야 눈물바다 밖에 안 되니까 아예 접견거부하고 있다면서 군대간 아들에겐 출세하려 말고 소신대로 살아라고 하셨다는군요. 누가 영어의 몸인지도 모르게 면회간 사람보다도 훨씬 더 당당하고 투쟁적인 모습으로 저희를 고무시켜 주셔서 많은 감동을 받았습니다.

면회라는 것이 함께 싸우다가 포로가 되신 동지들에게, 동지들을 결코 잊지 않고 밖에서도 열심히 싸우고 있다는 보고를 드리고 격려를 전달하는 장이기도 하고, 투쟁의 의지를 확인하는 장이기도 한지라, 면회사업을 결코 소홀히 해서는 안 되겠다는 생각이 들더군요.

투쟁의 인사로 시작해서 투쟁의 구호로 끝나는 면회시간에 구속자 동지들은 자연히 바깥 투쟁에 대해 궁금해 하시고 … 특히 연말 보신각투쟁과 명동의 무한도전에 대해서 궁금해 하시길래 신문에 안 난 애기를 자세히 전해 드렸습니다.

특히 장기간 구속되어 있으신 분들 중엔 명동 염산투척사건 관계자분들이 많이 계셨습니다. 그분들 하시는 말씀이 엊청수의 졸개들이 명동성당을 침탈해서 촛불시민을 연행하려는 것을 보고만 있을 수 없어서 강력한 저항을 보여주려다가 그렇게 된 것인데, 남들이 뭐라 하든지 자신들이 총대를 맴으로써 어쨌든 명동성당에서는 이틀 동안 단 한명의 연행자도 나오지 않은 것에 만족한다는 말씀을 하셨습니다. 넘들은 군화발로 짓밟고 방패로 사람을 패는데도 잠에서 덜 깬 채로 비폭력을 뇌까리면서 저항에 앞장서서 싸우시던 분들을 무슨 프락치나 죄인취급하던 분들에겐 꼭 이분들의 이야기를 들려드려야겠다는 생각이 들었습니다. 호모사피엔스로 분류도 안 되는 넘들과 싸우는데, 촛불 대신 쇠파이프나 새총 들었다고 순수한 촛불이 아니라고 하시는 분들은 이젠 안 계시겠지요 ….

구속자 동지들 모두 당당하게 끝까지 싸우겠다고 말씀하시고, 저희도 복창하고, 면회할 때마다 우루루 몰려들어가 투쟁을 외치고 집단면회를 강행하는데, 빡빡한 교도견들도 있는지라, 가끔은 CCTV로 신청인보다 많은 사람들이 우루루 면회하는 것을 보고는 마이크를 꺼버리고 면회를 중지시키면서 신청인 아닌 사람 나가라는 방송이 나오고 … 왜 이리 빡빡하냐? 안 되는 법이 어디 있느냐고 시비를 붙고 … 시비걸다가 면회 못한 시간만큼 다시 면회시켜주라고 요구해서 관철하고 … 그래서 재능교육 학습지노조에서 활동하시다가 해고되신 동지는 면회를 세 번씩이나 다시 했습니다.

그런데 교도견들이 방송으로 존칭을 생략한 채 누구누구 몇 호실로 오라고 하자, 역시나 불굴의 투사이신 반격님이 '내가 니들 친구냐? 공무원들이 어떻게 민원인의 이름을 함부로 부르느냐'고 호통을 치고 … 교도관들이 규칙을 어기고 몰려다니면 통제가 안 된다고 왕왕거리자 울 회원님들이 '민원인이 왜 통제의 대상이냐? 친절한 안내의 대상이지'라고 하면서 사사건건 시비를 걸면서 면회장을 약간 뜨겁게 만든 뒤에, 결국은 알아 모실 테니 제발 너무 시비를 걸지는 말아달라는 민주교도관들의 간청을 수용하면서, 참으로 재미있고 고무된 마음으로 모두 면회를 마칠 수 있었습니다. 나올 때는 교도관님들이 넘 미남이시라고 농담도 하고 …ㅋㅋㅋ

교도소 문밖에 나오자 미네르바 때문인지 기자들과 카메라가 왕창 기다리고 있어서, 방문기념으로 기자들의 취재 욕망이 솟구칠 정도만큼 구호를 좀 외쳤지요. 조중동 기자도 씹어주고 … 서울구치소 입구가 꽤 시끄러웠습니다.

아무튼 요번 면회는 밖에서도 조그마한 타협도 없이 원칙적으로 싸워줘야만 안에 계신 동지들도 편하게 지낼 수 있다는 반격님의 지론에 따라 열나게 재미있는 면회가 되었지요. 참여하신 분들에게 소감을 물었더니 너무 너무 유익하고 즐거웠고, 꿋꿋하게 싸우시는 구속자 동지들을 뵈오면서 투쟁의지가 솟아남을 느꼈다고 하더군요.

촛불연행자모임의 저력을 보여준 하루였습니다.

에피소드도 많은데 다른 분들이 올릴거예요 …ㅋㅋㅋ

암튼 저로서는 포로가 되신 동지들을 하루라도 빨리 구출하기 위해서 더욱 가열차게 싸워야겠다는 투쟁의 의지를 다진 행복한 하루였습니다.

발표글 13: 촛불조직론 소고(09.01.29.)[14]

1. 직접 민주주의에 대한 열망으로서의 촛불

2008년을 뜨겁게 달구었던 촛불은 무엇이었는가에 대하여, 주체의 측면에서 계급이나 대중의 틀로 파악되지 않는 다중의 자주적이고 직접적 행동이었다고 본다면, 대상 또는 지향의 측면에서는 형식적 대의제 민주주의에 대한 불만의 폭발로 볼

14_ 모 정치조직에 제출된 내부 토론문.

수 있다. 대한민국은 민주공화국이고 모든 권력은 국민으로부터 나온다는 헌법 1조의 노래가 폭발적인 공감을 얻은 것은 이를 반증한다.

하나의 정치체제로서 근대 부르주아 민주주의는 형식적인 대의제 민주주의의 극단으로서, 아무리 보통 직접 평등 비밀의 선거를 하더라도, 국민이 주권자라는 것은 단지 이념일 뿐이고 실제로는 4년에 한번 투표권을 행사할 때만 유권자일 뿐, 평상시에는 통치의 대상 혹은 피치자일 뿐이다. 즉 국민이 뽑은 정치인들이 국민으로부터 독립된 권력으로서 국민에게 대립물로 서서 국민을 소외시키는 것이 부르주아 민주주의의 본질이다. 마치 『1844년 경제학·철학 초고』에서 맑스가 언급한 것처럼, 자본주의적 생산관계 하에서는 인간이 생산한 상품과 사회적 관계가 인간으로부터 독립하여 인간에 대한 적대적인 대립물로서 나타난다는 것과 동전의 양면을 이루는 것이라고 할 수 있다.

촛불은 단지 광우병 협상이라는 행정행위가 위험하고 잘못되었다는 것에 대한 분노가 아니라, 국민이 뽑은 권력과 대통령이 국민의 뜻을 받들고 복종하기는커녕 배반하고 적대하는 것에 대한 분노의 측면을 가지고 있는 것이고, 이것은 형식적이고 기만적인 부르주아 대의제 민주주의에 대한 분노로서, 그 자체에 직접민주주의에 대한 열망을 포함하고 있다. 즉 자신들이 뽑아준 권력이 맘에 안들 때 4년이나 5년 후에 표로 심판하자는 것이 아니라, 그때까지 기다리기에는 분노가 너무 커서 당장 갈아치우자는 열망이 명박퇴진으로 나타난 것이고, 이는 기껏해야 조작과 동원의 대상이었던 유권자인 시민이 정치로부터 소외되고 억압받는 피치자이기를 거부하고 주권자로서 직접 정치에 개입하는 행동이다.

2. 신자유주의 세력의 본질로부터 유래하는 억압과 독재에 대하여

또한 촛불의 촉발 요인이 미국산 소고기 수입 협상이었고, 미국산 소고기 수입이 한미 FTA협상의 전제조건이었던 데서 알 수 있듯이, 2008년 한국에서의 촛불항쟁은 단순히 반민주적이고 시대착오적인 대통령이나 강부자 뉴라이트 세력에 대한 저항이 아니라, 그 본질에 있어서 축적위기에 몰린 신자유주의 지구화의 본질에서 강요되는 반민중적 억압에 대한 필연적인 반발과 저항의 성격을 갖고 있는 것이고, 그 점에서 저항의 지향을 분명히 하지 않는 한 이 항쟁은 불충분한 미완의 혁명이 될 수도 있다.

한국적 특수성이 있기는 하지만, 의료보험 민영화라든지, 물 전기 수도 가스 철도의 민영화와 사유화, 비정규직의 양산으로 표현되는 노동의 유연화, 금융의 개방과 자유화, 복지의 축소, 이 모든 것들은 70년대 말 영국의 대처나 레이건으로부터 시작된 신자유주의 정책의 핵심인 것이고, 그 본질은 축적위기에 몰린 자본의 노동에 대한 공격이다. 이러한 공격으로도 해소되지 않는 위기의 폭발이 바로 작금의 경제위기인 바, 이는 이 체제를 유지하기 위하여 국가와 권력이 반민중적인 억압을 심화시킬 수밖에 없다는 것을 보여주는 것이다. 따라서 이명박 정권이 파쇼적 독재로 나아가는 것은 단지 그가 정신병자여서가 아니라, 시민과 민중을 억압하지 않으면 안 되는 신자유주의 세력에 기반한 정권이라는 본질 때문임을 분명히 할 필요가 있다.

그러므로 촛불을 단지 반동적이고 반역사적인 하나의 정권이나 집권자에 대한 저항으로 보고, 단지 매국집단이나 뉴라이트 반대 혹은 MB악법이나 MB정책의 취소로서 똑같은 신자유주의 세력인 (광우병 협상보다 100배나 반민중적인 한미 FTA협정을 국민에게 강요한) 노무현 정도의 시절로 돌아가자는 것은, 왜 국민이 뽑은 정권이 국민을 배반하고 대다수 민중을 억압할 수밖에 없는가에 대한 인식의 부족이라고 할 수밖에 없는 것이다.

아무튼 여기서는 MB의 모든 정책이 한줌도 안 되는 신자유주의 세력의 생존을 위한 몸부림으로서 그 반민중적 본질 때문에 민중과 촛불을 억압하고 끝내는 파쇼 독재로 나아갈 수밖에 없다는 점만 지적하자.

위에서 본 바와 같이, 정치적 소외의 극단적 형태로서의 대의제 민주주의 혹은 민주주의를 형해화한 이명박 정권의 억압과 탄압이 전 세계의 축적위기에 몰린 신자유주의 세력의 생존을 위한 발악의 일환이란 점에서, 촛불의 꿈과 지향은 단순히 보다 품성이 좋은 대통령을 뽑고, 보다 서민적인 당을 다수로 만드는 것만으로는 충족되지 않는다는 점은 명백할 것이다. 따라서 촛불은 형해화한 대의제 민주주의(대리주의)를 극복하기 위한 직접민주주의의 열망과 최소한 반신자유주의의 기치를 분명히 하지 않는 한, 반동적이고 반민주적인 억압세력과 올바르게 싸울 수가 없을 것이다.

3. 대체권력의 맹아로서의 자주적 조직의 민주적 특질에 대하여

그렇다면 촛불의 미래 혹은 촛불의 이상 즉 정치적 소외의 극복은 어떠한 모습일 것인가? 그에 대한 해답은 촛불이 조직적이고 집단적인 대중이 아니라, 자발적이고 자주적인 직접행동에 기반한 광장의 민주주의 혹은 집단지성이라고 한 데서 알 수 있듯이, 어떠한 기성의 권위도 인정하지 않고 광장에 평등하게 나서서 모두가 자기 운명의 주인으로서 참여한다는 점에서 직접민주주의의 이상을 품고 있는 것이고, 실은 이러한 직접민주주의는 역사적으로도 1871년의 파리코뮌이나, 러시아혁명 때의 평의회(소비에트), 광주항쟁 때 도청광장에 모여 항쟁지도부를 선출하고 시민군을 결성하여 싸운 사례에서 보듯 피치자에 대한 억압의 도구로서의 본성을 갖는 국가라는 권력장치를 부정하는 즉 억압과 소외의 기제를 부정하는 혁명적 민주주의에 다름 아닌 것이다. 억압과 소외를 부정하고 참다운 민주주의와 평등세상을 꿈꾸는 모든 실천은 이처럼 궁극적으로 직접(혁명적)민주주의의 틀을 채택하지 않을 수 없고, 이러한 직접민주주의는 궁극적으로 대중의 자기 통치, 혹은 자기 지배의 실현에 다름 아니다.

이러한 직접민주주의의 이상에도 불구하고 냉정히 생각해보면, 비록 우리들이 비민주주의에 대해 분노하고 있기는 하지만 대중이 자기지배를 관철할 때에 민주주의가 관철되기 위해서는 민주적 경험으로 단련된 수많은 민주적 조직들이 전제되어야만 한다는 것은 당연할 것이다. 즉 비민주에 대한 혁명적 분노를 통해 대중이 국가권력을 장악했을 때, 민주주의를 관철하기 위해서는 민주적 경험으로 단련된 수많은 자주적이고 민주적 조직들이 있어야만 한다.

즉 자기 운명을 자기가 결정하지 못하고 4년마다 그렇고 그런 정상배들이 표를 구걸하는 대상으로서의 유권자가 아니라, 국가와 사회의 중요한 결정을 모든 국민이 직접 참여하여 결정하는 직접민주주의의 쟁취는, 사회의 모든 단위와 단계에서 직접민주주의를 관철할 역량이 선행되어야 혹은 최소한 맹아적으로라도 키워내고 쟁취하지 않으면 불가능할 것이다. 이러한 점에서 촛불의 자주적 조직들이 직접민주주의를 실천할 담보로서 중대한 의미를 갖는 것이고 허구적 민주주의 위에 선 억압적이고 권위적인 국가를 대신할 대체권력의 맹아로서의 의미가 있다고 할 것이다.

바로 이 점에서 촛불조직에서의 민주주의는 단지 카페 성원간의 소통과 단결을 진작시키는 도구라는 점만이 아니라, 모든 종류의 억압과 소외를 극복하고 인류의 이상을 관철하기 위한 필수불가결한 담보라고 해야 할 것이다.

4. 촛불조직의 민주주의

그런데 어떤 결정과 행동이 비민주적이라고 비판하고 부정하는 것은 쉽지만, 민주주의를 실천하는 것은 말처럼 쉬운 것은 아니다. 왜냐하면 비민주적이라고 비판하는 우리들 자신이 한번도 제대로 된 민주적인 조직생활을 경험해본 적이 없기 때문이다. 군대는 물론이고 가정, 직장, 학교, 이 모든 것들이 실은 위계적이고 권위적인 원리로 운영되고 있기 때문에, 비민주적이고 권위적인 것을 당연하게 여기도록 우리 자신이 세뇌되어 있다고 해도 과언이 아니다.

달리 말하여 대기업의 주주총회에서 다수결로 이사회가 선출되었다고 하더라도 나아가 대표이사의 독단이 아니라 이사회가 충분한 토론과 만장일치로 모든 일을 결정하여 집행했다고 해서, 전체 주주나, 모든 회사원에 대하여 민주주의일 수는 없다. 이사회의 결정에 참여하기는커녕 복종의 의무만 있는 다수의 종업원에게는 독재일 것이고, 결정에 직접 참여할 수 없는 다수의 주주는 위임권만 행사했을 뿐 냉정하게 말하여 모두가 동등한 권리를 갖는 평등한 주체는 아닌 것이다.

가령 누군가를 카페 대표로 선출하면 회원들과 상의해서 결정하는 것이 아니라 마치 사장처럼 혼자서 결정한다든지, 집행부를 선출하면 회원들에게는 알리지도 않고 자기들끼리만 판단한다든지 하는 것은 냉정히 말해서 민주주의가 아니다.

직접민주주의란 모두가 소외되어서는 안 되는 평등한 주체라는 의미에서, 무엇보다도 전체 성원의 정보의 공유와 충분한 토론을 통한 결정과 자발적인 역할의 분담과 집행, 그리고 투명한 보고, 모두가 겸허한 평가, 이런 모든 것들이 충족되었을 때 가능한 것이다.

민주주의란 결코 다수결이 아니다. 민주주의란 참여하는 모든 성원이 결정되어야 하는 문제에 대하여 모두 자세히 알고 함께 판단하는 것이지, 어떤 판단과 결정이 가공되고 선별적으로 주어진 정보에 의해 유도된다면(이런 걸 집행부 프리미엄이라고 한다), 그것이 아무리 민주적인 절차를 거쳤을지라도 민주주의는 아니다. 마치 북한의 최고인민회의가 아무리 만장일치의 결정을 하더라도 민주주의일 수 없는 것과 같다.

그렇다면 하나의 광장에 모일 수 있는 몇 백 명이나 몇 천 명이 아니라 수십만 수천만이 모였을 때는 어떻게 직접민주주의를 관철할 것인가? 매사를 국민투표에 부칠 수 없는 만큼, 이 경우 불가피하게 토의와 결정을 위해서 대표나 대리인을 선임하거나 선출할 수밖에 없을 것이다. 다만 선출된 소수의 대리인이 다수의 위임인에 대하여 위계적 특권적 권위적이 아니라, 특권이 없는 머슴이어야 한다면, 언제든지 해임 소환할 수 있고, 수시로 보고를 받고 중요사항에 대하여 주인의 뜻을 확인하는 과정을 거쳐야 한다는 것은 명백할 것이다.

참고로 러시아 혁명 때는 전투의 지휘(군령권)는 지휘관이 하지만, 일상적 병영의 업무(군정권)는 병사평의회가 관장했다는 것을 생각해보면, 전문성과 도덕성의 조화 혹은 모순의 문제에 대한 해답이 보일지도 모른다. 또한 만약에 대통령이나 국회의원이 국민의 뜻을 배반할 때 소환할 수 있는 제도 즉 국민소환제가 있었다면, 지난 쇠고기 정국 때 국민의 종이어야 할 그들이 그토록 국민의 뜻을 배반하지 못했을 거란 점에서 국민소환제의 관철은 미디어와 여론의 조작이나 일삼는 부르주아 민주주의에 대한 최소한의 직접민주적 견제장치로서 중요한 의미를 갖는다고 할 것이다.

이러한 까닭으로, 모든 자주적 민주적 조직은 언제든지 대표를 해임하거나 소환할 수 있는 토대 위에서(소환권 recall), 모든 사항에 대하여 최대한 보고받을 수 있는 권리(정보공유권)와, 함께 토론할 수 있는 권리(공동결정권, 참여권), 비판할 수 있고, 비판이 합당하다면 수용을 요구할 수 있는 권리(비판권)는 기본적인 것이고, 그 대신 토의의 과정과 결정에 적극 참여하고, 민주적인 결정을 존중하는 품성이 요구된다고 하겠고, 이러한 참여와 존중을 끌어내기 위하여 노력하는 것 역시 민주적 조직의 리더십이라고 할 수 있다.

5. 새로운 형태의 조직으로서의 촛불조직

오늘날 사회운동체를 보면, 먼저 시민단체는 직업적 상근활동가와 그들의 생계비와 사업비를 지원하는 후원조직으로 되어 있다. 이중에서 정부나 사회단체의 지원보다 후원조직에 의존하는 단체를 NGO라고 하는데, 어쨌든 소수의 활동가와 다수의 후원가 구조로 되어있고, 이에 비해 대중조직인 노조를 보면 직접 선출된 대의원들과 위원장 등이 집행부를 꾸리고 일상적인 사업과 보고를 하면서 파업 등 중요사항은 대의원대회나 조합원총회를 통하여 결의하고 승인받는 구조를 취하고 있다. 즉 노조는 조합원이 회비납부만이 아니라 선출된 집행부와 함께 결의하고 실천하는 구조를 갖추고 있고, 대부분의 활동가 운동체는 이러한 구조로 운영되고 있다.

이에 비하여 카페 조직은 카페지기와 운영자에게 게시판 운영권이나 등업권, 강퇴권 등을 부여하는 등 중앙집권적으로 설계되어 있기는 하지만—즉 자칫하면 중앙집권적이고 비민주적으로 운영될 소지가 크기는 하지만—회비나 실천 등의 의무를 강제하지 않고 낮은 참여율을 높이기 위한 소통의 노력(즉 민주적 운영을 위한 노력)이 운영진의 민주적 품성에 많이 의존하는 구조를 가지고 있다.

어쨌든 독재는 중앙집권적이고 위계적 수직적인 데 반해, 민주주의는 수평적 참여를 지향한다고 볼 때, 즉자적 다중의 직접참여라는 특성을 갖는 촛불들은, 다수를 그저 회비나 내는 수동적 존재로 만드는 시민단체와 같은 상근자운동체와는 거리가 멀고, 노조나 여러 정치운동체처럼 비록 민주적으로 선출된 집행부와 민주적 의결구조를 가지고 있다고 하더라도 중앙집권적이고 위계적인 조직방식과도 친화하기 어려운 특성을 가지고 있다.

이런 점에서 직업적인 활동가가 아닌 생활인으로서 참여하는 촛불조직은, 활동과 참여와 의지의 강도가 시민단체나 대중조직과는 전혀 다른 참여 형태를 가질 수밖에 없다. 즉 속박이 강하지 않은 혹은 성원의 자율을 침해하지 않고 나아가 강력한 참여나 결의를 요구하지 않으면서도, 공동의 대의에 공감하고 참여하는 공동체인 바, 이 공동체는 개방적이고 수평적이며 민주적인 의결과 실천구조에서 낮은 단계의 실천을 추구하는 즉 즉자적 다중이 결합하여 대자적 다중으로 전화되는 틀이라고 할 수 있다.

그동안 촛불에 관한 글들을 보면 촛불을 다중으로서의 자주적 자율적 개방적 성격을 상찬하는 글들이 주를 이룬 것은 사실이지만, 그 다중이 즉자적 다중으로만 멈춘다면 승리를 기약할 수 없다는 점에서 목적과 지향을 분명하게 하는 의지와 실천의 공동체의 성원으로서의 대자적 다중으로 전화해야 한다는 것은 두말할 필요가 없다. 지금 촛불은 카페라는 틀을 매개로 한 온오프의 활동을 통해서 그러한 전화를 훌륭하게 수행하고 있다.

이처럼 체제 내에서 비판과 개량을 추구하는 시민단체가 다수의 참여를 배제하고 소외시키는 구조라면, 또 체제저항적인 대중운동체가 민주적이면서도 중앙집중적인 구조를 갖는 것과는 달리, 촛불조직은 낮은 단계의 참여와 실천을 수렴하는 직접민주적이고 개방적인 틀을 가진다는 점에서 제3의 새로운 형태의 조직임을 알 수 있다.

이러한 촛불조직 혹은 카페는, 즉자적 다중의 의지의 공감에 따른 자발적 가입으로 이루어지고 회비와 규율의 강제가 없는 카페로 이루어지기 때문에, 다수 성원은 즉자적 다중의 흔적을 가질 수밖에 없고, 이 때문에 대부분의 카페는 회원의 결합도가 10% 내외에 그치고 있다.

즉 촛불조직을 평가하고 판단함에 있어서는 이와 같은 대중조직과 다중조직의 차이에 유념할 필요가 있다. 따라서 카페에 가입한 회원이더라도 카페의 사업이나 결정에 따르는 것은 개별회원의 자율에 달려있다. 마치 광장의 토론이나 깃발모임에서 무엇으로 결정되든 실천에 옮기는 것은 여전히 개인의 자율이란 점에서 카페는 위계적 집행부와는 친화될 수 없는 속성을 가지고 있다. 이 점에서 위계적이 아닌 개방적이고 수평적인 집행부이어야만 한다.

나아가 혼자서 판단하고 실천하는 습성이 있고 실천의 동기가 자기설득(확신)이기 때문에, 합리적인 대안으로 성원의 다수의 공감이 없는 한 어떠한 동원도 실패할 수밖에 없다는 점에서, 어떠한 결정과 실천도 위임받은 집행부만의 결정이 아닌 성원들이 직접 참여한 합리적인 토론의 과정이 성패의 핵심일 것이다.

6. 민주적 조직의 사례 검토—촛불연행자모임과 815 평화행동단

먼저 촛불연행자모임을 보면, 머슴단은 헌신할 의무 외에 아무런 특권이 없고 언제든지 소환될 수 있음을 명시하고 있으며, 모든 단위의 회의에 모든 정회원이 참여하여 머슴단과 동일하게 토의하고 결정할 수 있다고 규정되어 있다. 이것은 의지가 다양할 수 있는 처지의 공동체에서 최대한의 민주주의를 위한 설계라고 해야 할 것이다.

이를 위해서 모든 회의는 누구나 참석할 수 있다는 취지와 함께 사전에 공지되어야 한다는 것과, 모임의 사정과 사업에 대해서 수시로 보고하고, 안건에 대한 이해도의 공유를 위해 회의안 역시 충분히 사전 공지되어 토론될 필요가 있음을 알 수 있다. 이러한 것들을 소홀히 할 때 연행자모임 역시 민주주의가 형해화될 위험이 있다고 할 것이다. 최대한 함께 알고 함께 판단하고 함께 실천하고, 보다 더 많은 성원이 참여할 수 있도록 최대한 노력을 하는 것에 민주적 조직의 성패가 달려있다고 할 것이다.

815 평화행동단은 매우 독특하게도 위계적 집행부를 갖지 않고, 기획팀(짱구팀)을 비롯한 팀별 회의체 구조를 가지고 있고, 3개월마다 팀장직을 돌아가면서 맡는 점, 총괄적인 조정은 팀장회의나 사안별 회의에서 결정하는 것, 특히 기획팀의 사업안을 전체성원의 모임에서 토의하여 결정하는 구조를 갖추고 있는 점 등에서, 특권의 우려가 있는 대표나 집행부의 존재를 두지 않는 새로운 형태의 민주적 조직임을 인정할 수 있다. 그리고 표결이 아닌 설득을 통한 최대다수의 의지의 집결을 관행화하고 있는 점 역시 민주주의가 단순한 제도의 문제가 아니라 실천력의 문제임을 알 수 있다. 다만 의지의 공동체인 이 모임은 각 성원간의 목표나 수단 의지에 대한 차이가 심각할 때, 혹은 비폭력 기조에 대한 공감이 깨어질 때 어떻게 될 것인지는 속단할 수 없지만, 자주적이고 민주적인 조직으로서의 모범임을 부인할 수 없을 것이다.

7. 연대와 관련하여—위로부터인가, 아래로부터인가? 지도체인가, 헌신체인가?

촛불 승리의 모습은 어떤 것인지, 승리를 위해서 어떤 준비가 필요한 것인지에 대해서는 많은 토론과 실천과 시행착오가 필요할 것이다.

작년 가을이래, 투쟁승리를 위한 연대체의 건설 혹은 지도체나 지도구심을 만들려는 시도가 계속되었다.

자율적이고 자발적이고 느슨한 즉자적 다중들의 의지의 공동체인 카페와 그 성원은 민주집중제나 중앙집권제와 친하지 않고, 따라서 연대의 틀 역시 느슨할 수밖에 없는 한계를 가지고 있다. 이런 점에서 중앙집중적인 지도체나 연대체를 위로부터 건설하려는 시도는 대체로 실패할 가능성이 크다.

이러한 점을 염두에 둔다면, 위로부터가 아니라 아래로부터, 권위가 아니라 동등함으로부터, 배제가 아니라 차이를 존중하고 공존하는 문화로부터, 결정과 지시가 아니라 토론과 상의로 낮은 단계의 정보의 공유를 위한 네트워크로부터 점차 긴밀도와 결합도를 넓혀가는 작업이 필요함을 알 수 있다.

즉자적 다중의 자발성과 창조성이 최대한 발휘되는 것을 보장하면서, 마찬가지로 수많은 촛불 자주 조직이 서로 존중하고 상의하고 협력할 수 있는 연대의 틀을 우선 성격이나 지향이 같은 카페들부터 낮은 단계부터 건설해 나갈 필요가 있다.

그리고 2008년 8월 이전의 촛불들이 즉자적 다중 혹은 개별적 참가가 주된 형태였다면, 2008년 가을부터는 저항을 추구하는 지역별 의제별 카페들을 통하여 결합하고 실천하고 있고, 이러한 카페 역시 즉자적 다중의 흔적을 갖고 있다는 점에서, 촛불을 동원의 대상 혹은 지도의 대상, 일사분란한 의지의 통일체—결국 중앙집중적 권위체—를 만들려는 시도는 개개의 촛불과 촛불조직의 특성과 어울리지 않기 때문에, 아무리 차이를 존중하고 개방적이고 느슨한 결합을 내세워도 실패할 수밖에 없을 것이다. 즉 현단계에서 누군가가 혹은 어느 조직이 지도구심을 자임하거나 연합을 통한 상층 지도체를 건설하려는 것은 전혀 난센스일 뿐이다.

촛불들의 평균적인 결의는 승리를 위한 기획을 공유하고 전체 투쟁의 부분적 성원으로서 참여하는 것이 아니라, 누군가가 잘 이끌면 강력한 소속감 없이 따라가고 참여하는 정도라고 했을 때, 이러한 촛불과 촛불조직들을 단일한 의지를 갖는 군대와 같은 조직을 만들려는 시도는 벽에 부딪칠 수밖에 없을 것이다.

돌이켜보면, 차벽에 막혔을 때 누군가가 밧줄을 준비해 온다든지, 전대협과 같은 조직이 훌륭하게 리딩을 자임한다든지, 깃발회의를 소집한다든지, 내가 아닌 누군가가 스티로폼이나 마이크를 준비해 올 때, 다중인 촛불은 그들을 신뢰하고 함께했던 것을 알 수 있다. 아마 올 여름에는 차벽을 넘기 위해 중장비를 준비하는 조직도 생겨날 것이고, 지난 가을과 겨울을 거쳐 다져진 신뢰를 기반으로 총괄기획을 전담하는 조직도 생겨날 것이다.

어쨌든 대중의 신뢰와 권위는 자임해서가 아니라 대중보다 앞장서서 헌신적으로 실천하는 가운데 형성되는 것이라면, 별로 공감할 수 없는 지도체를 건설하려 할 것이 아니라, 헌신체의 결성과 실천이 급선무임을 알 수 있을 것이다. 결국은 무수한 부침을 통해 대중 속에서 도덕성과 능력을 인정받은 헌신체가 다중에 친화적인 민주적 권위를 형성해갈 수 있을 것이고, 이들과 강력한 활동가 조직이 신뢰를 기반으로 한 역할 분담 속에서 촛불은 승리를 쟁취할 수 있을 것이다.

8. 결어

이상으로 살펴본 바와 같이, 촛불은 신자유주의에 대한 반대와 직접민주주의에 대한 열망(최소한 대통령과 국회의원의 소환제, 집회 시위의 자유 쟁취)을 분명히 해야 한다는 점과, 촛불조직 내에서 민주주의를 관철하는 것은 대체권력의 맹아 형성이라는 측면에서도 매우 중요하다. 직접민주주의 혹은 최대한의 민주주의를 위해서 함께 알고, 함께 토론하고, 함께 결정하고, 실천하는 과정을 중시하는 새로운 형태의 개방적이고 수평적이고 민주적인 촛불조직을 건설해야 하고, 자율적이고 자주적인 다중에 기반한 촛불조직들이 승리의 전망을 갖기 위해서는, 각각의 특성에 맞는 헌신체로 전화하고, 이러한 헌신체들이 보다 합리적인 실천을 위해 네트워크와 다양한 형태의 연대를 통한 실천 속에서 신뢰를 쌓아가고, 신뢰에 기반한 역할분담의 강화와 확장 속에서, 승리를 위한 총괄기획의 능력을 갖추게 될 것이다.

촛불승리를 위해서는 즉자적 다중에서 대자적 다중으로 전화해야 하고, 이 과정은 다중의 특성이 존중되는 새로운 형태의 민주적 조직을 통해서 이루어진다. 그리고 이러한 조직 가운데에서 다중의 민주적 신뢰를 획득한 헌신체를 중심으로,

협력과 역할분담 그리고 연대의 수준을 높여가는 작업이 중요하다. 낡은 운동권 역시 기존의 대중운동의 관점이 아니라 다중의 특성이 존중되는 개방적인 새로운 운동을 이해하지 못한다면 한걸음도 더 나아갈 수 없을 것이다.

발표글 14: 연석회의의 출범에 붙여(09.02.20.)[15]

우선 참여하신 분들의 열정과 노력에 대하여 전혀 폄하할 뜻이 없다는 것을 밝히면서 …

아직까지 저는 이 모임의 준비과정에 대하여 자세히 알지는 못하지만, 우선 다같이 모이자! 뭉쳐서 뭐든지 해보자! 민주적으로 하면 될 게 아니냐? 대강 이런 의식 하에 영향력있는 단체나 개인들이 모여서 창립선언식도 갖고 강령과 규약도 만든다고 들었습니다.

그런데 과연 이 시점에서 이러한 운동체 혹은 연대체가 필연으로 요구되는가에 대하여는 저는 상당히 회의적입니다.

혁명적 이론 없이 혁명적 실천은 없다는 말처럼, 모든 운동 혹은 운동체 혹은 조직운동은 자기 운동론을 과거와 현재를 통하여 필연으로 즉 역사적이고 논리적으로 그 존재양식을 입증할 필요가 있습니다. 어떠한 운동도 심지어 다중들의 조직체인 카페도 그 자신만의 철학과 운동론이 있어야 하고, 정치노선과 조직노선, 투쟁노선의 올바름을 제시하지 않으면 안 된다고 생각합니다.

즉 이러한 운동체가 존재가치를 증명하기 위해서는 최소한 지난 여름이래의 투쟁에 대한 검토 속에서 촛불운동이 승리하지 못하고 쇠잔한 데에 대한 부족한 점과 부정적인 측면의 고찰과 함께, 그 사이에 이루어졌던 많은 시도, 즉 지역카페 건설운동부터, 횟칼테러투쟁, 가투, 그리고 특히 민민국과 애국촛불 전국연대의

15_ 촛불시민연석회의 준비모임에 제출된 토론문.

활동과 그 평가, 진알시, 촛불산책, mb악법 반대투쟁 등등 투쟁과 실천에 대한 평가 속에서 실천론 조직론 투쟁론이 검출되지 않으면 안 되고, 그 필연으로서 특정한 운동체가 건설될 필요가 있는 것입니다.

이러한 점에 대하여 냉정한 평가 없이 현실의 실천에 대한 답답함으로 새로운 돌파구를 찾아보고자 무조건 뭉쳐서 힘을 합해보자는 정도의 의식이라면, 그보다 훨씬 더 나은 목적의식적이고 더 우월한 조직론을 가졌던 전국연대가 왜 실패했는지, 과연 그 실패를 운동의 쇠퇴기였기 때문이라거나 혹은 권위적이고 비민주적 운영에서만 그 원인을 찾는다면 즉 과거에 대한 치열한 반성과 고민없이 즉자적인 의지의 결집만 호소한다면 실패할 운명일 수밖에 없다는 생각이 듭니다.

그럼에도 불구하고 연석회의가 아직까지 지난 실천의 필연으로서 자기존재를 합리화하는 조직론이나 투쟁론을 제시하지 못하고 있는 것에 대하여 깊은 우려를 가지고 있습니다. 도대체 무엇을 하자는 것이냐? 어떤 실천이 필요해서 모인 것이냐? 기왕의 실천에서 부족했던 것이 과연 영향력있는 조직과 개인들의 결집이 부족했기 때문이냐? 촛불 승리의 전망은 무엇이고, 연대의 틀은 무엇이어야 하는가에 대하여 치열한 이론적 준비 없이, 막연히 다 모여라! 혹은 안 모이면 죄짓는 것 같은 분위기는 결코 우리의 승리를 보장하지 못할 것으로 생각됩니다.

기왕에 저는 현단계 촛불조직론 소고에서 밝힌 바 있듯이, 즉자적 다중의 실천이 대자적 다중의 실천으로 전화되어야 한다는 것과, 촛불의 특성상 하나의 의지와 실천을 염두에 둔 강고한 대중조직이나 지도체가 아니라, 각 조직의 정체성과 특수성에 맞는 헌신체의 건설과, 이러한 헌신체들의 분업과 협업 속에서 낮은 단계의 네트워크나 연대로부터 높은 단계의 연대로 나아갈 수 있을 것이라는 주장을 한 바 있고, 이러한 대자적 다중조직의 연대와 대자적 대중조직이 결합하여 하나의 전선을 건설해냈을 때에 승리의 전망을 이끌어낼 수 있을 것이라는 의견을 낸 바 있습니다.

이번 회의록을 보면 주로 조직의 의사결정과 집행에서 민주적인 틀을 강구한 것으로 봅니다. 그러나 아무리 민주적인 의사결정의 구조를 가졌다고 할지라도, 조직과 개인이 하나의 틀 속에서 결합하는 것도 전무후무한 일이고, 나아가 개인의 경우는 집행력이 보장되지 않는다는 것이고, 참여한 조직의 다양성 역시 보다 나은 실천이 아니라 서로에게 굴레로 작용할 가능성이 크다는 생각이 듭니다.

촛불 승리라는 단일명제는 누구나 공감하겠지만, 다양한 수준의 의지와 실천력, 경향, 의식을 고려해 보면, 결국 참여하는 조직과 개인의 다수가 공감할 수 있는 극히 낮은 수준의 행사와 이벤트가 사업의 주를 이룰 것이고, 이때에 투쟁지향 혹은 더 높은 실천을 지향하는 세력과 낮은 단계의 실천을 고집하는 세력 간의 갈등은 필연적이 될 것이고, 결국은 민민국처럼 페스티발이나 후원사업 그리고 상징적 운동에 머무르게 되면서 그 존재의 필요성을 의심받게 될 우려가 내재되어 있는 것으로 보입니다.

잘 되기를 바라지마는 실천과 투쟁 속에서 쌓아올린 지도력이 아니라 허구의 대표성에 집착하려는 노력은 결국 회의만 남길 가능성이 크다고 할 것입니다.

나아가 촛불항쟁이 형해화된 형식적 민주주의에 대한 시민의 반란이었다는 성격을 생각한다면, 창립선언문이 부당한 국가권력에 대한 시민의 규정으로부터가 아니라, 민족으로부터 자기 정당성을 전개하고 있는 것은 참으로 유감스럽다고 해야 할 것입니다.

치열한 운동론의 제시 없이는 결코 승리할 수 없을 것입니다. 하물며 스스로의 운동론을 필연으로 제시하지 않은 채, 모든 것을 민주적으로 수렴하여 보완해 나가겠다는 정도의 입장을 가지고 투쟁론과 실천론 조직론의 제시 없이 대표체 혹은 지도체의 위상을 과시하는 것은 우려스럽다고 하지 않을 수 없을 것입니다.

추가 부분

연석회의는 자신의 정체성을 명확히 해야 할 필요가 있습니다. 투쟁체인지, 선도체인지, 지도체인지, 후원체인지, 아니면 조정기관인지, 대외적 대표체인지 … 시초에는 리딩그룹이라 자처하는 분들이 투쟁을 위한 연대체를 꿈꾸면서도 차마 지도체를 자임할 수가 없으니까 수평적 연대나 협의로 바뀌면서, 조정과 협의에 끝나는 걸 막기 위해, 사업부와 민주적 결정구조를 마련한 듯합니다.

정치노선을 별개로 치더라도, 촛불승리에 공감하더라도, 투쟁의 의지와 전망과 방법론이 다른 조직과 개인이 백화점식으로 모였을 때, 민주적 다수의 동의를 얻어 집행될 수 있는 사업은 결국 가장 낮은 수준의 실천이 될 수밖에 없고 오히려 투쟁의 발목을 잡을 수 있는 우려가 있을 뿐 아니라, 지향 자체가 불분명함으로써 백화점식 실천이 되어 전문성에 개입하는 문제도 나올 우려가 있다는 생각입니다.

현단계 투쟁에서 무엇이 부족하냐에 대한 질문과, 무엇을 어떻게 할 것이냐를 분명히 제시한 후에 이에 동의하는 세력이 모여야 한 가지라도 제대로 할 수 있는 것이지, 영향력있는 조직이나 개인을 전부 묶는다고 해도 질적으로 더 높은 실천이나 투쟁을 기대한다는 것은 거의 불가능할 것으로 보입니다. 대형 마트의 운영위원회가 아니라 백화점 입주 대표자들의 대외적 대표와 조정 그리고 존재의 과시와 이유를 위한 행사 … 투쟁과 조직과 실천을 이런 방법으로 묶어내야 하고 묶어낼 수 있다고 생각하는 것만큼 순진한 발상이 또 어디 있을런지 ….

발표글 15: 우리 모임의 민주주의에 관하여(09.03.02.)[16]

저는 우리 모임의 민주주의에 관하여 참으로 깊은 관심을 가지고 있습니다.

「현단계 촛불조직론 소고」에서, 이미 밝혔듯이 민주적이어야 하고 민주적이면 좋다는 정도가 아니라, 새로운 사회-진정한 민주주의 사회를 위해서는 그 사회의 민주주의를 보장할 민주적 조직이 있어야 한다는 것과 그 속에서 민주적으로 훈련될 필요가 있다는 것입니다. 이 점에서 카페나 촛불 모임을 민주적으로 건설하는

16_ 2009.3.8. 촛불연행자모임 제3차 총회 전에 발표한 토론문.

것은 대체권력의 맹아로서의 큰 의미를 갖는다고 표현한 바 있습니다.

우리 모임의 설계를 보면, 독재가 수직적이라면 민주주의는 수평을 지향하는 것이고, 따라서 최대한 개방적이고 평등하게 설계되어 있다고 할 수 있습니다. 무엇보다도 개방적 회의체로 운영한다는 규정이 있는데, 특정인의 독단이 아니라 회의를 통해서 모든 걸 결정한다는 뜻이고, 나아가 운영진-머슴단만이 아니라, 모든 종류의 회의에 정회원이 머슴단과 동등하게 발언권과 의결권을 갖는다는 규정이 그러합니다.

그러나 제도의 설계만이 아니라 이를 실천하는 사람의 요소가 중요할 것입니다. 일단 조직의 유형을 단순화하면, 대표 독재제—작은 사기업의 사장이나, 경찰서의 경찰서장처럼 1인이 전권을 가지는 형태, 대표의 집행 책임제—노동조합과 같은 대중조직에서 총회, 대의원대회 혹은 운영위원회를 두고 중요사항을 의결한 뒤, 집행은 집행부의 대표에게 맡기는 구조입니다. 이때에 의결사항을 따를 의무도 있고, 집행부 회의가 있기는 하나, 집행의 모든 책임은 집행부의 대표가 지는 방식입니다. 따라서 조직부장과 같은 집행부 성원은 대표에게 보고하고 승인받는 구조로 되어 있습니다.

회의체(집단지도체)운영-의결(운영)과 집행이 이원화되어 집행을 위임하는 것이 아니라, 운영위원회에서 중요사항을 의결하고 각 운영위원이 각자의 소관을 집행하며, 회의에 보고하고 책임지는 구조입니다. 따라서 이 경우 운영위원장은 운영위원 중 1인으로, 의견의 수렴과 조정의 역할, 극단적인 경우에는 회의소집권과 의사진행권만 있는 존재일 수도 있습니다.

광장의 민주주의 혹은 최대한 민주주의를 지향하는 우리 모임은 이러한 회의체에서 한발 더 나아가 개방적 회의체로 설계되어 정회원이면 사실상 운영위원과 동일한 권리를 갖는다고 할 수 있습니다. 이외에도 소환제와 같은 직접민주주의의 요소를 가지고 있습니다.

이러한 개방적 회의체를 성공시키는 관건은,

사업과 회의에 대한 충분한 사전 사후의 보고이며, 모두가 함께 토론하여 광장 지성을 도출할 수 있는 운영작풍이라고 할 것입니다.

발표글 16: 연행자 사업에 대한 관점(09.10.16.)[17]

촛불 전체의 문제가 아닌 연행자라는 처지의 특수성을 가진 당사자들의 사업과 투쟁의 관점은 어떠해야 되는가에 대하여 다시 정리해 보기로 하자.

첫째, 촛불이었던 연행자(과거형)가 아니라 촛불인 연행자(현재형)라는 점이 중요하다. 이러한 규정에서 연행자들은 촛불승리 혹은 촛불승리를 위한 투쟁이 자기존재의 출발점이다. 나아가 이러한 규정은 촛불투쟁을 포기하거나 기여하지 못하는 일체의 사업을 부정하는 입장이다.

둘째, 연행자라는 특수성에서 연행자끼리 먼저 단결하고 서로 돕는 것은 당연하다고 해야 할 것이다. 이러한 규정은 연행자의 문제를 다른 촛불의 도움을 바라기에 앞서 연행자들이 먼저 나서야 된다는 것을 의미한다. 그러므로 연행자나 구속자에 대한 면회, 방청, 영치금 등등의 사업에 있어서 연행자가 앞장서는 것 역시 당연하다.

셋째, 촛불투쟁과 항쟁의 정당성은 부인할 수 없다는 점이다. 우리는 어떠한 경우에도 우리들의 촛불투쟁이 정당했다는 것, 따라서 우리들의 투쟁에 대한 모든 종류의 탄압은 부당하다는 관점이다. 이 규정은 약식명령이나 재판 등 공권력을 동원한 탄압이 부당한 것이고, 따라서 당연히 이에 대한 저항을 전개해야 함을 의미한다. 나아가 이러한 규정은 우리들 연행자에게 가해지는 벌금형을 비롯한 형사처벌이 부당하다는 것, 부당하기 때문에 순순히 따를 수 없다는

17_ 촛불연행자모임에 제출된 토론문.

것, 부당하기 때문에 정당성을 인정받을 때까지 투쟁해야 함을 의미한다.

넷째, 바로 이 점 즉 벌금 등의 형사처벌이 부당하다는 규정은, 탄압의 중지와 촛불사면을 요구하는 투쟁으로 나아가야 한다는 것이며, 벌금이 확정되어도 결코 순순히 벌금을 낼 수 없다는 것을 의미한다. 그러므로 벌금을 위한 모금은 우리 자신의 정당성을 훼손시킬 수 있다는 점에서 올바른 관점을 가질 필요가 있다.

다섯째, 일반적으로는 300만 원 이상의 벌금형이 확정된 후 3~6개월간 미납하면 벌금수배가 되는 경우가 있는 바, 직장생활 등 각인의 구체적 처지에 따라 일률적인 행동원칙을 정하기는 어려우나, 가급적이면 벌금이 확정되었다고 해서 곧바로 납부하지 않고 최대한 버티는 것 역시 저항의 한 방법으로 권장할 필요가 있다. 간혹 벌금수배 중에 불심검문에 걸렸을 때에는 납부만 하면 불이익 없이 석방이 된다는 점을 염두에 둘 필요가 있다.

여섯째, 벌금 수배 중 불심 등으로 검거되어 노역장 유치자가 발생했을 경우는 사회적 연대 즉 모금을 통하여 구출하는 것은 당연하고, 대부분의 촛불재판이 내년 상반기부터 확정될 경우를 대비하여 노역장 구출자금을 미리 모금 등을 통하여 비축할 필요가 있는 것도 당연하다고 할 것이다.

일곱째, 이러한 구출자금의 모금보다 더욱 긴박한 것은, 상당한 중형이 예상되는 구속자들이 변호인의 도움을 못 받고 있는 현실에서, 나아가 2009년에 발생한 약 500여명의 촛불 역시 변호인의 조력을 못 받고 있는 현실에서, 무료변론의 방책을 마련하는 것이 가장 시급한 과제라 할 것이다. 이에 대한 해결방도는 1인 이상의 촛불전담변호사를 모시는 방안(월 500만원, 1년 기한이면 총 6,000만원의 예산이 소요됨)과 함께 무료자봉 변호사를 모집하는 것으로 해결하는 방책이 논의된 바 있다.

여덟째, 그러므로 당면한 과제는 모금운동과 수익사업을 통하여 촛불전담변호사를 확보하는 것이 제일 급한 과제이고, 이 문제가 해결된 연후에 노역장 구출자금을 모금해야 할 것이다. 이를 위한 추진기구로 지난 6월 촛불연행자후원회가 출범한 것은 모두 다 아는 사실이다.

아홉째, 그러나 촛불투쟁이 소강상태에 있고 MB정권이 기고만장한 이 시점이라고 해서, 연행자들이 숨을 죽이고 단지 돈만 걷으려고 해서는 안 된다는 점은 두말할 필요가 없는 당위이다. 최선의 저항 혹은 슬기로운 저항을 통해서 촛불의 정당성과 촛불탄압의 부당성을 알려내고 투쟁으로 키워내는 작업은 한시도 쉬거나 미룰 수 없는 우리들의 의무이기 때문이다.

촛불연행자들의 투쟁과제는 무엇이어야 하는가?

첫째, 명박정권 퇴진은 기본이고 이 외에,

둘째, 촛불탄압의 중지와 촛불사면

셋째, 불법과잉진압 책임자 처벌

넷째, 민주국가에서는 있을 수 없는 전의경제도 폐지

다섯째, 대통령과 국회의원의 국민소환제

등이라 할 것이다. 첫째와 다섯째는 촛불승리를 위한 것이고, 나머지는 공안탄압을 당한 당사자로서 연행자들이 앞장서서 제기해야 할 과제라고 할 것이다.

맺는말

이상에서 살펴 본 바와 같이, 촛불은 정당하기 때문에 촛불탄압과 벌금 등의 부당한 형사처벌을 순순히 받아들일 수 없다는 것, 현 상황에서는 1차로 촛불전담 변호사를 위한 모금운동이 1차이고, 변호사 문제가 해결된 이후에 노역장 유치자 구출자금을 모금하는 순서로 가야 한다는 것, 촛불연행자에 대한 탄압의 부당함에 저항하는 투쟁을 멈추거나 미룰 수 없다는 것 등이 당연하다면, 저항과 투쟁의 관점에서 모든 사업을 기획하고 단결과 연대를 끌어내야 하는 것도 당연하다고 할 것이다.

이러한 인식에 기반하여, 촛불영상제가 전체 촛불이 단결하는 계기가 될 수 있도록 최대한 역량을 집중할 것과, 영상제 후에 광범위한 배포와 상영에 힘쓰는 것.

상영회와 각종 집회 등의 계기에 연행자들의 요구를 담은 서명전과 선전전을 병행하는 것.

전국연행자대회 등 연행자 독자집회를 준비하고, 연행자 문제를 투쟁과 홍보를 통하여 사회적으로 이슈화하는 것에 총력을 다할 필요가 있다고 할 것이다.

이러한 투쟁과 사업을 통하여 당사자인 연행자들이 앞장서서 모범을 보임으로써 모금이나 수익 사업 역시 성공을 보장받을 수 있을 것이다.

관점을 명확히 하고 최선을 다하여 우리의 투쟁을 단결과 연대를 통하여 승리를 쟁취하도록 하자! 투쟁!!!

참고자료

참고자료 1: 광우병 국민대책회의 13차 운영위원회·상황실 연석회의 (08.06.30.)

○ 논의 결과

1. 대책회의 압수수색 경과 보고

2. 경찰폭력과 촛불집회 불허 방침에 대한 대응 논의

가. 각계각층 대책회의의 압수수색 등에 대한 지지와 엄호 조직

- 학계, 언론, 변호인, 여성, 종교 등 사회단체 규탄 성명 조직
- 천주교정의구현사제단의 시국미사(31일/월요일) 시작으로 종교단체들의 지지와 엄호가 필요함. KNCC 등 기독교단체 및 불교단체 등의 결합 예정.
- 종교인 이번 주 주간을 '공포와 두려움이 없이 거리로 나간다'는 것을 보여주기 위한 주간 선포 예정 : 기독교단체 목회자들 화요일 청와대 항의 방문 예정. 예수살기 단체 주도로 목요일 촛불기도회 예정. 금요일 KNCC 성공회성당 오후 4시 기도회 예정.
- 시민사회단체 원로 시국기자회견 :
- 평화 기조가 계속 유지될 수 있도록 하는 것이 필요함. 종교인과 지성인이 시위 앞 대열에 배치해 경찰 폭력이 심하지 않도록 하는 완충지대 역할이 필요하다고 '생명평화 탁발순례단' 제기함. 그러나 이미 종교인과 지식인 대표들을 폭력적으로 짓밟은 상황. 방법론으로 하나 받아들이기로 함.

- 청와대로 가자거나 차를 끌어내는 전술은 중단하고 광장의 문화를 살리는 방식으로 전환할 필요가 있음. 문화프로그램을 결합하자는 방식을 '녹색연합' 제기함. 하지만 시청역을 서울시에서 불허할 것이 분명한 상황에서 광장문화를 만드는 것도 불가능한 상황임을 확인함.
- 기존의 방식이 아니라 다른 형태의 행진을 강구하고 미리 공표하는 것이 필요하다는 의견 참여연대에서 제기함. 탑돌이 등의 평화로운 행진을 가시적으로 드러내는 방식 등을 제안함. 대책회의의 통제로 안 되는 부분은 있겠으나 사전에 통지하고 대책회의에 가입한 단체가 그것을 유도하는 것을 방안으로 함.
- 이명박정부가 오래가지 못할 정부라는 공분은 공감하지만 전술적 후퇴가 필요하지 않은가라고 여성단체연합은 고민함. 참여연대나 진보연대로 대책회의가 상징됨. 따라서 급식문제 등 소비자 운동에서 할 역할 등을 고민하는 것이 필요함. 비폭력 전술팀이 필요하고 구체적 지침을 대책회의에서 마련할 필요가 있겠음. 비폭력전술팀을 대규모로 만들자고 여연 제안. 앞으로 어떻게 할 것인가에 대한 국민들의 답답함을 운송저지, 수송저지 등을 운영할 수 있는 실질적 팀을 가동할 필요가 있음. 안사기 선언운동 등을 구체적으로 할 수 있는 전술팀이 필요함. 7월 5일에는 큰 규모의 문화제로 가지고 가고 그러한 내용들을 만드는 자리로 가지고 가는 전술전환이 필요함.

3. 경찰 침탈 관련 기자회견
- 국민승리를 위한 촛불문화제 선포 기자회견 /오후 3시 /참여연대 느티나무 홀
- 각 단체 대표자들 참석

4. 7월 5일 대규모 집회 동원을 위한 논의
- 많은 사람들이 탄압 분위기를 뚫고 나오도록 하기 위해서는 공간들을 만들어 주는 것이 필요함. 대책회의가 민주당 의원들과의 공동대응을 마련해 보는 것이 필요하다고 제안함.
- again 6.10을 만들기 위해서는 민주대 반민주대 전선으로 민주당 포함한 전선확

장 필요함.

- 국회의원을 포함한 비상시국회의를 구성하는 것이 필요함.
- 7월 5일 더 많은 사람들이 모이도록 하는 논의에 집중하는 것으로 하고, 정치계와 종교계등을 포함하여 전선을 넓히는 것으로 활용함. 수요일이나 목요일에 그 단위들이 모이는 것을 가시적 공개적으로 가질 필요가 있음.
- 대책회의의 기조를 유지하는 것을 원칙으로 함.
- 반민주 공안탄압과 고시철회를 목적으로 하는 기조로 한정하여 7월 5일 공동주최를 맞추어 진행하자는 제안을 녹색교통에서 함.
- 민주당은 1+5의 의제에 이견이 없었기 때문에 지금까지는 대책위와 이견이 존재하지 않았음. 따라서 1+5의 의제를 뒤로 되돌리는 것은 운동의 후퇴라고 보건의료단체연합은 우려함. FTA의 문제에 있어서도 민주당 내부에서 이견이 있다는 것이 확인되어 있음. 따라서 대책회의의 요구의 기조를 유지하는 것이 필요함.
- 현재 정당한 촛불집회를 폭압적 경찰 탄압 엄호하기 위한 전선 확장의 측면에서 제 야당과의 결합이 요구되었다는 것을 분명히 함. 따라서 기존의 집회 기조에 대한 요구에 대해 원칙을 지키는 것이 필요하다는 다함께 의견이 있었음.

5. 7월 5일 집회 기조에 대한 논의

- 비폭력 기조를 선언하는 것이 필요함. (참여연대, 여민)
- 비폭력기조를 유지하기 위해 구체적 방법(민주노총을 앞세우는 것 등)을 정하는 것은 어떤가 참여연대 제안
- 정권의 전쟁선포에 대한 것과 다름없는 상황에서는 대책회의는 기조를 유지하고 대중의 열망을 받아 안는 것이 필요하다고 노힘 제기함.
- 지난 28일 집회 때 한 시간 반가량 집회가 진행되면서 전경과 대치되는 상황에서 앉아서 집회만 하고 있는 대책회의에 대한 비난이 아고라와 넷상에 다시 도배됨. 100만명이 모였을 때는 100만명이 요구하는 것이 있다고 판단됨. 이명

박정부에 대한 분명한 태도와 입장이 필요하다는 열망이 존재함.

- 지난 운영위에서도 완강한 대응을 하자고 결정한 바 있음. 경찰이 원봉을 하고 있는 상황과 압수수색을 하는 상황에서 총궐기로 가는 것이 맞다고 보임. 작가회의는 총궐기투쟁의 기조로 가는 것이 바람직하다고 판단함.
- 집회 참가자들의 요구가 매우 많다는 것. 집회 시간을 제한하는 방식은 올바르지 않다고 보임. 대책회의의 방침이었던 것처럼 민주노총, 학생 등 조직대오의 대대적인 참가를 호소하는 것이 필요함. 7월 5일 많은 사람들이 모이도록 리플렛과 포스터를 곳곳에 붙이도록 준비함. 대책회의가 더 많은 사람들을 모아 대응할 것이라는 것을 보여주는 것이 필요하다고 다함께 제안함.
- 시민들이 참여할 수 있도록 시청과 광화문 장소를 여는 것이 필요함. 따라서 수십만이 모이도록 광장을 열 수 있도록 불필요한 타협도 필요함. 정치권과 종교계를 포함한 녹색연합 제안함
- 비폭력이 매우 중요하다는 것, 시민들이 참여할 수 있도록 하는 것이 필요함.
- 대책회의 기자재 등을 모두 원천봉쇄한 상황임. 정치권과 종교계에서 나서서 집회 진행을 위한 물품들이 광화문이나 광장에 들어갈 수 있도록 하는 것이 필요함. 연행된 시민들 등은 민주노총과 학생단위가 더 많이 나와서 시민들을 보호하고 싸워주기를 요구하고 있음. 더 많은 깃발을 들고 나서주기를 요구함을 집회 상황실 담당자가 보고함.

6. 경찰 폭력을 방어하기 위한 인간방패로서 대책회의 대표단과 종교계가 나서 주어야 함.

- 각 단체 대표자들 1-2인 필참, 국민대책회의 명의의 각 단체 이름의 몸조끼를 두르고 행진 제일 앞에 서도록 함.
- 종교계는 종교계임을 알리는 복장으로 앞에 서도록 함. 보건의료인은 가운을 입고 앞에 서도록 함.
- 종교계 내일(화) 전체 모임이 있을 예정임.

참고자료 2: 광우병 국민대책회의 전국대표자회의 논의자료(08.07.11.)

0. 광우병 국민대책회의가 논쟁 중에 있습니다. 큰 틀에서 보면 대책회의의 활동방향과 관련하여 촛불집회 중심의 대응보다 불매운동으로 기조변화를 요구하는 시민단체들과 촛불집회를 중심으로 대응하면서 광우병 문제와 함께 의제 확장을 꾀하자는 단체들로 의견이 나뉘어 있습니다.

이런 상황에서 광우병 국민대책회의는 7월11일 오후2시 조계사 국제회의장(장소변경 가능성 있음)에서 전국대표자회의를 열고 위와 같은 쟁점을 정리하여 향후 대책회의의 활동방향을 정해 나가기로 하였습니다. 전국대표자회의의 논의의제는 다음과 같습니다.

- 이명박 정부를 어떻게 볼까 / 대책회의 입장과 태도
- 불매운동 (유통저지 / 3불(안사고, 안먹고, 안팔고) 선언/ 감시단) 전개 방안 및 태세
- 당면한 공안탄압에 대한 대응
- 재협상의 요구 및 그 실현방안
- 촛불 다양화 방안
- 5대 의제 결합 방식

이에 아래와 같이 최근 국민대책회의 내부 논의 경과와 쟁점을 정리하였습니다.

1. 광우병 국민대책회의 논의 경과

1-1 6.10에서 6월30일까지의 경과

- 6.10집회에서 6월20일까지 재협상하지 않을시 정권퇴진을 불사하겠다며 국민명령권 발동
- 그러나 정권퇴진 투쟁의 상 및 동력을 둘러싸고 대책위 내부 의견이 발생하기

시작함; 촛불 관련하여 소강상태이고, 이명박 퇴진에 대해 회의적 반응 등을 고려하여 대책회의가 선언한 '퇴진운동 불사'에 발목을 잡히기보다는 변화된 국민정서를 반영할 필요가 있다는 판단. 당장 20일에 퇴진운동을 선언할 경우 촛불의 동력을 떨어뜨리고, 운동의 폭을 좁힐 수 있다는 의견이 시민단체 등으로부터 제기됨

- 사업 방향과 투쟁방안 등에 대해서 국민토론회 등 열린 토론 과정을 통해 광우병 위험 쇠고기 이외에 다른 의제들을 결합해, 대중들의 공감대와 동력을 만들어 나가고, 그 이후에 대중적 기반을 구축해가면서 사업을 추진해 나가는 것이 좋겠다는 것으로 정리하였고 퇴진투쟁에 대해서는 국민대토론회 이후로 논의가 연기됨

* 국민대토론회 일정 : 6/19(목), 1차 토론회/ 6/24(화), 2차 토론회 / 6/27(금), 3차 토론회 (3차 토론회는 장관고시에 따른 비상행동으로 인해 잠정 유보되어 진행되지 못함)

- 정부가 6월25일 장관고시를 강행하자 격렬한 충돌이 일어났고 6월28일(토) 절정에 달함.
- 6월29일 저녁부터 정부가 초강경 대응으로 나오기 시작하여 시청앞 집회를 원천봉쇄하고
- 6월30일 대책위 및 진보연대 사무실에 대한 전격 압수수색, 대책위 간부 8명(상황실장 2명포함)에 대한 체포영장 발부가 이루어짐
- 6월30일부터 사제단에서 시국미사를 개최하며 원봉된 시청광장을 다시 열고 촛불집회를 개최함. 3일간 시국미사와 연이은 촛불집회에서 경찰과 충돌없이 진행되고 집회도 밤 10시경 종료됨.

1-2 제13차 운영위(6.30)

- 시민단체들에 의해

1) 7월5일 집회와 관련하여 평화기조를 유지할 것과 집회종료선언을 공식적으로 할 것
2) 7월5일 집회를 민주당을 포함한 정당 및 종교계와 공동주최할 것
3) 광우병 대책회의, 정당, 종교계를 포함하는 비상시국회의 개최할 것이 제안됨

- 논의 끝에 1) 7월5일 집회는 차기 운영위에서 다시 논의하기로 하고 2) 집회 공동주최 등은 열어 놓고 추진해 보며, 3) 비상시국회의 문제는 7월5일 집회 이후 다시 논의하기로 함.(뉴시스, 경향신문 등에서 비상시국회의를 통해 대책위가 발전적으로 해소할 것이라는 기사가 나감. 광우병 대책위에서는 오보라고 규정)
* 운영위 직후, 대책위 소속 시민단체8인, 종교계4인, 정당4(민주당, 민노당, 진보신당, 창조한국당)로 구성하는 16인 위원회를 구성하여 7월5일 집회 공동주최 문제를 논의하자고 제안했음. 그런데, 사제단이 민주당 참여를 반대하면서 이 테이블은 깨졌고 공동주최가 성사되지 못했음.

1-3 제14차 운영위(7.3)
- 여연을 비롯해서 환경련, 참여연대, 함께하는시민행동, 녹색연합, 녹색교통 등 주요시민단체들에 의해 7월5일 집회 및 이후 사업계획 건이 올라 왔고 핵심내용은
1) 7월5일 집회 기조에 대해서 비폭력 평화축제로 만들어가자는 것
2) 당일 집회 전술도 경찰과의 마찰을 최대한 줄이고 12시에 집회 종료선언을 하자는 것
3) 다음 주부터 촛불집회는 주1회만 개최하고 촛불집회보다도 쇠고기 유통저지를 중심으로 진행하며, 정치적으로도 국민투표 청원운동을 전개하자는 것
- 이 안에 대해 다수의 단체가 기조변화 없이 촛불을 중심으로 투쟁하자는 입장을

피력함. 논의 결과 1) 7월5일 집회는 '평화적이지만 완강히 저항한다'는 기존의 집회기조를 유지하되, 가급적 충돌을 줄이는 방향으로 진행하고 2) 7월5일 이후 대응과 관련해서는 차기 대책위 운영위에서 논의하기로 함 3) 정기 운영위 전에 다시 운영위를 소집하지 않기로 함.

1-4 긴급운영위(7.4)

- 14차 운영위 다음날 긴급운영위가 소집됨.

: 종교단체 대표들과 만났는데, 종단에서는 밤12시까지 종료를 선언해야 한다는 입장이고 주요시민단체 대표들도 이런 입장이어서 이에 대한 정리없이 집회 준비가 어렵다는 이유로 회의가 다시 소집되었음.

- 시민단체들의 입장은 밤12시까지 집회 또는 행진 종료 공개적으로 선언하라는 것. 그래야 평화집회가 보장될 수 있고 더 많은 사람들이 참여 할 수 있다는 주장. 나머지 단체들은 종료선언이 자칫 큰 혼란을 줄 수 있고 그렇게 많은 사람들이 참여했어도 아무런 성과도 없이 돌아가게 되어 오히려 이후 역량을 축소시키게 된다고 보았음.

- 격론 끝에 어제 결정에 준하는 것으로 결론이 날 즈음 여연 대표가 '이렇게 되면 대책위와 함께할 수 없다'고 선언하고 회의장을 빠져 나오자 시민단체들이 대거 '같이 좀 보자'고 하며 함께 회의장을 나감.

- 한국진보연대의 중재로 종료선언은 하지 않고 집회는 7시까지, 행진은 10시까지 그 이후에는 문화제, 이렇게 시간과 순서만 명기하는 것으로 정리함. 또한 집회 당일 대표단이 국민요구사항을 청와대에 전달하는 것으로 함.

1-5 제15차 운영위(7.7)

- 국민요구사항 전달 관련 논란

: 7/4(금) 운영위 회의가 끝나고 남윤인순(여성단체연합대표), 박석운(한국진보연

대상임운영위원장), 최승국(녹색연합사무처장)이 '국민요구사항 전달' 방식에 대한 실무적 협의를 위해 임삼진 청와대 시민사회비서관을 만났음. 7/5 오전 맹형규 정무수석이 국민요구사항을 받겠다는 연락이 왔으며, 저녁 8시에 시민사회, 종교계 등 대표자가 국민요구사항을 전달하기로 함. 그러나 청와대 측에서 정무수석이 아닌 행정관이 받겠다는 등 말을 바꿈으로써 전달이 무산됨.

: 7월6일 청와대 측이 대책위와 촛불집회 중단을 조건으로 면담을 추진 중이라는 내용으로 언론에 흘렸고 대책위가 이에 대해 사실무근이라며 반박성명을 냄.

: 이와 관련해서 실무협의를 위해 만났다 하더라도 요구사항 전달과 관련해 사전에 청와대와 비공식적으로 직접 접촉한 것은 청와대 측의 언론플레이에 이용당할 여지를 제공했다는 점에서 부적절했다는 지적과 비판이 있었고

: 비공식 만남 혹은 면담이 아니었으며, 말 그대로 '국민요구사항 전달'과 관련해 운영위에서 결정한 바를 실무적으로 처리한 것이었음. 언론에 나온 '지난 주초 청와대 관계자 면담설'은 오보이며, 앞서 밝힌 것이 사실관계의 전부라는 관련자들의 해명이 있었음

- 국민요구사항 중 다섯 번째에 '대통령과의 면담'은 운영위 결정사항이 아니었음

: 재협상 등 다섯 가지 국민요구 사항 중 대통령 면담 부분은 대책위 결정사항이 아닌데도 추가된 부분에 대한 논란이 있었음.

: 서기가 다섯가지 요구사항에 들어 있지 않았음을 확인했음에도 불구하고

: 관련자들은 '대통령 면담'은 운영위에서 결정했던 '대통령과의 담판'을 면담이라는 용어로 바꾸어 표현했던 것, 또한 종교계와 논의 과정에서 종교계측이 '대화'를 강조하기도 하여 추가하는 데 물의가 없다는 판단을 제시.

⇒ 청와대 측의 요구사항 전달 거부로, 면담을 거부한 것으로 재확인함

⇒ 관련해 정리되지 않은 부분은 차기 운영위 때 재논의하기로 함

- 촛불집회 개최와 관련한 논란

: 시민단체에서는 주 1회 촛불집회 개최를 명시하자는 입장을 제출하였고

: 매일하자는 입장과 집중집회만 명시하자는 등의 입장이 제출되었으나

: 주1회 등 횟수의 언급 없이 대책회의는 7/12(토), 7/17(목, 제헌절)을 집중 촛불문화제로 확정하고, 그 이외의 날은 다른 단위 및 단체가 주관하는 촛불을 진행하기로 함

- 불매운동에 대한 논란

: 시민단체에서는 사실상 촛불집회를 대신하는 운동으로 불매운동을 제기함.

: 불매운동에 대해 현실가능성과 불매운동의 실효성에 대한 비판이 있었고, 광우병 대책위가 불매운동을 주관할 수 없다는 주장 또는 부분으로 배치하자는 의견 등 다양하게 제시됨.

: 전면 재협상을 위해 향후 촛불 이외의 다양한 실천들을 이어가고, 그 중 하나로 불매, 유통저지 등 제로운동을 전개해 나가기로 함

⇒ 불매운동과 관련해서는 기존 불매운동 활동단위를 포함해 추진 방안 마련을 위한 워크숍을 진행키로 함

2. 대책위 활동방향과 기조에 대한 쟁점

○ 촛불집회 주1회 또는 그 이하-쇠고기 불매운동-국민투표 청원운동이 하나의 세트로 시민단체들에 의해서 주장되고 있다. 또한 이를 위해 대책위 집행단위라고 할 수 있는 상황실의 개편을 요구하고 나아가 비상시국회의 등을 통해 광우병 국민대책회의를 정치권을 포함한 형태로 재편하자는 데까지 이르고 있다.

○ 이와는 달리, 평화적이고 완강한 촛불집회 지속-지역촛불집회의 확장-5대의제(공영방송, 교육, 의료, 대운하, 민영화반대)로의 확장-한미 FTA반대 투쟁과의 결합 등 광우병 쇠고기 수입문제를 정점으로 의제확장을 통해 정권퇴진투쟁으로의 발전을 요구하는 입장이 존재한다.

1) 촛불집회

- 촛불집회는 단순한 상징이 아니다. 촛불이 꺼지고 나면 광우병 쇠고기 수입저지

투쟁의 동력이 소진된다고 보아야 한다. 또한 촛불은 시민단체나 운동단체의 의지나 입장과는 무관하게 자발적 참여대중에 의해서 들어 올려졌고, 공간이 열렸으며, 진화해 갔다는 사실을 알아야 한다.

* 애초에 촛불집회는 여학생들로부터 시작되었다. 그리고 지난 5월 하순 촛불집회에서 가두행진이 시작되었을 때, 정부가 막무가내식으로 연행해 갔지만 자발적인 참여대중은 일주일 가량 연행을 감수하고 새벽까지 계속해서 행진을 진행했다. 4일간 200명이 넘게 연행되었으나 결국 촛불행진은 자연스럽게 자리잡혔다. 그 기간동안 (물론 그 이후로도) 시민단체나 운동단체 회원들이 연행된 적은 (거의)없다.

- 따라서 대중의 행동과 실천이 고양될 수 있는 방향으로 대책회의가 활동해야 하는 것이지 이를 억압하거나 가두거나 관리하는 태도는 맞지도 않고 바람직하지도 않다.
- 현재 정부가 촛불집회를 원천봉쇄하고 있기 때문에 가장 중요한 것은 1주일에 몇 번 하는 것인가 하는 점보다도 촛불집회의 공간을 여는 것이다. 촛불집회는 언제든지 할 수 있어야 하는데, 지금은 언제라도 하기 힘든 상황에 놓여 있고 이 문제를 타개해 나가야 한다.

2) 불매운동

- 특정 지역과 소비자운동 수준에서 불매운동을 진행하는 것을 반대할 이유는 없다. 문제는 광우병 대책위가 주요사업으로 불매운동을 해나가자는 데 있다. 이는 정부와의 직접대립에서 수입업자나 마트 등 유통 공급업자들과의 대립으로 전선이 이동된다는 점이다. 애초에 이명박 대통령은 미국산 쇠고기를 수입하더라도 안 사고 안 먹으면 된다고 말한 바 있듯이 일단 유통되면 정부의 책임이 아니라 공급자와 소비자의 문제가 된다는 사실이다. 현 상황에서 이는 명백한 운동의 후퇴다.
- 더 큰 문제는 불매운동이 촛불집회의 대안으로서 얘기되고 있다는 사실이다.

광우병 국민대책회의가 불매운동에 집중하라고 요구하는 것은 촛불집회를 통한 정권과의 대립이 예민하게 형성된 지금의 국면을 이완하고 전선의 변경을 요구하는 것이기 때문에 더 문제가 된다.

3) 국민투표 청원운동

- 현행법상 국민투표의 발의주체는 국회와 대통령인 관계로 국민투표 청원운동을 대대적으로 전개하자는 입장이다. 수백만의 사람들의 서명을 모으자는 것인데, 아무리 많이 모아도 결국 실시할 것인가 말 것인가의 쟁점은 정치권으로 넘어가게 된다. 또한 실제 국민투표가 실시되더라도 법적으로 국민투표 운동의 주체는 정당이기 때문에 광우병 국민대책회의가 주체가 되어서 이 운동을 전개할 수 없다. 결국 어떻게 되든 현재의 상황에서 국민투표 청원운동은 정치권으로 공을 넘겨주는 것이다.
- 또한, 거리의 정치가 다소 소강국면에 있다 하더라도 현재의 상황에서 국민투표 청원운동은 거리정치를 다시 복원하는 것이 아니라는 점에서 운동을 활성화하기 위한 대안이 될 수가 없다.

4) 민주당과의 연대

- 현재 민주당이 국회에 등원함에 따라 민주당을 포함한 대책위 재편을 요구하는 목소리는 없다. 그러나, 대책위의 확장 또는 연대전선의 확대라는 이유로 7월5일 집회를 민주당과도 공동주최 하자는 안, 이를 구체적으로 추진하기 위하여 16인 위원회가 제안된 것과 같이 언제라도 이런 입장은 잠복해 있는 상황이다.
- 민주당과의 연대는 대중적으로도 거부될 수 있는 일이긴 하지만 원칙적인 수준에서도 받아들일 수 없는 입장이다. 한미 FTA 선결조건으로 민주당의 전신인 열린우리당과 노무현 정부에서 먼저 추진되었기 때문이다. 원칙적으로 이들은 광우병 문제를 유발시킨 장본인 중에 하나인 까닭으로 이들과의 연대는 거부되어야 마땅하다.

5) 대책위 운영상의 문제점

- 역할과 권한이 모호한 운영위 임시소집권자

: 애초 임시소집권자가 1인이었으나 정치적 부담문제로 6월30일 운영위에서 3인이 추가됨

: 한국진보연대, 여성민우회, 녹색연합, 참여연대에서 각 1인씩 선임되어 있음.

: 문제는 임시소집권자들의 권한이 구체적이지 못하고 자의적이라는 점

- 공동상황실장으로 추가된 비공개 상황실장 3인

: 공동상황실장(참여연대, 한국진보연대 각1인)이 있었으나 수배로 인해 활동이 어려워지자

: 비공개 상황실장 3인(모두 시민단체임)은 운영위에 정확한 보고도 없이 선임되었음.

: 마찬가지로 비공개 상황실장의 역할과 권한 등이 불분명한 채 임의로 운영되고 있음.

- 운영위 결정이 자의적으로 진행되거나 변경 또는 수정되는 문제

: 5대 요구사항 중 대통령 면담이 추가되는 과정

: 16인 위원회가 제기되고 시민단체 참여자를 확정하는 과정 등

3. 이후 광우병 투쟁의 방향 (보완 예정)

1) 촛불집회의 공간을 열자

- 평화적이지만 완강한 저항을 지속하자.

2) 지역의 촛불이 더 크게 타오르도록 하자

- 시, 군, 구 단위의 촛불문화제 개최

- 5대의제 관련 지역촛불과의 결합 확장

3) 5대의제와 일상적으로 결합하자

- 대운하, 교육, 의료, 공기업 민영화, 공영방송

4) 한미 FTA 비준반대와 결합하자

- 국회가 개원하면 한미 FTA 처리를 서두르게 될 것이다.
- 광우병 쇠고기 문제로 인하여 한미 FTA 반대여론이 급상승하고 있다.
- 이를 바탕으로 한미 FTA비준반대 투쟁으로 확대하자.

5) 정권퇴진 투쟁의 동력을 만들자

6) 광우병 국민대책회의를 강화하자

참고자료 3: 이명박 정권 퇴진과 매국노 청산을 위한 촛불애국시민 전국연대 창립선언문 (08.10.12.)

우리는 인터넷이라는 작지만 큰 힘을 가진 공간에서 만나 같은 꿈을 꾸게 되었고, 광장에서 만나 서로의 능력을 발견하게 되었다. 촛불애국시민 전국연대의 중심은 이명박 정권 퇴진과 부일매국노 세력 청산에 동의하는 모든 순수한 애국 시민으로 기존의 정치, 종교세력으로부터 독립한다.

우리 대한민국은 단군을 시조로 고구려와 신라 백제의 후손으로 고려 발해, 조선, 대한제국을 거쳐 3.1운동과 상해임시정부의 독립투쟁 정신과 법통을 이어받아 1945년 8월 15일 광복과 더불어 1948년 대한민국의 정부가 수립되었다. 4.19혁명과 5.18 광주민주항쟁, 그리고 1987년 6월 각성한 청년 학생들과 함께 한 간고한 반독재 민주시민항쟁은 이 땅에 형식적이나마 시민민주주의를 이루었다.

그러나 지난한 항쟁의 결과에도 불구하고 또다시 시민민주주의 대한민국 국민주권은 일본제국주의 36년의 잔재를 청산하지 못하고 부일매국노 세력과 이에 기생해온 기회주의 세력의 미청산으로 인해 그동안 수많은 희생을 통해 이루어진 대한민국의 국가적 존엄과 국민적 자존심 그리고 민주주의 시민주권은 이미 훼손되었고, 국가경제는 파탄으로 내몰려 서민경제는 나락으로 끝없이 추락하고, 미국산 쇠고기 수입협상으로 촉발된 촛불은 광복절을 건국절로 바꾸려는 매국적 기도를 정점으로 160여일 이상 타오르고 있다.

현대사의 왜곡과 질곡 속에서 더 이상 대한민국의 정체성과 국민적 자존심이 훼손되지 않도록, 진정한 조국 대한민국의 항구적인 발전과 조국의 영광된 미래를 위해 모두는 창조적이고 자발적으로 참여하고 정중함과 겸손함을 미덕으로 수구 매국노 세력들에게 민족적 자존심으로 당당하게 맞서 부일매국노 세력 청산을 최우선 과제로 촛불애국시민 전국연대를 중심으로 노동자, 농어민, 학생, 장애인, 노점상, 철거민 등 뜻과 목표가 같은 모든 단체와 함께하여 범국민운동으로 발전해 나아간다.

따라서 우리 촛불시민은 각자의 이해와 입장과 지역의 차이를 극복하고 하나는 모두를 위하여 모두는 하나를 위하여 조국 대한민국의 진정한 애국시민으로 함께 투쟁하기를 제안한다.

촛불애국시민 전국연대 구성원은 다음과 같이 항상 함께 선서하고 실천한다.

하나. 시간약속을 반드시 지킨다.

둘. 서로 다름을 인정하고 서로를 비난하지 않으며 항상 정중하고 겸손한 자세로 대한다.

셋. 우리는 결의한 내용은 반드시 실천하고 서로에게 거짓을 말하지 않는다.

넷. 매국, 거짓세력에게는 항상 당당하게 맞서는 촛불애국시민의 모습을 보인다.

다섯. 우리는 각자의 문제를 함께 논의하고 서로 돕는다.

촛불애국시민 전국연대는 부일매국노세력청산, 방송장악저지, 사회공공성확보, 공안탄압분쇄, 비정규직철폐, 대운하반대 등을 주요 과제로 투쟁하며 다음과 같이 결의한다.

- 우리는 모든 애국 촛불시민들의 염원과 희망을 완수하기 위해 앞장서서 이명박 정권퇴진과 부일매국 세력 청산을 위한 모든 애국세력과 연대하여 함께 투쟁해 나아간다.
- 우리는 부일매국노청산법을 즉시 제정하기를 요구하며 이를 위해 함께 투쟁한

다.

- 우리는 개별적 분열적 배타성을 반대하는 기강을 확립하고 촛불애국시민 전국연대를 중심으로 이명박 정권 퇴진을 위한 지속적이고 체계적으로 애국 촛불운동을 전개해 나아간다.
- 우리는 촛불애국시민 전국연대를 음해하는 어떤 기도에도 단호히 대응하며, 획일적인 조화를 지양하고 서로의 차이를 인정하고 존중하는 창조적인 더 큰 통일을 지향한다.
- 우리는 구속, 수배, 연행, 소환, 부상 등 모든 촛불시민 희생자들에 대해 동지애를 가지고 함께 대응한다.

2008년 10월 12일

촛불애국시민 전국연대

참고자료 4: 10월 21일 촛불애국시민전국연대 대표자 1차 총회 결과(발췌)

7시20분부터 간담회로 시작한 총회는 보고사항 보고 후 10분간 정회 그리고 의사정족수 확인을 거쳐 정식 회의에 들어가 10시경 마무리 되었다.

10월 25일 집회는 "광우병대책위 시즌2 민민연"과는 별도의 장소에서 독자적인 집회를 개최하기로 결정하고 집회준비에 만전을 기하도록 모든 회원들과 함께 전력하기로 함.

또한 민민연이 주장하는 '민주주의와 민생을 위한 새로운 연대기구' 민민연의 주장인 이명박 정권퇴진이 아닌 '내각일부 교체'는 허구적이고 기만적인 발상으로 규정하고, 민민연 또한 광우병대책위의 기만적 변신임도 확인하였다.

10월25일 이후 MT 및 바자회 등을 열기로 하고 준비팀을 꾸리기로 함.

아울러 촛불애국시민전국연대의 정체성에 맞는 촛불들만의 연대체를 강화하도록 뚜벅뚜벅 걸어가기로 함.

시민운동이 아닌 이명박 정권퇴진과 매국노세력청산을 위한 사회변혁세력으로의 촛불시민들의 연대체임을 보다 분명히 밝히고 서로의 차이를 인정하는 운동으로서 촛불시민운동의 위상과 조직을 갖추는 데 초점이 맞추어진 이 자리에서 음모적이고 배타적인 일부 운동의 모습을 확인하고 투명하고 민주적 절차를 존중하는 자주적 촛불운동의 모습을 확인함.

촛불애국시민전국연대

참고자료 5: 촛불시민연석회의 창립 선언문(09.02.24.)

우리는 대한민국 임시정부의 법통을 계승하며, 대한민국 헌법을 준수하며 그 정신을 존중한다.

우리는 이 땅에 나라를 세운 이후 수많은 외세의 억압과 침탈에도 굴하지 않고 나라를 지켜왔으며 수많은 폭정에도 포기하지 않고 민주주의를 완성했다. 이는 우리 민족자존의 근거이며 세계 어느 민족에게도 뒤지지 않을 자부심이다.

이는 단순한 열망만이 아닌 수많은 선열들의 피와 죽음, 그리고 수많은 시민들의 희생이 있었기에 가능했다. 멀리는 3. 1 운동과 4. 19혁명, 가까이는 광주민주화운동과 6. 10 민주화항쟁까지, 고귀한 피 흐르지 않은 때 없었으며 거룩한 죽음 놓이지 않은 곳 없었다.

따라서 우리에게는 지금껏 지켜온 공통의 가치와 우리 국민들이 이룩한 민주주의를 수호하고 가꾸며 더욱 굳건히 완성할 책임과 의무가 있다. 그것이 역사로부터 부여받은 우리 모두의 소명이며 지금 이 자리에 살아있는 대한민국 구성원의 책무이고 다가올 미래에 대한 과제이다.

하지만 지금 우리가 물려받고 이룩해 온 민주주의와 소중한 가치들이 이명박 정권에 의해 무참히 짓밟히는 상황에 놓이게 되었다.

국민들로부터 한시적으로 위임받은 정권을 마치 자신들의 사유물인 양 휘두르며, 역사를 거스르고 헌법을 유린하며 생명을 멸시하고 있다. 나아가 정권을 항구적으로 유지하기 위해 야만과 파렴치로 무장하고 용산대참사와 같은 온갖 폭압을 자행하고 있다.

자신들의 이익을 위해 국민의 눈과 귀를 가리며 불의를 위해 의를 누르고 그른 것을 위해 옳은 것을 가리며 왜곡을 위해 바름을 망가뜨린다. 강자를 위해 약자를 밟고 가진 자를 위해 없는 자를 고통 속에 몰아넣고 있다.

법치란 이름으로 민주를 짓밟으며 신자유주의란 이름으로 자유를 억압하고 경제란 이름으로 경제를 망가뜨린다. 환경이란 이름으로 환경을 파괴하고 교육이란 이름으로 교육을 말살하며, 법이란 이름으로 불법을 자행하고 개발이란 이름으로 공동체를 죽이며 인간을 죽이고 있다.

따라서 우리는, 저들과 더불어 결코 지난 역사를 바로 세울 수 없고 자유를 보장받을 수 없으며 앞으로 공영을 기대할 수 없다는 것을 절감한다. 저들이 만들고자 하는 역사는 비틀리고 왜곡된 저들만의 역사이며 저들이 말하는 자유는 가진 자들만의 자유이고 저들이 말하는 모든 번영은 소수 선택된 자들만의 번영일 뿐이다.

지난 해 5월, 건강주권을 되찾기 위한 여고생들의 작은 저항은 온 국민의 가슴에 촛불을 점화하였고 거리로 뛰쳐나온 작은 촛불은 거대한 횃불로 타올라 대다수의 국민들에게 절망의 늪을 벗어날 수 있는 삶의 빛이 되었으며 MB악법을 통과시키려는 한나라당의 계획을 일차적으로 저지 지연시키는 쾌거를 가져왔다.

대운하 반대, 비정규직으로 대변되는 민생문제, 조중동에 맞서 참 언론을 되찾기 위한 진실을 알리는 시민 캠페인, 뉴라이트에 맞선 역사바로세우기, 공공부문 민영화 반대운동 등 계층과 부문, 지역에서 꾸준하게 민주 민생의 제권리 확보를 위하여 활발한 활동을 전개해온 촛불단체 및 시민들은 이러한 엄혹한 상황을 극복하기 위한 다양한 논의들을 연초부터 치열하게 전개해 왔다.

그 결과 우리들의 의지를 한데 모아 선배 열사들의 선혈로 지켜온 대한민국의 정통성을 계승하고 역사의 수레바퀴를 거꾸로 돌리고 있는 이명박 정권에 대항하는 시민사회단체 및 제 정당 그리고 신자유주의에 맞서고 있는 전 세계 민주시민 단체들과 연대하여 활동하게 될 촛불연합조직 건설의 필요성을 다함께 동감하였다.

그 결과 희생과 평화의 상징이며 저항의 표상인 촛불의 정신을 드높이기 위하여 '촛불시민연석회의'를 창립하기로 결의하였다.

'촛불시민연석회의'는 불의에 맞서 의를 세우고 왜곡되는 역사를 바로 잡을 것이며 민주시민의 권리로써 독재에 맞설 것이다. 개발이란 논리 앞에 존엄한 인간의 가치를 놓을 것이며 압제로는 민주시민의 의식을 지배할 수 없다는 것을 입증하고 권력의 폭압보다 자유를 향한 국민의 의지가 강하다는 것을 분명히 보여줄 것이다.

이에 우리는 오늘, 촛불들의 단결된 힘으로 불의하고 야만적인 이명박 정권에 전면 대항해 나갈 것을 엄중히 선언한다.

우리는 오늘의 이 선언이 결코 어떤 개인이나 조직 단체의 이익을 위함이 아니라 민주주의의 위기에 맞서고 있는 민주시민의 권리이자 불의에 맞서 정의를 세우고자하는 우리 모두의 의무라는 것을 재확인하며, 모든 시민의 동참을 호소한다.

나아가 우리의 선언에 찬성하는 전 세계의 모든 개인 및 단체와 주저 없이 손을 내밀어 연대하고 합심할 것이다. 반면 선언에 반대하는 모든 개인 및 정당, 단체가 그 어떤 방해와 왜곡, 폄훼와 폭력을 자행한다 할지라도 물러서지 않고 단호히 맞서 싸울 것이며 우리의 열망과 목표가 이루어질 때까지 결코 이 행진을 멈추지 않을 것이다.

2009년 2월 24일 촛불시민연석회의

참고자료 6: 촛불시민연석회의 조직 구성안(by 임시운영위원 하늘까치 님)

1) 부문, 지역, 계층, 개인 촛불 등이 모여서 본회의 주요내용을 결의하고 방침을 확정하는 총회의 기능을 담당하는 최고 의결기구로서 연석회의를 두며 촛불정신을 대내외적으로 대변할 수 있는 공동대표단을 두며 상임대표를 선출하기로 한다.

2) 부문과 지역 계층별로 산재되어 있는 촛불단체들이 중심이 되어 의제, 지역, 계층별로 그루핑과정을 거쳐서 대표성과 지도성을 인정받은 분들을 중심으로 운영위원회를 구성하며 운영위원회는 연석회의에서 결의된 내용을 토대로 중단기 사업내용과 방향 등을 심도있게 논의하며 결정하는 심의기구이자 의결기구로서의 역할을 갖는다.

3) 연석회의와 운영위원회에서 결정된 방향과 사업내용 등에 대한 구체적인 실무를 담당하는 집행부서를 전략기획, 홍보, 대외협력, 지원팀 등으로 구성한다.

4) 특별한 중대사안이 발생할 경우 이에 대응하기 위한 특위 및 소위원회를 구성한다.(당선무효 소송, MB악법, 용산참사, 재보궐선거 특위 등)

5) 회계와 사업내용을 투명하게 평가 감시할 감사를 선임하며 자문단과 고문단을 두기로 한다.

참고자료 7: 촛불연행자모임 규약사항(09.03.08. 개정)

1-1 명칭

우리 모임의 명칭은 '촛불연행자모임'으로 한다. 단 '공안견찰과 정치떡찰에 반대하는'이라는 관형구를 일상적으로 사용할 수 있다.

1-2 회원의 자격

우리 모임이 표현하는 촛불연행자에는 촛불투쟁과 관련한 연행자, 소환자, 구속자, 기타 부당한 공권력의 피해자를 포함하는 뜻으로 사용하며, 이들을 정회원으로 하되, 비연행자로서 우리 모임을 후원하고 함께하기를 바라는 자는 후원회원으로 한다.

촛불정신과 실천에 투철하고, 우리 모임의 사업에 적극 결합하는 사람은 우수후원회원으로 등업하고, 정회원과 동일한 권리와 의무를 갖는다.

단 우리 모임의 정체성을 위하여 우수후원회원의 피선거권을 제한할 수 있다.

특별한 등업이나 징계(강등, 활동정지)는 머슴단회의에서 결정하되, 제명은 총회에서 의결한다. 재가입의 경우는 특별한 등업과 같다.

우리 모임에 특별한 도움을 주는 변호사나 인권단체 활동가는 도우미(고문)로 한다.

1-3 운영원칙

본회의 모든 활동은 촛불정신(광장민주주의 또는 직접민주주의)의 원칙에 따라 운영하되, 일상 업무를 원활하게 하기 위하여, 헌신할 의무 외에 아무런 특권이 없는 머슴단을 언제든지 선출하고, 소환할 수 있다.

10명 내외의 머슴단을 총회에서 선출하여, 머슴단회의를 구성한다. 머슴단의 임기는 4개월로 하되, 언제든지 선출하고 소환할 수 있으며, 머슴단회의는 자기보충권을 갖는다. 선출총회에 참석한 정회원 수의 3/1 이상의 발의가 있으면 임시총회를 개최하고, 출석인원 과반수의 결의로 소환을 의결할 수 있다.

머슴단회의의 의장은 머슴단이 1개월씩 교대로 맡되, 머슴단회의에서 호선한다.

머슴단회의의 의장은 우리 모임을 대내외적으로 대표하며, 모임내의 다양한 의견을 수렴하고 조정하는 역할을 한다. 카페의 관리의 편의를 위하여 임기와 상관없는 명의상의 카페지기를 둘 수 있다.

정회원은 머슴단회의를 포함한 모든 종류의 회의에 참여하여 발언권과 의결권을 행사할 수 있으며, 회의의 소집자는 평회원들이 적극 참여할 수 있도록 적극 노력해야 한다.

머슴단은 개방적인 회의체로 운영하며, 우리 모임의 모든 주요업무에 대하여 심의하고 결정한다.

지역모임의 인준과 제명은 총회에서 의결한다. 지역모임은 머슴단회의의 결정에 따라야 한다.

참고자료 8: 촛불모금운동에 대한 특별결의문(09.03.08.)

2008.5 촛불소녀로부터 시작된 촛불항쟁은, 단지 먹거리에 대한 불안에서가 아니라, 미친 소, 병든 소를 먹지 않게 해달라는 선량한 시민들을 군화발로 짓밟고, 방패로 찍고, 곤봉으로 두들겨 패서라도 억지로 먹이겠다는 참으로 기가 막힌 현실에 대한 분노와 저항의 분출이었다.

이명박과 한줌도 안 되는 무리들이 1%도 안 되는 소수의 부와 특권을 위해서 힘없고 돈 없는 선량한 국민들을 짓밟고 있는 목전의 현실에서, 생존을 위한 최소한의 배려를 요구하기 위해 망루에 올라간 철거민들을 불과 3시간도 안 되어 학살하고 태워 죽이는 이 야만의 시절에, 이 땅의 민주주의와 사람이 사람답게 사는 세상을 만들기 위해 우리는 분노하고, 저항하고, 투쟁하지 않을 수 없다.

지난 2008년 여름 우리가 광화문에 나섰던 것은, 공권력을 빙자한 부당한 폭력에 맞서, 헌법에 보장된 우리들의 인간답고 평화로운 삶을 지키기 위한, 민주시민으로서의 정당한 저항권의 발로이자, 역사가 우리에게 부여한 정당한 책무의 수행이었다.

그럼에도 불구하고 권력의 주구가 된 경찰과 검찰이 공권력이란 미명하에 선량한 시민들을 짓밟고 끌고 가는 것도 모자라 이제 수백만 원의 벌금까지 부과하고 있다. 국가의 주인은 국민임에도, 그리고 공권력은 시민의 안녕과 재산을 지키는 역할을 해야 함에도 일개 정권의 하수인을 자임하고 용역 깡패집단이 되어버린 현실에서, 우리는 조폭정권을 끝장내기 위하여 분연히 투쟁에 떨쳐나서지 않을 수 없을 뿐 아니라, 최악의 경우 벌금을 못내어 노역장에 유치될 동지들을 구출하기 위하여 부득이 범국민적인 모금운동을 전개하기로 하였다.

우리들 촛불연행자들은 명박정권의 퇴진을 위하여 누구보다 앞장서서 투쟁에 나설 것이며, 온 국민의 저항의지와 성의를 모아 앞장서서 싸운 우리의 동지들을 반드시 구출해낼 것이다.

또한 우리의 모금운동은, 이명박 정권에 저항하고 투쟁하는 모든 촛불조직들과 사회운동단체들이 함께 추진할 것이며, 민주주의에 대한 갈망과 명박퇴진의 열망이 담긴 소중한 모금은, 촛불연행자들의 벌금과 무료변론사업과 촛불부상자 그리고 부당한 공권력에 의한 피해의 구제에 쓰여질 것이며, 참으로 투명하고, 공정하고, 책임있게 추진되고 집행될 수 있도록, 모든 촛불과 모든 민주시민의 지혜를 모아내는 방법으로 진행될 것이다.

이에 우리들 촛불연행자들은 이 땅의 민주시민들에게 우리들의 투쟁과 모금운동의 성공을 위해 최선을 다하여 헌신할 것임을 특별히 결의한다.

2009.3.8.

촛불연행자모임

촛불일지

▲ 2008. 3.5 : 미 무역보고서, 한국에 쇠고기시장 전면개방 촉구

▲ 2008. 3.25 : '한반도 대운하를 반대하는 전국교수모임' 발족식, 전국 115개 대학 교수 2,466명 동참

▲ 2008. 4.6 : 안단테, 아고라 서명운동 시작

▲ 2008. 4.11 : 한미, 쇠고기 수입조건 개정 협상 재개

▲ 2008. 4.15 : 공교육 포기, 학교시장화 조치(4.15조치) 발표

▲ 2008. 4.18 : 한미 쇠고기 협상 타결. 연령제한 단계 해제. 학교 자율화=학교지옥화 반대 청소년 운동 단체들, 세종로 정부중앙청사 앞에서 기자회견을 갖고 학교 자율화 조치에 대한 반대 입장을 천명

▲ 2008. 4.19 : 안티2mb 4.19국립묘지에서 미친 소 반대 집회, 20여명 참석(회원 1만 6,700명). 청소년단체주관으로 세종문화회관 앞에서 '공교육살리기 촛불문화제'. 고등학생들이 2mb의 0교시 부활, 우열반 편성 등의 교육자율화정책에 반대하는 시위, 시청으로 행진 후 청계에서 마무리

▲ 2008. 4.21 : 이명박, 일본 국왕을 천황이라 부르며 머리를 조아림

▲ 2008. 4.26 : 안티2mb 토요집회 청계광장, 300여명 참석, 탄핵서명 5.5만. 전교조 주최 '공교육살리기 촛불문화제'

▲ 2008. 4.28 : 야 3당, 쇠고기 상임위 청문회 개최 합의

▲ 2008. 4.29 : MBC, '[긴급취재]미국산 쇠고기, 과연 광우병에서 안전한가?' 방송

▲ 2008. 5.1 : 통합민주당 "쇠고기협상 무효화와 재협상을 요구하는 특별법 제정

을 추진하겠다"고 밝힘. 한미 FTA 비준동의안 처리에 대해서도 '5월 임시국회 내 처리 불가' 입장으로 돌아섬

▲ 2008. 5.2 : (1.5만명) 청계광장 '미 쇠고기 수입 반대' 1차 촛불문화제. 이명박 지지도 처음 30%대로 급락. 무한도전 출연 취소. '광우병 괴담' 해명 관계부처 기자회견. 60만 명 이상 탄핵 서명

▲ 2008. 5.3 : (2만명) '미 쇠고기 수입 반대' 2차 촛불집회. 우리의 생존을 위한 광우병소 결사반대 대국민 집회. 경기, 인천 대구, 대전, 광주, 부산, 춘천, 제주 등 전국에서 집회

▲ 2008. 5.4 : 한나라당, "촛불집회는 반미, 반정부 세력". 최단기간 최대서명 온라인탄핵 29일 만에 100만 명 돌파. 40만개의 댓글, 18만 5천개의 주소링크

▲ 2008. 5.5 : 한진희 서울지방경찰청장, "만약 촛불문화제에서 정치적 구호를 외치거나 피켓 등을 흔들면 불법 정치집회로 규정하겠다"

▲ 2008. 5.6 : (1.3만명) 1,513개 단체연합 광우병 국민대책회의(가칭) 출범. 안티엠비 주최 침묵촛불문화제는 여의도 국회의사당 앞 국민은행, 미친소닷넷은 청계광장으로 양분됨. 당정, 쇠고기 원산지표시 확대 추진

▲ 2008. 5.7 : 서울시교육감이 중고생들 참석에 전교조를 배후로 지목. 국회 농해수위 미 쇠고기 수입 청문회. 야당 재협상 요구. 농림장관 "미 광우병 발생하면 수입중단"

▲ 2008. 5.8 : 한승수 총리 대국민담화, 상황 발생 시 협정개정 요구키로. 1,700여 시민사회단체와 인터넷 커뮤니티 '광우병위험 미국산 쇠고기 전면수입을 반대하는 국민대책회의' 결성. 애틀랜타 거주 이선영님 MBC 100분토론 전화 연결. 미국 한인 주부들 모임에서 성명발표

▲ 2008. 5.9 : 대책위 주관의 1차 촛불문화제. '미 쇠고기 반대' 촛불집회 전국각지로 확산. 서울시교육청 지시로 교사들 학생 단속하러 서울시내 들쑤시고 돌아다님. 부산, 인천, 대전, 광주, 수원 등에서 촛불집회

▲ 2008. 5.10 : (1.8만명) 제9회 촛불집회. 아고라에서 문화제 형식에 대해 강온 의견 분분. 이명박, 청와대 관계장관회의에서 "눈 오는데 쓸어봐야 힘 빠지고 빗자루도 닳는 것 아니냐"

▲ 2008. 5.11 : 정부협상팀 영어해석 잘못한 사실이 송기호 변호사에 의해 밝혀짐

▲ 2008. 5.12 : 美쇠고기 현지 점검단 출국. 아고라 [탄핵], [퇴진]의 말머리 달기 시작

▲ 2008. 5.13 : 수전 슈워브 USTR 대표 우리 정부 방침 수용, 광우병 발생시 GATT 규정 따른 검역 주권 보장. 국회 통일외교통상위원회, 한미 FTA 청문회. 너도나도 안단테 배후 자청.

▲ 2008. 5.14 : (1.5만명) 농림장관, 미 쇠고기 수입위생조건 고시 7~10일 연기. 광우병 저지집회 전국으로 확산. 시청 앞 서울광장에서 국민대책회의 주관, 촛불문화제. 경찰청 홈피 자수 소동 '내가 안단테다'

▲ 2008. 5.15 : 전주 덕진경찰서 정보과 형사, 수업중인 고등학생 불러내 배후조사. 다우너 소 동영상 확산. 이명박 112층 롯데월드 허가 발언으로 술렁. 운수노조 소고기 수송거부 시작

▲ 2008. 5.16 : 서울시교육청, 촛불문화제 현장 학생지도 지시. 광우병 위험 쇠고기 반대 현수막 등장. 진보신당, '촛불시위 청소년 지킴이 변호인단' 구성

▲ 2008. 5.17 : (6만명) 제16회 '미 쇠고기 반대' 집회 전국 36곳에서 열림. 안티엠비 주최 2,000여명 여의도 집회 후 여의나루역까지 가두행진. YTN 사장 내정으로 노조반대. 광주 518 전야제 겸 촛불문화제. '미친소닷넷'과 '정책반대시위연대', 서울 명동 아바타몰 앞에 모여 집회. 미친소닷넷에서 주최하는 미친소 때려잡기 청소년 거리행진

▲ 2008. 5.18 : 서울시교육청이 공무원 750명을 동원해, 촛불현장 감시하고 30분마다 상황보고를 지시한 것이 들통남

▲ 2008. 5.19 : 김밥할머니를 폭행한 서울시 용역직원, 누리꾼들의 동영상 퍼나르

기로 하루 만에 입건. '멕시코에서 사는 주부가 느끼는 FTA!' 베스트감

▲ 2008. 5.20 : 한미 쇠고기 검역주권 명문화 합의 발표

▲ 2008. 5.21 : (0.5만) 안티엠비 여의도 집회

▲ 2008. 5.22 : (2만명) 장관고시 확정. 이명박 대통령 대국민 담화, '쇠고기 문제 송구', '광우병 괴담', '한미 FTA비준 동의 호소'. 김이태 연구원, 부끄러운 아버지 되기 싫다며 대운하 관련해 양심선언. 전국농민대회

▲ 2008. 5.23 : 정부, 미 쇠고기 관련 온라인 광고 중단. 정운천 농림수산식품부 장관 해임건의안 부결. 대책회의 '22일 촛불문화제에 대한 네티즌들의 비판을 겸허히 받으며' 사과문 발표. 한겨레, 경향 수입반대 광고 봇물

▲ 2008. 5.24 : (5만명) 오후 2시 여의도에서 '교육시장화 저지와 교육복지확대를 위한 전국교사대회'. 제23차 촛불집회(청계광장) 후 첫 거리 시위 및 밤샘 집회. 민심분노, 최초 도로점거, 최초 끝장시위, 어청수 현장지휘, 이튿날 새벽 4시 반 물대포 발사, 강제진압, 최초 연행 37명. 전국 100여 곳에서 촛불문화제.

▲ 2008. 5.25 : 신촌사태 발생, 청계광장서 신촌로터리로 향한 시위대, 경찰의 무력진압으로 인근 시민들 수백 명 아비규환. 미국 쇠고기반대 등교거부 문자 유포한 10대 입건. 안티엠비 오후4시 마로니에 집회 후 서울역에서 가두행진

▲ 2008. 5.26 : (1.5만) 문화제 후 명동을 거쳐 종로 2가에서 도로 점거하고 연좌. 美쇠고기 현지 점검단 입국. 농식품부 지부장 이진씨 글 올려, '쇠고기협상 졸속, 굴욕적, 재협상해야 한다'

▲ 2008. 5.27 : (1만명) 10대에서 386세대로 참가자 변화양상. 최초 평화예비군 등장. 경찰 토끼몰이식 강제진압, 촛불집회 주최자 10명 소환, 청계와 광화문으로 집회 나뉨. 춘천에서 여고생 자살시도. 아고라에서 다함께와 '확성기녀'에 대한 분노 폭발. 조중동 광고주 압박운동 시작

▲ 2008. 5.28 : (1만명) 새벽에 시민 100여명이 연행되며 닭장차 투어 등장. 처음으로 시위대가 프락치 발견해 포위. 광화문, 청계천 명동, 동대문 밀리오레에서

가투

▲ 2008. 5.29 : (5만명) 정부, 美 쇠고기 고시 발표 강행. 유모차 부대, 의료팀, 시민악대 등장. 민변 국민소송 시작. 김밥, 초코파이 지원. 대책회의는 시청, 아고라 386은 광화문으로 선동. 안티엠비 회원 16만으로 증가. 종로2가에서 예비군들 연행. 100분토론

▲ 2008. 5.30 : 18대 국회 개원. 대학가 촛불 움직임 감지. 경향 '미주 한인 주부들의 모임' 응원광고 실림. 아고라팀 이대 앞 가두시위. 전농 청와대 앞 기습시위. '고시철회와 재협상을 않을 거면 귀국하지 마라'는 플래카드를 들고 공항에서 엄마(가정주부)들 시위. '독재타도 명박퇴진', 전경과 대치 중 '불법주차 차 빼라', '경찰서장 노래하면 집에 간다', '어청수 동생은 성매매' 등의 구호가 나옴. '살수여고생' 등장(여고생 1명이 살수차를 막음). 전국에서 공식집계 45만명 생중계 시청. 천정배 의원 등 '집회및시위에관한법률(집시법) 전부 개정안' 발의.

▲ 2008. 5.31 : (15만명) 제30회 촛불집회. 민심폭발. 부산에서 17년 만에 첫 도로점거. 소화기 분사, 물대포, 경찰특공대 투입. 시민 228명 연행, 60명 부상. 통의파출소 앞 여성 사망설. '너클아저씨' 발생. '디시 음식갤'에서 김밥, 생수 공수. 상암에서 월드컵 응원하던 시민들 광화문으로 합류

▲ 2008. 6.1 : (2만명) 이명박, "촛불은 누구 돈으로 산거냐". 파리에서 유학생 및 교포들 촛불시위. 한예종 여학생 실종설. '군홧발여대생' 발생으로 국민들 분노

▲ 2008. 6.2 : (2,000명) 6/3로 예정된 '美 쇠고기 장관 고시' 전격 연기. 고시무효 헌법소원 청구인 8만 명 돌파. 새벽 횡단보도 무한 왕복집회, 오후까지 신호등 행진으로 계속됨. 또랑에든소 아고라에 사망설 올림, 천주교정의구현전국사제단의 성명. '전국교수비상시국선언' 발표

▲ 2008. 6.3 : (3만명) 정부, 긴급기자회견 열고 미측에 30개월 이상 쇠고기 수출중단 요청. 충북지역 초중생 교사 2,667명 선언문. 대구지역 대학교수 298명

성명. 불교단체 9곳 성명

▲ 2008. 6.4 : 한나라당 6/4 재보선 선거 참패. 이상득, "촛불 참가자는 실업자, 서민, 노숙자 등등". 대학교 잇단 동맹휴업. 사망설 유포자 검거

▲ 2008. 6.5 : (1만명) '72시간 릴레이 국민행동' 기간선포. 특수임무수행자회 서울광장 점거. 대책회의 덕수궁에서 집회(7만 운집으로 발표). '자위대녀' 논란. 경찰, "여학생 군홧발 폭행 관련자 문책" 진화 나섬. 민노총, 총파업 경고. 대학가 동맹 파업

▲ 2008. 6.6 : (5만명) 현충일 집회. 국보위 한승수로 인해 '고대녀' 김지윤 탄생. 주된 구호 '재협상도 필요없다 이명박은 물러가라.' 기수단과 의료진의 활약 두드러짐. 김밥, 생수 다량 공수. 시청광장 위패 가짜. 또랑에든소 구속

▲ 2008. 6.7 : (20만명) 제37회 촛불집회. 독일, 캐나다, 프랑스, 미국, 영국, 러시아, 브라질, 호주, 대만에서 유학생과 교민들 지구촌 촛불 파도타기. 광주 1박2일 집회. 조갑제, '촛불' 맹비난하며 '국군' 동원 주문. 李대통령, "촛불집회 배후는 주사파와 친북세력"

▲ 2008. 6.8 : (1만명) 보건의료인 5,222명 시국선언. 정두언, 정부 빗대어 폭탄발언. 새벽에 사다리, 망치, 소화기를 들고 전경차를 부수는 사람들이 프락치(전경)라는 논란이 제기됨. 아침에 광화문에서 횡단보도 시위와 도로점거 시위.

▲ 2008. 6.9 : (2천명) 오이, 김밥, 생수, 건강탕, 순두부 등 줄잇는 촛불후원. 이명박 비판하며 분신한 고 이병렬님 숨을 거두심. 아고라에서 [명박퇴진]을 글머리로 쓰기 시작. 서정갑, "미국에선 총 쏜다, 촛불시위에 위수령 발동해야"

▲ 2008. 6.10 : (100만명) 전 세계 6번째, 국내 21년 만에 전국 100만명 시위. 70만 시민 '아침이슬' 합창. 명박산성 등장. 광화문에 인권단체가 스티로폼 설치하고 광장 토론 진행됨. 뉴라이트 서울시청 앞에서 美쇠고기 시식회 개최. 쇠파이프 사용 촛불참가자 2명 첫 구속

▲ 2008. 6.11 : (700명) 연세대교수 154명 시국선언 발표. KBS본관 앞 촛불 띠잇

기. 대책위 20일까지 재협상 안 하면 퇴진운동 예정.

▲ 2008. 6.12 : (1,000명) 죄시중 퇴진운동 가속. 김종훈 외교통상부 통상교섭본부장 재협상이 아닌 추가협상 위해 방미 발표. 현역전경 이모(22)상경 "촛불 진압은 양심에 반하는 일, 육군에 보내달라" 행정심판 청구

▲ 2008. 6.13 : (2만명) 화물연대 파업 시작. 효순·미선 6주기. 서울광장 집회 후 여의도 이동, '공영방송 KBS 지키기 촛불집회' 참석.

▲ 2008. 6.14 : (3만명) 고 이병렬 씨 추모 제44회 촛불문화제. 보수단체, 편파보도 한다며 MBC앞에서 LPG 밸브 열고 화염 방사. 조선일보, 조중동 광고주 불매운동 관련 '82cook닷컴'에 협박문 전달

▲ 2008. 6.15 : (2만명) 미국 쇠고기 수입반대 외에 대운하 철회, 의료 및 공기업 민영화 저지, 물 사유 저지, 교육 자율화 반대, 공영방송 수호 등' 1+5로 의제 확대

▲ 2008. 6.16 : (1,000명) 시청과 KBS 두 군데서 집회(각 1,000명 참석). 미국 간 통상본부장 김종훈 돌연 귀국 취소. 홈에버에서 미 쇠고기가 호주산으로 둔갑. 삼성역 코엑스 앞 촛불집회 시작. 강남역에서 가두 게릴라 시위. 조갑제 "촛불집회는 포르노 극장, 청소년 통행금지시켜야"

▲ 2008. 6.17 : (300명) 아프리카 문용식 사장 구속. 이문열 "불장난 오래하면 데인다", "촛불집회는 집단난동, 의병 일어나야". 주성영 "좌파 주도의 천민민주주의". 안티엠비 한나라당사 앞에서 '한나라당 규탄 촛불문화제' 개최. 삼성동 코엑스 앞에서 촛불문화제

▲ 2008. 6.18 : (500명) 이명박 발언 나오자마자 경찰이 인터넷 전담팀 신설 추진. 이명박 4개월도 안 돼서 5점척도 지지율이 7.4%로 하락. 전국경찰서 홈페이지에 "군홧발 폭행 외에 물대포 등 모두 정당". 고엽제 전우회 KBS 앞에서 집회

▲ 2008. 6.19 : (3,000명) 이명박 첫 특별기자 회견 "뒷산에서 아침이슬 들으며

자책했다". 화물연대파업 타결. 제1차 국민대토론회 개최

▲ 2008. 6.20 : (1.5만명) 미국산 쇠고기 재협상 촉구 48시간 릴레이 국민행동 기간선포. 117일 만에 정부 비서진 전면 개편. 김경한 법무부장관, 특정 신문 광고주 상대 네티즌 불매, 광고중단운동 단속 지시. 집회 후 명동과 광화문에서 선전전 후 서울광장에서 '식코' 상영. 시민 500여명 광화문에서 경찰차를 밧줄로 끌어내려다 경찰과 마찰

▲ 2008. 6.21 : (5만명) 제51회 촛불집회. 한미 쇠고기 수입 추가협상 결과 발표. 조선일보에 공격당하는 삼양라면 구매운동. 조중동 광고 매출액 절반 줄어. 촛불소녀 청와대행 시도로 8000번 버스 운행중단. 국민토성 등장. 1만여 명 세종로에서 버스 3대 밧줄로 견인. 소화기 난사. '방송녀'와 맞짱뜬 '마이크녀' 등장

▲ 2008. 6.22 : (1만명) 새벽 1시 전경들 탄 채로 버스 1대 견인 성공. 02시까지 4,000명 소화기 난사에도 대치. 아침 8시, 예비군 비롯한 시위대 빗속의 축제, 기차대동놀이. 예비군 공식해산. 방화시도 시민 경찰에 넘겨짐

▲ 2008. 6.23 : (3천명) 삼양식품 주가 63.8% 상승. 건약회 약사 1천명 조중동에 광고 낸 의약품 안 판다 선언. 국민들 정부에 끝장토론 제안. 이명박, 조중동, 한나라당이 차례대로 폭력 반미 시위꾼이라며 촛불 왜곡. 보수단체, KBS앞 1인시위 촛불여성 각목으로 단체폭행. 검찰, MBC PD수첩의 미국산 쇠고기 및 광우병 보도관련 수사 착수. [28일 2시 광화문]이란 글머리 달기 시작

▲ 2008. 6.24 : 건설기계노조원 김모씨 자살. 이명박 국무회의에서 "국가 정체성에 도전하는 불법 폭력 시위는 엄격히 구분해 대처해야". 농림수산식품부가 음식점 원산지 표시관리 대책 및 검역검사 지침 등 후속 대책 발표

▲ 2008. 6.25 : (2만명) 캐나다 광우병소 발생. 부시 7월초 한국 방한 일방적 취소. 이명박 정부 국민과의 끝장토론 거부, 고시 강행. 이정희 의원 강제연행, 12살 여자어린이 연행 후 풀어줌. 저녁 세종로로 사거리 점거 후 새문안교회

앞 격렬 대치, 전경차 4대 끌어냄. 50대 조모씨 전경에게 물어 뜯겨 손가락 절단. 경찰 5/31이후 사용하지 않았던 물대포를 다시 동원. 소화기와 방패 최대한 동원한 강경진압으로 100여명 부상 (중상자 22명), 139명 연행. 예비군 공식 해산. 서울 시청 광장, 6.25 맞아 보수단체 행사 줄이음

▲ 2008. 6.26 : (4만명) 5시 민주노총 파업 출정식. 미국서 광우병위험물질 발견 쇠고기 전량 리콜. 이명박 정부 관보게재. 한승수 "불법시위는 법과 원칙에 따라 엄청 처리". 경찰청 인권위원회 "인권과 어청수는 함께 갈 수 없다"며 14명 전원 사퇴. 청와대 항의방문단 시민사회대표 10명 강제연행. 민노총 냉동창고 쇠고기 출하 저지. 광화문 전경차 앞에 자발적 토성 쌓기. 새문안교회 골목 버스 당기기 시도. 경찰 물대포에도 심야까지 계속 대치. 민변 이준형변호사 각목으로 폭행당하여 두개골 골절. 천주교정의구현사제단 비상시국미사

▲ 2008. 6.27 : (4천명) 홍준표 "촛불집회 핵심은 골수 반미단체". 민노총 냉동창고 2차 출하저지. 서울시 촛불천막 강제철거. 경찰 "물대포에 최루액 섞는 방안 검토". 국민대책회의 집행부 8명 체포영장 발부. 검거 전담반 편성. 2명 구속영장 신청. 서울경찰청 인권위원회도 12명중 7명 사퇴. 민주당 의원들 시위대에 합류. 안민석 국회의원 집단폭행 당함

▲ 2008. 6.28 : (12만명) 2시 경복궁역, 전대협 깃발 등장, 선봉에 서서 삼청동쪽으로 행진. 유모차부대에 소화기 난사. 5시 시청, 7시 광화문까지 점거. 경찰과 촛불시위대 대규모 충돌. 밧줄로 버스를 끌어당기며 소방호스로 맞섬. 프레스센터 앞 경찰이 돌과 유리병을 마구잡이로 던져 부상자 속출. 촛불집회 간부 안진걸과 윤희숙 첫 구속, 종각에서 새벽에 물대포. 새벽녘 빗속에서 기차놀이

▲ 2008. 6.29 : (4천명) 정부 최루액 살포 등 초강경 대응 발표. 새벽에 이학영 YMCA사무총장 부상. 시청광장 원천봉쇄. 종각서 항의집회. 수백명 시위대 종로, 을지로, 동대문, 종로, 을지로로 가두행진. 많은 사람 인도에서 체포조에 연행됨. 경찰장비 사용규정과 형사소송법등 무차별 위반, 색소혼합 물대포 사

용, 시민 131명 연행, 400명 부상. 강기정 국회의원 곤봉으로 폭행당함, 김재균 국회의원 소화기 분사당함. 금속노조 파업과 조중동 불매선언.

▲ 2008. 6.30 : (7만명) 시청광장 열림. 천주교정의구현사제단 국가권력 회개를 위한 미사 시청광장서 김인숙 신부 집전으로 시작. 침묵행진 후 사제단 귀가 호소로 대부분 해산. 일부 시위대 공식집회 해산 후 남대문, 신세계, 퇴계로, 을지로, 시청으로 가두행진. 경찰이 국민대책회의, 참여연대 및 진보연대 전격 압수수색. 검찰총장 "불법폭력 촛불시위 종지부 찍겠다". 이명박 정부 1980년대 군사정권 이후 처음으로 3,200명 읍면동장 모아서 시국설명회. 민주노총 운송저지대오 18명 연행. 권영세, "유모차 시민, 진짜 부모 맞나 의문"

▲ 2008. 7.1 : (2만명) 회개를 위한 미사 이틀째. 진보신당 당사에 HID 난입 폭행. 목회자 그룹 청와대 행진, 육군 복무전환 신청 의경 성추행 혐의로 영장

▲ 2008. 7.2 : (5천명) 서울광장에서 시국미사 후 촛불문화제. 서울시 지역 촛불모임 시작(마포, 강남, 관악). 또랑에든소 1차 공판. 종로상인들 촛불집회 반대집회

▲ 2008. 7.3 : (1.5만명) 개신교 시국기도회 개최. 남대문-명동-시청으로 행진 후 해산. 노원촛불 시작

▲ 2008. 7.4 : (5만명) 불교 시국법회 개최. 엠네스티 국제사무국 조사관 노마 강 무이코 방한, 한국 정부의 과잉진압 조사. 안티엠비 카페 사무실 압수수색

▲ 2008. 7.5 : (50만명) 제66회 촛불집회. 대책회의 '국민 승리 선언 촛불문화제 개최'. '국민승리 선언문' 낭독 후 비폭력 평화 행진. 시청 앞 삼양산성 쌓아 눈길. 심야 문화공연. 강동촛불 시작. 촛불시위 다녀온 여고생 신모양(18) 투신자살. 서울시청 서울광장 천막 철거요청. 광주시민 2만명 금남로에서 촛불문화제 마치고 검찰청사까지 행진 후 인간띠 잇기

▲ 2008. 7.6 : 시청 다시 원천봉쇄. 봉쇄 상태로 안에서 촛불교회 주도로 시청 잔디밭을 도는 촛불문화제(수십명 참가), 밖에서 항의시위. 종각에서 게릴라

시위 시도. 대책회의 지도부 수배자 6명, 조계사에서 농성 시작

▲ 2008. 7.7 : 대책회의, 평일 촛불집회 직접개최 중단 및 '생활촛불' 구상 발표. 시청 원천봉쇄 상태에서 안팎으로 나뉘어 촛불 문화제.

▲ 2008. 7.8 : MBC앞 촛불문화제(민주노총 주최). 민주당, 10일부터 개원합의 발표

▲ 2008. 7.9 : (50명) 시청광장 원천봉쇄. 시민들 대한문과 국가인권위원회 부근에서 촛불문화제. 마포 촛불문화제. 민주당사 앞 등원반대 삭발시위

▲ 2008. 7.10 : (500명) 교수 3단체와 문화예술계 주최로 종각에서 집회 후 종로, 을지로로 인도를 따라 행진 중 경찰이 포위하고 시민 6명 강제연행

▲ 2008. 7.11 : (1천명) 서울역 민주노총 집회 후 예정된 '시청 탈환의 날' 행진 포기. 금강산 관광객 피살. 기륭전자 촛불문화제에 82쿡 등 참여

▲ 2008. 7.12 : (2만명) 제73회 촛불집회. 시청 원천봉쇄 상태에서 청계광장에서 집회. 명동-을지로-종로-조계사-종로-동대문-을지로-시청 끝없는 행진과 게릴라 가두시위. 밤늦게 YTN으로 이동 후 해산. 광고중단업체 고소장 제출

▲ 2008. 7.13 : (300 명) 시청광장 봉쇄되자 종각과 청계광장에서 집회 후 YTN합류

▲ 2008. 7.14 : 9일 한일정상회담 때 이명박 대통령이 후쿠다 일본총리의 독도영유권 명기통보에 대해 "지금은 곤란하다. 기다려달라"고 말했다는 일본 요미우리신문의 보도내용이 알려짐. 일본 대사관 앞 1인시위 등장

▲ 2008. 7.14 : 검찰이 농심에게 고소 권유한 사실 알려짐

▲ 2008. 7.15 : 광화문 일대 상인 115명 촛불집회 피해 집단소송 제기

▲ 2008. 7.17 : (2만명) 청계광장에서 촛불시위 도중 네티즌 주도 가두시위 시작. 행진 후 안국동에서 대치 중 색소 탄 물대포와 소화기 발사. 11시경 강제해산. YTN주주총회 개최. 구본홍 사장 날치기 선임. 주경복 청계광장에서 유세

▲ 2008. 7.18 : 무이코 조사관은 기자회견에서 한국 정부에 △시민들의 인권 침

해 주장에 대해 즉각적으로 공정하고 독립적이며 철저한 수사 착수 △인권침해 가해자의 책임 추궁 △희생자들에 대한 구제책 마련 등을 권고

▲ 2008. 7.19 : (5,000명) 제80회 촛불집회. 청계광장에서 집회시작과 함께 전대협, 안티엠비 종로방향 진출 시도. 아침 서울역에 이르기까지 밤샘 행진. 전대협 주도 깃발회의 후 종로에서 가투. 시위대 속 사복경찰 200여명 드러남. 시민들 폭죽 발사. 경향신문사 앞 경찰 만행

▲ 2008. 7.20 : 청계광장에서 촛불집회. 행진 시도했으나 저지됨. 아고라 폐인들이 엮은『대한민국 상식사전 아고라』책 출간. 500만 아고리언들 구매 '열풍'. 7/11 대청호에서 발견된 시체에 대한 미스터리 회자됨. 정부 광복절 행사를 건국절로 바꾸려 하던 것이 알려짐. 아대련 청계광장에서 한우시식회

▲ 2008. 7.21 : 청계광장에서 민영화반대시민행동 주도의 촛불문화제. 강서, 양천 촛불집회

▲ 2008. 7.22 : (300명) 청계광장에서 비정규직 노동자 중심의 촛불문화제. 오후7시부터 중무장 경찰 침탈시도. KBS 촛불문화제(100명). 은평촛불모임

▲ 2008. 7.23 : 여의도 KBS 본관에서 '촛불시민 인간띠 잇기'. 정연주 사장 해임 결의를 위한 이사회 저지. 청계광장서 언론노조 주도 촛불문화제. 또랑에든소 2차 공판. 조계사에서 불교시국촛불문화제

▲ 2008. 7.24 : 민주노총 이석행 위원장 체포 시도. 민주노총 앞에서 제78차 촛불문화제 개최. 시민 50여명 밤샘촛불

▲ 2008. 7.25 : 중랑서 소속 이길준(25) 의경이 '촛불진압거부', '경찰의 과잉진압 명령', '부대 내 폭력행위' 등 양심선언을 하며 부대복귀 거부. 이길준 의경에 대한 체포명령

▲ 2008. 7.26 : (5천명) 제87회 촛불집회. 종각과 소리광장 등에서 5천여 명이 집회시작, '타도 이명박' 외치며 종각 장악. 지난 5월 31일 이후 가장 많은 수의 경찰을 동원하여 가장 강력한 진압. 40여명 연행. 시위대 연합 최초로 스크럼

짜서 경찰에 정당방위 행사.

▲ 2008. 7.27 : 새벽 1시 음주운전자 차량이 시위대에 돌진하여 8명 중경상. 청계광장서 촛불문화제. 행진 시도. 천주교 신월동 성당에서 이길준 이경 양심선언. 촛불지키미 밤샘. 민주노총 부위원장 연행

▲ 2008. 7.28 : 서울시청서 락페스티발. 천주교신월동성당에서 촛불문화제. 아프리카 문용식 대표 보석

▲ 2008. 7.30 : 서울시교육감 선거, 공정택 후보 당선. 최종 득표율은 공정택 40.1%, 주경복 38.3%로 표차는 불과 2만 2천표. '백골단 부활' 경찰관 기동대 창설. 광우병국민대책회의 기자회견, "이명박 정부, 죽은 줄 알았던 백골단 무덤에서 살렸다". 인권단체연석회의, "어청수, 정말로 민주주의 시계를 군사정권 시절로". 마치무라 노부타카(町村信孝) 일본 관방장관 "29일 한승수 총리의 독도 방문에 대해 부적절" 망언

▲ 2008. 7.31 : 미국 지명위원회(BGN), 독도의 영유권 표기를 1주일 만에 원상복구. 日관방 "독도표기 회복, 美 입장변경 아니다". 여야 일본 관방장관 독도관련 발언 비판. 이명박 대통령 지지율 다시 18.5%로 추락. 이길준 의경 기자회견 후 중랑경찰서에 자진출두, "양심적 병역거부 사회 공론화 바래". 전투경찰대 설치법 '헌법소원' 준비. 조선대 무역학과 김찬주(23)(청년의눈빛되어) 긴급 체포. 강남촛불 프리허그 등장. 검찰이 벌금 100-500만 원의 약식기소 방안을 검토

▲ 2008. 8.1 : 국방부 선정 '불온도서 23권' 불티나게 팔림. KBS 300여명 촛불문화제. 영등포 홈플러스 앞 이랜드 촛불문화제. '촛불 바람에 응답하는 일곱 번째 시국미사' 후 조계사 지지방문 행진, 종각역에서 막힘. 김석기 서울청장 "극렬 시위자 반드시 검거" 발표. '대통령님 대화해요' 100만인 편지보내기 운동 시작. 경찰 "최루액 쏘고, 체포전담조 투입, 공개수배까지"

▲ 2008. 8.2 : (5천명) 제94회 촛불집회. 기독교, 불교, 천주교 시국기도회. 백골

단 투입, 경찰들 청계광장을 봉쇄하고 해산하는 시민들을 한 사람씩 내보냄. 시민들 청계천변으로 내려가 명동으로 이동, 밀리오레 앞 전 차선 점거하고 연좌. 색소를 넣은 물총과 경찰관 기동대 등장

▲ 2008. 8.4 : 범청학련 통일선봉대 수원 한나라당 당사 앞에서 기자회견 중 대다수 연행. 지역촛불모임 전국적으로 확산됨. 조계종 총무원장 차량 검문 강행. '(가칭)언론소비자주권 국민캠페인 준비위원회'를 발족

▲ 2008. 8.5 : (3만명) 부시 방한. '갑호 비상령' 발령. 경찰력 2만4,000여명 총투입. 청계광장 집회 탄압. 시위대 거리진출하자 색소포 쏘고 기동대 투입. 백골단 종로 뒷골목까지 쫓아와서 연행. 수십명 부상, 150여명 연행. 새벽 시위대 명동성당 앞에서 최후 농성. 뉴라이트전국연합 등 보수단체로 이루어진 '부시 방한 환영 애국시민연대' 시청 앞 서울광장서 성조기 들고 맞불집회. '촛불' 검거 포상 논란. KBS 정연주 사장 해임 의결

▲ 2008. 8.6 : 제3차 한미정상회담. 시위대 검거 포상금을 점수 누적제로 급변경. KBS사수 촛불집회 강제진압, 26명 연행. 이길준 의경 구속. 새벽 3시 전경들 명동성당 난입, 부상자 발생. 기륭전자 비정규직 단식투쟁 연대집회

▲ 2008. 8.8 : KBS 임시이사회 정연주 사장 해임 결의안 통과. KBS건물 안 경찰 1,000여명 안방처럼 들락거려. 여의도 '아수라장'. KBS 앞 촛불집회 24명 연행, 최상재 언론노조 위원장 연행. 정연주 사장 변호인단 해임결의 효력정지 가처분 신청. 야 3당, "언론에 대한 계엄령", 여, "세상이 바뀌었다는 신호". 제29회 베이징올림픽 개최(~8.24). 이명박 정부, 촛불 축소위해 올림픽 홍보에 혈안. 하이서울 페스티벌(~8. 17). 러시아-그루지야 전쟁 시작, 민간인 1,000여명 사망. 촛불당(준) 발의

▲ 2008. 8.9 : 제101회 촛불집회. 전대협 및 아고라 강남역 등 서울시내 곳곳에서 게릴라 가두시위. 종로 가투 봉쇄로 명동성당 앞 농성. 명동성당 부근 골목 봉쇄하고 모든 행인들의 사진대조하며 계란 및 염산 투척자 색출, 6명 연행.

이명박 태극기 거꾸로 듦

▲ 2008. 8.10 : KBS 촛불집회에 가스총을 소지하고 칼을 휘두르는 뉴라이트 난입

▲ 2008. 8.11 : 뼈있는 미국산 쇠고기 유통 시작. 이명박 대통령, KBS이사회의 정연주 사장 해임 제청안 서명, "KBS도 이제 거듭나야 한다". 유재천 KBS이사장, 조기 사장 선임 방침 내비춰. 기륭단식노동자 60여 일째 소금과 효소 거부 선언

▲ 2008. 8.12 : MBC 앞 닭장차 출동

▲ 2008. 8.13 : KBS 이사회, 후임 사장 선임문제 본격 논의. 또랑에든소 3차 공판. 동작·부천 촛불모임 시작

▲ 2008. 8.14 : 대책회의, '광복절 연휴 국민 릴레이 촛불시위' 공지. 노원촛불문화제

▲ 2008. 8.15 : (3만명) 제107회 촛불집회. '광복절' 맞이 100회 촛불문화제. 뉴라이트 및 보수단체 '건국 60주년 행사'로 분주. 시민들 대학로에서 오후7시 신세계 앞으로 이동, 20시부터 전경과 사복체포조 투입, 아수라장 됨. 시위대는 10시경 동대문 두타 앞 5,000 집결, 잠시 대치하다가 진압을 피해 해산. 일부 탑골공원과 명동성당으로 이동, 투석전

▲ 2008. 8.16 : 불교계, 시민들과 함께 대정부투쟁 선언

▲ 2008. 8.18 : 네티즌 '과잉폭력진압 전경 및 경찰간부' 사진과 리스트 작성. 사회단체 및 시민 연합 '시위 부상자 및 연행자를 위한 모금위원회' 발족

▲ 2008. 8.23 : 어청수 경찰청장 '청계광장 및 보신각 앞 집회 원천봉쇄' 강경진압 조치 발표. 종로 길목마다 사복경찰 배치. 가두시위 제한으로 서울 도심 지하철 게릴라 시위 본격 시작.

▲ 2008. 8.25 : 월요일 불구, 강남 촛불집회 200명 이상 기록. 주말집회 시 강남대로 가두시위 예고

▲ 2008. 8.26 : 17대 서울시 교육감 공정택 당선자 취임식, '촛불집회 참여 학생

감시 강화', '학교 선택권 도입 및 학교 경쟁 강화' 행정 지시. '강남 학원 웃고, 서민 학생 울다'

▲ 2008. 8.27 : (20만명) 서울시청 앞, 이명박 정부의 종교편향을 규탄하는 범불교도대회 개최

▲ 2008. 8.28 : 쇠고기 원산지 허위표시 사범 무더기 적발. 2학기 개강일에 맞춰 각 대학 학생회 및 대학생들에게 일명 '연애편지' 보내기 운동 실시.

▲ 2008. 8.30 : 10대연합, 전청련 등 서울시 중고등학생 수백명 '서울시교육감 즉각 물러나라' 집회

▲ 2008. 9.2 : '셀(Sell) 코리아', '외국인이 등지고 떠나는 한국' 각국에서 유행어처럼 번짐. '9월 위기설' 현실로 다가와. 주식시장 외국인 비중 지난달 20%대에서 18%대로 하락.

▲ 2008. 9.8 : 미국 서브프라임 모기지 사태 최악. 글로벌 금융시장 급랭. 국내시장에 들어와 있는 달러 대거 회수

▲ 2008. 9.9 : 광장에서 '비정규직 없는 세상 만들기 1차 행동의 날' 집회

▲ 2008. 9.13 : 추석 연휴 '수도권 촛불, 고향으로 확산'. 고향 방문차량 '촛불자동차' 눈에 띄어. 명절 친척모임 대화 주제 '이명박과 '촛불' 1, 2위 앞다퉈

▲ 2008. 9.29 : 국내 외환시장 달러 기근 현상. 각 언론과 경제전문가들, '외화 줄고, 대외 채무 늘어나, 제2의 IMF 위기 가능성 커'. 정부와 조중동신문, '경제위기설' 일축. 이명박 대통령 지지율 10% 밑으로 곤두박질

▲ 2008. 9.30 : 일본계와 중국계 은행 반기 및 분기결산 겹쳐 국내시장 달러 회수세 시작

▲ 2008. 10.6 : 거액의 신고 포상금 노리는 전국 5,000명 '쇠파라치' 활개쳐

▲ 2008. 10.6 : 물가 상승 예고로 서민들 앞다퉈 생활물품 사재기

▲ 2008. 10.9 : 민주노총 '국민 총파업' 제안. 각 노조와 언론, 총파업설 일파만파로 번져. 강남 성모병원 천막농성과 촛불집회 원천봉쇄 계속 시도

참고문헌

발표글 모음

발표글 1: [기고]광우병 대책위에 드리는 고언, <참세상>, <아고라>, 08.06.07. 297

발표글 2: [기고]개사기 FTA가 국익이 될 거 같아서 미친 소를 받아들였다고라? <참세상>, <아고라>, 08.06.19. 299

발표글 3: 촛불과 우리의 과제. <참세상>, <아고라>, 08.06.24. 302

발표글 4: 모임취지와 운영방안. <아고라>. 08.07.18. 306

발표글 5: 권태로운 창님 그리고 연행자 동지들께…. <아고라>, 08.08.05. 307

발표글 6: 회원 여러분께 …. <촛불연행자모임>, 08.08.28. 308

발표글 7: 촛불 그리고 촛불정신(촛불연행자모임 창립총회 토론문), 08.09.05. 313

발표글 8: 촛불과 변혁운동. (진보전략회의, <생활의 정치, 촛불 그리고 인터넷> 토론 발제문), 08.09.25. 319

발표글 9: 총회 참관기. <촛불연행자모임-게시판>, 08.09.29. 330

발표글 10: 토론회에 붙여(촛불연대체-애국촛불과 민민련). (815평화행동단에서 주관한 토론회에 제출된 토론문). 08.11.07. 334

발표글 11: 우리 모임의 저항과 관련된 몇 가지 쟁점에 대하여. <촛불연행자모임>, 09.01.07. 339

발표글 12: 면회후기-연행자모임 서울구치소를 휘젓고 다니다. <아고라>, 09.01.16. 343

참고자료

참고논문과 저작

국제인권연대, 2006. 「북미자유무역협정(나프타):인권에 대한 영향」. <참세상>. 박석삼 번역(이 글은 "멕시코실태보고서"라는 부제로 06.8.17-10.15.까지 5회에 걸쳐 연재되었다).

그람시, 안토니오., 1999.『그람시의 옥중수고』. 이상훈 역, 거름.
김광석, 2009. 「네그리와 자율주의 비판」.『노동사회과학 제2호』. 노동사회과학연구소 (김광석은 필자의 필명 중 하나이다).
김철규·김선업·이철, 2008. 「미국산 소고기 수입 반대 촛불집회 참여 10대의 사회적 특성」.『경제와 사회』 80호 (2008년 겨울).
김철규·이해진·김선업·이철, 2010. 「촛불집회 10대 참여자의 정체성과 사회의식의 변화」.『경제와 사회』 85호 (2010년 봄).
김하영, 「촛불운동과 다함께」.『마르크스21』 1호 (2009년 봄). 다함께.
네그리, 안토니오·마이클 하트, 2001.『제국』. 윤수종 옮김, 이학사.
네그리, 안토니오·마이클 하트, 2008.『다중』. 조정환 외 옮김, 세종서적.
당대비평 기획위원회, 2009.『그대는 왜 촛불을 끄셨나요?』. 산책자.
맑스, 칼, 1989.「포이에르 바하에 관한 테제들」. 남상일 역,『루드비히 포이에르바하와 독일 고전철학의 종말』. 백산서당.
맑스, 칼, 1995.『고타강령 초안 비판』. 이수흔 옮김, 박종철출판사 편, [칼 맑스 프리드리히 엥겔스 저작선집 4]: 233-390.
맑스, 칼, 2007.『1844년 경제학·철학 수고』. 강유원 역, 이론과 실천.
맑스, 칼·프리드리히 엥겔스, 1989.『공산당 선언』. 남상일 옮김, 백산서당.
맑스, 칼·프리드리히 엥겔스, 2015.『독일 이데올로기』. 김대웅 옮김, 두레.
문성훈, 2009. 「악셀 호네트와의 대담」.『프랑크푸르트 학파의 테제들』. 웅기장이.
민족반역자처단협의회, 2008. 「민처협과 반뉴라이트 운동, 그리고 촛불집회」.『촛불, 아름다운 저항』. 촛불문화연구회 (내부자료집).
민주사회를 위한 변호사모임, 2010. 「보도자료 통계」. 촛불에게 다시 길을 묻다-촛불 2주년 민변 촛불토론회.
비르노, 빠올로, 2004.『다중』. 김상운 옮김, 갈무리.
박석삼, 2010a. 「기본소득을 둘러싼 쟁점과 비판」.『노동사회과학』 3호 (2010.5). 노동사회과학연구소(이 글은 참세상에 축약본이 실려 있고, 필자의 블로 그 blog.jinbo. net/rnp에서도 볼 수 있다).

박석삼, 2010b. 「한 촛불시민이 본 민변」. 『민변촛불백서』. 민주사회를 위한 변호사모임.

박석삼, 2010c. 「다중 물신론 비판」. 『노동사회과학』 5호 (2010.11). 노동사회과학연구소(이 책의 보론으로도 실려 있다).

서관모, 2009. 「네그리와 하트의 다중의 기획에 대한 비판」. 『마르크스주의 연구』 16호 (2009년 겨울): 126-161. 경상대학교 사회과학연구원.

서동진, 2009. 「촛불, 그리고 운동의 정치를 생각한다」. 『그대는 왜 촛불을 끄셨나요?』: 4-13.

신광영, 2004. 『한국의 계급과 불평등』. 을유문화사.

아고라 폐인들, 2008. 『대한민국 상식사전 아고라』. 여우와 두루미.

엥겔스, 프리드리히, 2012. 『가족, 사유재산 및 국가의 기원』. 김대웅 역, 두레.

원희복, 2018. 『촛불민중혁명사』. 도서출판 말.

유영주, 2009. 「촛불민주주의, 자치할 대안이 있는가?」. 『그대는 왜 촛불을 끄셨나요?』: 70-85.

은수미, 2009. 「촛불과 한국사회 중산층의 자화상」. 『그대는 왜 촛불을 끄셨나요?』: 215-233.

이갑윤, 2008. 「촛불집회 참여자의 인구·사회학적 특성 및 정치적 정향과 태도」. 『한국정당학회보』 제9권 제1호(2010.2.): 95-120.

이득재, 2008. 「촛불집회의 주체는 누구인가」. 『문화/과학』 55호 (2008년 가을): 90-109.

이준웅·김은미·김현석, 2007. 「누가 인터넷 토론에서 영향력을 행사하는가?: 온라인 의견지도자의 속성」. 『한국언론학보』 51권 3호: 2007.6.

이택광, 2009a. 「이택광의 블로그에서 이택광이 조정환 등과 벌인 논쟁」. wallflower. egloos.com. 2009.5.5.-2009.6.1.

이택광, 2009b. 「촛불, 한국 사회 변동의 징후 세상읽기」. 2009.5.31. wallflower.egloos.com/ 1912381.

이택광, 2009c. 「촛불의 매혹은 우리에게 무엇을 남겼나?」. 『그대는 왜 촛불을 끄셨나요?』: 51-69.

이현우, 2008. 「정치참여 유형으로서의 촛불집회: 대표성의 변화」. 『한국국제정치학회 학술대회 발표논문집』: 7-26.

장호종, 2009. 「인터넷민주주의—신화와 현실」. 『마르크스21』 2호 (2009년 여름). 다함께.

장호종, 2010. 「경제 위기 시기 복지국가 전략의 의미와 한계」. 『마르크스21』, 4호(2010년 겨울). 다함께.

조기숙, 2008. 「촛불집회 참여자의 이념적 정향」. 『한국정치학회보』(제43집 제3호).

조기숙·박혜윤, 2008. 「광장의 정치와 문화적 충돌: 2008 촛불집회에 대한 경험적 분석」. 『한국정치학회보』제42집 제4호: 243-268.

조돈문, 2006. 「한국노동계급의 계급의식과 보수화」. 『경제와 사회』 72호 (2006년 겨울).

조정환, 2009. 『미네르바의 촛불』. 갈무리.

중앙선관위, 2008. <18대 국선 투표율 분석>.

카치아피카스, 조지, 2009. 『신좌파의 상상력: 전 세계적 차원에서 본 1968년』. 난장.

추나라, 조지프, 2009. 「다중지성은 유효한가」. 『마르크스21』 1호(2009년 봄).

채만수, 2010. <과학에서 몽상으로 사회주의의 발전、발전、발전!>. <참세상> 2010.02.22.

http://www.newscham.net/news/view.h?board=news&nid=55677.

캘리니코스, 알렉스, 2009. 『좌파의 재구성과 변혁전략』. 최일붕 옮김, 책갈피.

하먼, 크리스, 2009. 「자발성, 전략, 정치」. 『마르크스21』 2호 (2009년 여름). 다함께.